大数据与裁判规则
系列丛书

金融纠纷
裁判精要与裁判规则

张嘉军 等 著

2022 年度国家社会科学基金重点项目
《比例原则在民事诉讼中的适用研究》（22AFX010）
2021 年度河南省高等学校哲学社会科学基础研究重大项目《新时代检察民事公益诉讼基本程序体系研究》资助项目

人民法院出版社 | People's Court Press

图书在版编目（CIP）数据

金融纠纷裁判精要与裁判规则 / 张嘉军等著． -- 北京：人民法院出版社，2023.6
（大数据与裁判规则系列丛书）
ISBN 978-7-5109-3803-0

Ⅰ．①金… Ⅱ．①张… Ⅲ．①金融－经济纠纷－审判－案例－中国 Ⅳ．①D922.280.5

中国国家版本馆CIP数据核字(2023)第095231号

金融纠纷裁判精要与裁判规则
张嘉军 等 著

策划编辑	李安尼
责任编辑	巩 雪
封面设计	丁 鼎 王子莹
出版发行	人民法院出版社
地　　址	北京市东城区东交民巷27号（100745）
电　　话	（010）67550658（责任编辑）　67550558（发行部查询）
	65223677（读者服务部）
客 服 QQ	2092078039
网　　址	http://www.courtbook.com.cn
E - mail	courtpress@sohu.com
印　　刷	保定市中画美凯印刷有限公司
经　　销	新华书店
开　　本	787毫米×1092毫米　1/16
字　　数	495千字
印　　张	29.25
版　　次	2023年6月第1版　2023年6月第1次印刷
书　　号	ISBN 978-7-5109-3803-0
定　　价	108.00元

版权所有　　侵权必究

金融纠纷裁判精要与裁判规则
撰稿人名单

撰稿人（以撰写先后为序）

张嘉军　李慧娟　马　斌　陈同柱

段阶尧　李巍华　黄浩哲　蔡俊楠

徐艳鸽　郭　晨　陈蕊蕊

统稿人　张嘉军

序

党的十八大以来，以习近平同志为核心的党中央高度重视司法案例对于推进法治建设、促进司法公正、加强法治宣传教育的重要作用。党的十八届四中全会作出决定，要求加强和规范案例指导，统一法律适用标准。最高人民法院原院长周强强调，要充分运用大数据全面推进司法案例工作，积极构建司法案例研究大格局，将其作为一项重要的基础性、全局性、常态性工作规划和部署，推进审判体系和审判能力现代化，实现司法为民、公正司法。

司法案例是总结审判经验、诠释法律精神的重要载体，我国自古以来便有重视案例研判的传统，律例并行、以例补律是中华法系的突出特点，"比附援引"是中国古代的一种重要法律形式。周代断狱的"邦成"，秦代的"廷行事"，汉代的"决事比"，隋朝的"断罪无正条"，唐代的"出罪举重以明轻，入罪举轻以明重"，宋代的"断例"，元代的"格例、条格"，清代的比附"成案"，都是重视司法案例、以典型案例作为裁判指引和参考的表现。

中华人民共和国成立以来，我国通过案例提炼司法智慧和审判经验的努力历程久远。中华人民共和国成立初期，我国成文法尚不完备，运用案例积累立法经验、回应司法实践需求、以案例指导审判工作成为当时一项重要的司法探索和实践。毛泽东同志针对当时法制方面的问题指出，不仅要制定法律，还要编案例。自1953年开始，最高人民法院历时数年调集各地案例，起草了著名的《1955年以来奸淫幼女案件检查总结》，并于1957年下发执行。1955年10月，针对当时确定罪名、适用刑罚司法尺度不一的现象，时任最高人民法院院长董必武同志主持最高人民法院调阅各级法院审结的19 200件案件，总结拟定了当时审判工作通用的9类罪、92个罪名和10个刑种。[①]1956年董必武同志提出，要注重编纂典型案例，经审定后发给各级人民法院比照援引。1962年

---

① 参见《建立中国特色案例指导制度》，载四川法制报官网，https://legal.scol.com.cn/2011/01/11/20110111852324050023.htm#，最后访问时间：2020年8月11日。

12月,《最高人民法院关于人民法院工作若干问题的规定》要求"总结审判工作经验,选择案例,指导工作"。1976年,最高人民法院印发"刘殿清案"等9个典型案例,[①] 指导各级人民法院开展工作,在当时对国家拨乱反正、匡扶社会正义、树立司法权威等起到了关键作用。

党的十一届三中全会召开之后,刑法、民法通则、婚姻法、刑事诉讼法等法律相继颁布施行,针对审判实践中出现的法律适用问题,最高人民法院开启了运用案例解释法律、配合有关法律和司法解释指导审判实践的尝试,并将其作为对下级人民法院审判工作进行监督和指导的重要措施。1983年,时任最高人民法院院长郑天翔指出,要利用具体案例指导各级人民法院的审判工作,对人民群众进行具体、生动而实际的法律教育。1983年至1988年,最高人民法院以内部文件形式下发了一些案例,对一些重大、复杂、新型的刑事案件的定罪、量刑问题提供范例,为改革开放中新出现的民事、经济纠纷案件提供审判参考。1985年,《最高人民法院公报》(以下简称《公报》)在创刊号上发布了15个案例,并于其后的十年间发布了168个案例。将案例定期在《公报》上发布,表明我国的司法案例制度逐渐步入规范化轨道。

1989年4月29日,时任最高人民法院院长任建新提出,在法制不健全、法律不完备的情况下,中央要求最高人民法院"要更多地搞点案例","案例对下级法院做好审判工作是很有指导作用和参照作用的,而发布案例只能由最高人民法院来做"。这一时期,所有的案例都在《公报》上公开发布,公开性和透明度大大提高,发布案例的程序较过去也更加规范。1996年后,各地法院也开始编辑典型案例,案例的发掘、推广、研究和运用逐步由自发性生长、制度化探索走向多元化发展的道路。

党的十五大以后,最高人民法院着手进行案例指导的制度性建设。1999年,《人民法院五年改革纲要》明确提出要编选典型案例,供下级法院审判类似案件时参考。2005年,《人民法院第二个五年改革纲要(2004—2008)》首次以正式文件的形式提出"建立和完善案例指导制度"。2008年12月,《中央政法委员会关于深化司法体制和工作机制改革若干问题的意见》将案例指导作为国家司法改革的一项重要内容。2010年11月26日,《最高人民法院关于案例指导工作的规定》要求:"最高人民法院发布的指导性案例,各级人民法院在

---

① 石磊:《人民法院司法案例体系与类型》,载《法律适用》2018年第6期。

审判类似案件时应当参照。"这标志着中国特色的案例指导制度正式确立。

自最高人民检察院2010年发布了第一批3件指导性案例、最高人民法院2011年发布第一批4个指导性案例以来，截至2023年5月，最高人民法院颁布了37批共211件指导性案例，最高人民检察院发布了44批177件指导性案例，在解释法律、统一法律适用标准、规范司法行为等方面发挥了积极的作用。

司法案例是我国法治进程的真实记录和见证，蕴藏着法律的经验和秩序，浓缩着人类法律智慧赋予的温情与正义。作为法治的基本单位，案例几乎蕴含着所有与法有关的信息，其不仅集中展现制度的冲突与整合，而且充分显示了司法运行的实际及制约因素。相较于司法解释固有的局限性，司法案例在弥补制定法不足方面更具有针对性、及时性和明确性，更有利于将法官的自由裁量权约束到一个相对合理的限度内。作为司法公共服务产品，以及国家立法的先行验证和实践支撑，其已然成为国家治理的重要依据。

强调司法案例重要作用的同时，不容忽视的是，司法案例作为经验主义哲学的产物，其本身也存在一定的局限性。重视案例并不意味着要以案例改变甚至取代法律和司法解释的地位和作用。对司法案例进行的类似性判断，是逻辑上类比推理等方法的运用，对此必须谨慎对待，不仅应注重类比推理过程的合理性，同时更应重视规范分析的根基地位。类似性比对应以案件要素事实为基础，考量案件关键事实、法律关系、案件争点、争议法律问题是否具有相似性。在对实定法秩序进行体系化解释的过程中，要坚持司法中心主义，既给价值判断留出适当的弹性空间，同时也应注重保持法律体系的相对封闭性，在尊重案例事实的基础上完成理论抽象，以此保证案例作用发挥的科学性。

当前，我国裁判文书公开的全面性、及时性、公开内容的规范化程度还存在一定的提升空间，指导性案例在数量、质量，以及援引适用的状况距离司法实践需求还存在一定的距离。在我国法学发展和法治建设的时代背景下，案例研究理应成为法学研究的重要方法。

中国司法案例研究中心自成立以来，始终致力于发现、树立、推广具有独特价值的案例，深度挖掘其中蕴含的裁判方法和法律思维，充分发挥这些案例独特的启示、指引和示范功能，目前已经基本建设成较为智能、高效、便捷的典型案例推广平台、法学理论研究平台、法律工作者服务平台、普及法律知识平台和司法交流合作平台，发挥了以案例分析法律、丰富法律、普及法律的作用，为探索和推动契合我国国情和司法实际的本土案例研究范式树立了较为成功的典范。

本套丛书不仅是中国司法案例研究中心多年研究成果的总结和回顾，同时也是对司法大数据与审判经验深度融合进行制度探索的经验归纳与凝练。从内容上看，丛书集中选取了一批权威度高、影响力广泛的案例进行精心编排、整理编辑，其中也不乏一些适用法律和司法解释准确、说理充分的文书范例。本套丛书基于案例，但又不局限于汇编案例，研究中心的学者在案例研究的基础上，对案例所涉基本理论、裁判要旨、争议要点等进行了重点解读、详尽阐述和深入解析，对案件事实认定和法律适用过程中可能出现的容易引起混淆和误解的问题进行了尽可能全面、客观的适用指引。通读本套丛书，不仅可以全面掌握蕴藏在典型案例中的制度规则，以及该制度规则的理论背景、学术观点，了解权威法律机关对具体法律适用问题的司法政策、观点，准确理解和掌握法律条文及司法解释的精神和原义，而且还能够获取大量可参考、可复制的释法说理的思路与方法，其中的分析与观点深具启发，具有一定的指导及参考价值。

本套丛书契合我国司法实际，无论是内容编排还是案例选取，都始终注重其专题性、典型性、代表性和新颖性，不仅对司法实务有重要的参考价值，可资成为法官、检察官、律师、仲裁员在审判实践中参考的工具书，而且能够为法学理论研究提供生动的素材，也可作为法科学生学习的辅佐性案例参考。本套丛书在编排过程中，注重结构体系的系统性以及案例来源、法律观点的权威性，故而也能够为法科学生以及法律爱好者进行法学专业知识学习提供参考和帮助。使用本书时，应注意国家最新公布的法律和最高人民法院最新颁布的司法解释，凡与前者有抵触的，应以前者为准。

是为序。

河南省高级人民法院原副院长　王韶华

二〇二三年六月

前 言

　　法律的明文规定系我国法院裁判规范的主要依据。随着改革开放的不断深入，我国的法学和司法也成为世界全球化浪潮的"弄潮儿"。最高人民法院于2011年发布指导性案例以来，最高人民法院已经发布了多批次指导性案例用以指导各级人民法院。具有我国特色的案例指导制度在我国已经形成并深深嵌入了我国的司法体系之中，这一点是毋庸置疑的。2013年7月1日，对我国裁判具有划时代意义的"中国裁判文书网"正式上线。截至2023年6月，中国裁判文书网公布生效裁判文书有1.4亿余份。这些"海量"的裁判文书为一线法官办案时查找相关案例作为参考提供了极大的便利。河南省高级人民法院与郑州大学联合成立的"中国司法案例研究中心"以最高人民法院的生效判决为基础梳理了大量类案并形成了一系列"裁判精要和裁判规则"，这些"裁判精要与裁判规则"涉及实体法和程序法的诸多内容。其中部分"裁判精要与裁判规则"已经在该中心的微信公众号——"判例研究"上推送，反响较大、社会效果好。是故，本中心将已经在"判例研究"上推送的以及尚未推送的"裁判规则"整理出版，以飨读者。该书具有但并不限于以下特点：

　　一是权威性。本书收录的裁判规则优先选择了最高人民法院的生效裁判文书，对相同案件的裁判规则和裁判思路进行梳理。在此基础上提炼形成的裁判规则和裁判思路一定程度上代表了这一时期的司法水准，对各级法院裁判具有一定的参考性。

　　二是适用性。本书紧扣当前司法实践中的热点或难点问题，梳理出了相关生效判决中的裁判规则与裁判思路。该书所收录的裁判规则和裁判精要契合一线司法工作人员、律师等人的办案需求，具有较强的实用性。

　　三是专题性。本书立足于金融纠纷领域，详细梳理了涉及证券纠纷、银行业务纠纷、保险纠纷、金融交易纠纷、金融合同纠纷等方面的裁判规则与裁判思路，以期为法官、检察官、律师、学者以及法科学生进行专题化学习和使用提供一定的帮助。

四是体系性。为便于读者更为全面地了解某一问题的相关内容，本书在对每一个裁判规则梳理时，涵盖了导论、基本理论、裁判规则、结语四部分内容，凸显其体系性。

中国司法案例研究中心推出的"大数据与裁判规则系列丛书"，显然并非传统意义上的学术专著，其更是在梳理相关知识点以及相关法律和司法解释规定的基础上，总结相关案件的裁判规则和裁判思路。这样的研究进路意在探寻和发现法官对事实认定和法律适用的经验智慧，并将其呈现在广大学者、法官、检察官、律师以及法科学生面前，供其研究、学习与参考。尽管丛书的研究深度有限，但其对于我国法治建设的贡献或许并不亚于深奥的学术专著。

本书为"大数据与裁判规则系列丛书"的第五分册，今后我们将秉持这样的研究进路继续跋涉，不断推出系列丛书，为法治建设尽一份绵薄之力！

是为前言。

张嘉军

二〇二三年六月六日于盛和苑

目 录

第一章 证券纠纷

序 论 ·· 003
第一节 证券权利确认纠纷 ·· 004
 一、导论 ··· 004
 二、证券权利确认纠纷的基本理论 ···································· 005
  （一）证券权利的含义 ·· 005
  （二）证券权利确认纠纷的含义 ······································ 005
  （三）相关理论知识延伸 ·· 006
 三、关于证券权利确认纠纷的裁判规则 ···························· 007
  （一）即使资产管理计划份额委托代持行为违反相关监管规定，
    但已达成的"代持协议"不因违反效力性强制性规定无效，
    亦不能据此否认财产归属 ····································· 007
  （二）在股票权利确认纠纷中，法人住所经登记具有特定法律含义
    和唯一性的，其住所地法院对该法人所涉纠纷具有管辖权 ··· 008
  （三）在商业银行股权代持纠纷中，实际出资人不是认定商业银
    行股东的充分条件，一方以其为实际出资人而当然认定为
    商业银行股东的，人民法院不予支持 ························ 009
  （四）为保障广大非特定投资人的利益，上市公司的股权不得被
    隐名代持，因隐名代持形成的相关隐名出资协议书应认定
    无效 ··· 009

（五）上市公司上市前存在员工间代持行为，但已在上市公告中概括披露且所代持股权比例远远小于所发行股权且不足以造成公共利益损害的，该代持行为不必然无效 …………… 010
　四、结语 …………………………………………………………… 011
第二节 证券虚假陈述责任纠纷 ……………………………………… 012
　一、导论 …………………………………………………………… 012
　二、证券虚假陈述责任纠纷的基本理论 ………………………… 013
　　（一）证券虚假陈述的概念 ………………………………… 013
　　（二）证券市场虚假陈述揭露日的认定 …………………… 013
　　（三）证券虚假陈述中律师赔偿责任的承担 ……………… 014
　三、关于证券虚假陈述责任纠纷的裁判规则 …………………… 016
　　（一）证券监管机构对上市公司立案调查公告的发布日即为证券虚假陈述揭露日 …………………………………………… 016
　　（二）证券市场虚假陈述引发的民事赔偿应以该虚假陈述行为造成实质损失为要件，即使实施虚假陈述行为后公司股价略有涨幅，但仍明显低于实施前涨幅的，该涨幅造成的结果不属于虚假陈述行为造成的影响 ……………………… 018
　　（三）在证券虚假陈述纠纷中，即使存在虚假陈述行为，但在虚假陈述行为前、行为之日至揭露日后股价并未下跌的，不应认定投资人的损失与虚假陈述行为有因果关系 …… 019
　　（四）在证券虚假陈述民事赔偿中，是否将存量股纳入损失计算，不以买入与卖出需具有一一对应的买卖顺序为标准，而应基于存量股交易是否发生在法律确定的可索赔期间 …… 019
　　（五）投资者的理性投资应以经营者作出真实、准确、充分信息披露为前提，虚假陈述行为人以投资者自身投资行为不谨慎为拒绝承担其虚假陈述行为对投资者造成损失的抗辩理由的，人民法院不予支持 ………………………………… 021
　四、结语 …………………………………………………………… 021
第三节 证券交易合同纠纷 …………………………………………… 022
　一、导论 …………………………………………………………… 022
　二、证券交易合同纠纷的基本理论 ……………………………… 023

（一）证券交易合同的概念和种类 …………………………………… 023
　　（二）证券交易合同的特点 …………………………………………… 023
三、关于证券交易合同纠纷的裁判规则 ……………………………………… 025
　　（一）发行人存在多起影响其履约能力的重大事实且已严重缺乏实
　　　　际履约能力的，应认定其构成预期违约，债券也加速到期 … 025
　　（二）金融市场主体在参与投资过程中应承担的风险与其根据合
　　　　同约定应承担的相应义务不矛盾，一方以其在合同中承担
　　　　更多风险为由主张仅支付部分超额收益的，人民法院不予
　　　　支持 …………………………………………………………………… 026
　　（三）合同约定上市公司及其实际控制人共同且不分先后顺序向
　　　　投资方承担现金补偿义务，且补偿义务的范围与数额都一
　　　　致的，构成债务加入而非保底承诺或者担保 ………………… 027
　　（四）双方当事人在合同中既约定仲裁又约定诉讼，但约定事项
　　　　分属不同部分，具有不同功能的，不认为该约定的仲裁条
　　　　款无效 ……………………………………………………………… 029
　　（五）债券发行人未能如约偿付债券当期利息或者到期本息的，
　　　　债券持有人请求其支付当期利息或者到期本息，并支付逾
　　　　期利息、违约金、实现债权的合理费用的，人民法院予以
　　　　支持 …………………………………………………………………… 030
四、结语 ………………………………………………………………………… 031

第四节　证券回购合同纠纷 ………………………………………………………… 031
一、导论 ………………………………………………………………………… 031
二、证券回购合同纠纷的基本理论 …………………………………………… 032
　　（一）证券回购合同的概念和特点 …………………………………… 032
　　（二）证券回购交易的条件 …………………………………………… 032
　　（三）证券回购交易过程中的禁止性行为 …………………………… 033
　　（四）证券回购合同纠纷的管辖 ……………………………………… 033
三、关于证券回购合同纠纷的裁判规则 ……………………………………… 034
　　（一）证券的司法冻结不同于质押，一方将质押标的证券与司法冻
　　　　结标的证券合并计算履约保障比例的，人民法院不予支持 … 034
　　（二）在证券回购纠纷中，即使当事人双方为实现股票质押回购

　　　　　交易业务目的而签订了两份独立合同，但合同内容相互关联的，仍可统一两份合同产生纠纷的管辖法院 ……………… 035
　　（三）因上市公司的非公开流通股在证券交易所公开上市交易，拍卖价格应以公开市场价确定，无须委托评估机构评估定价 … 036
　　（四）股票回购交易不包括股权转让 …………………………… 037
　　（五）质押式证券回购交易因一方主体主要为非银行金融机构，不适用民间借贷有关法律规定 ……………………………… 038
　　（六）补充协议的约定未超过《募集说明书》的部分应当认定有效… 038
　四、结语 …………………………………………………………… 040
第五节　证券投资类纠纷 ……………………………………………… 040
　一、导论 …………………………………………………………… 040
　二、证券投资类纠纷的基本理论 ………………………………… 041
　　（一）证券投资类纠纷的概念 ………………………………… 041
　　（二）相关理论知识补充 ……………………………………… 042
　三、关于证券投资类纠纷的裁判规则 …………………………… 045
　　（一）证券投资人以投资咨询机构及其从业人员未按照《投资顾问协议》提供约定服务为由主张投资咨询机构赔偿个人投资亏损的，人民法院不予支持 ………………………………… 045
　　（二）证券投资咨询机构为投资人提供的相关服务具有普遍性且未与投资人达成书面合同及进行具体化投资建议的，不能认定两者之间存在证券投资咨询合同关系 ……………… 047
　　（三）在证券发行纠纷中，发行人以其股份未在全国股转系统完成登记且认购人未能成为公司实际股东为由拒绝对认购人承担补偿责任的，人民法院不予支持 ……………………… 048
　　（四）当事人一方具有最终投资决策权且之前有过相应投资经验的，不能仅以投资发生亏损或者证券投资咨询机构作出过保本或者保收益承诺为由，要求其承担证券投资引发的损失 ……… 049
　　（五）担保公司提交的省级人民政府办公厅关于《保留技术产权交易所有限公司交易场所经营资格的通知》不能成为其拒绝退还保荐费的理由 ……………………………………… 050
　四、结语 …………………………………………………………… 051

第二章 银行业务纠纷

序 论 ·· 055
第一节 票据付款请求权纠纷 ··· 056
　一、导论 ·· 056
　二、票据付款请求权纠纷的基本理论 ·· 057
　　（一）票据付款请求权与票据请求权诉讼的概念及特征 ············ 057
　　（二）票据付款相关法律责任 ··· 059
　三、关于票据付款请求权纠纷的裁判规则 ·································· 061
　　（一）前手与持票人之间的单方票据转让说明不能作为认定持票人明知存在抗辩事由而取得票据的依据，在票据背书有效的情形下，持票人仍享有票据付款请求权 ·················· 061
　　（二）在票据付款请求权纠纷中，出票人与持票人并非直接的前后手，其他前手与持票人约定的票据交付时间和兑付时间不能成为出票人行使抗辩权的依据 ································· 062
　　（三）在票据付款到期日前持票人使用电子汇票系统提示付款，出票人或者前手既不签收也不拒绝付款的，持票人在作出合理说明后可行使票据付款请求权 ······························ 063
　　（四）在票据付款纠纷中，合同履行期限的长短、增值税发票和发票信息查询情况以及票据质押时间间隔等因素可以作为判断银行作为持票人是否存在恶意和重大过失情形的依据 ····· 064
　　（五）仅有出票人向付款行申请挂失止付的行为不足以否认现有持票人持票的合法性，出票人仍需对现有持票人承担票据付款责任 ··· 065
　四、结语 ·· 066
第二节 票据追索权纠纷 ··· 067
　一、导论 ·· 067
　二、票据追索权纠纷的基本理论 ·· 068
　　（一）票据追索权的概念及特征 ·· 068
　　（二）票据追索权的种类 ··· 069
　　（三）票据追索权的发生原因 ··· 069

（四）票据追索权的行使 …………………………………… 070
　　（五）票据追索权的限制 …………………………………… 071
　三、关于票据追索权纠纷的裁判规则 …………………………… 072
　　（一）持票人与被追索人约定放弃对其的票据追索权，但被追索
　　　　　人未在约定上签章，持票人不能以此为由再行主张票据追
　　　　　索权 ………………………………………………………… 072
　　（二）被追索人以追索理由代码记载的事项构成非拒付追索以及
　　　　　与其他被追索人之间签订的免除追索权协议为由对持票人
　　　　　行使追索权进行抗辩的，法院不予支持 ………………… 073
　　（三）被追索人以票据上的签章与当事人预留印鉴及合法备案印
　　　　　章不一致为由对持票人行使票据追索权进行抗辩的，法院
　　　　　不予支持 …………………………………………………… 074
　　（四）依据行业习惯能够认定付款行对提示付款的当场拒付行为
　　　　　不做记录，票据债务人以持票人无证据证明对涉案票据向
　　　　　付款行申请兑付为由主张追索权抗辩的，法院不予支持 … 075
　　（五）当事人在票据贴现协议中划去有关追索权的内容并不等同
　　　　　于放弃权利，而应理解为合同双方未对追索权予以约定，
　　　　　持票人仍然可以依法行使票据追索权 …………………… 076
　　（六）银行（持票人）在办理案涉票据贴现过程中，未审查增值
　　　　　税发票，不应认定构成《票据法》第12条规定的"重大过
　　　　　失"，不能据此认定银行丧失票据的追索权 …………… 077
　四、结语 …………………………………………………………… 078
第三节　票据利益返还请求权纠纷 …………………………………… 079
　一、导论 …………………………………………………………… 079
　二、票据利益返还请求权纠纷的基本理论 ……………………… 080
　　（一）票据利益返还请求权的概念及构成要件 …………………… 080
　　（二）票据利益返还请求权的性质 ………………………………… 081
　　（三）票据利益返还请求权与票据追索权和票据付款请求权的比较 … 083
　　（四）票据利益返还请求权的"利益"问题 …………………… 083
　三、关于票据付款请求权纠纷的裁判规则 ……………………… 084
　　（一）持票人曾参与出票人同期开出的另案票据纠纷案件审理，

　　　　仍与转让人签订涉案过期票据转让协议的，不能再以善意
　　　　取得为由向出票人主张票据利益返还请求权 ················ 084
　　（二）当票据的第一背书人与收款人不一致时，持票人仅以出票
　　　　人出具的《说明》主张票据背书连续且为合法取得票据进
　　　　而主张票据利益返还请求权的，人民法院不予支持 ········· 085
　　（三）持票人以前手出具的名称不一致的书面说明主张票据连续并
　　　　向债务人主张票据利益返还请求权的，人民法院不予支持 ··· 086
　　（四）在出票人既未提供相反证据又未能说明款项性质的情况下，
　　　　票据持票人可以依据转账记录及信用卡账务明细等证据材
　　　　料主张票据利益返还请求权 ································ 087
　　（五）收款人依据托收银行出具的《托收凭证》、与前手之间买卖
　　　　交易材料、情况说明等材料以及时效期内未予承兑的事实
　　　　主张票据利益返还请求权的，人民法院应予支持 ············ 088
　　（六）承兑人在票据已过承诺期及权利期后未将款项返还出票人
　　　　而继续占有并拒绝向持票人付款的，票据利益的诉讼时效
　　　　起算点应为提示付款被拒之日 ······························ 089
　四、结语 ·· 090
第四节　票据其他类纠纷 ·· 091
　一、导论 ·· 091
　二、票据其他类纠纷的基本理论 ····································· 092
　　（一）票据其他类纠纷的基本概念 ································ 092
　　（二）相关法律规定及其解读 ······································ 093
　三、关于票据其他类纠纷的裁判规则 ································ 095
　　（一）年度报告、财务报表审计报告书经合法资质的会计师事务
　　　　所依法审计和出具，并经公司董事会、监事会审议通过的，
　　　　可以作为参考确定案涉股权的拍卖处置参考价 ············ 095
　　（二）出票人以该公司的公章由持票人的法定代表人持有并由其
　　　　加盖为由否认持票人为合法持票人进而主张返还票据的，
　　　　人民法院不予支持 ·· 096
　　（三）中国人民银行的部门规章、行业规定中关于贴现时银行审
　　　　查的要求，可以作为金融机构贴现时是否具有重大过失的

　　　　　判断标准 ··· 097
　　（四）银行在办理贴现业务操作时存在违反部门规章的行为与持
　　　　　票人票据贴现利益的丧失并无因果关系 ······················· 097
　　（五）申请人不能以开户公司在银行开户预留的电话、办公地址、
　　　　　经办人等信息相同以及行为人与银行事先联系后再办理贴
　　　　　现业务为由，主张办理贴现的银行承担票据损害责任 ······ 098
　　（六）公安机关制作的笔录、票据付款行的情况说明以及留有票据转
　　　　　让人签名的票据复印件等证据足以证明票据的效力问题，无须
　　　　　再对案涉票据进行鉴定 ··· 099
　四、结语 ··· 100
第五节　信托纠纷 ·· 101
　一、导论 ··· 101
　二、信托纠纷的基本理论 ··· 102
　　（一）信托的概念 ··· 102
　　（二）信托的法律关系性质 ·· 103
　　（三）信托纠纷与信托合同纠纷 ··· 104
　三、关于信托纠纷的裁判规则 ·· 105
　　（一）在信托保障范围纠纷中，委托人、受托人、受益人非《委
　　　　　托贷款借款合同》的当事人，但事后三方达成补充协议且
　　　　　委托人向受益人出具《承诺函》的，可以明确信托的保障
　　　　　范围 ·· 105
　　（二）在信托投资纠纷中，《承诺函》能否办理赋予强制执行效力
　　　　　的债权文书公证并非影响判断投资风险的主要因素 ········· 106
　　（三）在判断信托计划成立与否时，应考虑商事信托和商事主体
　　　　　的特征、当事人签订《信托合同》时的必要审查义务、未
　　　　　满足信托成立条件对投资者的影响、当事人的本意等内容
　　　　　可以作为判断信托计划是否成立的条件 ······················· 107
　　（四）受托人（证券机构）以其他账户的名义购买债券，但能够
　　　　　查明该账户实际由证券机构所控制且独立于证券机构的固
　　　　　有财产的，与委托人之间构成信托法律关系 ················· 108
　　（五）信托合同中关于委托人对信托收益的差额补足约定并非法

　　　　律所禁止的保底条款或者刚兑条款，不作为信托合同无效
　　　　的事由 ………………………………………………………… 109
　　（六）商事主体的成熟度可以作为判断信托公司是否违反信息披
　　　　露义务的重要因素 …………………………………………… 110
　四、结语 ……………………………………………………………… 111
第六节　信用证纠纷 ……………………………………………………… 112
　一、导论 ……………………………………………………………… 112
　二、信用证纠纷的基本理论 ………………………………………… 113
　　（一）信用证的概念 ……………………………………………… 113
　　（二）信用证的当事人 …………………………………………… 114
　　（三）信用证纠纷的法律适用基本原则 ………………………… 115
　三、关于信用证纠纷的裁判规则 …………………………………… 116
　　（一）开证申请人与第三方对开增值税发票的行为以及资金的最
　　　　终流向不足以认定双方存在信用证欺诈行为 ……………… 116
　　（二）在《分销协议》约定受益人有权对产品数量及价格进行调
　　　　整且货物已经交付的情形下，议付行不能仅以受益人的货
　　　　物清单与《分销协议》及附件的清单不符为由拒绝承担付
　　　　款义务 ………………………………………………………… 117
　　（三）保函受益人的欺诈行为与保函开立人不存在关联，保函开
　　　　立人在善意的情形下有权依据反担保保函向反担保人请求
　　　　付款 …………………………………………………………… 118
　　（四）当事人签订的《补充协议》与《补充协议-1》对双方之间
　　　　的债权债务关系使用了不同的措辞，但指向同一债权债务
　　　　关系的，不构成法律关系的变更 …………………………… 119
　　（五）当事人在工程款是否足以抵扣代建费用仍存在争议的情况
　　　　下，分包商不能以分包合同的约定为由主张总包商构成保
　　　　函欺诈行为 …………………………………………………… 120
　　（六）当事人未在《进口信用证开证申请人承诺书》中的利息一
　　　　栏签字，但能够依据合同目的及双方交易惯例确定利息的，
　　　　应予支持 ……………………………………………………… 121
　四、结语 ……………………………………………………………… 122

第七节　借记卡纠纷 ········· 123
一、导论 ········· 123
二、借记卡纠纷的基本理论 ········· 124
（一）借记卡的概念 ········· 124
（二）借记卡存款所有权的归属 ········· 124
（三）银行与持卡人的权利义务 ········· 126
三、关于借记卡纠纷的裁判规则 ········· 127
（一）持卡人的借记卡密码未发生泄露，但借记卡绑定的第三方支付平台账号和密码泄露导致借记卡内的存款损失，发卡行主张不承担赔偿责任的，人民法院应予支持 ········· 127
（二）持卡人将借记卡密码仅告知配偶，且发卡行不能证明配偶泄露的，不能认定为持卡人未尽到妥善保管借记卡密码安全的义务 ········· 128
（三）第三人实施盗刷行为构成刑事案件的，不影响持卡人请求发卡行承担民事责任。发卡行主张由持卡人向第三人请求赔偿责任的，人民法院不予支持 ········· 129
（四）持卡人明知第三人利用持卡人身份证、主卡及密码办理附属卡，未作出防范行为，且不能合理解释的，不能认定发卡行没有尽到合理审查义务 ········· 130
（五）发卡行以持卡人未订付费短信通知服务导致损失扩大，应当对涉案损失承担部分责任的，人民法院不予支持 ········· 131
四、结语 ········· 132

第八节　信用卡纠纷 ········· 133
一、导论 ········· 133
二、信用卡纠纷的基本理论 ········· 134
（一）信用卡纠纷的概念 ········· 134
（二）信用卡纠纷中主要涉及的当事人及其主要权利义务 ········· 134
（三）信用卡纠纷的主要类型 ········· 136
三、关于信用卡纠纷的裁判规则 ········· 140
（一）残疾人向发卡行申领信用卡，但因身体残疾无法完成签字等手续的，发卡行应当采取合理措施履行格式条款的说明

　　　　义务 ·· 140

　　（二）银行单方以公告方式将信用卡滞纳金变更为违约金，持卡
　　　　人不予认可的，不能视为达成收取违约金的约定 ·············· 141

　　（三）发卡行未及时向持卡人提供信用卡合同约定的服务，持卡
　　　　人要求发卡行退还信用卡年费的，人民法院应予支持 ······ 142

　　（四）发卡行向持卡人请求的手续费、违约金、利息等总额高于
　　　　年利率24%的，人民法院可以根据持卡人的请求调减为年
　　　　利率24% ·· 143

　　（五）发卡行未尽到谨慎审查义务，致使第三人盗用当事人身份
　　　　开立信用卡并恶意透支的，当事人无须承担该信用卡的逾
　　　　期金额 ·· 144

四、结语 ·· 145

第九节 储蓄存款合同纠纷 146

一、导论 ·· 146

二、储蓄存款合同纠纷的基本理论 ·· 147

　　（一）储蓄存款合同的概念 ·· 147
　　（二）储蓄存款合同的法律性质 ·· 147
　　（三）储蓄存款合同的法律特征 ·· 148
　　（四）储蓄存款合同的纠纷类型及责任承担 ···················· 150

三、关于储蓄存款合同纠纷的裁判规则 ·· 151

　　（一）金融机构仅以存款人为收取较高利息进行存款，主张存款
　　　　人对储蓄存款损失具有过错的，人民法院不予支持 ········ 151

　　（二）金融机构与存款人均存在违约行为，致使第三人挂失存单
　　　　后提取存款的，应当根据双方过错大小，分别对存款损失
　　　　承担相应责任 ·· 152

　　（三）存款人与金融机构间的借款债务已经超过诉讼时效，金融
　　　　机构仍然可以对存款人的存款行使抵销权 ······················ 153

　　（四）存折丢失后，存款人应当及时挂失，存款人怠于履行及时
　　　　挂失义务，致使存款被第三人取走，金融机构尽到合理审
　　　　查义务的，存款损失由存款人承担 ···································· 154

　　（五）在网络盗刷案件中，金融机构不能仅以用户名、登录密码、

　　　　　附加码、取款密码及验证码验证通过而免除违约责任 …… 155
　四、结语 …… 157

第三章　保险纠纷

序　论 …… 161
第一节　财产损失保险合同纠纷 …… 162
　一、导论 …… 162
　二、财产损失保险合同纠纷的基本理论 …… 162
　　（一）财产损失保险合同的概念 …… 162
　　（二）财产损失保险合同保险标的物的可转让性 …… 163
　　（三）财产损失保险合同保险人承保损失的范围 …… 164
　　（四）财产损失保险合同的分类 …… 165
　三、关于财产损失保险合同纠纷的裁判规则 …… 167
　　（一）在当事人未特别约定的情况下，部分保险标的物自燃引起火灾，导致保险标的整体毁损的，应当依据通常理解认定保险标的毁损属于因自燃引起的损失，保险人请求按照合同约定免责的，人民法院应予支持 …… 167
　　（二）特定期间内免检的机动车，在保险人未能提供证据证明车辆存在不符合实质性安全质量标准，或者发生过造成人员伤亡的交通事故、按规定不符合免检条件的情形下，保险人仅以车辆未领取检验标志主张免于承担赔付责任的，人民法院不予支持 …… 168
　　（三）保险人怠于履行法定定损、理赔义务及延期支付维修款，造成被保险人损失的，应当承担赔偿责任 …… 170
　　（四）车辆受让人将车辆借给亲友使用，并扩大车辆使用的地域范围的，不能认定为导致保险标的危险程度显著增加 …… 171
　　（五）财产损失保险合同约定的免责条款中涉及部门规章的，保险人应当履行提示和明确说明义务，保险人未尽到提示和明确说明义务的，该免责条款不产生效力。保险人仅以机动车驾驶人未取得营运车辆驾驶员从业资格证，主张涉案

　　　　车辆危险程度显著增加的，人民法院不予支持 …………… 173
　　四、结语 ……………………………………………………………… 174
第二节　责任保险合同纠纷 …………………………………………… 175
　　一、导论 ……………………………………………………………… 175
　　二、责任保险合同纠纷的基本理论 ………………………………… 176
　　　（一）责任保险合同的概念 ……………………………………… 176
　　　（二）责任保险合同的特征 ……………………………………… 177
　　　（三）责任保险合同的保险标的 ………………………………… 177
　　　（四）责任保险合同的保险责任 ………………………………… 178
　　三、关于责任保险合同纠纷的裁判规则 …………………………… 181
　　　（一）保险人主张机动车驾驶人处于"驾驶证暂扣期间"，应当认
　　　　　　定其"未取得驾驶资格或未取得相应驾驶资格"，人民法院
　　　　　　应予支持 ……………………………………………… 181
　　　（二）在第三者责任保险中，机动车驾驶人因自身行为受到损害，
　　　　　　被保险人以机动车驾驶人在事故发生时处于车外为由，主
　　　　　　张将其认定为第三者，请求保险人进行理赔的，人民法院
　　　　　　不予支持 ……………………………………………… 182
　　　（三）牵引车与挂车连接时，应当视为一个整体，牵引车投保了车
　　　　　　上人员责任保险，但挂车未投保车上人员责任保险时，牵引
　　　　　　车上人员在挂车上发生意外事故，被保险人请求保险人承担
　　　　　　损害赔偿责任的，人民法院应予支持 ………………… 183
　　　（四）在雇主责任保险合同中，保险人认为构成工伤应当按照
　　　　　　《工伤保险条例》重新核定保险赔偿金额，被保险人主张依
　　　　　　据雇主责任保险合同约定进行赔付的，人民法院应当支持
　　　　　　被保险人的请求 ……………………………………… 184
　　　（五）安全生产责任保险合同中约定的工伤死亡赔偿金实际已经
　　　　　　由社会保险部门进行赔付的，被保险人再向保险人请求赔
　　　　　　偿保险金的，人民法院不予支持 ……………………… 185
　　四、结语 ……………………………………………………………… 186
第三节　信用保险合同纠纷 …………………………………………… 187
　　一、导论 ……………………………………………………………… 187

二、信用保险合同纠纷的基本理论 … 188
（一）信用保险合同的概念 … 188
（二）信用保险合同的特征 … 188
（三）信用保险合同与保证保险合同的联系与区别 … 189
（四）信用保险合同的种类 … 190
三、关于信用保险合同纠纷的裁判规则 … 191
（一）在获得已生效仲裁裁决或法院判决并申请执行之前，保险人不予定损核损的"纠纷先决条款"，不属于格式条款的法定无效情形，也不属于保险人的免责条款 … 191
（二）信用保险合同中约定的限额买方，被保险人应当提供证据证明，其与限额买方进行了真实交易或者限额买方收取了货物，否则应当承担举证不利的后果 … 193
（三）被保险人在买卖合同相对方拖欠货款，但无证据显示对方的经营及信用状况恶化的情况下，仍然按照交易习惯继续向对方供应货物，保险人主张按照被保险人"知险后出运"免除责任的，人民法院不予支持 … 194
（四）被保险人严重迟延填报《可能损失通知书》，且不能作出合理解释的，保险人有权依据信用保险合同的约定免除保险责任 … 195
（五）短期出口信用综合险中，投保人以销售合同无效、保险标的不具有保险利益为由，主张与保险人签订的保险合同无效，请求退还保险金的，人民法院不予支持 … 196
四、结语 … 197
第四节 保证保险合同纠纷 … 198
一、导论 … 198
二、保证保险合同的基本理论 … 199
（一）保证保险合同的性质 … 199
（二）保证保险合同是否具有独立性 … 200
（三）保证保险合同纠纷中各合同主体的诉讼地位 … 201
三、关于保证保险合同纠纷的裁判规则 … 202
（一）保险单约定的受益人在出具函件索赔未能及时得到理赔的

　　　　　情况下，有权以自身名义起诉要求予以审理 …………………… 202
　　　（二）当事人未明确表示仅行使保险人代位求偿权，其诉讼请求
　　　　　包含了代偿款、未付保费、违约金等，争议范围超过保险
　　　　　人行使代位求偿权所能主张权利的范围，则案由应确定为
　　　　　保证保险合同纠纷 ……………………………………………… 203
　　　（三）投保单中关于责任免除、保险金额和免赔率等免除保险人
　　　　　责任的格式条款，采取加黑加粗显示方式的，视为尽到了
　　　　　合理说明义务 …………………………………………………… 204
　　　（四）保险人依据保证保险合同向被保险人代偿后，再向借款保
　　　　　证人要求追偿的，法院不予支持 ……………………………… 205
　　　（五）在企业借款保证保险合同中，因企业破产或倒闭，银行向
　　　　　保险公司主张权利，应按借款保证合同纠纷处理，适用有
　　　　　关担保的法律 …………………………………………………… 206
　　　（六）被保险人与投保人达成的补充协议中明确约定，被保险人
　　　　　受保险合同条款拘束的，法院予以支持 ……………………… 206
　四、结语 ……………………………………………………………………… 207
第五节　保险人代位求偿权纠纷 ……………………………………………… 208
　一、导论 ……………………………………………………………………… 208
　二、保险人代位求偿权纠纷的基本理论 …………………………………… 209
　　　（一）代位求偿权成立的要件 ……………………………………… 209
　　　（二）代位求偿权的取得方式 ……………………………………… 210
　　　（三）代位求偿权行使对象的限制 ………………………………… 211
　三、关于保险人代位求偿权纠纷的裁判规则 ……………………………… 211
　　　（一）被保险人的子公司属于被保险人的利益共同体，保险人不
　　　　　得向其行使追偿权 ……………………………………………… 211
　　　（二）因第三者对保险标的的损害造成保险事故，保险人向被保
　　　　　险人赔偿保险金后，代位行使被保险人对第三者请求赔偿
　　　　　的权利而提起诉讼的，应当根据保险人所代位的被保险人
　　　　　与第三者之间的法律关系确定管辖法院 ……………………… 212
　　　（三）除非当事人在保险合同中约定缴纳保费为保险合同的生效
　　　　　要件，否则以保险合同未约定交付保险费的期限为由，认

　　　　　定保险人依法取得代位求偿权的，人民法院不予支持 …… 214
　　（四）被保险人和第三者在保险事故发生前达成的仲裁协议，对
　　　　　保险人行使代位求偿权具有约束力 …………………… 215
　　（五）被保险人就应由保险公司赔偿部分的损失先行向承运方放
　　　　　弃了请求赔偿的权利，其无权再将其已经向承运方放弃的
　　　　　权利转让给保险人代位行使 …………………………… 216
　　（六）保险公司向机动车一方支付了车辆损失险的保险赔偿款后，
　　　　　向非机动车一方行使代位求偿权的，人民法院应予支持 … 217
　四、结语 ……………………………………………………………… 217
第六节　人身保险合同纠纷 ……………………………………………… 218
　一、导论 ……………………………………………………………… 218
　二、人身保险合同纠纷的基本理论 ………………………………… 219
　　（一）人身保险合同的概念 ……………………………………… 219
　　（二）人身保险合同的主要特征 ………………………………… 219
　　（三）人身保险合同的常见条款 ………………………………… 220
　三、关于人身保险合同纠纷的裁判规则 …………………………… 223
　　（一）投保人的如实告知义务限于保险人询问的范围和内容，对
　　　　　于保险人未询问的事项，投保人无须主动告知，保险人不
　　　　　能以投保人未履行如实告知义务主张免赔 ………………… 223
　　（二）投保人声明中没有具体免责内容，且无证据证明已向投保
　　　　　人送达包含免责条款的《示范条款》，该免责条款无效 … 224
　　（三）保险人代投保人网上激活保险卡的行为不属于代理行为，代
　　　　　为激活保险卡后仍应就免责条款向投保人进行提示说明 … 225
　　（四）员工因工作发生人身损害的，用人单位或雇主不得以团体
　　　　　意外伤害险的保险金抵偿自身的赔偿责任 ………………… 226
　　（五）总承包单位与劳动者有无劳动关系，与劳动者是否为建筑
　　　　　工程团体意外伤害保险合同被保险人无关，即使劳动者为
　　　　　分包单位员工，仍应为总承包单位所订立的意外伤害团体
　　　　　保险合同的被保险人 ………………………………………… 227
　　（六）保险人未提供充分证据证明被保险人隐藏的职业身份足以
　　　　　影响其是否同意承保，仅以投保人隐瞒被保险人职业身份

　　　　为由解除合同的，法院不予支持 ………………………………… 228
　四、结语 ……………………………………………………………… 228

第四章　金融交易纠纷

序　论 …………………………………………………………………… 233
第一节　民间借贷纠纷 ………………………………………………… 233
　一、导论 ……………………………………………………………… 233
　二、民间借贷纠纷的基本理论 ……………………………………… 234
　　（一）民间借贷的概念 …………………………………………… 234
　　（二）民间借贷的当事人 ………………………………………… 235
　　（三）民间借贷合同无效的情形 ………………………………… 236
　三、关于民间借贷纠纷的裁判规则 ………………………………… 237
　　（一）债权人未提交借款合同或借据、收据、欠条等债权凭证，
　　　　　仅依据银行转账凭证等资金往来记录主张资金往来双方存
　　　　　在借贷关系的，法院不予支持 ……………………………… 237
　　（二）民间借贷合同中收款代理人所收取的款项，在没有收款人
　　　　　授权或追认的条件下，均不能直接认定为借款本金 ……… 238
　　（三）保证人在保证期间向债权人支付利息的，视为债权人已主
　　　　　张保证责任 …………………………………………………… 239
　　（四）当有证据证明出借人明知实际借款人并且两者之间形成了
　　　　　事实上的借贷关系时，由实际借款人承担还款责任 ……… 240
　　（五）当实际借款人作出债务加入的意思表示时，由名义借款人
　　　　　与实际借款人共同承担还款责任 …………………………… 240
　　（六）借贷合同均由夫妻一方签订，且款项由夫妻一方支付，款
　　　　　项数额亦超出家庭日常生活所需，债权人未提交充分证据
　　　　　证实夫妻另一方参与了借贷合同的履行而要求其承担共同
　　　　　还款责任的，法院不予支持 ………………………………… 242
　四、结语 ……………………………………………………………… 242

第二节 小额借款纠纷 ·· 243
一、导论 ··· 243
二、小额借款纠纷的基本理论 ····································· 244
（一）小额贷款公司的概念及特征 ······························ 244
（二）小额贷款公司的法律风险 ·································· 245
（三）小额贷款公司法律风险的属性 ···························· 246
三、关于小额借款纠纷的裁判规则 ································ 247
（一）小额贷款公司违反相关管理规定超额度、跨区域经营贷款业务，属于违反行政管理规定的行为，依法应当承担相应的行政责任，但是不影响借款合同的效力 ·············· 247
（二）小额贷款公司股权代持有效 ······························ 248
（三）小额贷款公司按照市场化原则进行经营，贷款利率上限放开，但不得超过民间借贷司法解释保护上限 ···················· 249
（四）小额贷款公司采取非监管融资方式融资的借款合同无效 ··· 249
四、结语 ··· 250

第三节 金融不良债权转让合同纠纷 ·································· 251
一、导论 ··· 251
二、金融不良债权转让合同纠纷的基本理论 ····················· 251
（一）金融不良债权的范围 ····································· 251
（二）金融不良债权转让效力的定义 ···························· 252
（三）金融不良债权转让的特点 ································· 253
三、关于金融不良债权转让合同纠纷的裁判规则 ·················· 255
（一）债权受让人有权要求保证人承担计算至实际清偿日止的逾期利息的保证责任 ·· 255
（二）不良资产受让人是非金融资产管理公司的，无权向国有企业债务人主张不良债权受让日之后发生的利息 ·············· 256
（三）债务人以资产公司未经公开竞价处置程序，采取协议转让方式向国有受让人转让资产主张此债权转让没有公开拍卖而无效的，法院不予支持 ······································· 257
（四）非金融机构的不良债权受让人，不享有原权利人因其为金融机构的特殊身份而享有的权利 ···························· 258

四、结语 259
第四节　金融不良债权追偿纠纷 259
　　一、导论 259
　　二、金融不良债权追偿纠纷的基本理论 260
　　　（一）金融不良债权的界定 260
　　　（二）金融不良债权追偿的范围 261
　　　（三）金融不良债权追偿的特征 261
　　三、关于金融不良债权追偿纠纷的裁判规则 262
　　　（一）在国家机关出具的担保函无效的情况下，其本来应当承担的保证责任因缔约过失而转换为赔偿责任，如有其他保证人的，与其他保证人之间不再是连带债务关系 262
　　　（二）银行分行的下属支行虽不同于银行分行，但若支行与民事主体签订的担保合同是其真实的意思表示且担保对象明确、具体，在分行与支行均能作出合理解释并且不加重担保人责任的情况下，可以认定担保人对该分行的借款承担连带保证责任 263
　　　（三）关联关系与人格混同有较为明显区别的，关联关系的法人并未达到人格混同程度的，不丧失独立意思和独立财产能力 264
　　　（四）只要双方没有达成改变担保的书面合意，或被担保一方作出同意改变担保书面文件的情况下，即使只有担保人改变担保的单方意思表示，担保人仍应承担担保责任 265
　　　（五）保证人并不存在下落不明导致债权人无法在保证期间内向其主张权利的情形，而债权人仅通过在报纸刊登公告的方式向保证人主张权利的，不能认定债权人已经向连带责任保证人主张权利 266
　　四、结语 268
第五节　期货交易纠纷 268
　　一、导论 268
　　二、期货交易纠纷的基本理论 269
　　　（一）期货交易的概念 269
　　　（二）期货交易的特征 270

（三）期货交易的功能 ⋯⋯⋯⋯⋯⋯⋯⋯⋯⋯⋯⋯⋯⋯⋯⋯⋯⋯⋯⋯ 270

三、关于期货交易纠纷的裁判规则 ⋯⋯⋯⋯⋯⋯⋯⋯⋯⋯⋯⋯⋯⋯⋯ 271

（一）期货交易中，在卖方机构已经多次进行风险提示并且买方也在各种风险告知书上签名的情况下，可以认定卖方机构已尽到风险提示说明义务 ⋯⋯⋯⋯⋯⋯⋯⋯⋯⋯⋯⋯⋯⋯⋯ 271

（二）在期货经纪合同中，应该综合客户知识、经验多方面进行认定未收到期货经纪合同是否对损失有影响 ⋯⋯⋯⋯⋯⋯ 272

（三）因期货交易市场本身的复杂性，证券公司的过错只要不违反法律、法规和交易所交易规则且与投资者的损失没有直接的因果关系，证券公司就无须对其损失承担赔偿责任 ⋯ 273

（四）对交易习惯的认定应当综合考虑各种因素，而不应仅依据某一行为即对交易习惯加以确定 ⋯⋯⋯⋯⋯⋯⋯⋯⋯⋯⋯ 274

（五）对于期货公司是否负有明确告知义务，应结合具体事实，从缔约双方就该问题是否存在信息不对称、该信息对于投资人的重要程度，以及投资人对于持仓浮盈开仓是否具有合理期待等方面综合判定 ⋯⋯⋯⋯⋯⋯⋯⋯⋯⋯⋯⋯⋯⋯⋯ 275

（六）交易规则具有一定的合同属性，合同主体可合意变更交易规则规定的保证金内容 ⋯⋯⋯⋯⋯⋯⋯⋯⋯⋯⋯⋯⋯⋯⋯⋯ 276

四、结语 ⋯⋯⋯⋯⋯⋯⋯⋯⋯⋯⋯⋯⋯⋯⋯⋯⋯⋯⋯⋯⋯⋯⋯⋯⋯⋯⋯⋯ 277

第六节 国际货物买卖合同纠纷 ⋯⋯⋯⋯⋯⋯⋯⋯⋯⋯⋯⋯⋯⋯⋯⋯⋯ 278

一、导论 ⋯⋯⋯⋯⋯⋯⋯⋯⋯⋯⋯⋯⋯⋯⋯⋯⋯⋯⋯⋯⋯⋯⋯⋯⋯⋯⋯⋯ 278

二、国际货物买卖合同的基本理论 ⋯⋯⋯⋯⋯⋯⋯⋯⋯⋯⋯⋯⋯⋯⋯ 279

（一）国际货物买卖合同的一般原理 ⋯⋯⋯⋯⋯⋯⋯⋯⋯⋯⋯⋯ 279

（二）国际货物买卖合同风险转移原则 ⋯⋯⋯⋯⋯⋯⋯⋯⋯⋯⋯ 280

三、关于国际货物买卖合同纠纷的裁判规则 ⋯⋯⋯⋯⋯⋯⋯⋯⋯⋯⋯ 281

（一）合同一方对违约方主张的可得利益损失，不能仅凭其与违约方签订的合同标的额和与第三人签订的合同标的额的差价损失来认定，而要综合各方面因素进行判断 ⋯⋯⋯⋯ 281

（二）依据民事主体协商合同、履行合同等事实行为可以推断民事主体之间是否真实存在买卖合同关系 ⋯⋯⋯⋯⋯⋯⋯⋯ 282

（三）要约的形式可以多样化，以电子邮箱形式发出的要约，只

要其内容具体明确并符合要约的实质性要件，一经对方承
诺，合同即成立 ··· 283
（四）交易习惯应根据之前交易的实际情况进行认定 ············ 284
（五）在民事主体虽非合同相对人，但实际参与经营的情况下，
相对人有理由相信该民事主体与合同签订主体系共同经营，
其应承担相应的责任 ··· 285
四、结语 ··· 285

第五章　金融合同纠纷

序　论 ··· 289
第一节　金融借款合同纠纷 ·································· 290
一、导论 ··· 290
二、金融借款合同纠纷的基本理论 ····························· 290
（一）金融借款合同的内涵 ··· 290
（二）金融借款合同的特征 ··· 291
（三）金融借款合同法律关系分析 ································· 292
三、关于金融借款合同纠纷的裁判规则 ························ 292
（一）金融借款合同的债权人向担保人撤回破产债权申报的行为，
在未违反法律、行政法规的强制性规定、未损害其他破产
债权人利益情况下，应认定为有效 ························· 292
（二）在金融借款合同纠纷中，补充协议中签章的真实性不能确
定时对主合同中签章的真实性并不产生影响 ··············· 293
（三）将新贷资金偿还到旧贷还款账户的行为，可以认定为以新
贷还旧贷的要约，而对方扣划该账户资金的行为是对上述
要约作出的承诺，由此可以认定双方达成了以新贷偿还旧
贷的合意 ·· 294
（四）未办理物权登记的，不影响合同效力，合同违约人应在物
保财产价值范围内向对方承担违约损害赔偿责任 ·········· 295
（五）仅仅是关于实现保证债权而非实现担保物权的约定，并没

　　　　　　有明确涉及实现担保物权的内容，不能得出已就担保物权
　　　　　　的实现顺序与方式等作出了明确约定 …………………… 297
　　　（六）控股股东在金融借款合同的法定代表人处签字的行为，既
　　　　　　包含公司对债务的确认，也载明由股东对其自身将承担保
　　　　　　证责任应是明知的，故可以认定其具有提供连带责任保证
　　　　　　的意思表示 ……………………………………………… 298
　　　（七）当事人是否具有抵押担保的真实意思表示，不应仅以印章、
　　　　　　签名等外在形式否定合同效力，需要结合签订背景、签订
　　　　　　过程、办理抵押登记等情况综合考量 ………………… 299
　四、结语 …………………………………………………………… 301
第二节　金融委托理财合同纠纷 ……………………………………… 301
　一、导论 …………………………………………………………… 301
　二、金融委托理财合同纠纷的基本理论 ………………………… 302
　　　（一）金融委托理财的界定 ……………………………… 302
　　　（二）金融委托理财合同的特征 ………………………… 303
　　　（三）金融委托理财合同的分类 ………………………… 303
　三、关于金融委托理财合同纠纷的裁判规则 …………………… 304
　　　（一）原金融委托理财合同到期后虽未续签，但双方仍在继续履
　　　　　　行，可以视为各方以实际行为对协议进行了展期 ……… 304
　　　（二）在金融委托理财合同中，金融机构的工作人员在金融机构
　　　　　　的办公地点实施超出其职务范围的行为，给相对人造成损
　　　　　　失，不仅需要相对人承担过失责任，也需要金融机构承
　　　　　　担监管不力的责任 ……………………………………… 305
　　　（三）在金融委托理财合同中，对于金融机构是否履行适当性义
　　　　　　务的判定不仅可以从正面证明，也可以从委托人的个人经
　　　　　　验、委托人的风险评估等级与所购基金的风险等级比对等
　　　　　　方面进行证明 …………………………………………… 306
　　　（四）在金融委托理财合同中，即使金融机构并未充分尽到风险
　　　　　　揭示义务，致使投资人受到损失，金融机构也不能承担全
　　　　　　部的损失赔偿责任 ……………………………………… 307
　四、结语 …………………………………………………………… 308

第三节　民间委托理财合同纠纷……309
一、导论……309
二、民间委托理财的基本理论……310
（一）民间委托理财的概念……310
（二）民间委托理财的特征……310
（三）民间委托理财与P2P的区分……311
（四）民间委托理财与个人信托上的区分……311
三、关于民间委托理财合同纠纷的裁判规则……312
（一）虽然场外配资本质上也是借贷关系的一种，但其在主体、手段等方面与借贷关系还是有一定区别的……312

（二）在民间委托理财合同中，保底合同无效并且保底条款属于委托理财合同的核心条款和目的条款，以及与其他内容条款具有不可分性的情况下，保底条款的无效将导致协议整体无效……313

（三）保底条款在既违背了市场投资的基本准则也违反了民法中的公平原则的情况下，应当认定其民事法律行为违背了公序良俗而属于无效条款……314

（四）民间委托理财合同可以以口头方式成立，成立之后需要根据相关法律判定其是否有效……315

（五）在民间委托理财合同未明确约定损失应如何承担的情况下，应由委托人自己承担……316

四、结语……316

第四节　财会服务合同纠纷……317
一、导论……317
二、财会服务合同的基本理论……318
（一）财会服务合同的内涵……318
（二）财会服务合同对企业发展的主要作用……318
三、关于财会服务合同纠纷的裁判规则……318
（一）因会计师事务所不具有某一资格而发生损害引发纠纷的，会计师事务所应当承担违反诚信原则的主要责任，委托人承担选定不当的次要责任……318

（二）财会服务合同属于双务合同，在合同中关于双方由谁先履行并未明确约定的情况下，应根据合同的实质内容来明确双方履行合同义务的先后顺序 …………………………………… 319

（三）财会服务合同中对具体内容没有作出明确约定，但在合同履行过程中，合同双方对实际操作流程均无异议的，可以认定该操作流程符合约定 …………………………………………… 320

（四）判断审计行为是否构成违约，应着重审查审计行为是否充分恰当地遵循了审计准则，而不能仅因其出具的审计报告结论与事实不符即认定构成违约 ………………………………… 321

四、结语 ……………………………………………………………… 323

第五节 融资租赁合同纠纷 …………………………………………… 324

一、导论 ……………………………………………………………… 324

二、融资租赁合同纠纷的基本理论 ………………………………… 325

（一）融资租赁合同的概述 ……………………………………… 325

（二）融资租赁合同与传统买卖合同的法律关系的辨析 ……… 325

三、关于融资租赁合同纠纷的裁判规则 …………………………… 326

（一）承租人将自有物出卖给出租人，再将该物从出租人处租回的租赁形式，构成融资租赁性质的法律关系 ……………… 326

（二）双方当事人签订的名为融资租赁合同，但实际不构成融资租赁法律关系的，人民法院应按照其实际构成的法律关系处理 …………………………………………………………… 327

（三）双方当事人签订的融资租赁合同包含以土地使用权作为抵押的相关内容的，不影响融资租赁合同的有效性 ………… 328

（四）以不动产及其附属设施为租赁标的物的融资租赁合同纠纷，不适用不动产专属管辖的规定 ……………………………… 329

四、结语 ……………………………………………………………… 330

第六节 典当纠纷 ……………………………………………………… 331

一、导论 ……………………………………………………………… 331

二、典当纠纷的基本理论 …………………………………………… 332

（一）典当纠纷概述 ……………………………………………… 332

（二）典当法律关系与质押法律关系之辨析 …………………… 332

三、关于典当纠纷的裁判规则 ·· 333
（一）一方当事人未以自有财产向典当公司作出抵押或质押，主张双方法律关系的性质属于典当法律关系的，人民法院不予支持 ·· 333
（二）一方当事人以土地使用权作为当物主张其属于典当法律关系的，人民法院应予支持 ·· 334
（三）典当公司以他人的个人资产为一方当事人提供当金，且个人与典当公司之间不存在代理关系的，典当公司主张与一方当事人之间存在典当关系的，人民法院不予支持 ········· 335
（四）动产质押典当合同中涉及的动产不具有独立性和可移动性，主张其为当物的，人民法院不予支持 ·························· 335
（五）典当公司以解除当物抵押为由出借款项的行为超出其经营范围，影响社会公众利益的，该行为无效，人民法院不予支持 ·· 336
（六）典当公司以出典人在典当期限届满后未赎当为由主张违约金的，人民法院不予支持 ·· 337
四、结语 ·· 337
第七节 保理合同纠纷 ·· 338
一、导论 ·· 338
二、保理合同的基本理论 ·· 339
（一）保理合同的概述 ·· 339
（二）保理合同的分类 ·· 340
三、关于保理合同纠纷的裁判规则 ·· 342
（一）保理人未有充分证据证明其与债权人存在应收账款，但主张存在保理合同纠纷的，人民法院不予支持 ·················· 342
（二）债权人提供虚假保理材料致使基础交易合同无效的，保理人不存在过错，该保理合同依法有效 ·························· 343
（三）在保理合同纠纷案件中，债务人抗辩保理人或债权人提交的基础合同、应收账款确认书等证据材料是伪造的，应当就这一事实承担举证责任 ··· 344
（四）在无追索权保理合同中，债权人和债务人约定债权人对应

收账款承担回购责任的，保理人可以主张债务人履行应收账款清偿义务，也可以主张债权人承担回购义务 …… 345
　　四、结语 …… 346
第八节　进出口代理合同纠纷 …… 347
　　一、导论 …… 347
　　二、进出口代理合同的基本理论 …… 347
　　　　（一）进出口代理概述 …… 347
　　　　（二）进出口代理制度中各主体的相互关系 …… 348
　　三、关于进出口代理合同纠纷的裁判规则 …… 349
　　　　（一）受托人一方因不可抗力而未能及时履行进出口代理经营业务的，并不必然导致双方签订的进出口代理合同无效 …… 349
　　　　（二）委托人主张与受托人之间的合同性质为借款纠纷而非进出口代理合同纠纷，但未提供充分证据证明的，人民法院不予支持 …… 350
　　　　（三）在进出口代理合同中，委托人一方的担保人未提供充分的证据证明进出口代理协议包含的基础交易未实际发生，但主张免除担保责任的，人民法院不予支持 …… 351
　　　　（四）委托人委托受托人与第三人签订有关进出口代理协议，在诉讼中主张第三人与该代理协议有关案件无直接利害关系的，人民法院不予支持 …… 352
　　　　（五）双方当事人基于委托合同而产生的进出口代理纠纷，案由可以认定为进出口代理合同纠纷 …… 352
　　四、结语 …… 353
第九节　货运代理合同纠纷 …… 354
　　一、导论 …… 354
　　二、货运代理合同的基本理论 …… 355
　　　　（一）货运代理概述 …… 355
　　　　（二）海上货运代理合同概述 …… 355
　　三、关于货运代理合同纠纷的裁判规则 …… 357
　　　　（一）在货运代理合同纠纷中，受托方违约后，委托人未积极采取措施减少与第三人买卖合同损失扩大，但主张由受托方

　　　　承担赔偿责任的，人民法院不予支持 …………………………… 357

　　（二）在货运代理合同纠纷中，因委托人过错致使第三人遭受损失，受托人对该损失进行赔偿后向委托人主张偿还责任的，人民法院予以支持 …………………………………………… 358

　　（三）货运代理企业在从事涉案货运代理事务中存在过错，委托人主张货运代理企业承担相应民事责任的，人民法院予以支持 …………………………………………………………… 359

　　（四）货运代理企业处理货运代理事务时，因不可归责于自己的事由使自己遭受损失，向委托人主张赔偿损失的，人民法院予以支持 ……………………………………………………… 360

四、结语 ……………………………………………………………… 361

第六章　金融纠纷疑难问题

序　论 ……………………………………………………………………… 365
第一节　金融案件适当性义务纠纷 ……………………………………… 365
一、导论 ……………………………………………………………… 365
二、金融案件适当性义务的基本理论 ……………………………… 366
　　（一）金融机构适当性义务的概念 ………………………………… 366
　　（二）金融机构适当性义务的理论基础 …………………………… 367
　　（三）金融机构适当性义务的内容 ………………………………… 367
　　（四）金融机构适当性义务的法律性质 …………………………… 369
三、关于金融案件适当性义务纠纷的裁判规则 …………………… 370
　　（一）违反适当性义务的损失赔偿标准是金融机构给投资人造成现有财产的减少，即投资人所处的状态与之前状态的差距 … 370
　　（二）金融机构主动推介理财产品，但因操作不当致使投资者未能购买成功，可认定金融机构违反了适当推介义务，应对投资者的损失承担适当赔偿责任 ………………………… 371
　　（三）金融机构先前针对客户所作的风险评估，在客户金融资产无较大变化时，对后续购买理财产品也适用，可认定金融机构尽到了解客户的义务 ………………………………… 372

（四）金融机构未充分履行适当性义务，投资者自愿承担风险的
　　　　承诺不能作为金融机构免责的依据 ……………………………… 373
　四、结语 ………………………………………………………………………… 374
第二节　招商引资协议纠纷 ………………………………………………………… 375
　一、导论 ………………………………………………………………………… 375
　二、招商引资协议纠纷的基本理论 …………………………………………… 375
　　（一）招商引资协议的概念 ………………………………………………… 375
　　（二）招商引资协议的性质 ………………………………………………… 376
　　（三）招商引资协议的效力 ………………………………………………… 377
　　（四）招商引资协议的司法困境 …………………………………………… 377
　三、关于招商引资协议纠纷的裁判规则 ……………………………………… 379
　　（一）招商引资协议属于框架性协议，其内容并不当然构成后续
　　　　签订的具体合同之约定，诉讼请求的依据为具体合同的，
　　　　以具体合同确定双方的权利义务 ……………………………………… 379
　　（二）招商引资协议整体上围绕一个合同标的展开，应从整体上
　　　　对该协议的争议条款进行解释，当事人主张部分内容分属
　　　　不同法律关系需单独对待给付的，人民法院不予支持 …………… 380
　　（三）行政机关违反招商引资协议的约定，应承担赔偿责任，此
　　　　处的赔偿责任类似于民事上违反义务之"违约责任"，法院
　　　　需根据具体请求判断责任承担方式 …………………………………… 381
　　（四）如果协议的继续履行根本不能实现行政协议的目标，以致
　　　　对公共利益造成严重损害时，行政机关即可以行使其单方
　　　　解除权 ……………………………………………………………………… 382
　　（五）招商引资协议中同时约定民事权利和行政权力内容的，原
　　　　告在诉讼请求、诉讼类型等问题上依法具有选择权，有权
　　　　就协议的全部或部分内容提起诉讼 …………………………………… 383
　四、结语 ………………………………………………………………………… 384
第三节　金融消费者权益保护纠纷 ………………………………………………… 385
　一、导论 ………………………………………………………………………… 385
　二、金融消费者权益保护的基本理论 ………………………………………… 386
　　（一）金融消费者的概念 …………………………………………………… 386

（二）我国金融消费者保护的法律现状 ………………………… 386
　　（三）金融消费者需要特定保护的权利 ………………………… 387
　　（四）金融消费者权益保护的原则 ……………………………… 388
　三、关于金融消费者权益保护纠纷的裁判规则 ……………………… 388
　　（一）商事主体并不是普通的金融消费者，其对订立交易合同应
　　　　　当承担更高的注意义务，不能以其忽视合同重要内容为由
　　　　　主张免责 …………………………………………………… 388
　　（二）消费者购买兼具财务投资和生活消费的保险，法院可以在
　　　　　酌减保险费的基础之上计算惩罚性赔偿金 ……………… 389
　　（三）金融消费者未尽到审慎注意义务，对损害事实的发生存在
　　　　　过错的，应根据过错程度承担一定比例的赔偿责任 ……… 390
　　（四）虽然违反规范性文件在一般情况下不影响合同效力，但该
　　　　　规范性文件的内容涉及金融安全、市场秩序、国家宏观政
　　　　　策等公序良俗的，应当认定合同无效 …………………… 392
　四、结语 …………………………………………………………………… 392
第四节　房地产金融纠纷 ……………………………………………………… 393
　一、导论 …………………………………………………………………… 393
　二、房地产金融纠纷的基本理论 ………………………………………… 394
　　（一）房地产金融的概念 ………………………………………… 394
　　（二）房地产金融政策 …………………………………………… 394
　　（三）房地产金融涉及的法律问题 ……………………………… 395
　三、关于房地产金融纠纷的裁判规则 …………………………………… 397
　　（一）对不动产登记簿上记载的内容有歧义时，应当以社会上通常
　　　　　的第三人的理解为标准，而不能以抵押权人的理解为标准 … 397
　　（二）合同一方当事人以通知形式行使合同解除权的，须以享有
　　　　　法定或者约定解除权为前提 ……………………………… 398
　四、结语 …………………………………………………………………… 399
第五节　互联网金融纠纷 ……………………………………………………… 400
　一、导论 …………………………………………………………………… 400
　二、互联网金融纠纷的基本理论 ………………………………………… 401
　　（一）互联网金融的概念及模式 ………………………………… 401

- 029 -

（二）互联网金融的法律规制 ……………………………… 401
　　（三）互联网金融纠纷的解决路径 …………………………… 401
三、关于互联网金融纠纷的裁判规则 ……………………………… 402
　　（一）在互联网金融借贷中，当信息中介机构与资金出借方并非
　　　　同一主体时，不应将服务费混同为提前扣收利息 ………… 402
　　（二）网络借贷信息中介机构的信息披露义务在时间上和范围上
　　　　均有所延展，出借人在争议发生后还未掌握借款人具体信
　　　　息的，网络借贷信息中介机构构成违约 …………………… 403
　　（三）通过众筹平台对股权众筹项目进行投融资形成的法律关系
　　　　有别于传统意义上的居间法律关系，由此产生的纠纷应归
　　　　结为其他合同纠纷 …………………………………………… 404
　　（四）电子签名并非成立电子借款合同的必要和唯一形式，经勾
　　　　选同意也可推定为具有借款意图，成立借款合同 ………… 405
四、结语 ……………………………………………………………… 406

第六节　内幕交易纠纷 …………………………………………… 406
一、导论 ……………………………………………………………… 406
二、内幕交易纠纷的基本理论 ……………………………………… 407
　　（一）内幕交易的概念 …………………………………………… 407
　　（二）内幕交易的法律责任 ……………………………………… 408
三、关于内幕交易纠纷的裁判规则 ………………………………… 409
　　（一）不能以宏观层面的战略转型信息不属于法定内幕信息类型，
　　　　否认具体收购行为作为内幕信息内容的适当性 …………… 409
　　（二）行为人与内幕信息知情人在内幕信息敏感期内频繁联系，
　　　　且买入时点与联系时点高度吻合，同时存在连续、大量、
　　　　集中、融资买入等交易行为明显异常的情形，属于利用内
　　　　幕信息进行内幕交易的行为 ………………………………… 410
　　（三）内幕交易民事责任中，只有当投资者交易的投资品种与内幕
　　　　交易的品种之间具有直接关联时，投资者才可能获得赔偿 … 411
　　（四）证券、期货交易行为不违反法律法规和交易所交易规则，
　　　　不应对其交易导致市场价格变化进而引发其他投资者判断、
　　　　交易而产生的损失承担赔偿责任 …………………………… 412

四、结语……413

第七节 特许经营协议纠纷……413
  一、导论……413
  二、特许经营协议的基本理论……414
    （一）特许经营协议的概念与特征……414
    （二）特许经营协议的属性……415
    （三）特许经营协议的行政优先权……415
  三、关于特许经营协议纠纷的裁判规则……417
    （一）解除经营协议和取消经营权属于对相对人的权益产生重大影响的行政处罚事项，应保障相对人陈述、申辩、要求举行听证的权利……417
    （二）行政协议争议并不仅仅局限于协议相对人之间，其订立、履行等过程影响或处分第三人权益的，该第三人可就此提起诉讼……418
    （三）在行政行为的履行阶段上，终止特许经营协议属于特许经营项目接管的前置行政行为，若前置行政行为不合法，以其为依据的后续行政行为则不合法……419
    （四）资产收购协议与特许经营协议之间虽然具有一定的关联性，但资产收购协议不是附属合同，没有从属性……420
  四、结语……421

后　记……422

第一章
证券纠纷

序 论

1990年12月和1991年6月上海和深圳相继成立了证券交易所，开启了我国证券市场的先河。我国证券市场30多年来的快速发展，对整个国民经济的发展起到了积极的推动作用，证券业的发展也越来越引起广泛关注，证券业的地位和重要性也越发凸显。与此同时，证券市场发生的各类纠纷也无法避免。由于证券纠纷事关广大投资者的切身利益，与社会公共利益也紧密相关，因此，保障证券市场的持续健康发展、实现国民经济持续稳定增长需要营造良好的证券市场秩序，并以有效的方式公正、高效地解决证券纠纷。具体来看，自证券市场注册实施以来，关于证券中介机构的职责也不断加强，中介机构不仅要做好上市公司的辅助工作，更要把握好进入证券市场的第一关，为投资者和证券市场营造良好的证券生态环境。尤其是其中的律师事务所、会计师事务所等。关于律师事务所这类证券中介机构在证券虚假陈述案件中的责任承担问题一直是理论界和实务界广泛讨论的问题，自2020年《证券法》修订施行以及2022年最高人民法院发布《关于审理证券市场虚假陈述侵权民事赔偿案件的若干规定》以来，我国对证券虚假陈述的法律规制有了很大提升，证券虚假陈述的法律架构也逐步完善，但仍然存在律师事务所等中介机构对证券虚假陈述赔偿责任的承担比例如何确定、承担赔偿责任的主体等需要进一步明确的问题。因此，从实务层面来看，以人民法院作出的相关裁判文书为基础，归纳、提炼与证券纠纷有关的裁判规则具有重大的现实意义。

在体例上，本章共五节，每一节包括导论、基本理论、裁判规则、结语四个部分；在素材上，本节以人民法院作出的裁判文书为主，辅以与此相关的理论；在内容上，不仅选取了司法实务中较为典型的证券纠纷作为研究标的，还涉及诸多证券交易过程中所引发的纠纷共性问题以探究有关证券纠纷独特之处，共包括证券权利确认纠纷、证券虚假陈述责任纠纷、证券交易合同纠纷、证券回购合同纠纷、证券投资类纠纷五节内容，每一节皆以相关理论为基础，对裁判文书进行筛选、梳理与分析，精准归纳、提炼出相应的裁判规则。本章紧扣实务热点，立足司法实践，相信定会对理论研究与司法实务起到参考和指引作用。

第一节　证券权利确认纠纷

一、导论

证券权利问题，尤其是股权确认问题一直以来都是公司争议中的疑难问题，由于目前我国对证券权利确认还未形成系统、标准的规则和制度，因此，在司法实务中因股权确认、股权认定产生的争议没有行之有效的纠纷解决规定，相关法律依据仍然不够充分，相关的裁判规则也没有系列化。同时，大部分的规定还停留在原则规制上，实践性和可操作性不强。尤其是其中的因股权代持而产生的权利确认问题，该横跨合同法与公司法两大领域，涉及隐名股东、名义股东、公司以及债权人多方利益关系，各种关系交织缠绕，实体与程序问题交错，不仅是公司法理论研究的重点，也是长期困扰司法实践的难点。[1]诸如代持协议效力的判定、隐名股东的股东资格认定等问题，公司法和相关司法解释均未作出明确规定，理论界也对此有较大争议。本节以2020年以来人民法院作出的相关裁判文书作为主要范围，归纳、提炼关于证券权利确认的相关裁判规则，以期通过对我国案例的研究来指导司法实践。

截至2022年2月，编者在中国裁判文书网输入"证券权利确认"（案由）共检索出民事裁判文书501篇，其中，由最高人民法院裁判的有3篇，由高级人民法院裁判的有10篇，由中级人民法院裁判的有62篇。在具体案例的选取上，本节遵循以下"两个优先"原则：第一，优先选择审判层级较高的裁判文书；第二，优先选择审判日期较近的裁判文书。通过形式和内容两个方面的筛

---

[1] 参见王毓莹：《股权代持的权利架构——股权归属与处分效力的追问》，载《比较法研究》2020年第3期。

选,本节最终选择了5篇裁判文书进行研究,即(2021)粤03民终1460号、(2022)沪74民辖终201号、(2021)京03民终1529号、(2021)渝01民终90号、(2020)沪01民终10695号。其中,裁判日期为2021年(含)之后的有4篇。

二、证券权利确认纠纷的基本理论

(一)证券权利的含义

证券权利有广义和狭义之分。广义的证券权利,是指证券法律主体依法对证券或者以证券为原因所享有的民事权利的总称。狭义的证券权利,是指证券持有人依法对证券或者以证券为原因所享有的民事权利。区别两者的关键是其主体范围不同。证券法律关系的主体包括证券发行人、证券市场的中介人和服务者,除了证券持有人对证券的基本权利之外,打算购买证券的人也享有对证券的买入权,证券承销人对证券具有承销权,还有服务者也享有相关的民事权利。

(二)证券权利确认纠纷的含义

此处所称的证券仅指《证券法》所规定的证券,主要包括股票、公司债券、政府债券和证券投资基金份额等。证券权利确认纠纷,是指当事人之间因股票、债权、基金份额等权利归属发生争议而引发的纠纷。根据《民事案件案由规定》的规定,证券权利确认纠纷案由下设有"股票权利确认纠纷""国债权利确认纠纷""公司债券权利确认纠纷""证券投资基金交易纠纷"。

其中"股票权利确认纠纷",是指股东与股东之间或者股东与公司之间就股权是否存在以及持有比例多少而引发的纠纷;"国债权利确认纠纷",是指因国库券权利归属产生争议引发的纠纷;"公司债券权利确认纠纷",是指当事人之间因确认公司债券权利归属而产生的纠纷;"证券投资基金交易纠纷",是指因产业基金或投资基金份额产生争议引发的确权纠纷。在我国,股票是证券最主要的表现形式,因此在司法实务中因股权确认产生的纠纷最为常见。

（三）相关理论知识延伸

司法实务中因股权确认产生纠纷时有发生，故本节在此重点阐述与股权确认有关的理论与实务知识。

1.股东资格的认定标准。股权确认纠纷实质上就是股东资格确认纠纷，将此种纠纷细化则可大致分为"股东与公司之间的股东资格确认纠纷""股东与股东之间因出资产生的股东资格确认纠纷""股东与股东之间因股权转让产生的股东资格确认纠纷"。因此要处理此类纠纷，重点在于如何设定股东资格的认定标准。根据股东对内对外关系的不同，认定标准的设定也应有所区别。首先，在外部关系上，即股东与第三人之间应当以工商登记作为判定标准，且工商登记保护善意第三人的股东资格。其次，在对内关系即公司与股东之间，应以股东名册作为判定标准，在无相反证据证明的情况下，股东名册具有推定效力。最后，在对内关系即股东之间，应当以出资证明、股东会决议等股东实际投资以及股东间关于股权安排的真实意思表示等相关事实作为认定标准。

2.代持协议中隐名股东的资格认定。由于我国市场经济的发展，隐名出资现象越发普遍，而在判定隐名股东是否具有股东资格的问题上，我国公司法与相关司法解释均未作出明确规定，司法实务中也因案件情况的不同对认定隐名股东是否具有股东资格作出了不同处理，未有统一认定标准。在2011年《最高人民法院关于适用〈中华人民共和国公司法〉若干问题的规定（三）》[以下简称《公司法司法解释（三）》]颁布前，关于隐名股东资格的认定并无明确的裁判规则，不少法院直接否定隐名出资的合法性，在《公司法司法解释（三）》颁布之后，其第25条首次在司法解释层面规定了隐名股东身份认定的判定标准。虽然《公司法司法解释（三）》一定程度上弥补了法律漏洞，但司法实践中对隐名股东的身份认定仍存有裁判不一的现象。

在认定股东资格时应考虑当事人之间的法律关系，就隐名股东和名义股东而言，其基础法律关系就是股权代持协议，该种法律关系更倾向于无名合同理论。虽然其在某种程度上与委托合同也极为相似，但由于隐名股东无法随意解除合同，故可以称为类似委托的无名合同，可参照适用委托代理相关制度来规制代持协议的效力及范围。因此，在此基础上将股权代持协议认定为无名合同，受《民法典》合同编调整，同时对于隐名股东与其他股东和公司的关系可一分为二，按照《公司法》处理，这种处理方法通过分层看待股权代持与股东资格，遵从了合同法与公司法不同的内在逻辑。[①]

三、关于证券权利确认纠纷的裁判规则

（一）即使资产管理计划份额委托代持行为违反相关监管规定，但已达成的"代持协议"不因违反效力性强制性规定无效，亦不能据此否认财产归属

【案例来源】

案例名称：冯某与杨某等证券投资基金权利确认纠纷案

审理法院：广东省深圳市中级人民法院

案　　号：（2021）粤03民终1460号

【争议点】

冯某与杨某、张某某、常某、中信资本（深圳）资产管理有限公司（以下简称中信资管公司）因证券投资基金权利确认纠纷引发诉讼，该案历经广东省深圳市福田区人民法院一审、广东省深圳市中级人民法院二审两个阶段。在二审中，当事人双方就委托代持行为是否有效以及冯某是否享有相应的资产管理计划份额产生争议。

【裁判说理】

广东省深圳市中级人民法院认为，首先，双方达成的《资产管理计划及股权投资代持协议》为真实意思表示，且杨某也认可了该协议的真实性；其次，原《最高人民法院关于适用〈中华人民共和国合同法〉若干问题的解释（二）》第14条规定："合同法第五十二条第（五）项规定的'强制性规定'，是指效力性强制性规定。"因此，只有违反法律、行政法规的效力性强制性规定的合同才可认定无效。根据《证券投资基金法》第87条、第91条的规定，非公开募集基金应当向合格投资者募集，不得向合格投资者之外的单位或个人募集资金。该法中并未明确规定违反上述规定的基金合同、基金转让及代持协议无效；且私募基金份额的转让、代持行为仅发生在特定投资者内部，双方系平等

[①] 参见钱玉文：《论有限责任公司隐名股东的资格认定和法律地位》，载《中国政法大学学报》2022年第5期。

投资主体，一方通过支付对价的方式获得另一方名下的基金份额。向不合格投资者转让或代持私募基金份额仅关系到当事人的利益，并不导致任何第三方权益受损，该转让或代持行为亦未损害国家、集体及社会公共利益；而私募基金引入"合格投资者"制度，其目的在于保护投资人，在一定程度上起到风险提示与风险阻遏作用，是行政管理的需要。因此应当认为，《证券投资基金法》第87条、第91条属于管理性强制性规定，并非效力性强制性规定。双方委托代持行为未违反法律的效力性强制性规定，冯某是否为合格投资者不影响《资产管理计划及股权投资代持协议》的效力。应当认定《资产管理计划及股权投资代持协议》合法有效，对冯某与常某具有约束力。双方通过订立《资产管理计划及股权投资代持协议》形成委托合同关系。常某死亡后，该协议因一方死亡而自然终止。在冯某与常某的继承人未能达成新的代持协议的情况下，仅基于继承人一方的意思表示，不能产生合同继续履行的法律后果。据此，冯某要求确认该代持基金份额为其所有并无不当，即使冯某通过常某代持的行为违反了相关监管规定，也不能据此否认该财产的归属。因此，综合案情来看，法院对冯某的上诉予以支持，判决常某名下的相应资产管理计划份额归冯某所有。

（二）在股票权利确认纠纷中，法人住所经登记具有特定法律含义和唯一性的，其住所地法院对该法人所涉纠纷具有管辖权

【案例来源】
案例名称：上海汇质投资管理中心与袁某某股票权利确认纠纷案
审理法院：上海金融法院
案　　号：（2022）沪74民辖终201号

【争议点】
上海汇质投资管理中心与袁某某因股票权利确认纠纷引发诉讼，该案历经上海市青浦区人民法院一审、上海金融法院二审两个阶段。在二审中，当事人双方就一审法院对该案是否享有管辖权产生争议。

【裁判说理】
上海金融法院认为，根据《民法典》第63条的规定，法人以其主要办事机构所在地登记为住所；依法需要办理法人登记的，应当将主要办事机构所在地登记为住所。由此可知，法人住所经登记后具有公示公信的效力。由于本案

为当事人双方就股票权利确认产生的合同纠纷，故该纠纷由被告住所地或合同履行地的法院管辖，且本案一审被告上海汇质投资管理公司已经登记，且登记的住所为上海市青浦区，因此，一审法院即上海市青浦区人民法院作为被告住所地法院对本案享有管辖权。

（三）在商业银行股权代持纠纷中，实际出资人不是认定商业银行股东的充分条件，一方以其为实际出资人而当然认定为商业银行股东的，人民法院不予支持

【案例来源】

案例名称：王某某与陶某某股票权利确认纠纷案

审理法院：北京市第三中级人民法院

案　　号：（2021）京03民终1529号

【争议点】

王某某与陶某某双方因股票权利确认纠纷引发诉讼，该案历经北京市朝阳区人民法院一审、北京市第三中级人民法院二审两个阶段。在二审中，当事人双方就实际出资人陶某某能否直接要求确认王某某名下的商业银行股份并作为该商业银行股东产生争议。

【裁判说理】

北京市第三中级人民法院认为，对于商业银行的股权代持行为应当由专门的部门规章予以认定，案涉北京农村商业银行股份有限公司为商业银行，因此对该商业银行股权代持行为的认定也应当区别于一般的股权代持行为。由于原中国银行保险监督管理委员会对于中资商业银行的发起人、股东资格的获取以及应履行的报批手续具有相应的限制性规定，因此，本案中陶某某直接要求确认王某某名下的商业银行股份并要求归其所有，办理相关变更登记的做法实质上为要求直接确认实际出资人当然为商业银行股东，该请求不能予以支持。

（四）为保障广大非特定投资人的利益，上市公司的股权不得被隐名代持，因隐名代持形成的相关隐名出资协议书应认定无效

【案例来源】

案例名称：重庆科而士房地产开发有限公司与徐某股票权利确认纠纷案

审理法院：重庆市第一中级人民法院

案　　号：（2021）渝 01 民终 90 号

【争议点】

重庆科而士房地产开发有限公司与徐某因股票权利确认纠纷引发诉讼，该案历经重庆市合川区人民法院一审、重庆市第一中级人民法院二审两个阶段。在二审中，当事人双方就达成的《隐名出资合同书》效力如何认定产生争议。

【裁判说理】

重庆市第一中级人民法院认为，根据 2006 年中国证监会颁布的《首次公开发行股票并上市管理办法》第 13 条关于"发行人的股权清晰，控股股东和受控股股东、实际控制人支配的股东持有的发行人股份不存在重大权属纠纷"的规定，《证券法》第 11 条、第 78 条之规定，以及 2007 年中国证券监督管理委员会颁布的《上市公司信息披露管理办法》第 3 条可知，公司上市应严格如实遵循披露义务，所披露的信息必须真实、准确、完整，同时公司上市发行人必须股权清晰，且其股份不存在重大权属纠纷。由此可见，上市公司发行人必须真实，上市公司股权不得存在隐名代持。而在本案中，重庆农村商业银行股份有限公司上市前，重庆科而士房地产开发有限公司代徐某持有股份，违反了发行人的如实披露义务。同时，中国证券管理委员根据《证券法》授权对证券行业进行监管，是为保障广大不特定投资者的合法权益，要求上市公司股权清晰是对上市公司监管的必然要求，否则势必会危害金融安定和社会稳定，从而损害社会公共利益。《民法典》第 153 条规定："违反法律、行政法规的强制性规定的民事法律行为无效。但是，该强制性规定不导致该民事法律行为无效的除外。违背公序良俗的民事法律行为无效。"案涉《隐名出资合同书》不仅违反了相关上市公司的系列监管规定，还损害了广大非特定投资人的利益和社会公共利益，因此该案涉《隐名出资合同书》无效。

（五）上市公司上市前存在员工间代持行为，但已在上市公告中概括披露且所代持股权比例远远小于所发行股权且不足以造成公共利益损害的，该代持行为不必然无效

【案例来源】

案例名称：楼某某与王某股票权利确认纠纷案

审理法院：上海市第一中级人民法院

案　　号：（2020）沪 01 民终 10695 号

【争议点】

楼某某与王某因股票权利确认纠纷引发诉讼，该案历经上海市长宁区人民法院一审、上海市第一中级人民法院二审两个阶段。在二审中，当事人双方就股权代持的法律效力产生争议。

【裁判说理】

上海市第一中级人民法院认为，由于本案争议双方的股权代持行为发生在案涉上市公司上市之前，且代持双方均为该上市公司员工，该上市公司于增资扩股说明中也以员工合计认购的方式概括披露，并未侵害广大不特定投资者合法权益，同时案涉双方争议的股权比例还不及该上市公司发行股份的万分之零点一，也不足以造成公共利益的损害，因此不能导致双方代持行为无效。

四、结语

证券权利确认纠纷，是指当事人之间引起的因股票、债权、基金份额等权利归属发生争议而引发的纠纷。在司法实践中，应当注意以下几点：一是即使双方达成的资产管理计划份额委托代持行为违反相关监管规定，但由于该"代持协议"并未违反效力性强制性规定，因此不能直接认定为无效，亦不能据此否认财产归属。二是在股票权利确认纠纷中，因法人住所经登记具有特定法律含义和唯一性，故根据合同纠纷的法院管辖权规则，经登记的法人住所地法院也享有管辖权。三是在商业银行股权代持纠纷中，实际出资人不是认定商业银行股东的充分条件，一方以其为实际出资人而当然认定为商业银行股东的，人民法院不予支持。四是上市公司不得存在隐名代持行为，因隐名代持行为形成的相关隐名代持协议应属无效。五是若该代持行为发生在员工之间，且该公司在上市公告中对此种行为已经披露，且该代持股远远小于所发行的股权，未损害公共利益的，可以认定该代持行为并非无效。

第二节 证券虚假陈述责任纠纷

一、导论

2022年1月，最高人民法院发布了新修订的《关于审理证券市场虚假陈述侵权民事赔偿案件的若干规定》（以下简称《虚假陈述若干规定》）。这是继2003年《最高人民法院关于审理证券市场因虚假陈述引发的民事赔偿案件的若干规定》（已失效）出台之后最高人民法院对证券虚假陈述纠纷作出又一新规定。综合2020年施行的新《证券法》和《最高人民法院关于证券纠纷代表人诉讼若干问题的规定》等一系列法律文件，我国证券虚假陈述的相关法律架构不断完善。但是由于市场经济的快速发展，我国证券市场出现了较多关于证券虚假陈述的新问题，引起了实务界与理论界的广泛关注。本节以证券虚假陈述责任纠纷案件的裁判文书为研究对象，将2020年以来人民法院作出的相关裁判文书作为主要范围，归纳、提炼证券虚假陈述责任纠纷裁判的理念和趋势，以期通过对我国案例的研究来指导司法实践。

截至2022年2月，编者在中国裁判文书网输入"证券虚假陈述责任纠纷"（案由）共检索出裁判文书51 040篇，其中，由最高人民法院裁判的有548篇，由高级人民法院裁判的有7575篇，由中级人民法院裁判的有42 859篇。在具体案例的选取上，本节遵循以下"两个优先"原则：第一，优先选择审判层级较高的裁判文书；第二，优先选择审判日期较近的裁判文书。通过形式和内容两个方面的筛选，本节最终选择了5篇裁判文书进行研究，即（2021）最高法民申4872号、（2021）最高法民申108、110号、（2020）最高法民申3267号、（2020）最高法民申1554号、（2020）最高法民申2562号。其中，裁判日期为2021年（含）之后的有2篇。

二、证券虚假陈述责任纠纷的基本理论

（一）证券虚假陈述的概念

证券市场虚假陈述是证券发行市场、交易市场（包括并购市场）及相关领域的有关主体或行为人所披露的与证券发行、交易及相关活动有关的信息存在重大性的虚假、误导、遗漏或不适当披露，致使投资者在不了解真实情况的条件下参与证券或交易活动。[①]

根据《虚假陈述若干规定》的规定，虚假陈述可分为以下几类：首先是"虚假记载"，是指信息披露义务人披露的信息中对相关财务数据进行重大不实记载，或者对其他重要信息作出与真实情况不符的描述。虚假记载是一种积极的虚假陈述行为，常见的如财务报表中虚构营业收入、虚增利润、对资产负债比例进行虚报等。其次是误导性陈述，是指行为人公开披露文件的内容虽然没有完全背离事实真相，但其表述存在显著的缺陷或不当，致使投资者无法进行客观、完整、准确的理解和判断，并容易致使投资者形成不符合客观情况的误解和误信。再次是遗漏，是指行为人在公开文件中将证券发行、交易及相关活动的关键性信息予以隐瞒或疏漏的虚假陈述。最后是不当披露，是指行为人未按照法律、行政法规和监管部门规章规定的时间和方式披露信息，通常有提前披露和延迟披露两种。

（二）证券市场虚假陈述揭露日的认定

在证券虚假陈述侵权民事赔偿案件的司法实践中，实施日、揭露日和基准日是作为认定交易因果关系以及损失因果关系的关键因素，将决定投资者是否可以获得赔偿以及获得赔偿的数额，因此对于证券虚假陈述日的认定十分重要。[②] 我国对于"揭露日"的认定标准经历了从"镜像标准"到"知悉标准"的转变。2019年11月，最高人民法院印发的《全国法院民商事审判工作会议

[①] 参见郭锋：《证券市场虚假陈述及其民事赔偿责任——兼评最高法院关于虚假陈述民事赔偿的司法解释》，载《法学家》2003年第2期。

[②] 参见金琪睿：《证券虚假陈述揭露日的司法认定省思》，载《上海金融》2022年第6期。

纪要》对证券虚假陈述揭露日进行了进一步阐释，提出了判定"揭露"要件的"知悉"标准，主张"揭露"的精确程度并不以"镜像"标准为必要，不要求达到全面、完整、准确的程度，并主张考量"公开市场反应"要素。①2022年1月，最高人民法院发布的《虚假陈述若干规定》更是对虚假陈述揭露日作出系统性规定：（1）在虚假陈述揭露日"首次""全国性媒体公开""揭露"三大要件之外，补充"公开市场反应"要素，将其作为判断"揭露"要件的重要因素；（2）提出虚假陈述揭露日的两种推定情形；（3）针对个案中的数次虚假陈述，区分虚假陈述"连续状态"与"相互独立"两种状态。

在司法实践中，为了提高立案的准确性和有效缩短案件的调查周期，证券监管机构往往在正式开启立案调查程序之前，展开非正式调查。若在非正式调查阶段发现不当行为，证券监管机构则向虚假陈述行为人发布《行政监管措施决定书》《采取出具警示函措施的决定》《采取责令改正措施的决定》等，公开证券监管机构所掌握的虚假陈述情况，并要求虚假陈述行为人立即停止、限期改正。由于《行政监管措施决定书》《采取出具警示函措施的决定》《采取责令改正措施的决定》等所要求的立即停止、限期改正等行政行为，虽不具有惩罚性，但属于行政命令，具有权威性。此外，证券监管机构在《行政监管措施决定书》中对虚假陈述情形进行公开，足以使投资者"知悉"虚假陈述情形之存在，符合"揭露"的"知悉"标准，基于此情形，有学者提出对于虚假陈述揭露日的推定可以扩大到证券监管机构因虚假陈述对信息披露义务人采取行政监管措施的信息公开之日。

（三）证券虚假陈述中律师赔偿责任的承担

在证券虚假陈述纠纷中，证券服务机构的责任承担问题在实践与理论上均备受关注。尤其是在《虚假陈述若干规定》实施以后，其中的诸多内容都在强调中介主体的责任。注册制背景下，律师作为证券市场"看门人"的角色定位愈加鲜明，有关律师事务所在证券虚假陈述中的责任认定与承担问题更是引起理论界与实务界的广泛讨论。

律师事务所在证券发行中的主要工作是制作、出具法律意见书。律师对第三人承担民事责任的前提是违反了对第三人所负担的民事义务。律师与投资者

---

① 参见《全国法院民商事审判工作会议纪要》第84条。

之间不存在合同关系，自然不必对投资者承担契约责任。但是证券信息披露业务中，律师与投资者之间的特殊信赖关系决定了律师对投资者承担着具有法律意义的注意义务，若律师未尽义务则需要对投资者承担侵权赔偿责任。[①]《虚假陈述若干规定》对证券虚假陈述案件中因果关系的认定思路作出了重大调整，正式将证券虚假陈述案件中的因果关系认定分为交易因果关系认定与损害因果关系认定两个层次。

其中交易因果是指律师出具的不实法律文件与致使投资者遭受损失的交易行为之间是否存在"引起"与"被引起"的客观联系，包括对"虚假陈述内容重大性"和"虚假陈述对交易的促成作用"两方面要素的判断。其中在"重大性"认定标准方面，《虚假陈述若干规定》第10条明确规定，不实信息对于证券交易价格与交易量产生的影响程度是认定律师虚假陈述内容是否具有"重大性"的核心依据。该条将不实信息对于相关证券交易量的影响作为判断虚假陈述内容重大性的要素之一，有效避免仅仅依靠不实价格信息影响力来判断是否构成"重大性"所带来的弊端，为投资者提供更加全面的法律保障。

损害因果直接关系到责任范围的妥当性。《虚假陈述若干规定》第31条对能够阻隔损害因果关系的因素进行了详细的列举，明确了他人操纵市场行为、证券市场风险、证券市场过度反应以及上市公司内外部经营环境等四种典型的阻碍损害因果关系的因素。但是对于证券系统的风险计算规则该司法解释并未作出明确的规定，而在我国司法实践中各地法院的做法也不尽相同，因此，按照每个投资者的具体情况分别计算证券系统风险的方法显然更加合理。结合既往司法实践来看，在现代信息手段的帮助下，针对单一投资者分别计算系统风险早已没有技术层面的障碍。[②]

对于判定证券虚假陈述中律师侵权赔偿责任的承担主体，《虚假陈述若干规定》并未规定中介服务机构中的直接责任人是否直接对投资者承担侵权赔偿责任。学界对于律师对第三人责任的承担主体也有不同的意见。"一元责任主体"的观点认为，只有律师事务所作为律师执业赔偿责任的主体对委托人

[①] 参见王然、彭真明：《证券虚假陈述中的律师侵权赔偿责任》，载《社会科学家》2022年第4期。

[②] 参见张杰、曾宪权：《青岛中院妥善审结东方电子虚假陈述案》，载《人民法院报》2009年5月21日。

和与委托事项有利害关系的第三人承担赔偿责任。理由在于：律师事务所对律师执业赔偿事项的发生应承担指派不当、培训不足、管理疏失等责任，律师是接受律师事务所的指派为客户提供专业服务，律师事务所享有指派权利就应承担与此相应的义务。[1]"二元责任主体"的观点则主张，在执业中存在过错的律师本人应当与律师事务所一同对遭受损害的第三人承担赔偿责任。理由在于：律师是经过严格的法定程序获得了执业资格的专业人员，通过充分运用其个人的职业判断来开展业务活动，为了对其执业行为进行有效的规制，应该将律师个人和律师事务所一并作为对第三人承担责任的主体。[2] 对于承担主体，本书在此支持第二种观点，认为直接责任律师应当承担侵权赔偿责任，原因在于直接责任律师承担侵权赔偿责任是其贯彻自身责任这一民法基本原则的应有之义，同时也能规范律师证券执业行为，保护被侵权人的合法权益。

三、关于证券虚假陈述责任纠纷的裁判规则

（一）证券监管机构对上市公司立案调查公告的发布日即为证券虚假陈述揭露日

【案例来源】

案例名称：栗某某与国信证券股份有限公司、瑞华会计师事务所（特殊普通合伙）、成都华泽钴镍材料股份有限公司证券虚假陈述责任纠纷案

审理法院：最高人民法院

案　　号：（2021）最高法民申4872号

【争议点】

栗某某因与国信证券股份有限公司、瑞华会计师事务所（特殊普通合伙）、成都华泽钴镍材料股份有限公司（以下简称华泽钴镍）因证券虚假陈述责任纠纷引发诉讼，该案历经四川省成都市中级人民法院一审、四川省高级人民法院

---

[1] 参见李桂英：《律师执业赔偿制度的几个问题》，载《中国法学》2000年第2期。

[2] 参见彭真明、陆剑：《论律师对第三人的民事责任——以证券虚假陈述为视角》，载《社会科学》2008年第6期。

二审、最高人民法院再审三个阶段。在再审中，当事人双方就证券虚假陈述揭露日的认定产生争议。

【裁判说理】

原《最高人民法院关于审理证券市场因虚假陈述引发的民事赔偿案件的若干规定》第20条第2款①规定："虚假陈述揭露日，是指虚假陈述在全国范围发行或者播放的报刊、电台、电视台等媒体上，首次被公开揭露之日。"而对虚假陈述揭露日的认定也主要从以下三个方面统一认定：一是虚假陈述行为属首次被公开，但并不要求达到全面、完善、准确的程度；二是在全国范围发行、传播；三是揭露对证券交易产生了实质性的影响。在本案中，华泽钴镍在2015年11月18日向中国证监会四川监管局出具《整改工作报告》，但同年11月23日收到了原中国证券监督管理委员会的《调查通知书》，华泽钴镍于11月24日在股票交易市场开盘前发布《立案调查公告》，华泽钴镍的股票收盘价也在《立案调查公告》发布当日下跌7.51%，虽然在此后的几个交易日中，该公司的股价存在上涨，但不能据此否认《立案调查公告》发布后对该公司的实质影响。同时，由于证券监管机构只在掌握确实充分证据的情况下对相关上市公司进行立案调查，且只有极少情况才在立案调查后撤案，因此，在华泽钴镍发布证券机构对其涉嫌证券违法违规事项进行立案调查的公告内容后，对所有投资者都有较强警示性作用，符合有关虚假陈述"揭露"之客观要求。最后，由于在华泽钴镍发布《立案调查公告》当天，该公告也被证券时报网、搜狐网、全景网、东方财富网等网络媒体于股票交易市场开盘前刊载，符合有关虚假陈述"全国范围内发行、传播"之客观要求。因此，证券监管机构对上市公司立案调查公告的发布日是虚假陈述揭露日。

---

① 现对应《虚假陈述若干规定》第7条规定："虚假陈述实施日，是指信息披露义务人作出虚假陈述或者发生虚假陈述之日。信息披露义务人在证券交易场所的网站或者符合监管部门规定条件的媒体上公告发布具有虚假陈述内容的信息披露文件，以披露日为实施日；通过召开业绩说明会、接受新闻媒体采访等方式实施虚假陈述的，以该虚假陈述的内容在具有全国性影响的媒体上首次公布之日为实施日。信息披露文件或者相关报道内容在交易日收市后发布的，以其后的第一个交易日为实施日。因未及时披露相关更正、确认信息构成误导性陈述，或者未及时披露重大事件或者重要事项等构成重大遗漏的，以应当披露相关信息期限届满后的第一个交易日为实施日。"

（二）证券市场虚假陈述引发的民事赔偿应以该虚假陈述行为造成实质损失为要件，即使实施虚假陈述行为后公司股价略有涨幅，但仍明显低于实施前涨幅的，该涨幅造成的结果不属于虚假陈述行为造成的影响

【案例来源】

案例名称：张某某、任某与湖南尔康制药股份有限公司、帅某某、刘某某证券虚假陈述责任纠纷案

审理法院：最高人民法院

案　　号：（2021）最高法民申 108、110 号

【争议点】

张某某、任某与湖南尔康制药股份有限公司（以下简称尔康制药公司）、帅某某、刘某某因证券虚假陈述责任纠纷引发诉讼，该案历经湖南省长沙市中级人民法院一审、湖南省高级人民法院二审、最高人民法院再审三个阶段。在再审中，当事人双方就尔康制药公司于 2015 年年报中的虚假陈述行为与张某某、任某的决策和损失之间是否存在因果关系产生争议。

【裁判说理】

最高人民法院认为，证券市场因虚假陈述引发的民事赔偿案件，是指证券市场投资人以信息披露义务人违反法律规定进行虚假陈述并致使其遭受损失为由，向人民法院提起诉讼的民事赔偿案件。只有在虚假陈述行为对投资人造成损失，即存在虚假陈述行为引起理性投资人作出交易决策，并产生相应损失的情况下，尔康制药公司才应当承担相应的赔偿责任。根据原审查明的事实，尔康制药公司 2015 年年度财务报表虚增营业收入和虚增净利润，分别占当期合并报表披露营业收入和披露净利润的 1.03% 和 2.62%，较 2014 年度该部分仅分别提高了 1.3% 和 5.5%，没有对公司的业绩和重要财务指标产生实质影响。且 2015 年年报公布前两个多月（2016 年 1 月 29 日到 4 月 5 日），尔康制药公司股价涨幅为 22.26%，而在 2015 年年报公布后，尔康制药公司股价仅上涨了 2.99%，且卖出金额大于买入金额，表明 2015 年年报中的虚假陈述行为未对尔康制药公司股票的市场价格产生诱多的影响。尔康制药公司当时的股价涨跌是市场交易的正常反应，而非由 2015 年年报中虚假陈述行为导致。因此，二审判决认为尔康制药公司 2015 年年报中的虚假陈述行为与张某某、任某的决策和损失间不存在因果关系，且未将该公司 2015 年年报的披露日认定为虚假陈

述实施日,并无不当。

(三)在证券虚假陈述纠纷中,即使存在虚假陈述行为,但在虚假陈述行为前、行为之日至揭露日后股价并未下跌的,不应认定投资人的损失与虚假陈述行为有因果关系

【案例来源】

案例名称:黄某与安徽新力金融股份有限公司证券虚假陈述责任纠纷案

审理法院:最高人民法院

案　　号:(2020)最高法民申 3267 号

【争议点】

黄某与安徽新力金融股份有限公司(以下简称新力金融)因证券虚假陈述责任纠纷引发诉讼,该案历经安徽省合肥市中级人民法院一审、安徽省高级人民法院二审、最高人民法院再审三个阶段。在再审中,当事人双方就黄某的损失与新力金融虚假陈述行为是否有因果关系产生争议。

【裁判说理】

由于在证券虚假陈述民事案件中,虚假陈述行为与投资者损失之间存在因果关系,是虚假陈述行为人承担民事责任的前提条件。而在判断双方是否具有因果关系时,应当综合虚假陈述行为之前、行为日至揭露日、揭露日之后股价的整体走势综合判断。在本案中,由于新力金融股票在虚假陈述行为之前、虚假陈述行为之日至揭露日期间的表现一直优于大盘的走势,在揭露日以后,新力金融股价非但未暴跌,反而出现上涨,优于同期大盘和同类板块股价的走势。因此可得出,对于黄某的损失,应当系证券市场的系统风险及自身操作导致的,与新力金融虚假陈述行为不存在因果关系。因此,原审认定黄某的损失与新力金融虚假陈述行为之间不存在因果关系的说法正确,法院予以支持。

(四)在证券虚假陈述民事赔偿中,是否将存量股纳入损失计算,不以买入与卖出需具有一一对应的买卖顺序为标准,而应基于存量股交易是否发生在法律确定的可索赔期间

【案例来源】

案例名称:孙某某与浙江祥源文化股份有限公司证券虚假陈述责任纠纷案

审理法院：最高人民法院

案　　号：（2020）最高法民申 1554 号

【争议点】

孙某某与浙江祥源文化股份有限公司（以下简称祥源公司）就证券虚假陈述责任纠纷引发诉讼，该案历经浙江省杭州市中级人民法院一审、浙江省高级人民法院二审、最高人民法院再审三个阶段。在再审中，当事人双方就将存量股纳入投资损失计算是否合理产生争议。

【裁判说理】

根据原《最高人民法院关于审理证券市场因虚假陈述引发的民事赔偿案件的若干规定》及司法实践，只有因在实施日至揭露日期间买入股票而产生的损失，才与虚假陈述行为具有因果关系，实施日前投资者买入并仍持有的存量股与虚假陈述并无任何关联，因此，对于该部分存量股不应纳入投资损失计算的范围。由于在司法实践中，在以先进先出法剔除揭露日之前已经卖出的股票时，法院通常也不会考虑实施日前买入并仍持有的存量股。因为无论采用何种方式也无法完全还原虚假陈述所造成的损失，现有的计算方式只能在保障公平的基础上合理地确定投资者因虚假陈述导致的损失。同时根据原《最高人民法院关于审理证券市场因虚假陈述引发的民事赔偿案件的若干规定》之规定，要求虚假陈述行为人对投资者的赔偿应遵循补偿性赔偿原则，即任何投资者不能因虚假陈述事实而获益，若投资者因虚假陈述行为的发生而获得了利益，应在确定其投资损失时予以扣除。因此在本案中，若将实施日之前的存量股纳入投资差额损失计算当中，依照先进先出法，孙某某于实施日至揭露日卖出的共计 48 928 元的 2200 股祥源公司股票，对应的存量股为 2016 年 4 月 6 日至 11 月 9 日买入的共计 44 204 元的 2200 股祥源公司股票，上述买卖对应的收益为 4724 元。可见，如以孙某某主张的计算方法，忽略前述投资者因虚假陈述获取的收益，将使其获得超出侵权损失之外的赔偿，明显不具有合理性。证券虚假陈述民事赔偿案件中存量股是否纳入损失计算，应基于存量股交易是否发生于以上司法解释确定的可索赔期间，孙某某认为损失计算中不考虑存量股会出现"没有买入就先卖出"的问题，实际上是对以上司法解释以及损失计算方法的误解，其主张不能成立。

（五）投资者的理性投资应以经营者作出真实、准确、充分信息披露为前提，虚假陈述行为人以投资者自身投资行为不谨慎作为拒绝承担其虚假陈述行为对投资者造成损失的抗辩理由的，人民法院不予支持

【案例来源】

案例名称：上海安硕信息技术股份有限公司与黄某某证券虚假陈述责任纠纷案

审理法院：最高人民法院

案　　号：（2020）最高法民申2562号

【争议点】

上海安硕信息技术股份有限公司（以下简称安硕公司）与黄某某就证券虚假陈述责任纠纷引发诉讼，该案历经上海金融法院一审、上海市高级人民法院二审、最高人民法院再审三个阶段。在再审中，当事人双方就黄某某的损失是否由其自身的非理性投资行为造成的产生争议。

【裁判说理】

由于在经济活动中，对于理性人的判断是假想的理想状态，因此为保障经济活动的正常秩序，判断投资者的投资行为是否理性，应当以经营者是否提供真实、准确、充分的信息为前提。在本案中，由于安硕公司实施了虚假陈述行为，因此，基于该行为所披露的相关信息是不准确、不真实、不充分的。黄某某作为投资者，基于不准确、不真实、不充分的信息所实施投资行为和该投资行为造成的损失当然不能完全归责于黄某某。买卖股票属于存在盈亏风险的投资行为，投资行为本身并非造成损失的直接原因。因此，安硕公司主张黄某某应为其非理性投资行为导致的亏损负责，缺乏事实和法律依据，法院不予采纳。

四、结语

证券司法审判是保障证券市场健康、有效运行的重要力量，法院在审理证券虚假陈述案件时不仅要灵活适用法律，还要考虑司法裁判对社会的影响。因此，法院在审理证券虚假陈述纠纷案件时应当注意以下情况：一是要注意判断证券虚假陈述揭露日。对于上市公司而言，证券监管机构对其立案调查公告的

发布日即应当认定为证券虚假陈述揭露日。二是证券市场虚假陈述引发的民事赔偿应当以该虚假陈述行为造成实质损失为要件，即使存在实施虚假陈述行为后该公司股价略有涨幅，但涨幅明显低于实施前的，不认定该涨幅属于虚假陈述行为造成。三是在证券虚假陈述纠纷中，即使存在虚假陈述行为，但在虚假陈述行为前、行为之日至揭露日后股价并未下跌的，不应认定投资人的损失与虚假陈述行为有因果关系。四是在证券虚假陈述民事赔偿中，将存量股纳入损失计算应当基于存量股交易发生在法律确定的可索赔期间。五是当发生虚假陈述行为人以投资者自身投资行为不谨慎为由，拒绝承担其虚假陈述行为对投资者造成损失的，人民法院应当不予支持。

第三节　证券交易合同纠纷

一、导论

证券民事责任在整个证券法律责任体系中处于核心地位，其实质是民事责任在证券法领域的集中体现，包括证券缔约过失责任、证券合同责任和证券侵权责任。证券交易合同责任在整个证券民事责任中处于最基本、最核心的位置。证券市场主体之间的财产关系主要是由证券发行、交易活动中所订立的合同来规范调整的。2019年修订的《证券法》对证券民事责任进行了更加完善的规定。基于此，本节以证券交易合同纠纷为研究对象，将2017年以来人民法院作出的相关裁判文书作为主要范围，归纳、提炼证券交易合同纠纷裁判的理念和趋势，以期通过对我国案例的研究来指导司法实践。

截至2022年2月，编者在中国裁判文书网输入"证券交易合同纠纷"（案由）共检索出民事裁判文书2620篇，其中，由最高人民法院裁判的有43篇，由高级人民法院裁判的有323篇，由中级人民法院裁判的有1052篇。在具体案例的选取上，本节遵循以下"两个优先"原则：第一，优先选择审判层级较高的裁判文书；第二，优先选择审判日期较近的裁判文书。通过形式和内容两个方面的筛选，本节最终选择了5篇裁判文书进行研究，即（2020）最高法民终708号、（2017）最高法民终492号、（2021）京民终97号、（2019）苏民终1282号、（2021）京民终120号。其中，裁判日期在2020年（含）之后的有3篇。

二、证券交易合同纠纷的基本理论

（一）证券交易合同的概念和种类

证券交易，主要是证券买卖行为，其实质是一种认购、买卖证券的合同行为。由于合同是平等主体的自然人、法人以及其他组织之间设立、变更、终止民事权利义务关系的协议，因此证券交易合同是指在证券的发行与交易中，证券发行人、证券经营机构、证券服务机构以及证券投资者等从事证券业务活动的平等主体之间设立、变更、终止证券法律关系的协议。在证券交易活动中，证券交易包括以下两种情形：一是证券公开发行，即证券发行人为公司募集资金通过承销商公开向投资者销售证券的行为。二是投资者彼此之间就已发行的证券进行买卖交易的行为。证券发行阶段主要包括证券承销合同、证券认购合同、证券保荐合同；证券交易阶段主要是围绕投资人、证券公司及证券咨询机构等当事人产生证券投资咨询合同、证券资信评级服务合同、证券理财合同、证券经纪合同、证券交易合同等。[1]

（二）证券交易合同的特点

就证券法的性质而言，证券法兼具公法和私法的性质，但就其基本定位而言，其具有民商法的基本属性。[2] 即在证券法中涉及的各种证券交易合同从根本上需以债务合同制度以及公平交易的诚信原则为基础。证券交易合同的高技术性、信息化、程序化以及第三人介入等因素使证券交易合同不同于一般的合同，具体有以下特点：

1. 证券交易合同主体的相对性弱化。合同主体的相对性，是指合同关系只

---

[1] 参见王利明：《合同法研究》（第1卷），中国人民大学出版社2002年版，第49页。
[2] 参见孙国华、冯玉军：《证券法基础知识》，中国金融出版社2004年版，第44页。

能发生在订立合同的特定主体之间，只有合同当事人一方能够基于合同约定向合同的另一方当事人主张合同权利或基于合同提起诉讼。[①]在证券法领域中，证券交易合同主体的相对性，即只有各种证券交易合同中的当事人，才可以依据经协商订立的合同向合同另一方当事人提出为一定行为或不为一定行为的请求或提起诉讼、仲裁，而不得向证券交易合同关系以外的第三人主张上述权利。而证券交易合同主体的相对性弱化则是由于证券交易活动的虚拟性，即通过虚拟网络构筑的网络交易平台在方便证券交易活动的同时，也使证券交易合同主体相对难以在证券交易中确定，证券交易合同的当事人不经彼此双方见面即可达成交易。此外，证券交易结算体系也体现出证券交易合同主体相对性的弱化，当证券交易市场发生交易结果后，进行交易活动的各方无法确定自己的交易对手具体是谁，故登记结算机构作为交易结算参与人的共同对手方应运而生，在闭市后为证券交易各方提供多边净额交收服务。

2. 证券交易合同内容的相对性被突破。合同内容的相对性，是指合同中约定的权利义务是双方当事人意思表示一致的产物，由双方当事人分别享有和承担，合同当事人以外的任何第三人不能主张合同上的权利。而对于证券交易合同而言，其合同的相对性则是指在各种证券交易合同中所约定的双方当事人的权利和义务由订立合同的当事人享有和承担，但由于证券法兼具公法的性质，并且以保护中小投资者作为立法宗旨，因此受证券交易合同内容约束的不仅包括合同当事人，还延伸到证券交易合同以外的第三人。证券交易合同内容相对性的突破主要表现在，证券法中规定了第三人对证券交易合同内容承担法定义务。例如，在证券发行认购合同中，此合同的基本权利义务不仅约束发行人与投资人，对于证券承销商、保荐机构等中介机构也需要根据法律的相关规定，参与到证券发行认购行为中，并对发行人所发售的证券的真实性等承担担保义务。

3. 证券交易合同客体的信息密集性。证券法律关系的客体，是指证券法律关系主体的权利和义务所共同指向的对象，是引起证券法律关系产生、变更和终止的根据，主要包括证券和证券行为。证券交易合同的客体则是指在证券交易活动中建立的各种证券交易合同关系主体的权利和义务所共同指向的对象，是引起证券交易合同关系产生、变更和终止的依据，同样也包括证券和证券行为。例如，在证券买卖合同中，其合同的客体是投资者以自己持有的证券为获

---

① 参见王利明：《合同法研究》(第1卷)，中国人民大学出版社2002年版，第97页。

得经济利益而进行的证券买卖行为。作为证券交易合同客体的证券，是一种特殊的商品，在实质上承载着大量的信息，证券法也规定了证券信息公开制度，明确投资者有权利得到与该证券有关的各种信息，包括在证券发行阶段和证券交易阶段。尤其是在证券交易阶段，要求信息公开义务人定期将其基本经营状况、财务情况等重大信息的法律文件和可能对证券价格产生重大影响而投资者尚未得知的重大事件及时发布公告等，投资者只有依靠上市公司提供的信息才能作出投资何种证券的抉择，因此，证券所承载的信息具有密集性并且对于投资者而言是其作出投资价值判断的基本条件。[①]

三、关于证券交易合同纠纷的裁判规则

（一）发行人存在多起影响其履约能力的重大事实且已严重缺乏实际履约能力的，应认定其构成预期违约，债券也加速到期

【案例来源】

案件名称：凯迪生态环境科技股份有限公司与方正证券承销保荐有限责任公司公司债券交易纠纷案

审理法院：最高人民法院

案　　号：（2020）最高法民终708号

【争议点】

凯迪生态环境科技股份有限公司与方正证券承销保荐有限责任公司、阳光凯迪新能源集团有限公司因公司债券交易纠纷引发诉讼，该案历经北京市高级人民法院一审、最高人民法院二审两个阶段。在二审中，当事人双方就一审判决认定的债券加速到期的时间是否合理产生争议。

【裁判说理】

根据《全国法院审理债券纠纷案件座谈会纪要》第21条第2款的规定，债券持有人以发行人出现债券募集文件约定的违约情形为由，要求发行人提前还本付息的，人民法院应当综合考量债券募集文件关于预期违约、交叉违约等的具体约定以及发生事件的具体情形予以判断。在本案中，由于案涉《担保

---

① 参见任晓薇：《证券交易合同责任研究》，山西大学2012级硕士学位论文。

函》第9条和《募集说明书》第4节第2项第9条均约定，在债券到期前，担保人发生分立、破产等足以影响债券持有人利益的重大事项时，债务人应在2个月内提供新的担保，债务人不提供新的担保的，债券持有人有权要求债务人、担保人提前兑付债券本息。而发行人财产已被多次轮候冻结、股票价格已跌破平仓线、因票据违约和涉嫌信息披露违规被证监会立案调查，以上情形的发生足以影响债券持有人利益的实现，虽然《募集说明书》等文件中规定发行人2个月内未追加任何担保时，债券持有人会议可以决定债券加速到期，但是本案中，发行人及其担保公司的前述情形均已构成影响其履约能力的重大事实、已严重缺乏实际履约能力等预期违约情形，故债券加速到期的条件已经成就，债券受托管理人无须等到2个月后再宣布债券加速到期，债券持有人会议可以通过决议当即决定债券加速到期。

（二）金融市场主体在参与投资过程中应承担的风险与其根据合同约定应承担的相应义务不矛盾，一方以其在合同中承担更多风险为由主张仅支付部分超额收益的，人民法院不予支持

【案例来源】

案件名称：明某某与贵阳市工业投资（集团）有限公司证券交易合同纠纷案

审理法院：最高人民法院

案　　号：（2017）最高法民终492号

【争议点】

明某某与贵阳市工业投资（集团）有限公司（以下简称工投公司）、兴业证券股份有限公司因证券交易合同纠纷引发诉讼，该案历经贵州省高级人民法院一审、最高人民法院二审两个阶段。在二审中，当事人就明某某应否以及如何向工投公司支付超额收益和分红产生争议。

【裁判说理】

根据法院已查明的事实可知，双方达成的《协议书》合法有效，因此明某某及工投公司均应按照该《协议书》之约定进行分红和支付超额收益。由于在二审中各方均认可"资产管理计划"在持有贵阳轮胎公司股份期间，明某某没有实际单独获得分红，明某某最终获得的收益和分红以《资管计划清算报告》为准，故法院不再单独就工投公司关于明某某支付分红的诉请进行

处理。本案中各方争议的实质即在于是按照"资产管理计划"总额还是明某某认购的份额计算超额收益和分红。对此,根据《协议书》之约定可知,由明某某以"资产管理计划"方式认购贵阳轮胎公司非公开发行的股票是各方一致认可的投资模式,"明某某认购"在《协议书》中有具体明确所指,即明某某通过"资产管理计划"方式认购,而非明某某本人实际出资。同时,案涉《资管计划合同》是双方协商确定的结果,即表明明某某对其中的"资产管理计划"是知悉并认可的,因此,根据案涉《资管计划合同》的约定,明某某在整个"资产管理计划"中的具体出资数额只能决定"资产管理计划"规模的大小,并不与其实际获得的收益直接挂钩。因此,明某某主张按照其实际出资额所占"资产管理计划"总金额的比例支付工投公司相应的超额收益,不符合《资管计划合同》约定的收益分配方式。此外,从案涉《协议书》的实际履行情况来看,在该《协议书》达成之后,截至本案成诉之前,双方均未提出异议。明某某最终实际获得的收益,亦按照《资管计划合同》确定的收益分配方式计算而来,而并非按照明某某实际认购金额占"资产管理计划"总认购金额的比例计算。而对于明某某主张的,因其在《资管计划合同》中承担了更大风险,理应分享更多超额收益。对此,本院认为,金融市场主体在参与投资过程中应当承担的风险与其根据合同约定应承担的相应义务并不矛盾。综上,明某某关于按照其认购份额计算超额收益和分红的上诉主张,无事实依据,法院不予支持。

(三)合同约定上市公司及其实际控制人共同且不分先后顺序向投资方承担现金补偿义务,且补偿义务的范围与数额都一致的,构成债务加入而非保底承诺或者担保

【案例来源】

　　案件名称:邹某某与华鑫国际信托有限公司证券交易合同纠纷案
　　审理法院:北京市高级人民法院
　　案　　号:(2021)京民终97号

【争议点】

　　邹某某与华鑫国际信托有限公司(以下简称华鑫信托公司)因证券交易合同纠纷引发诉讼,该案历经北京市第二中级人民法院一审、北京市高级人民法院二审两个阶段。在二审中,当事人双方就邹某某对华鑫信托公司作出的差额

补足承诺的性质及效力认定问题产生争议。

【裁判说理】

首先,《证券法》第27条规定:"股票依法发行后,发行人经营与收益的变化,由发行人自行负责;由此变化引致的投资风险,由投资者自行负责。"该条规定确立了"卖者尽责、买者自负"的投资理念,但其规制的法律关系是股票依法发行后发行人与投资者之间的法律关系,与本案中邹某某向华鑫信托公司作出差额补足承诺的法律关系有所区别。根据相关规定,信托公司、商业银行等金融机构作为资产管理产品的受托人与受益人订立的含有保证本息固定回报、保证本金不受损失等保底或者刚兑条款的合同,人民法院应当认定该条款无效。该规定调整的法律关系是信托公司、商业银行等金融机构作为资产管理产品的受托人与受益人之间的法律关系,与本案中邹某某向华鑫信托公司作出差额补足承诺的法律关系亦不相同。邹某某并非案涉信托合同法律关系中的一方当事人主体,即其不是信托法律关系中的受托人、受益人或者其他信托主体,故邹某某在《合作协议》中承诺承担差额补足义务的约定内容,既不属于信托合同受托人向受益人作出的保证本息固定回报、保证本金不受损失等保底或刚性兑付承诺,亦不符合上述规定中有关认定差额补足承诺无效的法定情形。其次,根据案涉《合作协议》可知,合同约定"乙方(爱康集团)及丙方(邹某某)一致同意并确认,其对本协议项下约定的现金补偿义务承担连带的支付责任,任何一方均有义务向甲方(华鑫信托公司)承担本协议项下款项支付义务并对双方间的责任划分不得提出任何异议或抗辩"。从合同内容可知,其并不属于法律规定的保证合同的内容,更符合实践中存在的由第三方如融资人的股东或控制人为其出具"愿意为融资人履行合同提供流动性支持"等义务内容不甚明确的增信文件的情形。特别是《合作协议》约定"任何一方均有义务向甲方承担本协议项下款项支付义务并对双方间的责任划分不得提出任何异议或抗辩",更加明确了爱康集团及邹某某承诺的现金补偿义务具有各自的独立性,并没有义务履行顺位的意思表示。因此,本案双方当事人之间的法律关系既非借款关系,亦非担保关系,而是信托资管计划产品投资于资本市场而形成的信托合同之外的当事人提供第三方差额补足等增信措施的交易模式关系,而且当前的法律法规及相关政策性规定均未禁止此种交易模式中上市公司及其实际控制人共同对投资方进行流动性现金补偿。除此之外,邹某某与华鑫信托公司的承诺属于内部约定,系双方对投资风险及投资收益进行判断与分配的合意，属于当事人意思自治的范畴，且差额补足承诺并不损害目标公司及公司债权人的权益。最后，爱康集团根据《补充协议二》约定已经支付了部分补偿金，在华鑫信托公司多次向爱康集团、邹某某发送付款通知且未得到拒绝的合同履行情况来看，邹某某对华鑫信托公司作出的差额补足承诺的性质属于债务加入，而非保底承诺或者担保，更不具有从属性，并不违反法律法规及相关政策规定，应认定有效。

（四）双方当事人在合同中既约定仲裁又约定诉讼，但约定事项分属不同部分，具有不同功能的，不认为该约定的仲裁条款无效

【案例来源】

案件名称：上海汇势通投资管理有限公司与无锡五洲国际装饰城有限公司、五洲国际控股有限公司公司债券交易纠纷案

审理法院：江苏省高级人民法院

案　　号：（2019）苏民终1282号

【争议点】

上海汇势通投资管理有限公司（以下简称汇势通公司）与无锡五洲国际装饰城有限公司、五洲国际控股有限公司因公司债券交易纠纷引发诉讼，该案历经江苏省无锡市中级人民法院一审、江苏省高级人民法院二审两个阶段。在二审中，当事人双方就在协议中达成的仲裁条款是否有效产生争议。

【裁判说理】

根据已查明案件事实可知，当事人双方达成的《债券受托管理协议》中约定的仲裁条款有效。汇势通公司主张，《债券受托管理协议》在"违约责任"和"法律适用和争议解决"部分分别约定了诉讼和仲裁两种处理方式，依据《最高人民法院关于适用〈中华人民共和国仲裁法〉若干问题的解释》第7条的规定，案涉仲裁条款应属无效。但是，法院认为，根据案件查明的事实可知，案涉仲裁条款应认定为有效。从《债券受托管理协议》的内容来看，"违约责任"和"法律适用及纠纷解决"系不同的部分，具有不同的功能。"违约责任"部分虽然约定"债券受托管理人应当提起债券持有人会议并按照会议决议规定的方式追究发行人的违约责任，包括但不限于提起民事诉讼等"，但是其着眼于约定债券受托管理人在出现违约情形时应当履行的职责。而"法律适用及纠纷解决"部分则是当事人对违约情形发生后如何解决争议进行的商定。

争议发生后,向上海仲裁委员会提起仲裁是双方的共同合意,且当事人对仲裁事项和仲裁机构的选择约定明确。因此,《债券受托管理协议》中关于诉讼和仲裁事项的约定并不矛盾,案涉仲裁条款并非既约定仲裁又约定诉讼,汇势通公司关于仲裁条款无效的上诉主张不能成立。

(五)债券发行人未能如约偿付债券当期利息或者到期本息的,债券持有人请求其支付当期利息或者到期本息,并支付逾期利息、违约金、实现债权的合理费用的,人民法院予以支持

【案例来源】

案件名称:山东高唐农村商业银行股份有限公司与中信国安集团有限公司公司债券交易纠纷案

审理法院:北京市高级人民法院

案　　号:(2021)京民终120号

【争议点】

山东高唐农村商业银行股份有限公司(以下简称高唐农商行)与中信国安集团有限公司(以下简称国安集团)因债券交易纠纷引发诉讼,该案历经北京市第三中级人民法院一审、北京市高级人民法院二审两个环节。在二审中,当事人双方就债券发行人是否应当向债券持有人支付当期利息或者到期本息,并支付逾期利息、违约金等问题产生争议。

【裁判说理】

北京市高级人民法院认为,债券发行人未能如约偿付债券当期利息或者到期本息的,债券持有人请求发行人支付当期利息或者到期本息,并支付逾期利息、违约金、实现债权的合理费用的,人民法院应当予以支持。本案中,因国安集团构成违约,高唐农商行提起本案诉讼,故国安集团应承担高唐农商行为此支付的实现债权的合理费用。高唐农商行因本案支出的律师费属于实现债权的合理费用,且其在二审中提交的《委托代理合同》、10万元律师费的增值税发票、相关支付时间和合同内容与本案具有关联性,故对高唐农商行要求国安集团支付律师费10万元的诉讼请求,法院予以支持。国安集团主张其不应支付高唐农商行律师费,依据不足,法院不予支持。

四、结语

证券交易合同不同于一般民事合同，由于其具有合同主体相对较为弱化、合同内容的相对性较易被突破、合同客体信息较为密集等特点，因此基于证券交易合同产生的合同责任也不同于一般民事责任。法院在审理证券交易合同纠纷案件时，应当注意以下几点：一是发行人存在多起影响其履约能力的重大事实且已严重缺乏实际履约能力的，应认定其构成预期违约，并且债券加速到期。二是金融市场主体在参与投资过程中，认为其在合同中承担更多风险并因此主张仅支付部分超额收益的，人民法院不予支持，因为金融市场主体在参与投资过程应当承担的风险与其根据合同约定承担相应的义务不矛盾。三是合同约定上市公司及其实际控制人共同且不分先后顺序向投资方承担现金补偿义务，且补偿义务的范围与数额是一致的，构成债务加入而非保底承诺或者担保。四是双方当事人在合同中既约定仲裁又约定诉讼的，但约定事项分属不同部分，具有不同功能的，不认为该约定的仲裁条款无效。五是债券发行人未能如约偿付债券当期利息或者到期本息的，债券持有人请求其支付当期利息或者到期本息，并支付逾期利息、违约金、实现债权的合理费用的应当予以支持。

第四节　证券回购合同纠纷

一、导论

证券回购交易作为企业的短期融资方式，在我国经济发展中占据着十分重要的地位，对促进资金流转、企业经济发展具有不可忽视的作用。本节将2019年以来人民法院作出的相关裁判文书作为主要范围，归纳、提炼证券回购合同纠纷裁判的理念和趋势，以期通过对我国案例的研究来指导司法实践。

截至2022年2月，编者在中国裁判文书网输入"证券回购合同纠纷"（案由）共检索出民事裁判文书1951篇，其中，由最高人民法院裁判的有50篇，由高级人民法院裁判的有304篇，由中级人民法院裁判的有777篇。在具体案例的选取上，本节遵循以下"两个优先"原则：第一，优先选择审判层级较高的裁判文书；第二，优先选择审判日期较近的裁判文书。通过形式和内容两个方面的筛选，本节最终选择了6篇裁判文书进行研究，即（2020）最高法民终691号、（2019）最高法民辖终443号、（2020）苏执复132号、（2019）最高法民终709号、（2020）沪民终562号、（2020）赣民终636号。其中，由最高人民法院裁判的有3篇，由高级人民法院裁判的有3篇。

二、证券回购合同纠纷的基本理论

（一）证券回购合同的概念和特点

证券回购是指回购方和返售方以融通资金为目的，先由回购方将手中持有的证券以一定价格卖给返售方，返售方支付购券款给回购方，再由回购方于一定期限届满时以高于售券价格的价格将同一笔证券买回的一种证券交易活动。其实质是金融机构之间以证券为抵押的融资活动。证券回购合同则是指回购方与返售方明确上述内容和双方权利义务的协议。

与一般的经济合同相比，证券回购合同具有以下特点：第一，合同主体一般均是商业银行、非银行金融机构以及各地的服务部。第二，合同标的即回购的券种只能是国库券和中国人民银行批准发行的金融债券，禁止以其他券种从事证券回购业务。第三，合同当事人约定的权利义务内容不得超过有关金融法规和政策的限制性规定。

（二）证券回购交易的条件

1.用于证券回购的券种只能是国库券和经中国人民银行批准发行的金融债券。

2.在证券回购交易过程中，以券融资方应确保在回购成交至购回日期间其在登记结算机构保留存放的标准券的数量等于回购的债券量，否则将按卖空国债的规定予以处罚。

3.证券回购交易过程中的以资融券方，在初始交易前必须将足够的资金存入所委托的证券营业部的证券清算账户,在回购期内不得动用抵押债券。

4. 将回购的券种局限于国库券和一部分金融债券,是由这些债券的本身特点所决定的。

5. 国库券和经中国人民银行批准发行的金融债券在我国证券市场发行的所有债券中信誉是最高的。因此,它们易于为广大投资者所接受,适宜作回购交易中的抵押品。

6. 这两种债券具有足够的市场性,发行量有一定的规模。这是产生真正意义的债券回购市场的一个必要前提条件。只有债券发行达到一定数量,债券的持有者才会具有广泛性,从而能产生真正意义的债券回购交易。

(三)证券回购交易过程中的禁止性行为

1. 禁止任何金融机构挪用个人或机构委托其保管的债券进行回购交易或作其他用途。
2. 禁止任何金融机构以租券、借券等方式从事证券回购交易。
3. 禁止将回购资金用于固定资产投资、期货市场投资和股本投资。

(四)证券回购合同纠纷的管辖

由于证券回购纠纷属于合同纠纷,因此应当适用民法中关于合同纠纷的法院管辖规定。即合同双方对管辖法院有约定的应当适用合同约定,在合同并未约定的情况下,可以由合同履行地法院管辖。由于证券回购合同纠纷不同于一般合同纠纷,兼具经济法的性质,因此早在1996年《最高人民法院关于如何确定证券回购合同履行地问题的批复》(已失效)中已经阐明:"鉴于我国证券回购业务事实上存在着场内和场外交易的两种情况,因此,确定证券回购合同履行地应区分不同情况予以处理:一、凡在交易场所内进行的证券回购业务,交易场所所在地应为合同履行地。二、在上述交易场所之外进行的证券回购业务,最初付款一方(返售方)所在地应为合同履行地。"鉴于此,我国证券回购合同纠纷的管辖法院分"场内、场外"不同情况。凡是通过证券交易所即"场内"进行的回购交易,并因此引发的合同纠纷,应当由证券交易所所在地或者被告住所地人民法院管辖;与之相反的是,未通过证券交易所进行的回购交易即"场外"回购交易,并因此引发的合同纠纷,最初付款的一方(返售方)所在地为合同履行地。由于回购业务方式的不同决定了地域管辖法院要根据不同情况来确定,级别管辖法院则按照《全国各省、自治区、直辖市高级人民法院和中级人民法院管辖第一审民商事案件标准》的规定执行。

三、关于证券回购合同纠纷的裁判规则

（一）证券的司法冻结不同于质押,一方将质押标的证券与司法冻结标的证券合并计算履约保障比例的,人民法院不予支持

【案例来源】

案件名称：新疆华建恒业股权投资有限公司、科瑞天诚投资控股有限公司与华创证券有限责任公司证券回购合同纠纷案

审理法院：最高人民法院

案　　号：（2020）最高法民终691号

【争议点】

新疆华建恒业股权投资有限公司（以下简称新疆华建公司）、科瑞天诚投资控股有限公司（以下简称科瑞天诚公司）与华创证券有限责任公司（以下简称华创证券公司）因证券回购合同纠纷引发诉讼,该案历经贵州省高级人民法院一审、最高人民法院二审两个阶段。在二审中,当事人双方就新疆华建公司是否构成违约产生争议。

【裁判说理】

最高人民法院认为,关于新疆华建公司未及时补充质押是否构成违约的问题,2018年12月7日的《警示函》以及2018年12月10日新疆华建公司补充质押100万股标的证券的事实,能够证明以2018年12月7日标的证券市值核算,第一笔交易在补充质押后暂时达到了165%的履约保障比例,但考虑到标的证券市值的随机波动性,并不能得出之后两笔交易一直达到165%的履约保障比例的结论。此后正是由于标的证券市值波动导致未能继续保持履约保障比例,华创证券公司又多次通知新疆华建公司要求其补充质押,但新疆华建公司并未按照华创证券公司的要求履行。根据《业务协议》第58条"发生下列情形之一的,视为甲方（新疆华建公司）违约：……四、根据清算结果,甲方股票质押式回购交易履约保障比例低于预警线,且未在三个交易日使履约保障比例高于预警线的……"和《业务协议》第62条"甲方发生本协议第五十八条

第四、五项的,视为甲方违约,自违约下一自然日起,按每日万分之五的比例收取违约金,违约金=(初始交易金额-已偿还本金)×违约天数×0.05%"的约定,新疆华建公司因交易履约保障比例低于165%而未及时补充质押的行为构成违约。

而对于新疆华建公司、科瑞天诚公司主张的2018年12月25日司法冻结的34 241 222股标的证券,实际上起到了履约保障作用,与1915万股质押标的证券合并计算,履约保障比例已超过约定的165%,故不构成违约。对此,最高人民法院认为,对标的证券的司法冻结与质押存在本质不同:华创证券公司依据《业务协议》的约定可以对质押标的证券进行违约处置,但未经法院许可并不能对司法冻结标的证券进行处置;华创证券公司为申请司法冻结提供了诉讼财产保全担保,而其接受质押并不需要提供担保。并且,根据《业务协议》第1条的约定,履约保障比例是指初始交易与对应的补充质押在扣除部分解除质押后的标的证券及孳息市值与融入方应付金额的比值。新疆华建公司、科瑞天诚公司关于将质押标的证券与司法冻结标的证券合并计算履约保障比例的主张与上述约定不符,法院依法不予支持。

(二)在证券回购纠纷中,即使当事人双方为实现股票质押回购交易业务目的而签订了两份独立合同,但合同内容相互关联的,仍可统一两份合同产生纠纷的管辖法院

【案例来源】

案件名称:李某与华创证券有限责任公司证券回购合同纠纷案

审理法院:最高人民法院

案　　号:(2019)最高法民辖终443号

【争议点】

李某与华创证券有限责任公司(以下简称华创证券公司)因证券回购合同纠纷引发诉讼,该案历经贵州省高级人民法院一审、最高人民法院二审两个阶段。在二审中,当事人双方就争议事项的管辖法院如何确定产生争议。

【裁判说理】

最高人民法院认为,《民事诉讼法》第35条规定:"合同或者其他财产权益纠纷的当事人可以书面协议选择被告住所地、合同履行地、合同签订地、原告住所地、标的物所在地等与争议有实际联系的地点的人民法院管辖,但不得

违反本法对级别管辖和专属管辖的规定。"本案中，双方当事人为实现股票质押回购交易业务目的而签订的《业务协议》和《交易协议书》虽有相对独立性，但约定内容相互关联，不可分割。该《业务协议》第 79 条约定，如发生争议任何一方可向华创证券公司所在地人民法院提起诉讼。该协议管辖条款约定明确、具体，约定的管辖法院与争议有实际联系，符合《民事诉讼法》第 35 条的规定，应据此确定本案管辖法院。此外，根据《最高人民法院关于调整高级人民法院和中级人民法院管辖第一审民商事案件标准的通知》（法发〔2015〕7 号）的规定，当事人一方住所地不在受理法院所处省级行政辖区的，贵州省高级人民法院管辖诉讼标的额在 2000 万元以上的第一审民商事案件。本案华创证券公司所在地在贵州省贵阳市，诉讼标的额超过 1 亿元，且一方当事人的住所地不在贵州省行政辖区，符合贵州省高级人民法院管辖第一审民事案件诉讼标的额标准，贵州省高级人民法院对本案有管辖权。综上，对李某的请求不予支持。

（三）因上市公司的非公开流通股在证券交易所公开上市交易，拍卖价格应以公开市场价确定，无须委托评估机构评估定价

【案例来源】

案例名称：张某某与华泰证券股份有限公司、戴某某质押证券回购纠纷案

审理法院：江苏省高级人民法院

案　　号：（2020）苏执复 132 号

【争议点】

张某某与华泰证券股份有限公司（以下简称华泰证券公司）、戴某某因质押式证券回购纠纷引发诉讼，该案历经江苏省南京市中级人民法院裁定、江苏省高级人民法院复议两个阶段。在复议阶段，当事人双方就涉案股票价格定价是否合理产生争议。

【裁判说理】

江苏省高级人民法院认为，《最高人民法院关于人民法院民事执行中拍卖、变卖财产的规定》第 4 条规定，对拟拍卖的财产，人民法院可以委托具有相应资质的评估机构进行价格评估。对于财产价值较低或者价格依照通常方法容易确定的，可以不进行评估。不同于其他普通财产，上市公司非限售流通股因在

证券交易所公开上市交易，有着公开合理的市场价格提供参考，执行法院在对上市公司非限售流通股进行处置时应根据公允的市场价格确定保留价。本案拟拍卖财产系张某某持有邦讯技术股票无特殊限制条件流通股中3171万股，该股票在深圳证券交易所公开上市流通交易，执行法院在确定该股票处置保留价时应根据公开的市场价格确定，无须委托中介机构评估确定处置保留价。执行法院按照市场价格确定处置保留价后，可视具体情况采用拍卖、大宗交易或集中竞价等方式变价。因本案不需要通过评估程序确定涉案股权的处置保留价，故对张某某不服评估报告所提异议法院不予支持。

（四）股票回购交易不包括股权转让

【案例来源】

案件名称：徐州丰利科技发展投资有限公司、毛某某与长江证券（上海）资产管理有限公司证券回购合同纠纷案

审理法院：最高人民法院

案　　号：（2019）最高法民终709号

【争议点】

徐州丰利科技发展投资有限公司（以下简称徐州丰利公司）、毛某某与长江证券（上海）资产管理有限公司因证券回购合同纠纷引发诉讼，该案历经湖北省高级人民法院一审、最高人民法院二审两个阶段。在二审中，当事人双方就案涉《补充协议》的效力问题产生争议。

【裁判说理】

关于《补充协议》回购期限条款是否因违反《证券法》第47条规定而无效的问题。股票质押回购，是指符合条件的资金融入方以所持有的股票或其他证券质押，向符合条件的资金融出方融入资金，并约定在未来返还资金、解除质押的交易。法院认为，融入方返还资金是用于解除标的证券的质押，不涉及股权转让，而《证券法》第47条系关于股权转让的规定。因此，徐州丰利公司关于《补充协议》回购期限条款违反《证券法》第47条规定而无效的上诉理由因没有法律依据而不能成立。

（五）质押式证券回购交易因一方主体主要为非银行金融机构，不适用民间借贷有关法律规定

【案例来源】

案件名称：上海海通证券资产管理有限公司与山东永华投资有限公司质押式证券回购纠纷案

审理法院：上海市高级人民法院

案　　号：（2020）沪民终562号

【争议点】

上海海通证券资产管理有限公司（以下简称海通资管公司）与山东永华投资有限公司（以下简称山东永华公司）因质押式证券回购纠纷引发诉讼，该案历经上海金融法院一审、上海市高级人民法院二审两个阶段。在二审中，当事人双方就产生的纠纷能否适用民间借贷有关规定产生争议。

【裁判说理】

上海市高级人民法院认为，本案系质押式证券回购交易纠纷。该类型交易是指符合条件的资金融入方以所持有的股票或其他证券质押，向符合条件的资金融出方融入资金，并约定在未来返还资金、解除质押的交易。该交易的主体主要有商业银行、城市信用社以及信托投资公司、证券公司等非银行金融机构，与民间借贷存在明显区别。根据《最高人民法院关于审理民间借贷案件适用法律若干问题的规定》（以下简称《民间借贷司法解释》）第1条关于"本规定所称的民间借贷，是指自然人、法人和非法人组织之间进行资金融通的行为。经金融监管部门批准设立的从事贷款业务的金融机构及其分支机构，因发放贷款等相关金融业务引发的纠纷，不适用本规定"的规定，质押式证券回购交易纠纷并非该解释所规制的内容。山东永华公司关于本案应适用该解释有关条款的主张，依据不足，法院不予支持。

（六）补充协议的约定未超过《募集说明书》的部分应当认定有效

【案例来源】

案件名称：西王集团有限公司、王某与国盛证券有限责任公司公司债券回购合同纠纷

审理法院：江西省高级人民法院

案　　　号：(2020)赣民终636号

【争议点】

西王集团有限公司（以下简称西王集团公司）、王某与国盛证券有限责任公司（以下简称国盛证券公司）就公司债券回购合同产生纠纷引发诉讼。该案历经江西省南昌市中级人民法院一审、江西省高级人民法院二审两个阶段。在二审中，当事人双方就约定的补充协议的效力问题产生争议。

【裁判说理】

江西省高级人民法院认为，首先，在"16西王03"债券发行的过程中，西王集团公司所发行的债券经过了中国证券监督管理委员会的核准，西王集团公司系符合《证券法》规定的发债主体，国盛证券公司认购的"16西王03"债券系通过正规的证券交易市场认购的西王集团公司发行的债券，是涉案债券的合格投资者，因此，国盛证券公司与西王集团公司皆是合格的涉案证券交易主体。其次，根据西王集团公司发布的《2016年公开发行公司债券（第三期）募集说明书》，投资人有回售选择权："本期债券为固定利率，期限为5年期，附第3年末发行人调整票面利率选择权和投资人回售选择权。"同时，根据西王集团公司发布的《关于"16西王03"投资者回售实施办法公告》关于"投资者可以选择将持有的债券全部或者部分回售给发行人，在回售登记期内通过上海证券交易所交易系统进行回售申报，当日可以撤单，每日收市后回售申报一经确认，不能撤销。如果当日未能申报成功，或有未进行回售申报的债券余额，可于次日继续进行回售申报（限回售登记期内）。选择回售的投资者须于回售登记期内进行登记，逾期未办理回售登记手续即视为投资者放弃回售，同意继续持有本期债券"的回售登记办法的规定，投资人有回售申报的权利，也有在规定的期限内回售申报撤单的权利。《关于16西王03的债券回售安排及合作协议》（以下简称《回购协议》）关于"2019年7月31日前出具撤销回售面值金额为2000万元的关于撤销'16西王03'债券回售的申请，并提交中国证券登记结算有限责任公司、上海证券交易所，完成面值金额为2000万元债券的回售申报撤销"的约定并未超出《2016年公开发行公司债券（第三期）募集说明书》和《关于"16西王03"投资者回售实施办法公告》约定的范围。再次，《回购协议》关于票面利率的约定，也未违反《2016年公开发行公司债券（第三期）募集说明书》和《关于"16西王03"投资者回售实施办法公告》的要求，其中对西王集团迟延支付违约金的约定，仅可认定为对违约责任的约定，而非违反法律关于违约责任的规定。因此《回购协议》在签订主体、合同约定的内容以及实际履行方式和时间、交易场所、合同标的本身上均是对前述交易的延续，并未违反法律和先前的合同约定，应当认定有效。

四、结语

证券回购合同作为证券回购交易中交易双方为实现未来某一时间以某一价格再反向成交的重要协议，在证券回购交易关系中发挥着重要作用。由于证券回购合同仍属于民法中合同的范畴，因此人民法院在审理因证券回购交易合同产生的纠纷时要注意以下情况：一是证券的司法冻结不同于质押，当出现一方将质押标的证券与司法冻结标的证券合并计算履约保障比例的，法院不应当予以支持。二是即使当事人双方为实现股票质押回购交易业务目的而签订了两份独立合同，但合同内容相互关联的，仍可统一两份合同产生纠纷的管辖法院。三是当上市公司的非公开流通股在证券交易所公开上市交易的，其拍卖价格应当根据公开市场价确定，不再需要另外委托评估机构评估定价。四是合同双方对补充协议的约定未超过《募集说明书》的部分应当认定有效，并且股票回购交易不包括股权转让。

第五节　证券投资类纠纷

一、导论

改革开放以来，随着经济的快速发展，人们的投资理财观念与金融意识也在不断增强，证券投资以其高度流动性、安全性和回报高等特点备受关注与喜爱。证券投资者的资金投入是证券市场赖以维持和运行的基础，其投资动向也影响着证券市场的存在与发展。证券投资咨询机构及证券分析师是证券市场上吸收和消化信息的重要环节，有利于投资的增长，但同时也可能为谋取私利而损害客户的利益，因此有必要对证券投资咨询机构的行为进行适度的规范与管理。关于中国新股发行体制缺陷的问题也是近几年的热点话题，就目前的证券市场来看主要表现为两方面：一是股票价格暴涨暴跌，打击了证券投资者的信心。二是证券投资审核机制的改革不尽如人意。证券发行审核制度作为资本市场基础性制度之一对于发挥资本市场投融资功能和推动落实国家大力发展直接融资的发展战略具有重要意义。此外，从我国股票发行审核机制的演进史看共经历了三个阶段[①]：审批制、通道制的核准制以及保荐制的核准制。但截至目前，无论是理论界还是实务界对保荐人能否发挥独立的市场中介作用仍存有争议。本节以因证券在投资过程中产生的纠纷的裁判文书为研究对象，主要将2014年以来人民法院作出的相关裁判文书作为主要范围，归纳、提炼票据付款请求权裁判的理念和趋势，以期通过对我国案例的研究来指导司法实践。

截至2022年2月，在中国裁判文书网输入"证券投资咨询纠纷"（案由）检索出民事裁判文书162篇，输入"证券发行纠纷"（案由）检索出民事裁判文书84篇，输入"证券返还纠纷"（案由）检索出民事裁判文书142篇，输入"证券上市保荐合同纠纷"（案由）检索出民事裁判文书22篇。在具体案例的选取上，本节遵循以下"两个优先"原则：第一，优先选择审判层级较高的裁判文书；第二，优先选择审判日期较近的裁判文书。通过形式和内容两个方面的筛选，本节最终选择了5篇裁判文书进行研究，即（2020）鄂01民终8395号、（2016）京02民终10461号、（2020）豫09民终1837号、（2022）粤01民终4484号、（2014）豫法立二民申字第01114号。其中，由高级人民法院裁判的有1篇，由中级人民法院裁判的有4篇。

二、证券投资类纠纷的基本理论

（一）证券投资类纠纷的概念

证券投资咨询，是指取得监管部门颁发的相关资格的机构及其咨询人员为证券投资者或客户提供证券投资的相关信息、分析、预测或建议，并直接或间

[①] 参见程显波、岳卫峰：《证券市场上保荐人规制模式的比较分析》，载《学术交流》2014年第11期。

接收取服务费用的活动。主要业务包括接受投资人或者客户委托，提供证券、期货投资咨询服务；举办有关证券、期货投资咨询的讲座、报告会、分析会等；在报刊上发表证券、期货投资咨询的文章、评论、报告，以及通过电台、电视台等公众传播媒体提供证券、期货投资咨询服务；通过电话、传真、电脑网络等电信设备系统，提供证券、期货投资咨询服务；中国证监会认定的其他形式。

关于证券发行的概念国内外并无明确的定义，[①]对国内外理论学者关于证券发行的界定进行分析，可以大致分为以下两类观点：一类是从一般意义上来总结的，认为证券发行是"证券集资决策、证券发行制度、证券发行活动和证券发行管理的总和"；也有认为，证券发行是指"发行人为筹集资金向投资者签发并交付有价证券的活动"。另一类主要是从法律角度进行总结，认为证券发行"是指符合发行条件的商业组织或政府组织，以筹集资金为直接目的，依照法律规定的程序向社会投资人要约出售代表一定权利的资本证券的行为"；也有认为，证券发行是"发行人以集资或调整股权结构为目的做成证券并交付相对人的单独法律行为"；还有观点称，证券发行是指发行人就其证券作出的要约邀请、要约或者销售行为。

证券返还纠纷，是指一方当事人主张对其他证券账户中的特定证券享有所有权，进而要求对方返还证券而引发的纠纷。在司法实践中，主要包括两种类型：一是利用他人账户从事证券买卖而产生的返还请求权人要求对方返还证券而引发的纠纷。二是借用他人名义开设账户或者委托他人以他人名义从事证券买卖而引起证券返还请求权人要求对方返还证券而引发的纠纷。

证券上市保荐合同，是指发行人与保荐人签订的，对双方权利义务进行详细规定的协议。

（二）相关理论知识补充

1.证券投资咨询机构的注意义务。我国对于证券投资机构的定义及范围比较宽泛，列举了各种从事证券投资咨询业务的公司类型，例如证券、期货投资咨询公司，从事证券、期货投资咨询业务的证券经营机构、期货经营机构，信息服务公司、信息网络公司、财务顾问公司、资产管理公司、投资公司以及中

[①] 参见李哲：《中国证券发行审核制度研究》，武汉大学2020年博士学位论文。

国证监会认定的其他从事证券、期货投资咨询业务的公司。证券投资咨询机构在证券投资咨询活动中的注意义务[①]包括以下三点：

第一，适当性原则。适当性是指证券商应致力于使其客户能从事适合其投资能力之投资原则。具体内容包括：应当完整、客观、准确地运用有关信息、资料向投资人或者客户提供投资分析、预测和建议，不得断章取义地引用或者篡改有关信息、资料；不得以虚假信息、市场传言或者内幕信息为依据向投资人或者客户提供投资分析、预测或建议；证券投资咨询机构及其执业人员从事证券投资咨询活动必须客观公正、诚实信用，预测证券市场、证券品种的走势或者就投资证券的可行性进行建议时需有充分的理由和依据，不得主观臆断等。

第二，最佳执行义务。投资顾问作为受信人一方，应尽其可能最佳执行客户交易的义务。为了能够更好地契合该义务的要求，投资顾问必须在其执行证券交易的当时环境下，以最有利于客户的成本或获利方式为之。关于投资顾问的一些要求同样适用于非受托经纪商，包括适合性要求，投资顾问对其推荐须有合理的基础以及最佳执行要求。投资顾问在接到客户指令后，应当立即以合理的勤勉为客户谋取在当时情形之下最有利的交易；在符合适合性要求的前提下，对于不同价格的投资产品，投资顾问还需对成本进行比较。

第三，职业能力保证的义务。证券分析师作为投资顾问或证券投资咨询机构直接面向客户提供专业咨询意见的专业人才，其职业能力与水平的高低直接决定了为客户服务的质量。

2. 中介机构参与证券发行的行为类型。[②] 在直接融资领域，中介机构是为筹资者和投资者牵线搭桥，提供策划、咨询、承销、经纪服务及其他服务的机构。我国证券发行实践中的中介机构都是为了一个共同目的而协作开展工作的，这一共同目的就是证券的发行。在此过程中，它们各自的职业行为对于证券发行的意义是不同的，总体上呈现以下两种类型：

第一，深度参与并对证券发行有重要作用的服务行为。在证券的发行过程中，各个中介机构的工作都是非常重要的一环，但其各自的工作内容对于证券发行的意义并非完全均等。从资本市场的实践看，无论是股票的发行还是债券

[①] 参见武贵振：《证券投资咨询机构的专家民事责任》，中国政法大学2011年博士学位论文。
[②] 参见丁宇翔：《证券发行中介机构虚假陈述的责任分析——以因果关系和过错为视角》，载《环球法律评论》2021年第6期。

的发行，都需要有专门的承销机构负责将发行的股票或债券销售出去。发行人所经营的事业各有不同，大部分均与证券业务无关。在此情况下，对不特定人募集资金发行股票或债券，或寻找适当投资者进行私募，并非发行人所擅长的领域。仅凭发行人自己的设备、人力和渠道难以将证券推销给投资人。因此，承销机构是证券发行成功的桥梁，承销行为也就成为证券发行中最为重要的服务行为之一。同时，根据2020年6月发布的《证券发行上市保荐业务管理办法》第2条规定，首次公开发行股票、上市公司发行新股或可转换公司债券、公开发行存托凭证等，应当聘请具有保荐业务资格的证券公司履行保荐职责。这里的保荐职责包括对拟公开发行证券的公司进行全面的尽职调查，并在此基础上出具保荐意见，向证监会和交易所推荐。在证券上市后，保荐机构还要对发行人及其控股股东和实控人合法合规经营和信息披露进行持续督导。在此过程中，保荐人在各个中介机构中具有统揽全局、组织协调的关键作用。

第二，一般性参与并对证券发行有辅助作用的服务行为。证券发行在保荐和承销之外，还需要会计师事务所出具审计报告、律师事务所出具法律意见书、资产评估机构出具资产评估报告等。在债券的发行中，还需要资信评级机构出具资信评级报告。这些中介机构的服务行为均具有极强的专业性，在证券发行中不可或缺。

3. 现行的证券发行管制制度存在的问题。[①] 由于我国主板市场是在非市场化条件下建立的，因而退市制度一直未得到全面的贯彻执行。原因在于，我国证券市场的建立与发展是与我国从计划经济向市场经济的转型同步的，发行监管方面体现了政府主导型的特征。从理论上讲，在核准制下，证券监管机构以实质审查的手段实行事前干预，可以把一些质量低、风险高的公司排除在证券市场门外，减少投资的风险性，因为此时政府监管部门不仅需要扮演监管、规范市场的角色，还需要去培育市场、推动市场的发展，但事实上，在核准制下，容易出现政府监管失灵的问题：第一，证券监管机构对证券发行的实质审查容易养成投资者的依赖心理，降低投资者的谨慎标准而产生"道德风险"；第二，严格的审核内容与标准是相对固定的，而产业的发展与市场的机遇却很难以同一标准衡量，尤其对于那些高成长性、高技术与高风险并存的发行人，

---

① 参见刘春长：《证券发行管制、退出机制与创业板市场的发展》，载《中国金融》2010年第16期。

其筹资机会会受到较大限制；第三，用政府选择代替市场选择，容易诱发"寻租"等腐败行为。

4. 保荐人在证券发行上市及证券上市后的督导阶段的职责和义务。第一，发行上市阶段。保荐人在该阶段的核心职责是推荐拟发行的证券发行上市，可以概括为"尽职推荐"。为了完成尽职推荐的职责，保荐人需要履行尽职调查和审慎核查的义务，根据调查和核查的结果决定是否出具推荐文件。在IPO情形下，保荐人在出具推荐书之前还应对保荐对象进行辅导。这一阶段保荐人的核心义务可以概括为三个方面：一是对IPO发行人履行尽职辅导义务；二是履行对其所保荐的发行公司尽职调查义务；三是履行对专业性中介机构，如会计师事务所、律师事务所、资产评估机构的审计报告、法律意见书以及资产评估报告等审慎核查义务。第二，证券上市后的督导阶段。被保荐公司的股票发行上市后，保荐人的保荐责任主要包括两个方面：一是持续督导上市公司的规范运作，防范重大风险；二是敦促上市公司的定期信息披露和重大事件信息披露，负责进行审阅与建议，对上市公司的公开披露资料在公开披露之前履行尽职核查义务，确信其符合真实、准确和完整性要求。保荐人还应经常性地对被保荐公司的实际经营绩效和财务状况与所保荐公司在上市材料或者各种公告材料中公布的盈利预测进行审核比较，以便协助上市公司决定是否对相关变化进行披露。在任何公告资料，比如上市材料、年报、半年报和季报公开披露之前，保荐人应审阅该公告资料的内容，将对上市公司价值判断具有实质影响的信息全部予以披露。[①]

三、关于证券投资类纠纷的裁判规则

（一）证券投资人以投资咨询机构及其从业人员未按照《投资顾问协议》提供约定服务为由主张投资咨询机构赔偿个人投资亏损的，人民法院不予支持

【案例来源】

案例名称：魏某某与四川大决策证券投资顾问有限公司证券投资咨询纠

[①] 参见伏军、程向梅：《我国证券保荐制度的外部制约与完善》，载《河北法学》2006年第12期。

纷案

审理法院：湖北省武汉市中级人民法院

案　　号：（2020）鄂01民终8395号

【争议点】

魏某某与四川大决策证券投资顾问有限公司（以下简称四川大决策公司）因证券投资咨询纠纷引发诉讼，该案历经湖北省武汉市洪山区人民法院一审、湖北省武汉市中级人民法院二审两个阶段。在二审中，当事人就证券投资亏损问题产生争议。

【裁判说理】

本案中，从魏某某签署的《投资顾问协议》及签收的《证券投资顾问业务风险揭示书》来看，双方约定的内容存在《证券法》（2014年修正）第171条规定的内容，且四川大决策公司已履行法律法规所要求的风险提示义务。魏某某作为证券投资人，应当知晓股票交易存在的风险，由于股市走势、个股行情受国内外经济形势、政策变化、上市公司经营业绩以及技术面、资金面、消息面等各种因素的影响，任何人或者机构都难以对市场作出精准的预测。基于证券投资市场本身所具有的高风险属性，个人或者机构对经济形势和经济政策的理解存在差异。因此，在同一时间，不同的投资顾问对市场走势会作出不同的判断，其就某一股票提出的投资建议，仅是依据自身掌握的专业知识和市场信息所作的合理分析及预测，该建议未必与市场走势相符。而按照《投资顾问协议》的约定，魏某某作为接受咨询一方，有接受投资公司投资建议的自主选择权，四川大决策公司是否安排刘某某团队为魏某某提供服务，都不会必然导致魏某某股票投资的盈利或者亏损。因此，虽原审认定四川大决策公司未按照《投资顾问协议》约定全面适当地履行合同义务，但鉴于证券投资市场的高风险属性和证券投资咨询服务的特点，结合本案魏某某提交的证据来看，不能确定四川大决策公司的违约行为与魏某某的投资损失之间存在必然的因果关系，因此法院对魏某某主张由四川大决策公司赔偿其投资损失的诉讼请求不予支持。

（二）证券投资咨询机构为投资人提供的相关服务具有普遍性且未与投资人达成书面合同及进行具体化投资建议的，不能认定两者之间存在证券投资咨询合同关系

【案例来源】

案例名称：熊某某与信达证券股份有限公司北京西单北大街证券营业部证券投资咨询纠纷案

审理法院：北京市第二中级人民法院

案　　号：（2016）京02民终10461号

【争议点】

熊某某与信达证券股份有限公司北京西单北大街证券营业部（以下简称信达证券西单北大街营业部）因证券投资咨询纠纷引发诉讼，该案历经北京市西城区人民法院一审、北京市第二中级人民法院二审两个阶段。在二审中，当事人就证券投资咨询合同关系的成立问题产生争议。

【裁判说理】

证券投资咨询，是指取得监管部门颁发的相关资格的机构及其咨询人员为证券投资者或客户提供证券投资的相关信息、分析、预测或建议，并直接或间接收取服务费用的活动。本案中，关于信达证券西单北大街营业部与熊某某之间是否形成证券投资咨询合同关系的问题，主要可以从以下四个方面判断：第一，信达证券西单北大街营业部从未与熊某某签订书面的证券投资咨询合同。第二，熊某某在信达证券西单北大街营业部开立股票交易账户后，信达证券西单北大街营业部派出其营业部的员工杜某某为熊某某提供相关服务，例如组织股票知识、国家经济形势、大政方针、股票市场情况等方面的讲座，信达证券西单北大街营业部包括杜某某在内的员工与客户建立微信群、与客户加为微信好友，在微信中探讨一些与股票相关的问题，前述服务均是针对在信达证券西单北大街营业部开立股票交易账户的客户提供的普遍性服务，而不是仅针对熊某某提供的具体咨询服务。第三，从熊某某提交的证据看，在熊某某与杜某某之间往来的微信中，杜某某从未向熊某某提出在某一具体的时间和价位购买哪一只或哪几只股票的建议，"持有或买入"的信息内容不构成具体的投资建议。第四，信达证券西单北大街营业部从未以为熊某某提供证券投资咨询为由直接或间接向熊某某收取费用。综上，信达证券西单北大街营业部与熊某某之间不

形成证券投资咨询合同关系。

（三）在证券发行纠纷中，发行人以其股份未在全国股转系统完成登记且认购人未能成为公司实际股东为由拒绝对认购人承担补偿责任的，人民法院不予支持

【案例来源】
案例名称：河南中拓石油工程技术股份有限公司与黄某某证券发行纠纷案
审理法院：河南省濮阳市中级人民法院
案　　号：（2020）豫09民终1837号

【争议点】
河南中拓石油工程技术股份有限公司（以下简称中拓公司）与黄某某因证券发行纠纷引发诉讼，该案历经河南省濮阳市华龙区人民法院一审、河南省濮阳市中级人民法院二审两个阶段。在二审中，当事人就补充协议中的责任承担问题产生争议。

【裁判说理】
本案中，当事人双方签订的《股票发行认购合同》《股票发行认购合同补充协议》均是中拓公司提供的格式文本合同，补充协议虽然是"甲方徐某某"为主体签订，但约定的是中拓公司的权利义务，徐某某是中拓公司法定代表人，因此应当认定徐某某是代表中拓公司的职务行为，补充协议中的权利义务仍应当由中拓公司享有和承担。关于补充协议中甲方承诺1.1、中拓石油在本次定向增发结束（以中国证券登记结算中心结算股份到账为准）后1年之内启动IPO，若在规定时间内未成功启动IPO，则甲方以乙方投资额的年化10%利息补偿乙方；乙方股份补偿款＝乙方在本次定向增发中成功认购的投资金额×10%×乙方实际投资年数。由于上诉人中拓公司本次定向增发终止，其股份在全国股转系统已经不可能完成登记，在规定时间内未成功启动IPO，上诉人中拓公司应负违约责任及过错责任；而《股票认购合同》已生效，且乙方黄某某已实际缴纳认购款，履行了主要义务，因此该项承诺的生效不应理解为需要以被上诉人黄某某成为公司股东为前提，其股份在全国股转系统完成登记亦不应理解为该项承诺的生效条件，故应认定该项承诺的基本条件已经成就，因此中拓公司应以乙方投资额的年化10%利息补偿被上诉人黄某某。

（四）当事人一方具有最终投资决策权且之前有过相应投资经验的，不能仅以投资发生亏损或者证券投资咨询机构作出过保本或者保收益承诺为由，要求其承担证券投资引发的损失

【案例来源】

案例名称：徐某某与北京中方信富投资管理咨询有限公司证券投资咨询纠纷案

审理法院：广东省广州市中级人民法院

案　　号：（2022）粤01民终4484号

【争议点】

徐某某与北京中方信富投资管理咨询有限公司（以下简称中方信富公司）因证券投资咨询纠纷引发诉讼，该案历经广东省广州市天河区人民法院一审、广东省广州市中级人民法院二审两个阶段。在二审中，当事人就证券投资引发的损害赔偿问题产生争议。

【裁判说理】

本案是由证券投资纠纷引发的损害赔偿问题。法院对徐某某赔偿损失的诉讼请求不予支持的理由主要有以下几个方面：第一，双方在案涉《证券投资顾问服务协议》中已经明确约定，徐某某基于独立的判断，自行决定证券投资，承担投资损失。中方信富公司作为证券投资咨询机构，不承担徐某某的投资风险，禁止徐某某与该公司工作人员达成投资收益承诺协议。而在履行合同过程中，虽然中方信富公司提出了投资建议，但相关证券账户最终的投资决策权仍然由徐某某享有，所有的交易行为均由徐某某自己作出，即是否投资中方信富公司建议的证券标的、投资金额、买入卖出时间、买入卖出价格等，均由徐某某自己作出判断，且事实上徐某某也并未完全按照中方信富公司投资建议进行交易。同时，证券投资属于风险较大的投资行为，即使是专业的投资咨询机构亦不可能完全准确预测投资标的将来的波动情况。在不能因为其推荐的投资品种出现上涨而向客户收取额外报酬情况下，投资咨询机构也不应因为其推荐的投资品种出现下跌对客户承担赔偿责任，否则不但严重违反权利与义务对等原则，而且将具有决策权的一方的投资损失转嫁给了只有建议权的另一方，容易诱发道德风险。因此，本院认为，除非证券投资咨询机构存在与第三人恶意串通等行为，否则投资者不能仅以其按照证券投资咨询机构提供的投资建议操作发生亏损为由要求赔偿。第二，徐某某在接受中方信富公司证券投资咨询服务

之前就投资过创业板，中方信富公司向其提供投资创业板的建议，不会造成实质上的风险错配，故中方信富公司未保存徐某某的风险承受能力评估问卷与投资顾问服务风险揭示书的行为并不等同于该公司曾向徐某某提供过风险等级与其承受能力不匹配的产品。因此，该行为也不是导致徐某某投资亏损的原因，中方信富公司无须因此承担民事责任。第三，如前所述，《证券投资顾问服务协议》、电话回访录音等在案证据，均不支持徐某某提出的中方信富公司在与其订立案涉《证券投资顾问服务协议》时有过投资回报承诺或者保本承诺的主张。而从亏损发生后中方信富公司与徐某某的沟通内容可以得出，该公司更多的是表达帮助客户挽回损失的信心和态度，并未明确作出如果不能挽回损失则由该公司赔偿或者补足的承诺。因此，不能以中方信富公司在订立《证券投资顾问服务协议》前后作出过保本或者保收益承诺为由，要求其履行承诺。

（五）担保公司提交的省级人民政府办公厅关于《保留技术产权交易所有限公司交易场所经营资格的通知》不能成为其拒绝退还保荐费的理由

【案例来源】

案例名称：洛阳安信投资担保有限公司与洛阳中岳光能股份有限公司证券上市保荐合同纠纷案

审理法院：河南省高级人民法院

案　　号：（2014）豫法立二民申字第01114号

【争议点】

洛阳安信投资担保有限公司（以下简称安信担保公司）与洛阳中岳光能股份有限公司（以下简称中岳光能公司）因公司证券上市保荐合同纠纷引发诉讼，该案历经河南省洛阳市洛龙区人民法院一审、河南省洛阳市中级人民法院二审、河南省高级人民法院再审三个阶段。在再审中，当事人就保荐费的退还问题产生争议。

【裁判说理】

2010年11月3日，中岳光能公司与安信担保公司签订了《河南省技术产权交易所企业挂牌保荐协议》后，安信担保公司指定了推荐代表人，根据相关资料出具了《洛阳安信投资担保有限公司关于洛阳中岳光能股份有限公司股权首次挂牌交易之推荐书》，并报送到河南省技术产权交易所进行上市申请登记。按协议约定："安信担保公司为中岳光能公司从事保荐工作的期限为股权申请挂牌期间和挂牌上市当年余下时间及其后二个会计年度",由于受政策等因素影响,中岳光能公司股权未成功挂牌上市。尽管安信担保公司再审时向法院提交了河南省人民政府办公厅《关于保留河南省技术产权交易所有限公司等18家交易场所经营资格的通知》(豫政办〔2014〕24号),但该通知仅能说明河南省政府根据国务院的文件要求对各类交易场所清理整顿后,同意保留河南省技术产权交易所的经营资格,并不能必然导致中岳光能公司股权挂牌上市成功。因此,对于安信担保公司主张的二审判决其退还45万元保荐费的诉讼请求缺乏事实依据,法院不予支持。

四、结语

我国的资本市场正处于重大的改革期。首先,投资者与证券经营者的基础法律关系发生转变。资本市场在创新和建设的过程中,投资者越来越依赖证券公司的专业性,专业知识的缺乏使得投资者越来越处于弱势地位,双方的权利义务逐渐地走向不平衡,需要通过法律制度构建实现再平衡。其次,保护方式发生了明显变化。传统的对消费者的保护只需要明确经营者的义务并同时赋予消费者权利,然而在证券投资经营中,不仅要明确证券经营者的义务还要限制投资者的权利。最后,缺乏成熟的理论支撑。中国的证券投资市场正处于发展阶段,投资结构主要以散户为主,且实践中证券投资咨询机构普遍存在人员素质偏低,业务层次不高以及运作不规范等问题,因此有必要引入国外成熟的理论同时结合我国证券市场的现状进行理论创新。人民法院在审理证券投资咨询纠纷、证券发行纠纷、证券返还纠纷、证券上市保荐合同纠纷时,若出现以下几种情况的,人民法院不予支持:其一,证券投资人以投资咨询机构及其从业人员未按照《投资顾问协议》提供约定服务为由主张投资咨询机构赔偿个人投资亏损的;其二,当事人以证券投资咨询机构为投资人提供的相关服务具有普遍性且未与投资人达成书面合同及进行具体化投资建议为由,主张认定两者之间为证券投资咨询合同关系的;其三,在证券发行纠纷中,发行人以其股份未在全国股转系统完成登记且认购人未能成为公司实际股东为由拒绝对认购人承担补偿责任的;其四,当事人一方具有最终投资决策权且之前有过相应投资经验的,不能仅以投资发生亏损或者证券投资咨询机构作出过保本或者保收益承诺为由,要求其承担证券投资引发的损失。

第二章
银行业务纠纷

序　论

　　银行是金融发展的重要参与者,是支撑金融与经济发展的重要因素,主要职能是向个人和企业提供资金融通、支付结算、财富管理等金融服务。同时金融市场的发展也能够在很多方面直接促进银行的业务发展,例如银行介入证券业务有利于银行的多元化经营,降低整体经营风险。而且,银行与客户之间因间接融资所建立的长期业务关系,不仅使银行更加懂得客户的需求,也降低了其参与证券的风险。此外,银行参与债券业务也能够最大限度地实现信息、客户、理财等多方面资源信息的共享。但随着银行参与金融市场程度的不断加深,金融市场的点滴波动影响和制约着银行职能作用的发挥,例如金融市场的不稳定会严重影响银行的资产和负债价值,造成大量储蓄者将资金投资于资本市场,不仅减少了银行的资金来源,也减少了银行的贷款,造成银行优质客户的流失。从当前我国的经济运行与发展环境来看,我国已进入一个经济中高速发展的新时期,在这样的一个新时期,银行如何合理应对经济增速、经济结构调整和经济驱动动力转换遇到挑战,如何合理应对金融科技以及有效防范金融风险尤其是信用风险问题都将会是迫切需要解决的重要议题。因此,以人民法院作出的相关裁判文书为基础,归纳、提炼与银行业务纠纷有关的裁判规则具有重大的现实意义。

　　在体例上,本章共九节,每一节包括导论、基本理论、裁判规则、结语四个部分;在素材上,本节以最高人民法院、高级人民法院或其下级人民法院作出的裁判文书为主,辅以与此相关的理论;在内容上,不仅选取了司法实务中较为典型的银行业务纠纷作为研究标的,还涉及诸多银行业务纠纷过程中的共性问题以探究有关银行业务纠纷的独特之处,包括票据付款请求权纠纷、票据追索权纠纷、票据利益返还请求权纠纷、票据其他类纠纷、信托纠纷、信用证纠纷、借记卡纠纷、信用卡纠纷、储蓄存款合同纠纷等九部分,每一部分皆以有关理论为基础,对裁判文书进行筛选、梳理与分析,精准归纳、提炼出相应的裁判规则。本章紧扣实务热点,立足司法实践,相信定会对理论研究与司法实务起到参考和指导作用。

第一节 票据付款请求权纠纷

一、导论

随着民间贴现的盛行，持票人因票据权利无法实现引发的票据纠纷也日益增多。因票据具有替代货币，实现超越空间、超越时间的货币转移和金融信用等功能，[①]使得票据纠纷与一般民商事纠纷相比具有多种法律关系交叉并存、呈现更加疑难复杂等特点。票据付款请求权在票据权利中居于第一顺位，是持票人行使追索权的前提和基础。关于除权判决作出后、付款人尚未付款，持票人被拒付情形下的权利救济，该问题实质上涉及票据债权和原因债权的行使顺位问题。关于该问题，存在理论争议。有学者认为："如果当事人之间对代物清偿没有明确约定时，两种债权并存，债权人应先行使票据债权，如行使票据债权而无效果，则可以行使原因债权。"至于行使票据债权要到何种程度方能行使原因债权，一般认为只要行使票据上的付款请求权遭到拒绝，债权人（持票人）作出拒绝证书后，即可行使原因债权。[②]此外，在司法实践中，尚存在一些合法的持票人已经行使了票据付款请求权，但是仍未获得付款的情形，尽管我国在《民事诉讼法》《票据法》以及《最高人民法院关于审理票据纠纷案件若干问题的规定》（以下简称《票据规定》）等规定了最后持票人的救济途径，但由于成文法的滞后性使得最后持票人的胜诉处于一种不稳定的状态。本节将因票据付款请求权产生纠纷的案件裁判文书作为研究对象，以 2018 年以来人民法院作出的相关裁判文书为主要范围，归纳、提炼票据付款请求权裁判的理念和趋势，以期通过对我国案例的研究来指导司法实践。

[①] 参见郑梦状、郭站红：《〈民法典〉视野下的票据参加制度构建》，载《浙江学刊》2021年第5期。

[②] 参见张雪楳：《票据纠纷案件新型疑难问题研究》，载《中国应用法学》2021年第5期。

截至 2022 年 2 月，在中国裁判文书网输入"票据付款请求权纠纷"（案由）检索出民事裁判文书 7227 篇，其中，由最高人民法院审判的有 7 篇，由高级人民法院审判的有 89 篇。在具体案例的选取上，本节遵循以下"两个优先"原则：第一，优先选择审判层级较高的裁判文书；第二，优先选择审判日期较近的裁判文书。通过形式和内容两个方面的筛选，本节最终选择了 5 篇裁判文书进行研究，即（2018）最高法民终 569 号、（2020）沪民申 2196 号、（2020）沪民申 1927 号、（2019）川民终 1025 号、（2018）粤民申 12841 号。其中，由最高人民法院裁判的有 1 篇，由高级人民法院裁判的有 4 篇，裁判日期均为 2018 年（含）之后。

二、票据付款请求权纠纷的基本理论

（一）票据付款请求权与票据请求权诉讼的概念及特征

票据交付请求权，亦称票据交还请求权，是指持票人在规定的提示付款期内，向票据的承兑人或付款人出示票据，请求支付相应数额的票据金额的一种权利。[1] 票据请求权诉讼，是指票据权利人向票据债务人行使付款请求权而不获实现时，票据权利人可以向人民法院提起付款请求权诉讼，要求票据主债务人支付票面上所确定的金额；如果该持票人没有其他前手，则只能向票据付款地（包括代理付款地）或被告住所地人民法院提起付款请求权诉讼，以实现对其票据权利的司法保护。[2] 票据的属性本质上是一种交回证券。根据《票据法》第 55 条规定，持票人获得付款的，应当在汇票上签收，并将汇票交付给付款人。该条文明确了票据的交回属性，该条规定适用于支票和本票，交回票据是受领票据金额的票据债务人的一项义务，而相对于支付了票据金额的票据债务人来说则是一种权利。如果票据债权人违反了该项义务，拒绝交回票据的，即发生票据交付请求权纠纷。

票据权利的行使人为持票人，行使权利的对象为票据的承兑人和付款人。

---

[1] 参见立金银行培训中心教材编写组：《邮政农信社（农商行）银行承兑汇票操作实务及风险控制培训》，中国经济出版社 2016 年版，第 146~148 页。

[2] 参见叶永禄：《票据诉讼解析》，载《法学评论（双月刊）》2005 年第 3 期。

票据权利的行使人不应具有权利瑕疵，应为票据权利的正当行使人即具有合法权益的正当持票人。票据付款请求权行使效力表现为：第一，持票人现实地得到了票据金额并返还票据；第二，承兑人或付款人现实地支付到期票据款项并收回票据；第三，票据关系绝对消灭和完全终止。

票据付款请求权的给付标的只能是金钱，而非其他物品，如果付款人所给付的是金钱以外的其他物品，持票人有权拒绝接收；从票面的文义来看，票面金额仅限于确定的金额，所以请求支付的是一定数额的金钱。

1. 持票人的提示付款义务。在票据持票人向承兑人和付款人主张请求支付票据款项时，必须先向其请求支付票据金额的承兑人或者付款人出示票据。持票人具有提示承兑人和付款人支付票据对应款项的义务，只有先向承兑人或付款人出示票据，才能行使票据上的权利。如果票据上的收款人为两人以上，可以由全体收款人共同来作提示，也可以由其中的持有票据的一人或数人来作提示。当票据的收款人为两人以上时，应将票据作为一个整体转让给两人以上的共同持有人。切忌理解为将票据金额分割成独立的几个部分，分别转让给两个以上的收款人。

2. 提示付款的提示人应当是票据的正当持票人或者是正当持票人所委托的代理人。这里所说的"正当持票人"是指具有对价、善意，对票据逾期或曾被拒绝承兑或付款，以及对其他任何人提出的抗辩或权利主张概不知情的票据持有人。一般认为，凡符合下列条件的持票人可作为"正当持票人"：第一，其所取得的票据在表面上是完备的、合格的。即在票据上的各项绝对应记载事项已经记载，没有遗漏，而且票据票面记载的方式符合要求，不存在可能受人查询、质疑之处。第二，其在成为持票人时，票据尚未过期，如该票据过去已被退票，但其对退票的事实毫不知情。第三，其在取得票据时是善意的，且已支付对价。第四，受让票据时，其未发现转让者有以欺诈、胁迫、暴力、恐吓或背信等行为而取得票据。正当持票人行使票据权利，不受前手权利瑕疵和对人抗辩的影响，其可以向所有对票据负有义务的当事人主张权利。

所谓"因恶意取得票据"，是指明知该票据非让与人所有而从让与人处取得票据的情形。根据我国《票据法》第12条的规定，因恶意取得票据的情形包括：（1）以欺诈、偷盗或者胁迫取得票据的情形；（2）明知有前列情形而仍受让票据的情形。

关于"重大过失取得票据"，是指受让人在受让票据时只要稍加注意就可以得知让与人对票据无处分权而取得票据的情形。这里所指的"稍加注意"通常应当理解为票据受让人未尽票据交易上应尽的简单注意。

3. 提示付款的期间。按照《票据法》规定，提示付款期限分为两种：一种是即期的，称见票即付的票据；另一种是定期的，即定日付款、见票后定期付款的票据。见票即付的票据，自出票日起1个月或2个月内向付款人提示付款；定日付款、出票后定期付款或者见票后定期付款的票据，自到期日起10日内向承兑人提示付款。持票人应当按照法定的期限提示付款，这是提示付款的限定条款。

4. 持票人可以通过银行或者通过票据交换提示付款。也就是说，票据的持票人委托收款银行或者票据交换系统向付款人提示付款的，其效力视同持票人自己所进行的提示付款。

（二）票据付款相关法律责任

1. 金融机构工作人员玩忽职守的法律责任。根据我国《票据法》第104条规定，金融机构工作人员因玩忽职守给当事人造成损失的，由该金融机构和直接责任人员依法承担赔偿责任。对此，《票据规定》第74条进一步规定："依据票据法第一百零四条的规定，由于金融机构工作人员在票据业务中玩忽职守，对违反票据法规定的票据予以承兑、付款、贴现或者保证，给当事人造成损失的，由该金融机构与直接责任人员依法承担连带责任。"

2. 付款人故意压票，拖延支付的法律责任。这里所谓的"故意压票，拖延支付"，是指票据付款人对明知是见票即付的票据或者到期的票据，不及时汇划款项和解付票据的行为。《票据法》第105条规定："票据的付款人对见票即付或者到期的票据，故意压票，拖延支付的，由金融行政管理部门处以罚款，对直接责任人员给予处分。票据的付款人故意压票，拖延支付，给持票人造成损失的，依法承担赔偿责任。"

3. 付款人及其代理付款人未尽附带审查义务而造成他人损失的。《票据法》第57条规定："付款人及其代理付款人付款时，应当审查汇票背书的连续，并审查提示付款人的合法身份证明或者有效证件。付款人及其代理付款人以恶意或者有重大过失付款的，应当自行承担责任。"这是《票据法》对付款人审查义务的一项规定。根据这一规定可以看出，《票据法》规定的付款人（包括代理付款人）的审查义务主要包括两项，即背书连续的审查和提示付款人合法身份或有效证件的审查。背书连续是指在票据转让中，转让票据的背书人与受让票据的被背书人在票据上的签章依次前后连接，即后一背书的背书人是前一背书的被背书人，这样相互衔接形成的背书链带。背书连续是持票人证明并行使票据权利的条件，如果背书不连续，持票人就不能证明自己享有票据权利，当然也就无从行使该票据权利。付款人对票据背书连续的审查，属于票据付款中的形式审查。根据《票据法》的有关规定，付款人对已经经过形式审查确认无误的票据进行付款，即为票据法上的有效支付，并因此而解除自己的票据责任。在付款人进行审查时，发现票据背书不连续或者形式不完备的问题时，则可以据此对一切债权人进行抗辩，拒绝履行付款义务。如果付款人在付款时未进行形式审查，或者疏于注意而未能发现形式上的问题，在这种情况下进行付款发生错付的，则该付款属于无效的付款，付款人仍应承担票据责任。也就是说，付款人因为未尽形式审查义务而导致错付的，票据关系并不因此而消灭，付款人应对此自负其责，不得以自己已经付款为理由拒绝正当持票人的付款请求。如持票人因此而被付款人拒绝付款的，该持票人对其提起的诉讼仍属于付款请求权诉讼，而不属于在此所述的损害赔偿纠纷诉讼。付款人对提示付款人的合法身份或有效证件的审查义务，即通常所说的附带审查义务。根据《票据法》的有关规定，付款人在持票人向其提示付款时，除应对票据背书是否连续及票据形式是否完备等（票据的形式）进行审查外，还应当对提示付款人的合法身份或有效证件进行审查。根据中国人民银行印发的《支付结算办法》第15条规定："办理支付结算需要交验的个人有效身份证件是指居民身份证、军官证、警官证、文职干部证、士兵证、户口簿、护照、港澳台同胞回乡证等符合法律、行政法规以及国家有关规定的身份证件。"附带审查就其性质而言，它不同于对持票人是否为真实权利人的实质审查，也不同于对持票人提示的票据背书是否连续及票据形式是否完备等的形式审查，它实际上属于对票据外有关事项的审查。正因如此，付款人尽管应当根据《票据法》的规定，对提示付款人进行附带审查，但如果付款人未进行或者未认真进行附带审查而发生错付等情况，造成票据权利人损失的，则不发生票据上的责任。票据权利人因此可以向法院提起损害赔偿纠纷诉讼。

4.承兑人或者付款人未出具拒绝证明或退票理由书的。出具拒绝证明和退票理由书是承兑人或者付款人的法定义务，即持票人提示承兑或者提示付款被拒绝的，承兑人或者付款人必须出具拒绝证明或退票理由书。而且，由于拒绝证明或者退票理由书是票据法规定的证明方法，是持票人行使追索权的必备形式要件，如果承兑人或者付款人拒绝出具，就会使持票人行使追索权受阻或迟滞，从而扩大持票人的损失（如利息），为了防止这种情况的发生，《票据法》第62条第2款规定："持票人提示承兑或者提示付款被拒绝的，承兑人或者付款人必须出具拒绝证明，或者出具退票理由书。未出具拒绝证明或者退票理由书的，应当承担由此产生的民事责任。"此外，《支付结算办法》第217条规定，承兑人或者付款人拒绝承兑或拒绝付款，未按规定出具拒绝证明或者出具退票理由书的，应当承担由此产生的民事责任。

5. 持票人延期通知给其前手或者出票人造成损失的。这里所谓的"通知"即拒绝事由通知，是指持票人将自己已作承兑提示或者付款提示而被拒绝，或无法进行票据提示以行使付款请求权的事由，以书面形式告知被追索人。拒绝事由通知，是持票人行使追索权必须履行的手续，也是持票人对其前手应尽的义务。《票据法》第66条规定："持票人应当自收到被拒绝承兑或者被拒绝付款的有关证明之日起三日内，将被拒绝事由书面通知其前手；其前手应当自收到通知之日起三日内书面通知其再前手。持票人也可以同时向各汇票债务人发出书面通知。未按照前款规定期限通知的，持票人仍可以行使追索权。因延期通知给其前手或者出票人造成损失的，由没有按照规定期限通知的汇票当事人，承担对该损失的赔偿责任，但是所赔偿的金额以汇票金额为限。"

三、关于票据付款请求权纠纷的裁判规则

（一）前手与持票人之间的单方票据转让说明不能作为认定持票人明知存在抗辩事由而取得票据的依据，在票据背书有效的情形下，持票人仍享有票据付款请求权

【案例来源】

案例名称：天津市滨海新区鼎石贸易有限公司与宝塔石化集团有限公司票据付款请求权纠纷案

审理法院：最高人民法院

案　　号：（2018）最高法民终569号

【争议点】

天津市滨海新区鼎石贸易有限公司（以下简称鼎石公司）与宝塔石化集团有限公司（以下简称宝塔公司）因票据付款请求权纠纷引发诉讼，该案历经宁夏回族自治区高级人民法院一审、最高人民法院二审两个阶段。在二审中，当事人就持票人是否为合法持票人进而主张票据付款请求权问题产生争议。

【裁判说理】

本案中，宝塔公司主张鼎石公司以"做财务账"为由从内蒙古元利公司手中骗取票据。内蒙古元利公司在将票据转让给鼎石公司时反复强调"该票据没有真实的贸易关系，本应退回给宝塔集团"。宝塔公司为了证明该主张，一并提交了内蒙古中创公司与内蒙古元利公司出具的《关于我方将票据转让给鼎石公司的说明》，并将该说明作为认定鼎石公司明知存在抗辩事由而取得票据的依据。前述说明系内蒙古中创公司与内蒙古元利公司单方出具，尽管宝塔公司主张鼎石公司与内蒙古元利公司之间并无真实的贸易关系，且鼎石公司未能提供充分的证据证明其持有案涉汇票的合法性。但经法院查明，内蒙古元利公司将上述前四张汇票背书转让给鼎石公司，双方当事人的背书连续完整，签章合法有效，符合《票据法》关于汇票背书有效的规定。除此之外，票据具有无因性，即使票据赖以发生的原因关系无效或者有瑕疵，也不会影响票据的效力，故应认定鼎石公司为上述四张票据的合法持票人。此外，内蒙古中创公司与内蒙古元利公司出具的单方说明不能作为证据证明鼎石公司知晓票据存在抗辩事由的依据，不属于《票据法》第13条规定的"明知存在抗辩事由而取得票据"的情形。因此，鼎石公司可依据上述四张汇票向宝塔集团主张请求支付票据金额。

（二）在票据付款请求权纠纷中，出票人与持票人并非直接的前后手，其他前手与持票人约定的票据交付时间和兑付时间不能成为出票人行使抗辩权的依据

【案例来源】

案件名称：五矿上海浦东贸易有限责任公司与上海忻孚实业发展有限公司票据付款请求权纠纷案

审理法院：上海市高级人民法院

案　　号：（2020）沪民申 2196 号

【争议点】

五矿上海浦东贸易有限责任公司（以下简称五矿公司）与上海忻孚实业发展有限公司（以下简称忻孚公司）及上海鼎瑞贸易有限公司（以下简称鼎瑞公司）因票据付款请求权纠纷引发诉讼，该案历经上海市浦东新区人民法院一审、上海金融法院二审、上海市高级人民法院再审三个阶段。在再审中，当事人对票据付款请求权的行使问题产生争议。

【裁判说理】

本案中，五矿公司主张涉案商业承兑汇票为 2016 年 8 月 1 日签发，而忻孚公司与鼎瑞公司于 2016 年 7 月 15 日签订《钢材购销合同》并于当日将涉案汇票交给忻孚公司，两者在时间上并无可能。法院经审查认为，首先，忻孚公司有证据证明其与鼎瑞公司之间存在钢材购销合同关系，且经背书转让取得五矿公司签发的涉案商业承兑汇票，因此忻孚公司为合法的票据持有人，能够行使票据权利。其次，涉案汇票的签发时间和《钢材购销合同》的签订时间均已在上述材料中载明，至于汇票实际交付给忻孚公司的时间，原判并未认定，该时间也不影响涉案汇票的有效性。最后，对于鼎瑞公司承诺的向忻孚公司支付货款的时间与五矿公司无关，五矿公司作为出票人无权以基础合同项下付款时间尚未届满为由拒绝承担相应票据责任。因此，忻孚公司有权要求出票人五矿公司支付相关票据金额，对于五矿公司诉讼请求，法院不予支持。

（三）在票据付款到期日前持票人使用电子汇票系统提示付款，出票人或者前手既不签收也不拒绝付款的，持票人在作出合理说明后可行使票据付款请求权

【案例来源】

案件名称：上海际华物流有限公司与昆山天雄商业保理有限公司等票据付款请求权纠纷案

审理法院：上海市高级人民法院

案　　号：（2020）沪民申 1927 号

【争议点】

上海际华物流有限公司（以下简称际华公司）与昆山天雄商业保理有限公司（以下简称天雄公司）、上海璃澳实业有限公司（以下简称璃澳公司）、重庆

宝亚金融服务有限公司（以下简称宝亚公司）因票据付款请求权纠纷引发诉讼，该案历经上海市普陀区人民法院一审、上海金融法院二审、上海市高级人民法院再审三个阶段。在再审中，当事人就票据到期日前提示付款的法律效力问题产生争议。

【裁判说理】

《票据规定》第 13 条规定："票据债务人以票据法第十条、第二十一条的规定为由，对业经背书转让票据的持票人进行抗辩的，人民法院不予支持。"本案中，际华公司向璃澳公司出具票据后，天雄公司因从璃澳公司受让应收账款而取得票据以及后来从宝亚公司回购应收账款收益权而取得票据时都经过了票据背书转让，且支付了对价，因此天雄公司是票据的合法持有人，有权行使票据权利，际华公司应当履行票据付款的义务，对于际华公司的抗辩不予支持。此外，天雄公司虽然在票据到期日前提示付款，但因案涉电子汇票系统持续显示"提示付款待签收"，而际华公司一直未予签收，亦未点击拒付。因此，法院认为在天雄公司作出合理解释后即有权要求际华公司支付相应票据金额，对于际华公司主张的天雄公司在票据到期日前提示付款，不产生提示付款的法律效力的诉讼请求不予支持。

（四）在票据付款纠纷中，合同履行期限的长短、增值税发票和发票信息查询情况以及票据质押时间间隔等因素可以作为判断银行作为持票人是否存在恶意和重大过失情形的依据

【案例来源】

案件名称：中建六局第三建筑工程有限公司西南分公司等与平安银行股份有限公司成都分行等票据付款请求权纠纷案

审理法院：四川省高级人民法院

案　　号：（2019）川民终 1025 号

【争议点】

中建六局第三建筑工程有限公司西南分公司（以下简称中建六局第三建筑公司西南分公司）、中建六局第三建筑工程有限公司（以下简称中建六局第三建筑公司）与平安银行股份有限公司成都分行（以下简称平安银行成都分行）、成都市思凯得贸易有限公司（以下简称思凯得公司）因票据付款请求权纠纷引发诉讼，该案历经四川省成都市中级人民法院一审、四川省高级人民法院二审

两个阶段。在二审中,当事人就持票人是否丧失票据权利问题产生争议。

【裁判说理】

本案中,中建六局第三建筑公司西南分公司主张,即使认为平安银行成都分行享有质押权,但平安银行成都分行未按照法律审查质押物、票据贸易背景的真实性,尤其是对票面金额4286万元的商业汇票未履行任何审查义务,其因恶意或重大过失也应丧失票据权利。关于平安银行成都分行是否因恶意或重大过失丧失票据权利的问题,法院经审理认为,平安银行成都分行完成了审查义务。理由主要为:平安银行成都分行在接受案涉票据质押时,审查了思凯得公司提交的《产品购销合同》和累计金额为1000万元的增值税发票及发票信息查询情况。综合《产品购销合同》项下3亿元的钢材交易系长期、滚动交易,双方合同履行期限系长期性合同、平安银行成都分行对增值税发票查询的信息,以及两张汇票质押时间仅仅间隔3天的事实,应认定平安银行成都分行已经从合同内容、合同履行情况进行了审查,无法认定平安银行成都分行对此存在恶意或者重大过失。因此对于中建六局第三建筑公司西南分公司的诉讼请求不予支持。

(五)仅有出票人向付款行申请挂失止付的行为不足以否认现有持票人持票的合法性,出票人仍需对现有持票人承担票据付款责任

【案例来源】

案例名称:广东华澜浩宇科技创新有限公司与高某票据付款请求权纠纷案

审理法院:广东省高级人民法院

案　　号:(2018)粤民申12841号

【争议点】

广东华澜浩宇科技创新有限公司(以下简称华澜浩宇公司)与高某因票据付款请求权纠纷引发诉讼,该案历经广东省清远市清城区人民法院一审、广东省清远市中级人民法院二审、广东省高级人民法院再审三个阶段。在再审中,当事人就出票人是否应当向持票人承担票据责任问题产生争议。

【裁判说理】

本案中,华澜浩宇公司主张高某并非案涉两张支票的合法持有人,主要原因为案涉两张支票系由华澜浩宇公司签发交付给福建世新工程营造有限公司(以下简称世新公司)用于支付工程款,后世新公司因遗失支票而请求华澜浩

宇公司向付款行申请挂失止付，高某不应享有票据权利。法院经审理认为，华澜浩宇公司签发案涉两张支票并交付给世新公司用于支付工程款，该两张支票的形式要件完备，必须记载的事项齐全，属有效票据。根据《票据法》第61条第1款"汇票到期被拒绝付款的，持票人可以对背书人、出票人以及汇票的其他债务人行使追索权"以及第93第1款"支票的背书、付款行为和追索权的行使，除本章规定外，适用本法第二章有关汇票的规定"的规定，在该两张支票被拒绝付款的情况下，高某作为持票人有权向出票人华澜浩宇公司主张票据权利。华澜浩宇公司主张世新公司因遗失案涉两张支票，请求华澜浩宇公司向付款行申请挂失止付。但华澜浩宇公司并未举证证明世新公司在通知挂失止付后3日内，曾向人民法院申请公示催告，或向人民法院提起诉讼。仅凭华澜浩宇公司向付款行申请挂失止付，不足以否认高某持票的合法性，因此应当认为高某为票据合法的持有人，对华澜浩宇公司拒绝向高某支付案涉两张支票项下款项的诉讼请求不予支持。

四、结语

付款请求权是持票人享有的第一顺序权利，付款请求权的实现之日即追索权消灭之时；追索权是持票人享有的第二顺序权利，只有在付款请求被拒绝或者法定情形出现时才可以行使。汇票付款请求权纠纷的当事人一般是持票人与承兑人或者付款人，本票付款请求权纠纷的当事人一般是持票人与出票人，支票付款请求权纠纷的当事人一般是持票人与办理支票存款业务的银行。要行使票据付款请求权，就会涉及持票人取得和占有票据的合法性、持票人的权利义务以及因票据付款产生的相关法律责任等问题。人民法院在审理票据付款请求权纠纷案件时，出现以下几种情况，人民法院不予支持：其一，承兑人或付款人以前手与持票人之间的单方票据转让说明认定持票人明知存在抗辩事由而取得票据依据的；其二，出票人与持票人并非直接的前后手，承兑人或者付款人以其他前手与持票人约定的票据交付时间和兑付时间对出票人行使抗辩权的；其三，在票据付款到期日前持票人使用电子汇票系统提示付款，承兑人或者付款人以出票人或者前手既不签收也不拒绝付款为由而拒绝支付相对应票据金额的；其四，出票人在仅有原有持票人申请其向付款行申请挂失止付的情况下拒绝对现有持票人承担票据付款责任的。此外，在票据付款纠纷中，合同的履行期限的长短、增值税发票和发票信息查询情况以及票据质押时间间隔等因素可以作为判定银行作为持票人是否存在恶意和重大过失的情形。

第二节 票据追索权纠纷

一、导论

中国票据市场当前正经历结构性改革，新的秩序正在形成并逐步完善。票据追索权是持票人在付款请求权不能实现的情况下，通过特定程序，请求前手背书人或其他票据债务人偿还票据债务的救济性权利。《票据法》第 68 条第 2 款的规定："持票人可以不按照汇票债务人的先后顺序，对其中任何一人、数人或者全体行使追索权。"然而《票据交易管理办法》(中国人民银行公告〔2016〕第 29 号)、《上海票据交易所票据交易规则》、《票据交易主协议（2016 年版）》等主要适用于票据交易关系的规范性文件则缩减了追索对象的范围，并限定了持票人的追偿顺序。此外，在司法实践中，人民法院在认定持票人是否具备追索权的行使条件、被追索人的责任承担、再追索权的认定以及相关法律关系的认定上仍然存在较大争议。本节将因票据付款请求权产生纠纷的案件裁判文书作为研究对象，以 2018 年以来人民法院作出的相关裁判文书为主要范围，归纳、提炼票据付款请求权裁判的理念和趋势，以期通过对我国案例的研究来指导司法实践。

截至 2022 年 2 月，在中国裁判文书网输入"票据付款请求权纠纷"（案由）检索出民事裁判文书 26 700 篇，其中，由最高人民法院审判的有 78 篇，由高级人民法院审判的有 634 篇。在具体案例的选取上，本节遵循以下"两个优先"原则：第一，优先选择审判层级较高的裁判文书；第二，优先选择审判日期较近的裁判文书。通过形式和内容两个方面的筛选，本节最终选择了 6 篇裁判文书进行研究，即（2021）最高法民申 5052 号、（2020）最高法民终 895 号、（2018）最高法民终 1223 号、（2019）最高法民再 19 号、（2018）最高法民申 1628 号、(2018) 最高法民申 2573 号。以上 6 篇裁判文书皆由最高人民法院裁判，裁判日期也均为 2018 年（含）之后。

二、票据追索权纠纷的基本理论

（一）票据追索权的概念及特征

票据追索权，是指票据到期不获付款或期前不获承兑或有其他法定原因时，并在实施行使或保全票据上权利的行为后，持票人依法向票据上所有票据行为人请求偿还汇票金额、利息及其他法定款项的一种票据权利。票据追索权是继票据付款请求权后的第二次权利，实际上是对付款请求权的一种补充。设立追索权制度的目的在于弥补票据付款请求权对保护持票人票据权利的实现所带来的局限，对切实保障持票人的票据权利尤为必要。票据不获承兑或不获付款而遭退票时，持票人的权利就没有实现。在此情况下，如果法律没有补救措施，各票据当事人的权利就没有保障，整个票据关系就会陷入一片混乱状态，所以各国票据法均设立了追索权制度。根据我国《票据法》关于票据追索权的规定，行使追索权需具有三个条件：第一，必须在法定期限内提示；第二，必须在法定期限内通知；第三，外国汇票遭到退票，必须在法定期限内，由持票人请公证人作出拒绝证书。[①]

票据追索权具有如下特征：第一，具有选择性。《票据法》第 61 条第 1 款规定："汇票到期被拒绝付款的，持票人可以对背书人、出票人以及汇票的其他债务人行使追索权。"第 8 条第 2 款规定："持票人可以不按照汇票债务人的先后顺序，对其中一人、数人或者全体行使追索权。"由此可见，持票人可以自由选择其行使票据追索权的对象，不必依照票据债务人承担票据债务的前后顺序逐次追索；持票人既可向票据债务人中的一人或数人行使，也可同时向全体债务人行使。第二，具有代位性。持票人在行使追索权获得相应清偿后，追索权没有消失，而是转移给被追索人；被追索人清偿债务后，获得向其前手再追索的权利。第三，具有变更性。持票人不受已经开始的追索权行使的限制，

---

① 参见江西财经大学九银票据研究院编著：《票据基础理论与业务创新》，中国金融出版社 2018 年版，第 92~93 页。

只要其追索权未实现,就可以再进行新的追索。

(二)票据追索权的种类

1. 依追索权得以行使的时间,分为到期追索权和期前追索权。

(1)到期追索权,是指在票据已届付款日期,持票人向付款人请求付款而遭拒绝或不获付款时而行使的追索权。票据在到期日被拒绝付款、不获付款是持票人行使追索权的最一般、最主要的原因。在通常情况下,除《票据法》有特别规定之外,持票人不得在票据到期日前行使追索权。这里需要指出的是,第一,持票人在法定付款提示期限内合法提示付款被拒绝时,始能行使追索权;第二,持票人不获承兑时,在汇票到期日后仍应提示付款。但如果已经作出拒绝承兑证书的,则无须再为付款提示即可行使追索权。

(2)期前追索权,是指在票据上记载的到期日之前,因发生到期付款的可能性显著减少甚至付款成为不可能时,持票人所行使的追索权。根据我国《票据法》第61条第2款的规定,有下列情形之一的,持票人可以在票据到期日前行使追索权:第一,汇票被拒绝承兑的;第二,承兑人或付款人死亡、逃匿;第三,承兑人或者付款人被依法宣告破产或者因违法被责令终止业务活动的。①

2. 依追索权人的不同,分为最初追索权和再追索权。

(1)最初追索权,是指由持票人行使的追索权。

(2)再追索权,是指票据债务人在向追索权人或再追索权人清偿了票据债务后所取得的追索权。即指已清偿票款而取得票据的次债务人(背书人、保证人等)再向其前手进行追索的权利。

(三)票据追索权的发生原因

1. 拒绝付款。持票人在汇票承兑人、见票即付的汇票付款人(包括预备付款人、参加付款人)拒绝付款时,持票人之票据权利已经通过票据义务人的明示拒绝履行之行为受到侵害,因此持票人可以行使票据追索权。

2. 拒绝承兑。持票人于到期日前向汇票付款人提示承兑后,被拒绝承兑的,持票人的权利同样因义务人拒绝履行义务而受到损害,因此持票人有权行

---

① 参见叶永禄:《票据诉讼解析》,载《法学评论》2005年第3期。

使追索权。

3. 承兑人或付款人死亡、逃匿。承兑人或付款人出现死亡、逃匿之情形，将使付款在客观上不可能，故持票人在票据到期前就可行使票据之追索权。

4. 承兑人或付款人被依法宣告破产或因违法被责令终止业务活动。由于出现法定之事由，承兑人或付款人之法律地位被终止，故尽管在票据到期前，持票人亦可行使票据追索权。

（四）票据追索权的行使[①]

根据我国《票据法》的规定，持票人行使追索权时，应依法提供、出示拒绝承兑或拒绝付款等有关证据，并应将拒绝事由通知前手。

1. 提供证明。当出现可行使票据追索权之情形时，持票人应当提供并出示相关的证明。原因不同的，其应当提供的证明不完全相同。

（1）拒绝证书。该证书是指证明持票人已经进行票据权利的行使及保全行为，以及行使票据权利后未获结果的一种要式证明文件。拒绝证书主要包括拒绝承兑证书和拒绝付款证书。拒绝承兑证书是在票据因不获承兑而遭退票时作出的证书；拒绝付款证书是在票据因不获付款而遭退票时作出的证书。此外，还有拒绝见票证书、参加承兑拒绝证书、拒绝交还原本证书等。多数国家票据法规定，法院或者公证机关（公证人）为制作拒绝证书的法定机关。根据我国《票据法》的规定，持票人提示承兑或者提示付款被拒绝的，承兑人或付款人必须出具拒绝证明或者退票理由书；未出具拒绝证明或者退票理由书的，应当承担由此产生的民事责任。拒绝证书是行使追索权的形式要件，未制作拒绝证书或未在法定期间内制作拒绝证书的，将丧失追索权。

（2）死亡证明、失踪证明。由医院出具的自然人死亡证明书，法院的宣告死亡或者宣告失踪的法律文书，相关单位出具的法人或者自然人居住地变更而无法联系之证明等，均可作为付款人死亡、失踪之证明文件。

（3）企业破产或被注销的证明。法院的宣告破产或者行政机关的企业注销登记、行政处罚等证明文件。

2. 通知前手。持票人在取得拒绝承兑或拒绝付款的相关证明后，应及时将事由通知其前手（含出票人、背书人、保证人等票据之债务人），以便于其知

[①] 参见覃有土：《商法概论》，武汉大学出版社2010年版，第366~368页。

晓拒绝事由而做好偿还票据债务之准备。

（1）通知的对象及顺序。持票人向其直接前手发出通知，持票人的直接前手得到通知后再向其自己的直接前手发出通知，依次类推直至出票人。持票人也可以向其所有的前手直至持票人发出拒绝通知。

（2）通知的形式及时间。持票人应于收到有关拒绝证明之日起3日内，以书面形式向其直接前手发出拒绝通知；其前手应于收到通知之日起3日内向其再前手发出通知。

（3）通知的具体方法。通知可以是自行当面送达签收，也可以是委托公证送达，还可以是邮寄送达。邮寄送达的，以投递发出邮戳日为准。只要在法定期限内将通知发出于收件人之法定地址或约定地址，即视为发出通知。

（4）通知的内容。通知中必须体现出票据的主要记载事项，并明确说明该票据已经被拒绝承兑或者付款，并附相关的证明附件（可以为复印件）。

（5）未通知的后果。持票人未通知或者通知未在有效期限内发出的，其仍然享有票据的追索权。但是，如果因未发出或者未按时发出通知而导致前手损失的，持票人应当承担其前手之损失赔偿（赔偿额以汇票金额为限）责任。

（五）票据追索权的限制

追索权限制是指持票人为汇票出票人的，对其前手无追索权；持票人为汇票背书人的，对其后手无追索权。从一般的票据关系来说，如果票据流转到出票人手中，这时出票人既是持票人，又是出票人，权利、义务已抵销。在持票人为出票人时，因为出票人是票据债务的最终债务人，所以如果票据出票人持票，则其不享有票据的追索权。另外，根据《票据法》中的一般原理，只有后手可以向前手要求行使追索权，而其前手是不能向后手要求行使追索权的，由于出票人是一般的票据债务人前手，所以其不能够再次行使票据的追索权。以此类推，如果持票人为背书人的，则背书人对于其后手是没有追索权的，因为背书人的后手没有承担对其前手的承兑和保证付款的义务。持票人不先行使付款请求权而先行使追索权遭拒绝提起诉讼的，人民法院不予受理。[①]

---

① 参见徐连金主编：《票据业务操作与风险管理》，上海财经大学出版社2015年版，第114~127页。

三、关于票据追索权纠纷的裁判规则

（一）持票人与被追索人约定放弃对其的票据追索权，但被追索人未在约定上签章，持票人不能以此为由再行主张票据追索权

【案例来源】

案件名称：贵州有色矿业股份有限公司与贵州圣杰煤炭供销有限公司等票据追索权纠纷案

审理法院：最高人民法院

案　　号：（2021）最高法民申 5052 号

【争议点】

贵州有色矿业股份有限公司（以下简称有色矿业公司）与贵州圣杰煤炭供销有限公司（以下简称圣杰煤炭公司）、贵州省金属材料有限责任公司（以下简称金属公司）、贵州省外商投资企业物资供销有限责任公司（以下简称外商投资公司）、广西物资集团有限责任公司（以下简称广西物资公司）以及贵州广电实业有限公司（以下简称广电公司）因票据追索权纠纷引发诉讼，该案由最高人民法院再审，在再审中，当事人就票据追索权的行使问题产生争议。

【裁判说理】

在本案中，双方当事人在《会议备忘录（二）》中约定"各方已经平账处理，互相不得追索，各不相欠"。《会议备忘录（二）》中的"追索"一词通常用于票据、保理等商业领域向他人进行追偿，考虑到该备忘录的主要内容均是围绕"票据"展开这一情形，可以认定"互相不得追索"是对票据追索权的约定。票据追索权产生的前提在于票据持票人未得到兑付，持票人可向票据背书前手进行追索，本案各方当事人在票据出票之前已经预计到了票据未能兑付的风险，故约定不得相互追索，若案涉票据已经得到兑付，则无约定放弃追索权的必要，从《会议备忘录》《会议备忘录（二）》的文义和目的来看，均可得出上述文件系对当事人之间票据追索权的限制。票据追索权系持票人的法定权利，当事人可以通过明示的方式放弃该项权利。债权人放弃权利属于单方民事法律行为，票据追索权的本质系要求背书人承担相应的债务，债权人免除债务人部分或者全部责任的，债权债务则部分或者全部终止，但是债务人在合理期限内拒绝的除外。本案《会议备忘录（二）》明确了有色矿业公司放弃对金属公司的票据追索权，对此金属公司未予以拒绝。此外，金属公司虽未在《会议备忘录（二）》中签章，但有色矿业公司放弃对其的票据追索权亦能对其产生法律效力。因此，法院对于有色矿业公司的诉讼请求即根据《会议备忘录》《会议备忘录（二）》《接收单》不能得出其放弃了票据追索权的结论不予支持。

（二）被追索人以追索理由代码记载的事项构成非拒付追索以及与其他被追索人之间签订的免除追索权协议为由对持票人行使追索权进行抗辩的，法院不予支持

【案例来源】

案件名称：吉林集安农村商业银行股份有限公司等与新疆乌苏农村商业银行股份有限公司票据追索权纠纷案

审理法院：最高人民法院

案　　号：（2020）最高法民终895号

【争议点】

吉林集安农村商业银行股份有限公司（以下简称吉林集安农商行）、龙里国丰村镇银行有限责任公司（以下简称龙里国丰村镇行）与新疆乌苏农村商业银行股份有限公司（以下简称乌苏农商行）因票据追索权纠纷引发诉讼，该案历经新疆维吾尔自治区高级人民法院一审、最高人民法院二审两个阶段。在二审中，当事人就持票人是否有权行使票据追索权问题产生争议。

【裁判说理】

本案中，承兑人中核工公司对乌苏农商行的《期内提示付款请求信息》的回复信息中记载提示付款回复标记为"拒绝签收"，拒付理由"商业承兑汇票承兑人账户余额不足"，由此可知汇票已被拒绝付款。此外，乌苏农商行向中核工公司、合肥华峻公司、吉林集安农商行、龙里国丰村镇行发出的《拒付追索请求信息》记载了票据信息和"拒付追索"的追索类型，符合《电子商业汇票业务管理办法》第69条规定的"持票人发出追索通知，必须记载下列事项：（一）追索人名称；（二）被追索人名称；（三）追索通知日期；（四）追索类型；（五）追索金额；（六）追索人签章"的要求。因此，乌苏农商行在中核工公司拒绝付款后，向其前手、出票人、收款人进行了追索，依法享有对案涉商业承兑汇票的追索权。至于追索理由代码记载的"承兑人被依法宣告破产"，

是否构成非拒付追索。首先，追索理由代码并非必须记载的事项，故追索理由代码并不是判断追索类型的依据。其次，乌苏农商行是因电子商业承兑汇票被拒绝付款而提出的追索，亦无必要在提出拒付追索的同时再提出非拒付追索，结合农信银资金清算中心有限责任公司运维中心出具的《说明》，可以认定乌苏农商行行使的是拒付追索。对于龙里国丰村镇行提出的其与吉林集安农商行之间签订了《商业汇票转贴现业务免除追索权协议》，尽管该协议约定，龙里国丰村镇行在票据追索权纠纷中不应当作为被追索人，不需要承担任何付款责任的抗辩，但是法院认为，乌苏农商行是依据《票据法》第68条的规定向其前手行使追索权，龙里国丰村镇行与吉林集安农商行之间就追索权所作的免除责任约定，对于并非合同当事人的乌苏农商行没有约束力，不能对抗乌苏农商行依据《票据法》规定行使的追索权。因此，对吉林集安农商行、龙里国丰村镇行的诉讼请求不予支持。

（三）被追索人以票据上的签章与当事人预留印鉴及合法备案印章不一致为由对持票人行使票据追索权进行抗辩的，法院不予支持

【案例来源】

案件名称：江苏金坛建工集团有限公司与青海新茂祥物资有限公司等票据追索权纠纷案

审理法院：最高人民法院

案　　号：（2018）最高法民终1223号

【争议点】

江苏金坛建工集团有限公司（以下简称金坛公司）与青海新茂祥物资有限公司（以下简称新茂祥公司）、北京首开中拓房地产开发有限公司（以下简称首开公司）、宁夏金麦房地产开发有限公司（以下简称金麦公司）、青海居易实业集团有限公司（以下简称居易公司）、中宅建设集团有限公司（以下简称中宅公司）因票据追索权纠纷引发诉讼，该案历经青海省高级人民法院一审、最高人民法院二审两个阶段。在二审中，当事人就被追索人的票据责任问题产生争议。

【裁判说理】

根据本案已经查明的事实和相关鉴定结论，能够认定案涉汇票背书上金坛公司的签章（包括财务专用章、法人人名章）与金坛公司预留印鉴及合法备案印章不一致，但不能据此认定案涉汇票上的签章系他人伪造，金坛公司对案涉汇票的出票、背书、转让不知情。主要是基于以下四个原因：首先，案涉票据是真实的。票号为0010××××××3654，票面金额1500万元的商业承兑汇票出票人为首开公司，收款人为金坛公司，首开公司与金坛公司之间存在真实工程承包关系，前者签发票据时记载的收款人金坛公司的开户银行及账户真实无误，并且事后首开公司还出具《承诺书》承诺按期兑付案涉汇票，虽然最终首开公司拒付款项，但拒付理由为工程未完工，进一步证实了票据的真实性。其次，根据双方当事人的陈述和举证，刘某某系金坛公司股东，与金坛公司存在直接关联，其同时又是首开公司与金坛公司之间工程项目的实际负责人、承包人，金坛公司虽然否认刘某某具有工程款结算的相关权限，但其并无充分证据证明存在其他人员或方式与首开公司结算工程款，并且金坛公司曾在一审中陈述刘某某系该工程收款具体经办人员，故可以认定刘某某有权处理该项目工程款的结算支付等事宜。再次，即使刘某某无权代表金坛公司实施票据行为，其在本案中也构成表见代理，金坛公司仍然应对刘某某实施的票据行为承担票据责任。最后，从公平原则和保护票据交易考虑，即使金坛公司完全不知情，确系刘某某个人伪造签章、冒领工程款、私自转让票据，也应由金坛公司承担责任为妥。

（四）依据行业习惯能够认定付款行对提示付款的当场拒付行为不做记录，票据债务人以持票人无证据证明对涉案票据向付款行申请兑付为由主张追索权抗辩的，法院不予支持

【案例来源】
　　案件名称：杨某某与贵州众世铭辉商砼有限公司票据追索权纠纷案
　　审理法院：最高人民法院
　　案　　号：（2019）最高法民再19号

【争议点】
　　杨某某与贵州众世铭辉商砼有限公司（以下简称众世公司）因票据追索权纠纷引发诉讼，该案历经贵阳市中级人民法院一审、贵州省高级人民法院二审、最高人民法院再审三个阶段。在再审中，当事人就持票人是否有权向票据债务人行使票据追索权问题产生争议。

【裁判说理】

本案中，众世公司主张杨某某对案涉实时通付款凭证未提示付款，因此杨某某不能行使票据追索权。法院经审理认为，中国建设银行贵阳都市路支行虽然对一审法院称案涉凭证并没有在建设银行进行过提示付款，但根据法院向建设银行工作人员的咨询，银行系统对提示付款的当场拒付行为并不做记录。通过诉讼程序追索票据权利的成本远大于直接向银行行使票据权利的成本，且诉讼程序实现权利的方式亦存在执行不能的风险，杨某某不向银行提示付款而诉讼众世公司主张票据权利不合常理。且银行回复2015年6月20日至当月30日众世公司账户余额不足以支付案涉票据款项的事实也与杨某某起诉状陈述的理由相符，这也印证了杨某某向银行申请兑付的事实。因此，杨某某能够行使票据权利，众世公司不能以杨某某无证据证明对涉案票据向付款行申请兑付为由主张追索权抗辩。

（五）当事人在票据贴现协议中划去有关追索权的内容并不等同于放弃权利，而应理解为合同双方未对追索权予以约定，持票人仍然可以依法行使票据追索权

【案例来源】

案例名称：广州广电传媒集团有限公司与上海浦东发展银行股份有限公司广州分行等票据追索权纠纷案

审理法院：最高人民法院

案　　号：（2018）最高法民申1628号

【争议点】

广州广电传媒集团有限公司（以下简称广电公司）与上海浦东发展银行股份有限公司广州分行（以下简称浦发银行广州分行）、广东东电广告有限公司（以下简称东电公司）因票据追索权纠纷引发诉讼，该案历经广东省广州市中级人民法院一审、广东省高级人民法院二审、最高人民法院再审三个阶段。在再审中，当事人就持票人是否放弃票据追索权问题产生争议。

【裁判说理】

追索权是持票人向票据债务人请求支付票据金额的法定权利。根据《票据法》第61条第1款及第68第1款的规定，汇票到期被拒绝付款的，持票人可以行使追索权，出票人、背书人、承兑人和保证人对持票人承担连带责任。根

据本案查明的事实，浦发银行广州分行通过贴现从广电公司处取得汇票，成为持票人。广电公司作为案涉汇票的背书人，应按照法律规定对出票人东电公司的案涉付款责任承担连带责任。在到期无法兑付汇票的情况下，浦发银行广州分行有权向出票人东电公司及背书人广电公司行使追索权以实现自身合法权益。追索权作为法定权利，持票人应当以明示的方式表明其权利的放弃。本案已经查明的事实为双方当事人签订的《票据贴现协议》第10条中有关票据追索权的内容被划去，但是作为持票人的浦发银行广州分行并未在协议中明确表示放弃对广电公司的追索权。此外，划去有关追索权的内容并不等同于放弃权利，而应理解为合同双方未对追索权予以约定，因此，作为持票人的浦发银行广州分行依法享有票据权利，能够行使追索权。

（六）银行（持票人）在办理案涉票据贴现过程中，未审查增值税发票，不应认定构成《票据法》第12条规定的"重大过失"，不能据此认定银行丧失票据的追索权

【案例来源】

案例名称：徐州兰花电力燃料有限公司与中国民生银行股份有限公司南通分行等票据追索权纠纷案

审理法院：最高人民法院

案　　号：（2018）最高法民申2573号

【争议点】

徐州兰花电力燃料有限公司（以下简称徐州兰花公司）与中国民生银行股份有限公司南通分行（以下简称民生银行南通分行）、启东市大东煤焦化有限公司（以下简称大东公司）、山西兰花煤炭实业集团有限公司因票据追索权纠纷引发诉讼，该案历经江苏省南通市中级人民法院一审、江苏省高级人民法院二审、最高人民法院再审三个阶段。在再审中，当事人就持票人是否能够行使票据追索权问题产生争议。

【裁判说理】

本案中，徐州兰花公司认为，民生银行南通分行在票据贴现时未审查增值税发票，存在重大过失。主要理由有二：其一，民生银行南通分行未按中国人民银行发布的《支付结算办法》《票据管理实施办法》等规定，在票据贴现时审查增值税发票。其二，案涉票据上大东公司加盖的印章为方形，而根据国家有

关规定，国家机关和企事业单位的印章应当为圆形，民生银行南通分行在审查票据时未发现此明显瑕疵，显然存在重大过失。法院认为，中国人民银行发布的《支付结算办法》等规章制度虽然规定商业银行办理票据贴现应审查基础交易合同、增值税发票等，但该规定系从防范商业银行经营风险的角度而制定，故民生银行南通分行在办理案涉票据贴现过程中，未审查增值税发票，不应认定构成《票据法》第12条所规定的"重大过失"。案涉票据形式完备，各项必要记载事项齐全，且不存在权利行使的障碍，民生银行南通分行对案涉票据上印章的审查亦不存在重大过失。

四、结语

票据追索权行使的立法依据存在三种理论观点：前期偿还主义、担保主义、折中主义。我国的《票据法》与《日内瓦统一汇票本票法公约》保持一致，当汇票到期日前被拒绝承兑或者到期被拒绝付款的，持票人得行使追索权。追索权制度是票据法为了加强票据安全性、促进票据流通性而特设的一项制度，因此，认识与把握该项特别制度对于开展票据业务具有重要意义。在司法实践中，持票人行使票据追索权通常会涉及被追索人的责任承担、持票人的追索权取得与丧失以及被追索权抗辩权的主张等问题，各地法院在处理结果上也呈现参差不齐的状态。人民法院在审理票据追索权纠纷案件时，若出现以下几种情况，人民法院不予支持：其一，持票人与被追索人约定放弃对其的票据追索权，但被追索人未在约定上签章，持票人以此为由再行主张票据追索权的；其二，被追索人以追索理由代码记载事项构成非拒付追索以及与其他被追索人之间签订的免除追索权协议为由对持票人行使追索权进行抗辩的；其三，被追索人以票据上的签章与当事人预留印鉴及合法备案印章不一致为由对持票人行使票据追索权进行抗辩的；其四，依据行业习惯能够认定付款行对提示付款的当场拒付行为不做记录，票据债务人以持票人无证据证明对涉案票据向付款行申请兑付为由主张追索权抗辩的；其五，当事人在票据贴现协议中划去有关追索权的内容并不等同于放弃权利，而应理解为合同双方未对追索权予以约定，持票人仍然可以依法行使票据追索权。

第三节 票据利益返还请求权纠纷

一、导论

我国《票据法》第 18 条关于票据利益返还请求权的性质、构成要件、利益返还等进行了规定。关于票据利益返还请求权的性质存在四种观点：损害赔偿请求权说、不当得利返还请求权说、票据权利残留物说或变形物说、票据法上的特定请求权说。对于票据利益返还请求权的构成要件问题也存在不同的观点：有学者认为，票据上的权利必须有效存在是票据利益返还请求权的必要构成要件；但也有学者认为，在票据利益返还请求权的要件认定上无须考虑票据权利有效存在这一条件。有不少学者对《票据法》第 18 条规定的票据权利的丧失条件即"票据记载事项欠缺"提出不同观点，认为应修改为"因手续欠缺而丧失票据权利"。在票据利益返还请求权的范围问题上，学者对票据利益的有无以及其范围等问题存在争议。此外，在票据利益返还请求权的行使中也存在若干问题，如行使利益返还请求权是否必须实际占有并提示票据、持票人可否请求返还的利益范围、票据利益返还请求权与原因债权的权利竞合等问题存在争议。① 本节将因票据利益返还请求权产生纠纷的案件裁判文书作为研究对象，以 2018 年以来人民法院作出的相关裁判文书作为主要范围，归纳、提炼票据利益返还请求权裁判的理念和趋势，以期通过对我国案例的研究来指导司法实践。

截至 2022 年 2 月，在中国裁判文书网输入"票据利益返还请求权纠纷"（案由）检索出民事裁判文书 3943 篇，其中，由最高人民法院审判的有 7 篇，由高级人民法院审判的有 89 篇。在具体案例的选取上，本节遵循以下"两个优先"原则：第一，优先选择审判层级较高的裁判文书；第二，优先选择审

---

① 参见王荣：《票据利益返还请求权制度分析》，载《广西社会科学》2014 年第 5 期。

判日期较近的裁判文书。通过形式和内容两个方面的筛选，本节最终选择了6篇裁判文书进行研究，即（2020）鄂民申 5209 号、（2020）闽民申 2590 号、（2020）鲁民再 164 号、（2018）粤民申 5812 号、（2021）湘 01 民终 11281 号、（2020）苏 03 民终 6545 号。其中，由高级人民法院裁判的有 4 篇，裁判日期也均为 2018 年（含）之后。

二、票据利益返还请求权纠纷的基本理论

（一）票据利益返还请求权的概念及构成要件

票据利益返还请求权，是指持票人依照票据法享有的、当票据权利因时效或者票据记载事项欠缺而消灭时，能够请求出票人或者承兑人返还与其未获支付的票据金额相当的利益的权利，亦称"利益返还请求权"。

利益返还请求权人是持票人，其他票据关系当事人不享有这一权利。享有利益返还请求权的持票人，可以是因转让背书而取得票据的最后持票人，也可以是由其他合法方式取得票据的持票人，还可以是因被追索而向追索权人清偿了债务而取得票据的背书人，以及因清偿了保证债务而持有票据的保证人。在承认参加付款的票据法中，尚包括因参加付款而取得票据的参加付款人。

利益返还义务人限于出票人和承兑人，其他票据当事人不对持票人负担这种义务。

利益返还请求权的客体是持票人因时效或者票据记载事项欠缺而丧失票据权利时，原本应得到而未得到的票面金额。[1]

票据必须记载一定的事项。权利人所持票据可以不完全符合法定必要记载事项。但是应具备最基本的记载事项。这些事项包括票据金额、出票或承兑日期或到期日，出票人或承兑人的真实签章。上述记载事项只要实质上具备即可，而不要求其形式无瑕。

持票人不享有任何票据权利，持票人不但必须对出票人或承兑人没有票据权利，而且对保证人或背书人等其他真实签章人都不享有票据权利。

持票人丧失票据权利的原因是超过票据权利时效或者记载事项欠缺。持票

---

[1] 参见刘心稳：《票据法》，中国政法大学出版社 2015 年版，第 100 页。

人因除权判决而丧失票据权利时，或持票人因恶意取得票据或因重大过失取得记载事项欠缺的票据，或者因其前手以恶意或重大过失取得票据。赠予、继承取得票据，或者明确表示放弃票据权利而丧失票据权利时，则持票人不享有利益返还请求权。

出票人或承兑人均未支付全部票据金额。如果出票人或承兑人已经支付了票据金额，则持票人不能享有利益返还请求权。如果出票人或承兑人已经支付了部分票据金额，则持票人的利益返还请求权只能以出票人或承兑人未支付的金额相当的利益为限。

（二）票据利益返还请求权的性质

根据《票据法》第18条的规定，持票人因超过票据权利时效或者因票据记载事项欠缺而丧失票据权利的，仍享有民事权利，可以请求出票人或者承兑人返还其与未支付的票据金额相当的利益。该条文对利益返还请求权的性质、行使条件和效力等进行了规定，认为利益返还请求权是票据法上的权利而非票据权利，是持票人因票据时效或者票据记载事项欠缺丧失票据权利时，得以行使的救济权。学界对利益返还请求权的性质存在四种不同的观点：一是损害赔偿请求权说；二是不当得利返还请求权说；三是票据权利残留物说或变形物说；四是票据法上的特定请求权说。其中，第四种学说为通说。

1. 损害赔偿请求权说。损害赔偿请求权说从利益返还请求权的本质角度出发，认为利益返还请求权实际上是一般民事法律中的损害赔偿请求权。民法上的损害赔偿请求权是填补受害者遭受的损害，民事侵权行为是损害产生的直接原因，对比票据法上的利益返还请求权是因时效已过或者保全手续不完备而导致票据权利丧失，因此这种观点显然混淆了二者间损害赔偿在产生原因上的区别。

2. 不当得利返还请求权说。不当得利返还请求权说就票据利益返还请求权的性质进行相应界定，并认为该项权利是不当得利之债的一种请求权。该种观点认为票据利益返还请求权在性质上属于债权中的不当得利返还请求权。持该观点的理由基于二者的构成要件完全符合，故而，从本质上来说，票据利益返还请求权就是一种不当得利之债，该种观点与德国通说保持一致。

3. 票据权利残留物说或变形物说。该学说的实质是强调利益偿还请求权的行使及转让等具体问题，应尽量按照票据权利的方式去处理。通过利益偿还请求权的行使，达到一次性解决所有债权债务关系的目的，而这一目的的达成，需要将利益偿还请求权与票据权利联结在一起才能实现。反对的学者认为，利益偿还请求权并非票据权利的变形物或者残留物，两者除了在时间顺序上有衔接之外，并没有实质上的关系。而且两者的发生原因也不同，票据权利是因票据行为而发生，利益偿还请求权则与票据行为无关。①

4. 票据法上的特定请求权说。该学说认为，利益返还请求权是基于衡平的理念，为缓和票据的严格性而由票据法规定的一种特别请求权或特定请求权。作为一种特定请求权，利益返还请求权既不是票据权利，也不是民事权利，因为它不是因票据行为产生，而且是在票据权利消灭后发生的，同时也不是民法上债的规定下的请求权。它直接由票据法规定，本质上属于"票据法上的权利"。从请求权的特点看，此权利具有普通债权的性质。

根据我国《票据法》第18条的规定，持票人因超过票据权利时效等原因丧失票据权利的，仍享有民事权利。由此可见，我国票据法把利益返还请求权的性质定位于"民事权利"。本书认为利益返还请求权不是民事权利，具体的考虑有以下几点：

1. 利益返还请求权不是依照民法规定由民事法律事实引起的民事法律关系中的民事权利。首先，利益返还请求权由票据法规定而非民法规定。其次，利益返还请求制度主要是针对票据权利丧失的特殊情形，在立法本意中，其权利内容、性质与票据上权利和民法上的不当得利、侵权损害等求偿权也均有一定差异。另外，民法上物的请求权更难与利益返还请求权相联系。

2. 利益返还请求权是否为民事权利还可以从当事人间的法律关系的性质来考察。如果持票人和出票人或承兑人之间存在民事关系，即持票人和出票人或承兑人之间存在资金关系，为授受票据的直接当事人。前一种情况中的原因关系和后一种情况中的资金关系在性质上属于民事关系，但就利益返还请求权而言，如果是基于民事关系产生的，当持票人丧失票据权利时，应该允许持票人按照基础关系中的约定或规定的金额请求支付，而利益返还请求权却是按照出票人或承兑人实际所受利益请求返还。这显然不是遵循当事人间的基础关系的规则所产生的权利，而只是票据法特别规定的一种权利。所以，利益返还请求权并非基于民事关系，称其为民事权利也就没有根据。因此，从票据法和民法

---

① 参见郑宇：《论票据利益偿还请求权的性质及其制度影响》，载《学术交流》2015年第12期。

的关系（特别法与普通法）角度来看，我们可以说利益返还请求权具有普通债权的性质。

（三）票据利益返还请求权与票据追索权和票据付款请求权的比较

与典型的票据权利即付款请求权和追索权相比，利益返还请求权的特殊性表现为：

1. 票据利益返还请求权没有要式性的规定，即不要求持票人所持票据符合票据法规定的要式。其相对的债务人只能是唯一的，即只能是支票、本票、银行汇票或未承兑商业汇票的出票人或已承兑商业汇票的承兑人，因而不具有连带性，背书人、保证人一般情况下不能成为相对的债务人。

2. 持票人行使利益返还请求权时必须具备时效届满或记载事项欠缺两个要件之一，否则不能行使一般票据权利。

3. 权利时效适用普通时效，而不适用票据法上的短期时效。[①] 在比较法上，关于票据利益返还请求权的时效适用有两种模式：一是票据法模式，直接适用票据法为票据利益返还请求权设置的特别时效。如《德国汇票本票法》第89条、《德国支票法》第58条分别规定汇票和本票、支票的利益返还请求权时效为3年、1年。二是民法模式，并未专门规定票据利益返还请求权的特别时效，依据民法与商法之间的一般法与特别法的关系，补充适用民法时效的规定。我国的法学理论和司法实践中亦采民法模式，对票据利益返还请求权参照适用民法时效的规定。

（四）票据利益返还请求权的"利益"问题

1. 票据利益的有无。在出票人基于赠与出票或承兑人未实际收取资金之时，是否需要返还其利益？从有些国家或地区的票据立法来看，出票人或承兑人因为未实际受益，故其无利益返还之义务。我国多数学者采此种观点，还有的学者补充理由如下：票据利益返还请求权制度是补救制度而非保障制度，不应该使持票人得到与没有丧失票据权利时同样多的利益。

2. 票据利益的范围。对于我国《票据法》第18条规定的"与未支付的票

[①] 参见陈树松主编：《票据利益返还请求权及其实现》，河北人民出版社2012年版，第200~201页。

据金额相当的利益",本书认为应理解为出票人或承兑人的"既得利益"("所受利益"或"实际利益")。

三、关于票据付款请求权纠纷的裁判规则

(一)持票人曾参与出票人同期开出的另案票据纠纷案件审理,仍与转让人签订涉案过期票据转让协议的,不能再以善意取得为由向出票人主张票据利益返还请求权

【案例来源】

案例名称:陈某某与湖北长江大药房连锁有限公司票据利益返还请求权纠纷、返还原物纠纷案

审理法院:湖北省高级人民法院

案　　号:(2020)鄂民申5209号

【争议点】

陈某某与湖北长江大药房连锁有限公司(以下简称长江大药房)因票据利益返还请求权纠纷引发诉讼,该案历经湖北省公安县人民法院一审、湖北省荆州市中级人民法院二审、湖北省高级人民法院再审三个阶段。在再审中,当事人就持票人是否有权向出票人行使票据利益返还请求权问题产生争议。

【裁判说理】

本案中,陈某某取得票据时已超过付款提示期限,且涉案票据并非背书转让。根据《票据法》第31条第1款关于"以背书转让的汇票,背书应当连续。持票人以背书的连续,证明其汇票权利;非经背书转让,而以其他合法方式取得汇票的,依法举证,证明其汇票权利"的规定,涉案票据并非背书转让,现持票人陈某某应举证证明其取得该汇票是合法取得,享有票据利益返还权。根据《票据法》第36条关于"汇票被拒绝承兑、被拒绝付款或者超过付款提示期限的,不得背书转让;背书转让的,背书人应当承担汇票责任"的规定,李某将涉案票据给付陈某某以免除其保证责任,虽然本案陈某某不是背书取得涉案票据,而是交付取得,但陈某某参与了出票人同为长江大药房同期开出的另案票据纠纷案件的一审、二审,即(2015)鄂武汉中民商初字第00459号、(2016)鄂民终518号民事案件,其还参与了(2017)鄂0804民初127号案件

的审理，具备了相关的票据法的知识，对涉案票据的流转过程均是清楚的，其明知涉案票据曾被拒绝承兑，被出票人长江大药房收回，且早过了承兑期，应由转让人承担票据责任，但其仍然与李某于2017年6月15日签订《票据转让协议》，接受涉案票据，且其取得票据的时间，超过了票据记载的到期日2015年1月25日两年，即超过了《票据法》第17条规定的票据权利时效，不符合常理。

（二）当票据的第一背书人与收款人不一致时，持票人仅以出票人出具的《说明》主张票据背书连续且为合法取得票据进而主张票据利益返还请求权的，人民法院不予支持

【案例来源】

案例名称：淄博飞天地质勘察工程有限公司与厦门农村商业银行股份有限公司湖里支行等票据利益返还请求权纠纷案

审理法院：福建省高级人民法院

案　　号：（2020）闽民申2590号

【争议点】

淄博飞天地质勘察工程有限公司（以下简称淄博飞天公司）与厦门农村商业银行股份有限公司湖里支行（以下简称厦门农商行湖里支行）及厦门市优利通机械设备有限公司（以下简称优利通公司）、厦门市万亨欣轴承工业有限公司（以下简称万亨欣公司）因票据利益返还请求权纠纷引发诉讼，该案历经福建省厦门市湖里区人民法院一审、福建省厦门市中级人民法院二审、福建省高级人民法院再审三个阶段。在再审中，当事人就持票人是否有权行使票据利益返还请求权问题产生争议。

【裁判说理】

本案中，案涉银行承兑汇票的出票人是优利通公司，收款人是万亨欣公司，付款行是厦门农商行湖里支行。但是案涉票据的第一背书人并不是收款人万亨欣公司，而是出票人优利通公司。根据《票据法》第31条关于"以背书转让的汇票，背书应当连续。持票人以背书的连续，证明其汇票权利；非经背书转让，而以其他合法方式取得汇票的，依法举证，证明其汇票权利"的规定以及《中国人民银行关于汇票背书连续问题的复函》的内容，以背书转让的汇票，持票人以背书的连续证明其汇票权利。因此，正常情况下汇票的第一背书

人应当是汇票上记载的收款人即万亨欣公司。虽然案涉银行承兑汇票存在背书不连续的形式瑕疵，但如果淄博飞天公司能进一步举证案涉汇票的背书实质上是连续的，补正汇票上背书不连续的形式瑕疵，并证明其系以合法方式取得汇票，是票据真正的权利主体，其仍享有要求承兑人付款的票据权利，承兑人也应承担付款责任。现淄博飞天公司以其通过背书转让取得案涉银行承兑汇票，进而主张行使《票据法》第18条规定的票据利益返还请求权。但淄博飞天公司举证的出票人优利通公司出具的《证明》仅说明因优利通公司的财务人员疏忽，将其公司印章误盖在背书人处，导致收款人万亨欣公司未能在背书处盖章，该举证不足以证明万亨欣公司认可由优利通公司对案涉汇票进行背书转让，也不能证明优利通公司系通过合法的方式取得案涉汇票并有权对案涉汇票进行背书转让，即淄博飞天公司的举证不足以证明优利通公司享有汇票权利，有权作为第一背书人对案涉汇票进行背书转让。此外，淄博飞天公司的举证也不足以补正汇票背书不连续的形式瑕疵，对于其主张的票据利益返还请求权的诉讼主张不予支持。

（三）持票人以前手出具的名称不一致的书面说明主张票据连续并向债务人主张票据利益返还请求权的，人民法院不予支持

【案例来源】

案例名称：莱阳市洁美商场与青岛银行股份有限公司票据利益返还请求权纠纷案

审理法院：山东省高级人民法院

案　　号：（2020）鲁民再164号

【争议点】

莱阳市洁美商场（以下简称洁美商场）与青岛银行股份有限公司（以下简称青岛银行）因票据利益返还请求权纠纷引发诉讼，该案历经山东省青岛市市南区人民法院一审、山东省青岛市中级人民法院二审、山东省高级人民法院再审三个阶段。在再审中，当事人就持票人是否有权行使票据利益返还请求权的问题产生争议。

【裁判说理】

本案中，洁美商场提交的案涉票据中，前手背书人山东鸿泰建设集团有限公司背书转让给被背书人"青州永固基础工程有限公司"与直接后手的背书人

"青州市永固基础工程有限公司"名称不符。此后洁美商场提交了青州市永固基础工程公司出具的书面证明,内容为:"由中国建筑第八工程局有限公司青岛分公司出具的'21×××87,21×××83'号承兑汇票贰张,因山东鸿泰建设集团有限公司误将我公司背书为'青州永固基础工程有限公司',实际应为'青州市永固基础工程有限公司',特此证明。"洁美商场以此证明青州永固基础工程有限公司与青州市永固基础工程有限公司系同一公司。案涉汇票背书不连续是由山东鸿泰建设集团有限公司在背书转让过程中的失误所导致的,因此仅仅有青州市永固基础工程有限公司出具的证明并不能对该背书形式瑕疵予以补正。综上,洁美商场提供的青州市永固基础工程公司出具的书面证明无法对票据背书的形式瑕疵予以补正。此外,洁美商场亦未提交证据证明其以其他合法方式取得汇票并证明其汇票权利,因此其应承担举证不能的法律后果,不能向票据债务人主张票据利益返还请求权。

(四)在出票人既未提供相反证据又未能说明款项性质的情况下,票据持票人可以依据转账记录及信用卡账务明细等证据材料主张票据利益返还请求权

【案例来源】

  案例名称:深圳市金茅酒业有限公司与史某某票据利益返还请求权纠纷案
  审理法院:广东省高级人民法院
  案　　号:(2018)粤民申5812号

【争议点】

  深圳市金茅酒业有限公司(以下简称金茅公司)与史某某因票据利益返还请求权纠纷引发诉讼,该案历经广东省深圳市罗湖区人民法院一审、广东省深圳市中级人民法院、广东省高级人民法院再审三个阶段。在再审中,当事人就持票人是否能够行使票据利益返还请求权问题产生争议。

【裁判说理】

  本案在一审和二审的基础上能够认定史某某为合法持票人,史某某所持有的涉案支票必要记载事项齐全,形式完备,属于有效支票,史某某作为持票人依法享有相应的票据权利。根据《票据法》第18条的规定,持票人因超过票据权利时效或者因票据记载事项欠缺而丧失票据权利的,仍享有民事权利,可以请求出票人或者承兑人返还其与未支付的票据金额相当的利益。本案中,根

据支票记载的出票时间，史某某的票据权利因超过时效而丧失，但史某某并未丧失民事权利，还可以请求出票人或者承兑人返还其与未支付的票据金额相当的利益。根据史某某提交的转账记录及信用卡账务明细，史某某在2012年尚有支付给金茅公司的款项未经过另案实体处理，涉案支票系经过金茅公司员工许某某取得，史某某亦向许某某支付了对价，金茅公司不认可上述款项的真实性，但未能提供相反的证据，也未能合理说明上述款项的性质，应认定金茅公司作为出票人已因此而获得额外利益。综上，对金茅公司主张的持票人不符合票据利益返还请求权的诉讼请求不予支持。

（五）收款人依据托收银行出具的《托收凭证》、与前手之间买卖交易材料、情况说明等材料以及时效期内未予承兑的事实主张票据利益返还请求权的，人民法院应予支持

【案例来源】

案例名称：上海浦东发展银行股份有限公司长沙分行与上海凝瑞化工有限公司票据利益返还请求权纠纷案

审理法院：湖南省长沙市中级人民法院

案　　号：（2021）湘01民终11281号

【争议点】

上海浦东发展银行股份有限公司长沙分行（以下简称浦发银行长沙分行）与上海凝瑞化工有限公司（以下简称凝瑞公司）因票据利益返还请求权纠纷引发诉讼，该案历经湖南省长沙市岳麓区人民法院一审、湖南省长沙市中级人民法院二审两个阶段。在二审中，当事人就票据利益返还请求权的行使问题产生争议。

【裁判说理】

根据《票据法》第18条的规定，持票人因超过票据权利时效或者因票据记载事项欠缺而丧失票据权利的，仍享有民事权利，可以请求出票人或者承兑人返还其与未支付的票据金额相当的利益。本案中，根据托收银行出具的《托收凭证》记载，凝瑞公司系收款人。又依据凝瑞公司与前手买卖交易材料、情况说明，以及在票据到期日前或之后至今三年多的时间内无人向承兑人即浦发银行长沙分行申请承兑的事实，足以推定凝瑞公司为案涉票据遗失前的最后合法持票人，因此应排除浦发银行长沙分行为票据的合法持票人的可能性。此

外，凝瑞公司在票据期间内未主张权利，丧失票据权利，但仍享有民事权利。根据《票据法》第 18 条的规定，可以请求出票人或者承兑人返还其与未支付的票据金额相当的利益，但前提是合法持票人，对应本案应该是凝瑞公司。此外，经审理得知，涉票款仍在浦发银行长沙分行，浦发银行长沙分行并不享有该款项所有权，相应利益亦应返还凝瑞公司。

（六）承兑人在票据已过承诺期及权利期后未将款项返还出票人而继续占有并拒绝向持票人付款的，票据利益的诉讼时效起算点应为提示付款被拒之日

【案例来源】

案例名称：安徽教育出版社与交通银行股份有限公司徐州分行票据利益返还请求权纠纷案

审理法院：江苏省徐州市中级人民法院

案　　号：（2020）苏 03 民终 6545 号

【争议点】

安徽教育出版社与交通银行股份有限公司徐州分行（以下简称交通银行徐州分行）因票据利益返还请求权纠纷引发诉讼，该案历经江苏省徐州市泉山区人民法院一审、江苏省徐州市中级人民法院二审两个阶段。在二审中，当事人就票据利益返还的诉讼时效计算问题产生争议。

【裁判说理】

根据《票据法》第 18 条规定："持票人因超过票据权利时效或者因票据记载事项欠缺而丧失票据权利的，仍享有民事权利，可以请求出票人或者承兑人返还其与未支付的票据金额相当的利益。"安徽教育出版社作为持票人已丧失票据权利，但是其对出票人及承兑人的民事权利并未丧失。经法院审理得知交通银行徐州分行收取了全部的票据款，但其并未在票据已过承诺期及权利期后，将该款返还出票人徐州福森进出口有限公司，该行继续持有票款已构成不当得利。之后，安徽教育出版社向交通银行徐州分行承兑时才得知涉案票据款仍被该行占有，而该行拒绝付款，构成侵权。因此安徽教育出版社主张票据利益的诉讼时效起算点应为提示付款被拒之日即 2020 年 4 月 1 日。综上，安徽教育出版社在 2020 年向交通银行徐州分行主张票据利益返还请求权并未超过诉讼时效期间，交通银行徐州分行应当向安徽教育出版社支付票据利益款 100 万元。

四、结语

票据利益返还请求权是基于票据法的规定产生的，而不是由票据行为直接产生的权利，属于票据价款以外的债权关系，是为了平衡持票人、受有利益的出票人与承兑人之间的利益而设。出票人、承兑人之所以要承担返还义务，根源在于其如果取得实际利益但因票据权利丧失后，如果不予返还，会产生得利和受损不具有合理性的财产流转后果，故为公平起见，法律赋予持票人此项权利。利益返还请求权的行使有三个要件：（1）票据上的权利曾经有效存在；（2）票据权利因时效超过或欠缺保全手续而丧失；（3）出票人或承兑人因此而获得额外利益。额外利益，是指取得对价或资金后本来需要付出的利益，由于持票人权利的丧失而无须付出，从而获益。如果出票人并没有取得开具票据应得的对价或承兑人并没有取得承兑所需的资金，则即使票据权利丧失，出票人或承兑人也不会因此取得额外利益，持票人无法主张票据利益返还请求权。人民法院在审理票据利益返还请求权纠纷案件时，若出现以下几种情况的，人民法院不予支持：其一，持票人曾参与出票人同期开出的另案票据纠纷案件审理并与转让人签订涉案过期票据转让协议，之后以善意取得为由向出票人主张票据利益返还请求权的；其二，当票据的第一背书人与收款人不一致时，持票人仅以出票人出具的《说明》主张票据背书连续且为合法取得票据进而主张票据利益返还请求权的；其三，持票人以前手出具的名称不一致的书面说明主张票据连续并向债务人主张票据利益返还请求权的；其四，持票人依据转账记录及信用卡账务明细等证据材料主张票据利益返还请求权，出票人在未提供相反证据又未能说明款项性质的情况下进行抗辩的。此外，人民法院对于收款人依据托收银行出具的《托收凭证》、与前手之间买卖交易材料、情况说明等材料以及时效期内未予承兑的事实主张票据利益返还请求权的，人民法院应予支持。在票据利益返还诉讼时效纠纷中，承兑人在票据已过承诺期及权利期后未将款项返还出票人而继续占有并拒绝向持票人付款的，票据利益的诉讼时效起算点应为提示付款被拒之日。

第四节 票据其他类纠纷

一、导论

票据诉讼可分为广义和狭义两种。狭义的票据诉讼，是指因为票据权利义务关系发生争议而基于票据提起的诉讼，即票据权利人凭票据向票据债务人提出的以请求支付票据金额和附带法定利息为内容的诉讼，通常包括持票人基于票据而提起的付款请求权诉讼和追索权诉讼。广义的票据诉讼，则是指因票据关系或票据法上的因非票据关系发生纠纷而引起的诉讼。广义的票据诉讼不仅包括基于票据关系发生争议的付款请求权诉讼和追索权诉讼，以及持票人在票据灭失后提起的票据权利恢复诉讼，还包括基于票据法上的因非票据关系发生争议而提起的诉讼，比如票据交付请求权纠纷诉讼、票据返还请求权纠纷诉讼、票据损害赔偿纠纷诉讼、票据利益返还请求权纠纷诉讼等。因票据法规定的非票据关系纠纷提起的诉讼，在这种诉讼中，当事人主张的权利并非票据权利，而是票据法为平衡当事人的权利或保证票据使用必要程序而直接规定的由一方当事人享有的权利。票据法规定的非票据权利纠纷主要包括以下几种具体类型：利益偿还请求权纠纷、票据交付请求权纠纷、票据返还请求权纠纷、回单签发请求权纠纷、票据损害赔偿纠纷。[①] 本节将因《票据法》规定的非票据权利产生的纠纷的裁判文书作为研究对象，以 2016 年以来人民法院作出的相关裁判文书为主要范围，归纳、提炼票据付款请求权裁判的理念和趋势，以期通过对我国案例的研究来指导司法实践。

截至 2022 年 2 月，在中国裁判文书网输入"票据交付请求权纠纷"（案由）检索出民事裁判文书 222 篇，输入"票据返还请求权纠纷"（案由）检索出民事裁判文书 1090 篇，输入"票据损害责任纠纷"（案由）检索出民事裁判文书

---

① 参见金锦华、于海斌、李微娜：《票据法问题研究》，吉林人民出版社 2017 年版，第 200 页。

999篇，输入"确认票据无效纠纷"（案由）检索出民事裁判文书473篇。在具体案例的选取上，本节遵循以下"两个优先"原则：第一，优先选择审判层级较高的裁判文书；第二，优先选择审判日期较近的裁判文书。通过形式和内容两个方面的筛选，本节最终选择了6篇裁判文书进行研究，即（2020）桂执复166号、（2020）最高法民再86号、（2016）最高法民申2199号、（2020）最高法民申6930号、（2017）最高法民申2026号、（2016）浙06民终2249号。其中，由最高人民法院裁判的有4篇，由高级人民法院裁判的有1篇。

二、票据其他类纠纷的基本理论

（一）票据其他类纠纷的基本概念

本节主要介绍以下几种票据其他类纠纷：

1. 票据交付请求权纠纷，是指票据债务人基于票据法的规定，在支付票据金额后要求持票人交出票据或接受票据转账签收而引起纠纷。

票据是一种金钱债权证券，持票人在行使票据权利时，必须提示票据。同时，票据也是一种缴回证券，票据权利人在实现了自己的权利，即受领了票据金额之后，应将原票据缴回给向自己付款的人，以便使票据关系消灭（如向自己付款的是承兑人或付款人）或使后者得以向前手行使再追索权（如付款的人为权利人的前手）。票据债权人如不缴回票据，债务人有权拒绝支付票据金额，这是因为付款人虽然可因付款而免责，但如果不收回票据，难免持票人再恶意转让，一旦票据落入善意第三人之手，付款人就得再次付款，这对付款人来说，损失甚多。在票据交付请求权诉讼中，票据债务人并不否认票据诉讼双方当事人的权利义务关系和地位，而是在其履行了相关票据义务后，有权要求票据权利人交出票据，从而使自己的责任彻底消除，或者使自己取得向其他债务人主张票据权利（如追索权）的资格。此种诉讼的处理结果一般不会直接导致被告向原告支付款项，但是有可能产生由被告向原告赔偿损失的后果。

2. 票据返还请求权纠纷，是指基于票据法的规定，丧失票据占有的正当权利人，请求非法占有人或因恶意或重大过失而取得票据的持票人，返还其占有的票据而引起的纠纷。

票据返还请求权诉讼是针对票据权利人相对丧失票据后,并明确知道票据占有人的情况下,对失票人采取的救济措施;如果失票人并不知道票据的具体下落,就无法行使该项诉讼权利,而只能通过公示催告或普通诉讼等方式进行相应的权利救济。另外,票据的拾得者或基于保管关系而占有票据者,拒绝返还该票据的,原持票人也可提起返还请求权之诉。

3.票据损害赔偿请求权纠纷,是指票据当事人由于违反《票据法》的规定,侵害有关当事人合法权益而发生的纠纷。[①]

（二）相关法律规定及其解读

1.关于票据付款请求权纠纷处理的相关规定。我国《票据法》第55条规定:"持票人获得付款的,应当在汇票上签收,并将汇票交给付款人。持票人委托银行收款的,受委托的银行将代收的汇票金额转账收入持票人账户,视同签收。"此条已经明确规定了持票人在受领票据金额后,应当承担的相应义务:即在票据上进行签收,然后将票据交给付款人。如果是委托银行收款的,当委托银行将代其收取的票据金额转账到自己的账户时,视同持票人进行了签收。

2.关于票据返还请求权纠纷处理的相关规定。我国《票据法》第12条明确规定:"以欺诈、偷盗或者胁迫等手段取得票据的,或者明知有前列情形,出于恶意取得票据的,不得享有票据权利。持票人因重大过失取得不符合本法规定的票据的,也不得享有票据权利。"《票据规定》第36条规定:"失票人为行使票据所有权,向非法持有票据人请求返还票据的,人民法院应当依法受理。"由此可见,为了防止以非法、恶意或重大过失取得票据之人再次将该票据进行流通,损害债务人的权益,妨碍交易安全,票据法律法规及相关司法解释均规定此种情况下,现持票人不得享有票据权利,失票人可以提起返还请求权诉讼,来主张票据权利。票据返还请求权诉讼的实质就是确认谁是最终的合法持票人,从而对其进行司法救济。

3.关于票据损害赔偿请求权纠纷处理的相关规定。(1)《票据法》作出了相关规定。《票据法》第62条第2款规定:"持票人提示承兑或者提示付款被拒

[①] 参见李青:《票据权利的司法救济——票据诉讼:理论与实践》,吉林大学2012年博士学位论文。

绝的，承兑人或者付款人必须出具拒绝证明，或者出具退票理由书。未出具拒绝证明或者退票理由书的，应当承担由此产生的民事责任。"第66条规定，持票人应当自收到被拒绝承兑或者被拒绝付款的有关证明之日起3日内，将被拒绝事由书面通知其前手。因延期通知给其前手或者出票人造成损失的，由没有按照规定期限通知的汇票当事人，承担对该损失的赔偿责任。第104条规定："金融机构工作人员在票据业务中玩忽职守，对违反本法规定的票据予以承兑、付款或者保证的，给予处分；造成重大损失，构成犯罪的，依法追究刑事责任。由于金融机构工作人员因前款行为给当事人造成损失的，由该金融机构和直接责任人员依法承担赔偿责任。"第105条第2款规定："票据的付款人故意压票，拖延支付，给持票人造成损失的，依法承担赔偿责任。"其中故意压票、拖延支付是指票据付款人明知是见票即付或者到期的票据，不及时汇划款项和解付票据的行为。第106条规定："依照本法规定承担赔偿责任以外的其他违反本法规定的行为，给他人造成损失的，应当依法承担民事责任。"（2）《票据规定》作出了相关规定。《票据规定》第66条规定，伪造、变造票据者除应当依法承担刑事、行政责任外，给他人造成损失的，还应当承担民事赔偿责任。第68条规定，付款人或者代理付款人未能识别出伪造、变造的票据或者身份证件而错误付款，给持票人造成损失的，应当依法承担民事责任。第71条规定，当事人因申请票据保全错误而给他人造成损失的，应当依法承担民事责任。第72条规定，因出票人签发空头支票、与其预留本名的签名式样或者印鉴不符的支票给他人造成损失的，支票的出票人和背书人应当依法承担民事责任。第74条规定，由于金融机构工作人员在票据业务中玩忽职守，对违反票据法规定的票据予以承兑、付款、贴现或者保证，给当事人造成损失的，由该金融机构与直接责任人员依法承担连带责任。第75条规定，由于出票人制作票据，或者其他票据债务人未按照法定条件在票据上签章，给他人造成损失的，除应当按照所记载事项承担票据责任外，还应当承担相应的民事责任。持票人明知或者应当知道前款情形而接受的，可以适当减轻出票人或者票据债务人的责任。第106条规定，依照本法规定承担赔偿责任以外的其他违反本法规定的行为，给他人造成损失的，应当依法承担民事责任。

三、关于票据其他类纠纷的裁判规则

（一）年度报告、财务报表审计报告书经合法资质的会计师事务所依法审计和出具，并经公司董事会、监事会审议通过的，可以作为参考确定案涉股权的拍卖处置参考价

【案例来源】

案例名称：广西海生药业有限公司与广西中美天元融资性担保集团有限公司票据承兑纠纷案

审理法院：广西壮族自治区高级人民法院

案　　号：（2020）桂执复166号

【争议点】

广西海生药业有限公司（以下简称海生药业公司）与广西中美天元融资性担保集团有限公司（以下简称中美天元公司）因票据付款请求权纠纷引发诉讼，对广西壮族自治区柳州市中级人民法院（以下简称柳州中院）作出的确定案涉股权的处置参考价程序不服，并向广西壮族自治区高级人民法院提出复议申请。

【裁判说理】

本案中，海生公司认为案涉股权不适用定向询价和网络询价的规定，且柳州银行等金融机构出具的《说明》不能作为定价依据，因此对柳州中院确定案涉股权的处置参考价程序提出复议申请。本院认为，上述相关银行根据相关法律规定，采取招投标或委托合同方式，委托中标单位审计年度报表，所出具的审计报告系具备审计资质的会计师事务所作出。上述相关银行根据年度审计报告制作公司年度报告，经公司董事会、监事会审议通过，并依法在营业网点披露年度报告内容，披露该行股权近期市场价值，具有较强的证明力和公信力。柳州中院采信上述相关银行出具的每股净资产价值，计算海生药业公司持有上述各银行的股权价值作为拍卖保留价，程序并不违反法律的禁止性规定，应予维持。况且，从上述柳州中院对本轮的股权拍卖看，海生药业公司持有从化柳银村镇银行1500万股的股权拍卖参考价，也是采信该村镇银行出具的每股净资产价值确定，该股权推送拍卖后经多轮竞价成交。可见，柳州中院仅是确定

案涉股权拍卖参考价，而不是案涉股权的市场价值，案涉股权的市场价值需通过市场竞价检验，最终由市场竞价成交决定。目前尚无证据证明损害复议申请人合法权益之事实且不存在损害复议申请人人合法权益的情况，因此对海生公司的复议请求予以驳回。

（二）出票人以该公司的公章由持票人的法定代表人持有并由其加盖为由否认持票人为合法持票人进而主张返还票据的，人民法院不予支持

【案例来源】

案例名称：张家口顶善商贸有限公司与张家口鑫海超硬材料有限公司票据返还请求权纠纷案

审理法院：最高人民法院

案　　号：（2020）最高法民再86号

【争议点】

张家口顶善商贸有限公司（以下简称顶善公司）与张家口鑫海超硬材料有限公司（以下简称鑫海公司）因票据返还请求权纠纷引发诉讼，该案历经河北省石家庄市中级人民法院一审、河北省高级人民法院二审、最高人民法院再审三个阶段。在再审中，当事人就案涉票据归属问题产生争议。

【裁判说理】

本案的审理焦点为顶善公司应否将案涉票据返还给鑫海公司，主要从两方面进行解析：第一，顶善公司是否基于其与鑫海公司之间真实的交易关系和债权债务关系取得案涉票据以及是否给付了双方当事人认可的相对应的代价。第二，顶善公司是否为合法持票人，是否享有票据权利。经查明，能够确定的是顶善公司与鑫海公司之间为真实的交易关系和债权债务关系，且得到了双方当事人的认可。案涉票据系由鑫海公司出具，票据上加盖了该公司的印章。因在鑫海公司出具案涉票据之时，该公司的公章由顶善公司的法定代表人郭某某持有，故该公章系由郭某某加盖。鑫海公司与顶善公司签订还款协议约定，鑫海公司开具案涉商业承兑汇票用以偿还顶善公司借款。鑫海公司对签订该还款协议的事实并未否认，其根据该还款协议开具案涉票据用以偿还双方之间的债权债务是其真实意思表示。鑫海公司也无充分证据证明郭某某系以胁迫方式取得该公司公章。因此，鑫海公司仅以票据上的公章是由郭某某加盖为由主张顶善公司是以胁迫方式取得案涉票据的诉讼请求不予支持，顶善公司无须归还鑫海

公司出具的票据。

（三）中国人民银行的部门规章、行业规定中关于贴现时银行审查的要求，可以作为金融机构贴现时是否具有重大过失的判断标准

【案例来源】

案例名称：孝义市凯通煤焦有限公司与晋商银行股份有限公司与晋商银行股份有限公司等票据返还请求权纠纷案

审理法院：最高人民法院

案　　号：（2016）最高法民申2199号

【争议点】

孝义市凯通煤焦有限公司（以下简称凯通公司）与晋商银行股份有限公司（以下简称晋商银行）、山西金桃园煤焦化集团有限公司、山西焦炭集团国内贸易有限公司因票据返还请求权纠纷引发诉讼，该案历经山西省吕梁市中级人民法院一审、山西省高级人民法院二审、最高人民法院再审三个阶段。在再审中，当事人就票据的归属问题产生争议。

【裁判说理】

本案审查的重要内容为晋商银行在贴现时是否按规定履行了必要的审查义务，有无"重大过失"之情形。通常认为，票据的无因性，指票据行为独立存在，其效力如何完全取决于该行为是否符合票据法的要求，而与基础关系所引起法律行为的效力没有关系。贴现是票据行为，金融机构在贴现时存在重大过失，则不能享有票据权利。是否存在重大过失的判断标准并不是基础关系的真实与否，而是贴现时金融机构是否尽到了法定的审查义务。中国人民银行的部门规章、行业规定中关于贴现时银行审查的要求，可以作为金融机构贴现时是否具有重大过失的判断标准。因此，对于晋商银行提出的即使其违背中国人民银行的部门规章，也不能由此得出晋商银行具有"重大过失"的结论的主张，法院不予支持。

（四）银行在办理贴现业务操作时存在违反部门规章的行为与持票人票据贴现利益的丧失并无因果关系

【案例来源】

案例名称：唐山市变压器厂与威县农村信用合作联社票据损害责任纠纷案

审理法院：最高人民法院

案　　号：（2020）最高法民申6930号

【争议点】

唐山市变压器厂（以下简称变压器厂）与威县农村信用合作联社（以下简称威县信用社）因票据损害责任纠纷引发诉讼，该案历经河北省邢台市中级人民法院一审、河北省高级人民法院二审、最高人民法院再审三个阶段。在再审中，当事人就票据责任的因果关系问题产生争议。

【裁判说理】

本案中，威县信用社明知营业执照的注册资本额与拟贴现额度完全不匹配、合同交易额与拟贴现承兑汇票票面额度不相符、拟贴现交易非真实交易、贴现申请时没有发票、去现场申请贴现的授权委托人不是同一人等仍办理票据贴现。法院认为，银行在办理票据贴现时应侧重对票据本身有效性的审查，即使办理贴现业务操作方面存在违反部门规章的行为，也不影响贴现银行的现有票据权利。威县信用社的贴现行为虽有疏忽且存在违规之处，但并不构成《票据法》第12条规定的持票人因重大过失取得不符合票据法规定的票据的，不得享有票据权利的情形，也不属于《票据法》第104条规定的金融机构工作人员在票据业务中玩忽职守、对违反票据法规定的票据予以承兑、付款或者保证的情形。因此，应认定威县信用社对案涉汇票的贴现行为与变压器厂的损失并不存在因果关系，对变压器厂以威县信用社违规贴现为由要求其承担赔偿责任的诉讼请求不予支持。

（五）申请人不能以开户公司在银行开户预留的电话、办公地址、经办人等信息相同以及行为人与银行事先联系后再办理贴现业务为由，主张办理贴现的银行承担票据损害责任

【案例来源】

案例名称：东营众和橡胶有限公司与中国工商银行股份有限公司宁波江北支行、柴某胜票据损害责任纠纷案

审理法院：最高人民法院

案　　号：（2017）最高法民申2026号

【争议点】

东营众和橡胶有限公司（以下简称众和橡胶公司）与中国工商银行股份有

限公司宁波江北支行（以下简称工行江北支行）、柴某某因票据损害责任纠纷引发诉讼，该案历经山东省东营市中级人民法院一审、山东省高级人民法院二审、最高人民法院再审三个阶段。在再审中，当事人就票据责任的承担问题产生争议。

【裁判说理】

众和橡胶公司虽主张工行江北支行未在办理贴现的当日（2013年4月15日）登录企业信用信息基础数据库系统和特别关注客户信息系统查询贴现申请人宁波圆通公司相关情况，工行江北支行没有拨打税务咨询电话、登录税务机关网站等方式对税务发票进行验证，但是我国法律并未明确要求办理贴现的银行必须当日进行上述企业信用查询并电话联系税务机关。本案中，工行江北支行于2013年4月16日通过对上述信用信息系统查询后显示宁波圆通公司信用正常。宁波永程公司与宁波圆通公司在工行江北支行开户预留的电话、办公地址、经办人等信息相同以及行为人与工行江北支行事先联系后再办理贴现业务，并不足以使工行江北支行确信两公司间从事的交易违法。综上，不能认定工行江北支行在取得票据权利及利益时存在过错或重大过失，对众和橡胶公司的诉讼请求不予支持。

（六）公安机关制作的笔录、票据付款行的情况说明以及留有票据转让人签名的票据复印件等证据足以证明票据的效力问题，无须再对案涉票据进行鉴定

【案例来源】

案例名称：斯某1与斯某2确认票据无效纠纷案

审理法院：浙江省绍兴市中级人民法院

案　　号：（2016）浙06民终2249号

【争议点】

斯某1与斯某2因确认票据无效纠纷引发诉讼，该案历经浙江省诸暨市人民法院一审、浙江省绍兴市中级人民法院二审两个阶段。在二审中，当事人就票据的效力问题产生争议。

【裁判说理】

关于斯某1与斯某2之间转让的票据是否属于变造的票据问题，可以从以下四个方面分析：第一，因变造票据行为涉嫌刑事犯罪，公安机关已对陈某某、阮某某及本案当事人斯某1、斯某2等经手票据的相关人员制作了笔

录，该笔录具有较高的证明力，依据笔录内容可以确认斯某1与斯某2转让的票据是变造的票据。第二，涉案变造票据载明的付款行兴业银行长春分行已向一审法院作出书面说明，涉案票号为3090××××××0083的银行承兑汇票为变造汇票，系由吉林省聚顺经贸有限公司在该行开立的票号为3090××××××0081、3090××××××0082其中一张变造而成。第三，在票据转让过程中，斯某1曾要求斯某2在涉案票据复印件上签名和签署日期，该票据复印件与涉案票据载明的内容一致。第四，鉴定意见亦是民事证据的一种，并非只有鉴定意见可以证明票据的真伪。在本案中，公安机关制作的笔录、票据付款行的情况说明以及留有斯某2签名的票据复印件等证据已足以证明斯某1、斯某2转让的是变造的票据，对该票据已无再进行鉴定的必要。因此，能够依据斯某1提交的证据认定斯某1、斯某2转让的是变造的票据。

四、结语

近年来，我国票据市场随着经济的增长而得到高速发展，涉及票据纠纷的案件数量也逐年递增，票据纠纷与传统纠纷相比最大的不同点就是涉案标的额都非常大。票据法上的非票据权利诉讼指的是为使票据权利人能够顺利地实现其票据权利，或者保证票据债务人因其他票据关系人的过失而遭受的损失能够得到公平合理的补偿，或者使持票人在其票据权利依票据法律程序无法实现时，能够得到合理有效的救济，而提起的票据诉讼。当事人直接向法院提起票据诉讼是最直接、最有效的票据纠纷解决方式。人民法院在审理票据交付请求权纠纷、票据返还请求权纠纷、票据损害责任纠纷、确认票据无效纠纷案件时，若出现以下几种情况的，应不予支持：其一，出票人以该公司的公章由持票人的法定代表人持有并由其加盖为由否认持票人为合法持票人进而主张返还票据的；其二，当事人主张中国人民银行的部门规章、行业规定中关于贴现时银行审查的要求不可以作为金融机构贴现时具有重大过失的判断标准的；其三，当事人主张银行办理贴现业务操作时存在违反部门规章的行为与持票人票据贴现利益的丧失存在因果关系的；其四，申请人以开户公司在银行开户预留的电话、办公地址、经办人等信息相同以及行为人与银行事先联系后再办理贴现业务为由，主张办理贴现的银行承担票据损害责任的；其五，当事人在有公安机关制作的笔录、票据付款行的情况说明以及留有票据转让人签名的票据复印件等证据证明票据效力情况下,仍然以证据不足为由请求对案涉票据进行鉴定的。此外,年度报告、财务报表审计报告书经合法资质的会计师事务所依法审计和出具,并经公司董事会、监事会审议通过的,可以作为参考确定案涉股权的拍卖处置参考价。

第五节 信托纠纷

一、导论

信任关系是信托业务得以存在的基础和前提,信托业务表现为受托人代为管理和处分信托财产的一系列经济活动,在这种围绕信托财产的管理、处分和受益而产生的一系列经济活动中,各方之间都存在相互信任的关系,而这种多边信用关系的建立,必须根据法定的形式,对各方关系人的条件、权利和义务加以明确。[①] 然而我国在引入信托法时,对大陆法系和英美法系之间存在的不协调甚至冲突的地方(如规则、原则、理念、习惯)并没有进行明晰和精确的比较和处理,[②] 给实践中信托纠纷的处理带来了一些问题,如在司法实践的一些案例中存有"信托纠纷"和"信托合同纠纷"不断变换使用的现象,使得信托法律适用规则拘泥于合同关系的法律适用规则。本节以信托纠纷的裁判文书为研究对象,将 2018 年以来人民法院作出的相关裁判文书作为主要范围,归纳、提炼信托纠纷裁判的理念和趋势,以期通过对我国案例的研究来指导司法实践。

截至 2022 年 2 月,在中国裁判文书网输入"信托纠纷"(案由)检索出民事裁判文书 1880 篇,其中,由最高人民法院审判的有 61 篇,由高级人民法院审判的有 200 篇。在具体案例的选取上,本节遵循以下"两个优先"原则:第

[①] 参见杨忠海编著:《信托与租赁精讲》,东北财经大学出版社 2018 年版,第 3~4 页。

[②] 参见熊敬:《信托行为研究》,南京大学 2018 年博士学位论文,第 1~2 页。

一，优先选择审判层级较高的裁判文书；第二，优先选择审判日期较近的裁判文书。通过形式和内容两个方面的筛选，本节最终选择了6篇裁判文书进行研究，即（2021）最高法民申227号、（2020）最高法民申3871号、（2018）最高法民终780号、（2020）湘民终1852号、（2020）陕民终859号、（2020）鲁民终2633号。其中，由最高级人民法院裁判的有3篇，由高级人民法院裁判的有3篇，裁判日期均为2018年（含）之后的案例。

二、信托纠纷的基本理论

（一）信托的概念

信托是指在信任基础上的委托行为。我国2001年出台的《信托法》对信托进行了如下定义：信托是指委托人基于对受托人的信任，将其财产权委托给受托人，由受托人按委托人的意愿，以自己的名义，为受益人的利益或者特定目的，进行管理或者处分的行为。该定义有四个方面的含义：

1. 信任是信托成立的基础与前提。委托人对受托人的信任是信托得以创立的条件。如果不是对受托人的诚信意识和能力有充分信任，委托人很难作出把自己的财产交付给受托人管理或者处分的决定。受托人基于委托人的信任，一旦接受信任和委托，就负有忠实地为受益人的利益处理信托事务、管理和处分信托财产的责任，不得利用该地位为自己或受益人之外的第三人谋取不当利益。

2. 信托关系的核心是信托财产。信托是一种以信托财产为中心的财产管理制度或法律关系。信托财产，是指受托人因承诺信托而获得的财产。信托财产在信托关系中处于核心地位，若没有独立可辨识的信托财产，便无信托可言。从信托的成立来看，如果委托人不将自己的财产委托给受托人，信托便无理由成立；从信托的管理来看，受托人的活动是围绕信托财产的管理或者处分而展开的，没有信托财产，受托人的活动和受益人的利益皆无所依托；从信托的存续来看，倘若信托财产不再存在，信托关系即归于消灭。因此，委托人在信任受托人的基础上，必须将其财产权委托给受托人，使受托人取得该信托财产的财产权，并为受益人的利益或特定目的而管理、处分信托财产。

3. 受托人以自己的名义管理或者处分信托财产。委托人将信托财产委托给受托人以后，就失去了对信托财产的直接控制权。信托财产的权利在法律上属于受托人。信托财产由受托人控制，受托人以自己的名义管理或者处分信托财产，不需要借助委托人或受益人的名义，也无须借助其他人名义。信托财产的管理方式是一种外部管理，委托人不亲自对信托财产进行管理，而是委托受托人进行管理。受托人在以自己的名义进行独立行为时，以实现委托人创立的信托目的为宗旨。

4. 受托人按委托人的意愿为受益人的利益或特定目的管理信托事务。受托人以自己的名义管理或者处分信托财产有两个基本前提：一是必须按照委托人意愿进行管理或者处分，不得违背委托人的意愿。委托人的意愿体现在信托文件的具体规定之中，是受托人行为的基本依据。二是管理或处分信托财产必须是为了受益人的利益或者实现特定的目的，不能是为了自己或者第三人的利益。受托人管理信托事务，除依据信托文件约定或法律规定取得适当报酬外，不能从信托财产上取得任何个人利益。

（二）信托的法律关系性质

传统理论对于信托的性质争议较大，核心争议在于信托法律关系究竟是物权关系还是债权关系。具体而言，主要有以下几种主要观点：

1. 物权关系说。该学说认为，信托中设立人将财产转让给受托人，实质上完成的是物权转移，因此应当界定为物权关系。但在信托关系中，受益人是获得原物处分所得或者原物经营孳息的当事人，物的收益必须归于受益人，如果物权归于受托人，那么受益人索取收益的权利只能源于一个合同之债。此外，作为设立人，其所享有的权利也是基于债产生的，并且受托人本身对物权的行使也要受到"不得混同财产"等制约，这明显不是一个简单的物权关系。

2. 债权关系说。该学说得到了大陆法系立法的认证。[1] 本书认为，债权关系说的观点更看重对信托设立后法律关系及利益输送过程的规范，但绕不开的问题是财产究竟属于谁。只要研究这个问题，就必然涉及信托设立时的物权转移和权能归属问题。债权关系说也许具有较好的实践效果，但理论上似乎讲不通。此外，在研究涉外法律适用问题时，无法忽视信托财产在确立连结点中的地位，因此不可能完全通过债的规则解决所有问题。

---

[1] 参见周小明：《信托制度比较法研究》，法律出版社1996年版，第30~34页。

3. 物权债权并行说及其他。所谓"并行"是指一种介于债权和物权之间的法律关系，还是说信托法律架构中的不同法律关系都分别包含了债权关系和物权关系？此外，信托法律关系中还有若干强制性规则，比如我国《信托法》对信托行为的规制力度远超过一般合同，对信托目的、信托合同的形式、信托合同的内容以及信托当事人必须履行的义务都作了要求，这意味着信托法律关系必然不同于一般的债权关系或物权关系。所谓并行说其实是一种调和与回避，并没有真正从解决问题的角度去分析问题。

（三）信托纠纷与信托合同纠纷

虽然理论上已就信托合同与信托的区别达成了共识，但信托合同与信托两个概念混用的现象仍然存在，信托合同的成立、生效与信托的成立、生效相互交织，"产生非常复杂的概念组合"。对于《信托法》第8条第2款关于"信托合同签订时，信托成立"的规定，我国学者结合《信托法》第10条的规定，通过区分信托成立与信托生效两个阶段加以解释，认为信托合同成立有效，仅意味着信托成立；只有信托财产完成转移或虽未转移但委托人履行信托合同约定的其他方式时，信托才生效，特殊情况下信托生效还需要办理信托登记和审批手续。

信托合同一经订立，即在合同当事人（委托人和受托人）之间成立信托合同关系，委托人负有依约移转信托财产的义务，受托人则负有接受该财产并为受益人利益管理处分的义务。因此，信托合同关系层面要处理"受托人能否强制执行委托人允诺设立信托的财产以及委托人在信托财产转移之前能否主张受托人违背信托义务（特别是忠实义务）的问题"。而信托（财产）关系层面则要处理"信托财产是否转移、是否成为受托人名下独立的财产，受益人对信托财产有没有可以强制执行的受益权、能否以其为信托财产对抗第三人等一系列问题"。主张信托财产的独立性，是为了对抗信托合同关系外的第三人（主要是委托人、受托人和受益人的债权人），因此属于信托（财产）关系层面的问题。[①]

信托合同纠纷仅仅是信托纠纷中的一种。首先，不能假定当事人会把所有

[①] 参见楼建波：《区分信托合同与信托：昆山纯高案的另一种说理路径》，载《社会科学》2020年第11期。

事项规定在信托合同中,因为对合同的设定总跟不上现实的变化。其次,信托法对信托合同有效的要求高于一般合同,一旦信托合同无效,其遗留下来的纠纷不可能仅仅依靠恢复原有状态就能够解决。除信托合同纠纷外,财产权利归属纠纷、受益人的受益权利纠纷、合同约定以外的受托人义务纠纷等,都是信托纠纷的内容。这些内容可能涉及当事人住所地、信托财产所在地等其他连结点,因此不能将信托纠纷和信托合同纠纷的法律适用问题简单混为一谈。[1]

三、关于信托纠纷的裁判规则

（一）在信托保障范围纠纷中,委托人、受托人、受益人非《委托贷款借款合同》的当事人,但事后三方达成补充协议且委托人向受益人出具《承诺函》的,可以明确信托的保障范围

【案例来源】

案例名称：北京世宸房地产开发有限公司与中国金谷国际信托有限责任公司等信托纠纷案

审理法院：最高人民法院

案　　号：（2021）最高法民申 227 号

【争议点】

北京世宸房地产开发有限公司（以下简称世宸公司）与中国金谷国际信托有限责任公司（以下简称金谷信托）、中国信达资产管理股份有限公司广东省分公司（以下简称信达公司）、惠州市海宸置业有限公司（以下简称海宸公司）因信托纠纷产生诉讼,该案历经北京市第二中级人民法院一审、北京市高级人民法院二审、最高人民法院再审三个阶段。在再审中,当事人就信托合同的保障范围问题产生争议。

【裁判说理】

本案中,信达公司作为受益人与世宸公司作为委托人、金谷信托作为受托人签订《股权信托合同》,约定世宸公司将其持有的海宸公司 99% 股权设立他益信托,并约定"特定违约事项"条款。之后在 2014 年 12 月 16 日世宸公

---

[1] 参见孙点婧：《完善我国涉外信托法律适用规则的思考》,载《山东社会科学》2021 年第 6 期。

司（委托人）、金谷信托（受托人）及信达公司（受益人）签订《补充协议》，对"特定违约事项"进行修改，增加《委托贷款借款合同》以及相应的担保合同项下任何义务未得到履行，构成特定违约事项。法院认为，《股权信托合同》签订之初的目的是保障收购债权实现，《补充协议》也仅约定委托贷款债权未获实现可触发特定违约事项，未明确委托贷款债权是否纳入股权信托的保障范围，但根据上述事实及本案再审审查阶段世宸公司向法院提交的《承诺函》载明的内容，原审认定案涉信托的保障范围包括委托贷款债权并无不当。《委托贷款借款合同》已明确约定增加案涉股权信托的保障范围至委托贷款债权，虽然世宸公司、信达公司以及金谷信托均非该合同当事人，也未签字，但在同日，三方签订《补充协议》，约定委托贷款债权未获实现纳入股权信托的特定违约事项。此外，世宸公司等同日还向信达公司等出具《承诺函》，承诺海宸公司、世宸公司等未履行《委托贷款借款合同》项下义务时，信达公司有权处置案涉信托股权，而世宸公司称其持有海宸公司100%股权，足以说明为了使海宸公司获得贷款，世宸公司同意将委托贷款债权纳入案涉股权信托保障范围之内系其真实意思表示。因此应认定后来签订的《委托贷款借款合同》《补充协议》及世宸公司等出具的《承诺函》变更了《股权信托合同》约定的特定违约事项和保障范围，将其扩充至委托贷款债权。

（二）在信托投资纠纷中，《承诺函》能否办理赋予强制执行效力的债权文书公证并非影响判断投资风险的主要因素

【案例来源】

案例名称：梁某某与长安国际信托股份有限公司等营业信托纠纷案

审理法院：最高人民法院

案　　号：（2020）最高法民申3871号

【争议点】

梁某某与长安国际信托股份有限公司（以下简称长安信托公司）、中国光大银行股份有限公司（以下简称光大银行）因营业信托纠纷引发诉讼，该案历经陕西省西安市中级人民法院一审、陕西省高级人民法院二审、最高人民法院再审三个阶段。在再审中，当事人就信托投资计划成立问题产生争议。

【裁判说理】

本案中，楼俊集团及下属三家煤矿出具采矿权抵押的《承诺函》、山西泰

联投资有限公司出具 35% 股权质押的《承诺函》以及联盛能源投资出具股权回购的《承诺函》，虽然已办理完毕赋予强制执行效力的债权文书公证手续，但因其所承诺的行为无明确具体的可供执行的给付内容，因此不符合《公证程序规则》第 39 条规定的办理赋予强制执行效力的债权文书公证的条件。根据《信托合同》第 15 条关于采矿权抵押的风险揭示的内容、第 17 条第 6 项关于股权质押《承诺函》的内容，丁某某在签署《信托合同》、梁某某从丁某某处受让信托权益时，均应已知晓《信托合同》约定的采矿权抵押及股权质押两项条件在合同订立时尚不具备办理条件，而且也存在后期不能办理的风险，但其仍与长安信托公司签订了《信托合同》等一系列信托文件、受让信托权益，说明《承诺函》能否办理赋予强制执行效力的债权文书公证并非影响其判断案涉信托投资风险的主要因素。此外，长安信托公司对信托计划成立进行了公告，并按照合同约定的方式在其公司网站对信托计划的执行情况进行了详细的信息披露，丁某某、梁某某亦从未就信托计划成立问题向长安信托公司提出过异议。梁某某因案涉信托计划到期无法兑付时才提起诉讼，但从上述行为能够推定双方当事人已以实际履行行为认可信托计划成立。

（三）在判断信托计划成立与否时，应考虑商事信托和商事主体的特征、当事人签订《信托合同》时的必要审查义务、未满足信托成立条件对投资者的影响、当事人的本意等内容可以作为判断信托计划是否成立的条件

【案例来源】

案例名称：中国华电集团资本控股有限公司与长安国际信托股份有限公司信托纠纷案

审理法院：最高人民法院

案　　号：（2018）最高法民终 780 号

【争议点】

中国华电集团资本控股有限公司（以下简称中国华电公司）与长安国际信托股份有限公司（以下简称长安信托公司）因信托合同纠纷引发诉讼，该案历经陕西省高级人民法院一审、最高人民法院二审两个阶段。在二审中，当事人就信托合同约定的信托计划成立问题产生争议。

【裁判说理】

案涉《信托合同》《信托计划说明书》《认购风险申明书》等信托文件是双方当事人的真实意思表示，内容不违反法律、行政法规的强制性规定，合法有效，对双方当事人具有法律约束力。法院认为，判断信托计划成立与否可以考虑以下四个方面：（1）结合商事信托特点和双方当事人作为商事主体的特点；（2）结合双方当事人在签订《信托合同》时是否尽到必要审查义务；（3）考虑未满足之成立条件是否影响投资者对于投资风险的判断；（4）充分考虑当事人通过履行行为表现出的真实意思表示。中国华电公司作为专业投资机构，具有审查并知晓案涉《承诺函》无法办理赋予强制执行效力的债权文书公证的能力。长安信托公司已经披露了信托计划相关股权和采矿权的情况，并在《信托合同》履行过程中向中国华电公司告知承诺函办理的系印鉴真实性公证，中国华电公司对上述情况未提出异议，其缴付信托资金且实际接收了信托收益款，并在本案一审变更诉讼请求前未对信托计划的成立提出异议。综合考虑上述情况，结合商事信托系高风险、高收益商事行为之特征、本案投资人为专业投资机构之具体情况以及维护交易安全之商事法律基本原则应认定《信托合同》设立的信托计划已经成立。

（四）受托人（证券机构）以其他账户的名义购买债券，但能够查明该账户实际由证券机构所控制且独立于证券机构的固有财产的，与委托人之间构成信托法律关系

【案例来源】

案例名称：湖南桂阳农村商业银行股份有限公司与财信证券有限责任公司等营业信托纠纷案

审理法院：湖南省高级人民法院

案　　号：（2020）湘民终1852号

【争议点】

湖南桂阳农村商业银行股份有限公司（以下简称桂阳农商行）与财信证券有限责任公司（以下简称财信证券）、广州农村商业银行股份有限公司（以下简称广州农商行）因营业信托纠纷引发诉讼，该案历经湖南省郴州市中级人民法院一审、湖南省高级人民法院二审两个阶段。在二审中，当事人就信托法律关系成立问题产生争议。

【裁判说理】

本案中，桂阳农商行与财信证券签订的《珠江8号资管合同》第3条明确约定，委托人桂阳农商行认可管理人财信证券的投资行为；第4条明确约定，管理方式为桂阳农商行将其合法持有的资产委托定向资产管理计划的财信证券作为本资产管理计划的管理人，财信证券通过专用账户为客户提供资产管理服务；第5条约定，桂阳农商行应当及时、足额地向财信证券、广州农商行交付委托资产；第6条约定，委托资产独立于管理人、托管人的固有财产。在资产管理过程中，财信证券亦是以"珠江8号"的名义购买涉案债券。由此可知，桂阳农商行系将资金交给财信证券，委托财信证券投资于具有良好流动性的固定收益类金融工具，实现委托资产的保值增值，涉案债券的购买虽然是以"珠江8号"的名义购买，但该"珠江8号"账户实际为财信证券所管理控制，该账户亦独立于财信证券和广州农商行的固有财产。而信托法律关系一般具有以下特点：一是委托人基于对受托人的信任，将其财产权委托给受托人管理；二是受托人以自己的名义，为受益人利益或特定目的，对信托财产进行管理、处分；三是信托财产具有独立性。因此，财信证券与桂阳农商行之间构成信托法律关系，为营业信托关系。

（五）信托合同中关于委托人对信托收益的差额补足约定并非法律所禁止的保底条款或者刚兑条款，不作为信托合同无效的事由

【案例来源】

案例名称：陕西金源石油有限责任公司与西部信托有限公司等营业信托纠纷案

审理法院：陕西省高级人民法院

案　　号：（2020）陕民终859号

【争议点】

陕西金源石油有限责任公司（以下简称金源公司）与西部信托有限公司（以下简称信托公司）、西安航天基地鸿森石油科技有限公司（以下简称鸿森公司）、莆田市力天红木艺雕有限公司（以下简称力天公司）等因信托合同纠纷引发诉讼，该案历经西安市中级人民法院一审、陕西省高级人民法院二审两个阶段。在二审中，当事人就信托合同的效力问题产生争议。

【裁判说理】

经查明，案涉《信托合同》确实存在要求金源公司承担差额补足的表述。但这些表述的内容均是要求委托人金源公司按照信托合同标的总额的相应比例支付相关信托费用，而并非信托公司对管理、运用和处分信托财产的盈亏所作出的承诺。支付信托收益是本《信托合同》中委托人金源公司的核心义务，只是本案中双方约定的款项支付时间是在信托期间内从金源公司信托期间财产总值中按期扣除的。但无论支付方式如何，信托收益的总额是固定不变的，都应当是金源公司为此次信托所支付的金额。双方当事人在信托计划到期前，基于自身判断对将来的利益和风险协议分担，双方互负权利义务，金源公司对于信托收益的差额补足约定并非法律所禁止的保底或者刚兑条款，不违反法律、行政法规的强制性规定，合法有效。因此，对于金源公司案涉《信托合同》存在法律禁止的保底条款或者刚兑条款为由主张信托合同无效的诉讼请求不予支持。

（六）商事主体的成熟度可以作为判断信托公司是否违反信息披露义务的重要因素

【案例来源】

案例名称：丁某某与山东省国际信托股份有限公司营业信托纠纷案

审理法院：山东省高级人民法院

案　　号：（2020）鲁民终2633号

【争议点】

丁某某与山东省国际信托股份有限公司（以下简称山东信托公司）因营业信托纠纷引发诉讼，该案历经山东省济南市中级人民法院一审、山东省高级人民法院二审两个阶段。在二审中，当事人就受托人是否违反信息披露义务问题产生争议。

【裁判说理】

本案中，弘毅蓝色经济Ⅴ号单一资金信托计划系根据丁某某指示设立，案涉《资金信托合同》中对项目风险进行了披露，包括拟抵押的在建工程项目已经在弘毅蓝色经济Ⅱ号单一资金信托计划抵押，以及借款人天富人防2013年12月末资产负债率为95.54%、2011~2013年利润表均为亏损、信托成立时商铺尚未开盘销售和招商营运等。但丁某某主张在案涉信托合同签订前，其对信托计划、借款人天富人防及其开发项目情况一无所知,根据《资金信托合同》才知道将把资金投向天富人防,以及山东信托公司隐瞒了2012年11月与案外人签订弘毅蓝色经济Ⅱ号单一资金信托计划向天富人防开发的房地产项目发放流动资金贷款、天富人防存在开发的房地产项目工程延期、营业失败等信托风险。经查明,丁某某之前曾购买山东信托公司发行的信托产品,系合格投资者。法院查明事实中的系列相关文件中,均多处明确记载案涉信托具体情况及可能产生的风险,丁某某作为成熟的商事投资主体,在签订合同过程中应当对信托文件进行认真阅读,对信托计划所固有的市场风险进行理性预判。本案中,丁某某对包括《信托财产管理、运用风险申明书》等一系列文件进行阅读并签字,应当认定丁某某已经充分认识到案涉信托计划和风险。因此,对于丁某某主张山东信托公司违反信息披露义务的诉讼请求,法院不予支持。

四、结语

信托关系作为一种以信义为基础的法律关系,无论是在国际关系还是在私人关系中都发挥着重要作用。近年来,随着我国国民经济收入的增加以及人们对金融知识的了解,人们投资理财的需求也日益旺盛,由此引发的信托纠纷也逐年递增。在信托纠纷的司法实践中存在案涉行为法律关系的性质认定不一、法律适用以及责任承担等表述参差不齐、非典型担保方式不统一等问题。对各地法院审理信托纠纷案件进行梳理有利于了解信托行为的性质以及结构,对我国信托制度的构建具有重要意义。人民法院在审理信托纠纷案件时,若出现以下几种情况的,不予支持:其一,当事人事后达成补充协议且委托人向受益人出具的《承诺函》中明确了信托保障范围,当事人以非《委托贷款借款合同》的当事人为由主张信托保障范围不明确的;其二,在信托投资纠纷中,当事人以《承诺函》不能办理赋予强制执行效力的债权文书公证为由,主张不能对投资风险进行判断的;其三,委托人以受托人(证券机构)以其他账户的名义购买债券为由,主张即使能够查明该账户实际由证券机构所控制且独立于证券机构的固有财产也不能构成信托法律关系的;其四,当事人以信托合同中关于委托人对信托收益的差额补足约定属于法律所禁止的保底或者刚兑条款为由主张信托合同无效的;其五,委托人作为成熟的商事投资主体,在信托合同多处明确记载案涉信托具体情况及可能产生的风险情形下依然主张受托人违反信息披露义务的。此外,商事信托和商事主体的特征、当事人签订《信托合同》时的必要审查义务、未满足信托成立条件对投资者的影响、当事人的本意等可以作为判断信托计划成立与否的条件。

第六节 信用证纠纷

一、导论

"信用证"一词最早出现在13世纪的意大利,作为国家之间使臣执行任务的信用凭证。现代意义的信用证产生于19世纪的英国,随着国际贸易的发展而不断演进。目前,信用证已经成为国际之间贸易往来最为重要和常用的结算和融资工具。在信用证国际贸易融资中,由于不同国家的立法和司法对其规定采用不同的标准和规则,使得不同国家在处理同一贸易纠纷案件时出现不同的处理结果。即使在同一国家,由于信用证业务自身所具有的困难性、复杂性、多变性及相关法律规则的滞后性,使得法官在审理此类案件时对同一或者类似案件作不同的理解。在我国,《最高人民法院关于审理信用证纠纷案件若干问题的规定》对信用证业务制定了详细的规则,主要范围包括信用证的开立、通知、修改、撤销、保兑、议付、偿付等环节产生的纠纷处理规则。在司法实践中,人民法院在审理信用证纠纷案件时,当事人约定适用相关国际惯例或者其他规定的,从其约定,在没有明确约定因信用证发生纠纷的情况下一般会以本国相关的国内法作为裁决信用证纠纷的法律依据。据此可以预见,因为同一案件事实而产生的信用证国际贸易融资纠纷,在不同国家可能会得到截然不同的判决结果。[1]本节以信用证纠纷的裁判文书为研究对象,将2018年以来人民法院作出的相关裁判文书作为主要范围,提炼、归纳信用证纠纷裁判的理念和趋

---

[1] 参见蒋琪:《信用证国际贸易融资法律问题研究——以商业银行法律风险与规制为视角》,对外经济贸易大学2017年博士学位论文,第3页。

势，以期通过对我国案例的研究来指导司法实践。

截至 2022 年 2 月，在中国裁判文书网输入"信用证纠纷"（案由）检索出民事裁判文书 2127 篇，其中，由最高人民法院审判的有 126 篇，由高级人民法院审判的有 273 篇。在具体案例的选取上，本节遵循以下"两个优先"原则：第一，优先选择审判层级较高的裁判文书；第二，优先选择审判日期较近的裁判文书。通过形式和内容两个方面的筛选，本节最终选择了 6 篇裁判文书进行研究，即（2021）最高法民申 6586 号、（2020）最高法民申 5364 号、（2018）最高法民终 880 号、（2018）最高法民终 417 号、（2020）桂民终 801 号、（2019）京民终 863 号。其中，由最高人民法院裁判的有 4 篇，由高级人民法院裁判的有 2 篇，裁判日期均为 2018 年（含）之后。

二、信用证纠纷的基本理论

（一）信用证的概念

《国际跟单信用证统一惯例》（UCP600）第 2 条规定，信用证是指一项不可撤销的安排，无论其名称或描述如何，该项安排构成开证行对相符交单予以承付的确定承诺。根据该规定，信用证是指根据开证申请人的要求与指示，开证行以受益人为对象开出的有条件的一项书面付款承诺，受益人可在规定期间内持符合信用证规定条件的单据，获得即期或在未来能够明确的时间开证行承付的固定数额的书面承诺。据此，信用证具有以下几个特征：

第一，信用证开证银行根据申请人的申请签发的书面承诺文件。通常情况下，如果开证申请人没有提出申请，银行也没有理由开证。但是银行一旦接受申请人要约而开立信用证之后，必须受该信用证承诺的约束，单据持有人提交相符单据后，开证行必须支付信用证项下的货款。

第二，该书面承诺文件是单方签发给受益人的。信用证受益人有权接受或拒绝银行所开立的信用证。对于受益人来说其无须支付对价，因为这是银行的单方承诺。如果受益人接受该承诺，并提交信用证所要求的相符单据，开证行则接受单据并支付货款。

第三，信用证是一种附条件、附期限的法律行为。开证银行履行承诺是附有条件的，所附条件即相符交单。只有在条件成就时，才发生法律后果。该条件包括形式上所提交的单据必须符合信用证所规定的数量和格式；实质上所提交的单据的记载内容必须符合信用证的规定和要求。满足该条件，开证行则承担支付信用证项下货款的义务。开证行履行承诺是附期限的，交单人必须在信用证规定的有效期内提交单据。[1]

（二）信用证的当事人

信用证业务的相关当事人比较多，基本的当事人有申请人、开证行、受益人，一般情况下当事人主要包括开证申请人、开证行、受益人、通知行、保兑行、付款行、承兑行、议付行、偿付行、转让行。

1. 开证申请人，指向银行申请开立信用证的人，即买方进口商。进口商也是国际支付关系中的债务人。

2. 开证行，指应申请人要求或者代表自己开出信用证的银行。一般表述为，应进口商（申请人）的要求向出口商（受益人）开出信用证的银行。开证行通常为进口商所在地的银行。开证行从其开立信用证时起便构成了不可撤销的承付承诺，本质上是一种附条件、附期限的保证。

3. 受益人，指接受信用证并享受其利益的一方。受益人是依照信用证提交规定的单据、收取款项的人，即有权享受信用证项下权益的人，通常为国际贸易合同的出口商卖方。

4. 通知行，指应开证行的要求通知信用证的银行。

5. 保兑行，指根据开证行的授权或要求对信用证加具保兑的银行。保兑行承担同开证行相同责任的银行，通常为通知行。保兑行保兑后对信用证承担独立责任。

6. 付款行，指信用证上指定的凭相符单据向受益人付款的银行。开证行或者开证行以外的银行都可以。

7. 承兑行，指信用证指定的凭相符单据对远期汇票进行承兑并到期付款的银行，一般为开证行。

8. 议付行，指开证行指定凭受益人提交的相符单据及或汇票向受益人支付对价的银行。通常为受益人的往来银行。UCP600第2条规定，议付是指指定

---

[1] 参见张岳令：《信用证项下进口押汇法律问题研究》，大连海事大学2013年博士学位论文，第49页。

银行在相符交单下，在其应获偿付的银行工作日当天或之前向受益人预付或者同意预付款项，从而购买汇票（其付款人为指定银行以外的其他银行）或单据的行为。

9. 偿付行，又称清算银行，受开证行委托，对议付行或其他代付行进行偿付的银行。一般是开证行的账户行。UCP600第13条对"银行之间的偿付安排"作了详细规定。

10. 转让行，指应第一受益人的要求将信用证转让给第二受益人使用的银行，一般是第一受益人的通知行。

（三）信用证纠纷的法律适用基本原则

法律适用是指在涉外民商交易中，由于涉及的当事人或者标的等与多个国家相联系，当交易关系中特定问题上有关当事人的权利和义务需要特定国家或者地区的法律来解释时，就需要按照何种程序、方法、依据确定该法律，这就是涉外民商事法律适用问题。用于调整信用证纠纷案件的某国家或者地区的法律就是准据法。一般来说，包括两个原则：第一，意思自治原则。意思自治原则最早由法国法学家杜摩兰在16世纪提出，是指合同当事人通过协商自行决定合同适用的法律。目前，有少数的开证银行在信用证中明确注明适用法律的情况。第二，最密切和最真实联系原则。所谓最密切和最真实联系原则，是指合同当事人希望适用的法律，没有明确表达或者无法推断时，则与该交易存在最密切和最真实联系的国家的法律适用于该合同。在信用证业务中，这些最密切和最真实联系的因素包括开证地、付款地、保兑地、议付地等。对于最密切联系原则，大陆法系和英美法系存在不同的观点。大陆法系认为应适用信用证合约的缔结地法，也就是信用证开立地点所在国家或地区的法律。英美法系认为应适用信用证合约的付款地法，也就是受益人向指定银行提交单据获得付款的地点的法律。

三、关于信用证纠纷的裁判规则

（一）开证申请人与第三方对开增值税发票的行为以及资金的最终流向不足以认定双方存在信用证欺诈行为

【案例来源】

案例名称：江苏星帝置业有限公司等与中国银行股份有限公司丹阳支行等信用证开证纠纷案

审理法院：最高人民法院

案　　号：（2021）最高法民申6586号

【争议点】

江苏星帝置业有限公司（以下简称星帝置业公司）、江苏星帝电力燃料有限公司（以下简称星帝燃料公司）、魏某某与中国银行股份有限公司丹阳支行（以下简称中行丹阳支行）、江苏润阳伟业科技有限公司（以下简称润阳公司）、蒋某其以及江苏奥丹机械有限公司（以下简称奥丹公司）、南京源港石油化工有限公司（以下简称源港公司）、汤某某、蒋某某、施某某、王某某因信用证开证纠纷引发诉讼，该案历经江苏省镇江市中级人民法院一审、江苏省高级人民法院二审、最高人民法院再审三个阶段。在再审中，当事人就信用证开证中是否存在欺诈的问题产生争议。

【裁判说理】

本案中，润阳公司向中行丹阳支行申请开立信用证，因中行丹阳支行不具有国内信用证业务的开办权限，中行丹阳支行向中国银行股份有限公司镇江分行（以下简称中行镇江分行）出具联系函，委托中行镇江分行开具，中行镇江分行依据润阳公司的开证申请书、产品购销合同等开具信用证，且中行丹阳支行向一审法院提供的证据能够证明润阳公司在申请开立信用证时提交的材料齐全，开证行已经尽到了审核义务。虽然星帝置业公司、星帝燃料公司、魏某某提交了润阳公司的增值税发票开具情况，并自制润阳公司与润友公司之间对开增值税发票的相关材料。《最高人民法院关于审理信用证纠纷案件若干问题的规定》第8条规定："凡有下列情形之一的，应当认定存在信用证欺诈：（一）受益人伪造单据或者提交记载内容虚假的单据；（二）受益人恶意不交付货物或者交付的货物无价值；（三）受益人和开证申请人或者其他第三方串通提交假单据，而没有真实的基础交易；（四）其他进行信用证欺诈的情形。"结合本案可知，虽然润阳公司与润友公司之间存在对开发票的行为，但两者系独立的个体，因此仅仅依据对开增值税发票的行为以及资金的最终流向不足以认定信用证欺诈情形的存在。

（二）在《分销协议》约定受益人有权对产品数量及价格进行调整且货物已经交付的情形下，议付行不能仅以受益人的货物清单与《分销协议》及附件的清单不符为由拒绝承担付款义务

【案例来源】

案例名称：交通银行股份有限公司上海市分行与保乐力加（中国）贸易有限公司信用证纠纷案

审理法院：最高人民法院

案　　号：（2020）最高法民申5364号

【争议点】

交通银行股份有限公司上海市分行（以下简称交通银行上海分行）与保乐力加（中国）贸易有限公司（以下简称保乐力加公司）因独立保函纠纷引发诉讼，该案历经上海金融法院一审、上海市高级人民法院二审、最高人民法院再审三个阶段。在再审中，当事人就议付行是否应按保函承担付款义务问题产生争议。

【裁判说理】

交通银行上海分行主张保乐力加公司索赔时提供的货物清单与《分销协议》及其附件列明的清单不符，属于对《分销协议》本身的修改或变更，因此交通银行上海分行的保函付款责任应当解除。《分销协议》附件一载明了"分销产品系列"，附件二载明了"分销产品的价格"。《分销协议》第2.2.2条约定："保乐力加中国有权不时以书面通知的形式，从提供给该分销商的产品清单（附件一）中删除某些保乐力加中国不在中国销售的产品或已停止供应的产品，亦可向产品清单（附件一）中增加新的产品；该分销商不应对上述改变有异议……"《分销协议》第4.1条约定："……保乐力加中国有权对所订分销产品的数量进行调整……"《分销协议》第4.2.3条约定："保乐力加中国有权根据不同的市场情况修订对该分销商的销售价格……"由上述可知，保乐

力加公司有权单方对分销产品的类型、价格进行细微调整。本案中，交通银行上海分行作为专业的金融机构，对案涉合同约定的权利义务应有清晰认知，在《分销协议》明确约定保乐力加公司有权利对产品及其数量、价格进行调整且货物均已实际交付的情况下，其仅以保乐力加公司的货物清单与《分销协议》及其附件列明的清单不符为由抗辩不应承担付款义务的，人民法院不予支持。

（三）保函受益人的欺诈行为与保函开立人不存在关联，保函开立人在善意的情形下有权依据反担保保函向反担保人请求付款

【案例来源】

案例名称：中国银行股份有限公司河南省分行与阿拉伯及法兰西联合银行（香港）有限公司独立保函纠纷案

审理法院：最高人民法院

案　　号：（2018）最高法民终880号

【争议点】

中国银行股份有限公司河南省分行（以下简称中行河南省分行）与阿拉伯及法兰西联合银行（香港）有限公司（以下简称UBAF）因独立保函纠纷引发诉讼，该案历经河南省高级人民法院一审、最高人民法院二审两个阶段。在二审中，当事人就保函开立人付款时是否为善意问题产生争议。

【裁判说理】

根据UBAF主张，其依据我国香港特别行政区高等法院判决已对韩国现代支付了保函项下的款项，构成《最高人民法院关于审理独立保函纠纷案件若干问题的规定》第14条第3款规定的"善意付款"。《最高人民法院关于审理独立保函纠纷案件若干问题的规定》第14条第3款的规定为："开立人在依指示开立的独立保函项下已经善意付款的，对保障该开立人追偿权的独立保函，人民法院不得裁定止付。"法院认为，《最高人民法院关于审理独立保函纠纷案件若干问题的规定》规定的"善意付款"是指转开保函情形下，存在保函和反担保保函两份保函，即使保函受益人存在欺诈行为，只要保函开立人没有参与欺诈，不知晓欺诈事实而善意付款的，其即有权依据反担保保函向反担保人请求付款，人民法院不得以保函受益人存在欺诈为由止付。因此，该款所指系保函开立人对保函受益人存在欺诈行为并不知情的情况下的付款，如果保函开立人

实际付款前自身即实施了欺诈或者对欺诈知情而仍付款，则不构成善意付款。本案中，UBAF 在并未先收到韩国现代相符索赔的情况下，向中行河南省分行声称其已经收到了韩国现代的相符索赔，构成滥用付款请求权，自身即存在欺诈。因此，对于 UBAF 主张的付款行为属于《最高人民法院关于审理独立保函纠纷案件若干问题的规定》第 14 条第 3 款规定的"善意付款"的诉讼请求不予支持。

（四）当事人签订的《补充协议》与《补充协议 -1》对双方之间的债权债务关系使用了不同的措辞，但指向同一债权债务关系的，不构成法律关系的变更

【案例来源】

案例名称：中国电力工程有限公司与中国能源建设集团山西电力建设第三有限公司等信用证纠纷案

审理法院：最高人民法院

案　　号：（2018）最高法民终 417 号

【争议点】

中国电力工程有限公司（以下简称中电工公司）与中国能源建设集团山西电力建设第三有限公司（以下简称电建三公司）、中国建设银行股份有限公司太原二营盘支行（以下简称建行二营盘支行）因独立保函纠纷引发诉讼，该案历经山西省高级人民法院一审、最高人民法院二审两个阶段。在二审中，当事人就独立保函是否存在欺诈而终止支付的问题产生争议。

【裁判说理】

2016 年 5 月 5 日，中电工公司与电建三公司签订《补充协议七 -1》，其中明确载明："经双方协商一致，特对《补充协议七》中的内容作出如下变更与补充。"尽管《补充协议七》和《补充协议七 -1》中对双方之间的债权债务关系使用了不同的措辞，分别表述为垫款和借款，但是两协议指向的是同一个债权债务关系，即中电工公司为电建三公司支付的代垫款项。《补充协议七 -1》中将双方的关系表述为借款，不构成对双方之间法律关系的变更。双方明确约定《补充协议七 -1》系对《补充协议七》中部分内容的变更与补充，因此《补充协议七》也不因双方签订了《补充协议七 -1》而失去法律效力。根据《最高人民法院关于审理独立保函纠纷案件若干问题的规定》第 12 条第 1 项的

规定，具有"受益人与保函申请人或其他人串通，虚构基础交易的"情形，应当认定构成独立保函欺诈。案涉保函载明的基础合同是《补充协议七》，《补充协议七》不因双方签订了《补充协议七–1》而失去法律效力。各方当事人对中电工公司为电建三公司代垫款项的事实并无异议，案涉保函载明的基础交易真实存在。因此，在申请开立案涉保函时，电建三公司与中电工公司未向建行二营盘支行提交《补充协议七–1》，不构成《最高人民法院关于审理独立保函纠纷案件若干问题的规定》第12条第1项规定的"虚构基础交易"的情形。综上，对于电建三公司主张中电工公司存在虚构基础交易、明知没有付款请求权仍滥用该权利的情形，构成独立保函欺诈，进而主张案涉保函应终止支付的诉讼请求不予支持。

（五）当事人在工程款是否足以抵扣代建费用仍存在争议的情况下，分包商不能以分包合同的约定为由主张总包商构成保函欺诈行为

【案例来源】

案例名称：广西水利电力建设集团有限公司与中国电建市政建设集团有限公司等信用证欺诈纠纷案

审理法院：广西壮族自治区高级人民法院

案　　号：（2020）桂民终801号

【争议点】

广西水利电力建设集团有限公司（以下简称水利电力公司）与中国电建市政建设集团有限公司（以下简称电建市政集团）、交通银行股份有限公司广西壮族自治区分行（以下简称交行广西分行）因保函欺诈纠纷引发诉讼，该案历经广西壮族自治区南宁市中级人民法院一审、广西壮族自治区高级人民法院二审两个阶段。在二审中，当事人就申请兑付案涉保函项下的款项是否构成保函欺诈的问题产生争议。

【裁判说理】

根据水利电力公司的主张，分包合同第24条已约定"电建市政集团代为履行所产生的一切费用和成本可以根据特别条件确定的方式从水利电力公司的应收工程款中扣除，应收工程款满足不了扣款金额时，电建市政集团有权兑付保函"。该条款系特别条款应当优先适用，电建市政集团未举证证明水利电力公司的应收工程款不足以抵扣代建费用，故而无权兑付保函，电建市政集团的

兑付构成保函欺诈。法院经审查认为，构成保函欺诈的"明知"无权兑付仍申请兑付保函，应是指受益人明确知道自己确实没有权利申请兑付保函而仍然申请兑付。前述条款约定了应收工程款抵扣"代为履行"的费用和成本是以"根据特别条件确定的方式"进行，而水利电力公司并未举证证明双方已就该"特别条件"以及"方式"进行了确认，双方对于水利电力公司的应收账款数额、是否足以抵扣电建市政集团的代建费用亦均存在争议，电建市政集团与水利电力公司的往来函件中并未确认水利电力公司的应收账款足以抵扣代建费用，而且电建市政集团亦以水利电力公司多收工程款为由向天津仲裁委员会提出反请求，要求水利电力公司返还多收取的工程款，所以，在双方对于工程款是欠付还是多付仍存在争议的情况下，即便依据分包合同第24条的约定，也不宜认定电建市政集团明知其确实无权利兑付保函仍然滥用保函兑付请求权而构成保函欺诈。

（六）当事人未在《进口信用证开证申请人承诺书》中的利息一栏签字，但能够依据合同目的及双方交易惯例确定利息的，应予支持

【案例来源】

案例名称：安徽蓝德集团股份有限公司与中国进出口银行等信用证融资纠纷案

审理法院：北京市高级人民法院

案　　号：（2019）京民终863号

【争议点】

安徽蓝德集团股份有限公司（以下简称安徽蓝德公司）与中国进出口银行（以下简称进出口银行）、天长市城市建设投资有限公司（以下简称天长市城建公司）、李某某、张某某、天长市鑫晶铜业有限公司（以下简称鑫晶铜业公司）、天长市云丰铜业有限公司（以下简称云丰铜业公司）、伽伽国际（天长）仪表城有限公司（以下简称伽伽国际公司）因信用证融资纠纷引发诉讼，该案历经北京市第二中级人民法院一审、北京市高级人民法院二审两个阶段。在二审中，当事人就《进口信用证开证申请人承诺书》项下信用证垫付的利息问题产生争议。

【裁判说理】

本案中，安徽蓝德公司于2016年9月1日至11月30日先后向进出口银

行提交 8 份《进口信用证开证申请人承诺书》，进出口银行先后开立 8 份信用证，并出具《对外付款/承兑通知书》。虽然安徽蓝德公司与进出口银行分别于 2016 年 10 月 17 日、19 日签订的两份《进口信用证开证申请人承诺书》中的利息一栏为空白，但该两份承诺书均是《贸易金融授信业务总协议》项下的具体业务合同，且《贸易金融授信业务总协议》项下其他六单信用证均明确约定了统一的利息计算标准，即"利息以垫款日人民银行公布的商业贷款 1 年期利率加收 30%"。因此，一审法院关于"根据《贸易金融授信业务总协议》及《进口信用证开证申请人承诺书》中进出口银行与安徽蓝德公司的合同目的及双方的交易惯例，应认定该两单信用证项下的利息计算标准亦和其他《进口信用证开证申请人承诺书》的利息计算标准一致。因此本院认为，应按照垫款日人民银行商业贷款 1 年期利率加收 30% 支付利息"的标准予以认定，对安徽蓝德公司不承担其与进出口银行分别于 2016 年 10 月 17 日、19 日签订的两份《进口信用证开证申请人承诺书》项下信用证垫付的利息的诉讼请求不予支持。

四、结语

信用证业务自身所具有的复杂性和多变性使得信用证领域的纠纷广泛存在，如信用证与合同规定不符引起的纠纷、因单证不符引起纠纷等。目前，各国之间进行信用证结算的情形日益增加，虽然对信用证进行了初步的分类，但事实是很难有完全相同的信用证，其本身的复杂性和多样性导致实践中的信用证结算风险和贸易风险频发。人民法院在审理信用证纠纷案件时，若出现以下几种情况，应不予支持：其一，当事人以开证申请人与第三方对开增值税发票的行为以及资金的最终流向请求认定双方存在信用证欺诈行为的；其二，在《分销协议》约定受益人有权对产品数量及价格进行调整且货物已经交付的情形下，议付行仅以受益人的货物清单与《分销协议》及附件的清单不符为由拒绝承担付款义务的；其三，当事人以保函受益人存在欺诈行为，主张保函开立人不能依据反担保保函向反担保人请求付款的；其四，当事人以签订的《补充协议》与《补充协议-1》对双方之间的债权债务关系使用了不同的措辞为由主张构成法律关系变更的；其五，当事人在工程款是否足以抵扣代建费用仍存在争议的情况下，分包商以分包合同的约定为由主张总包商构成保函欺诈行为的。此外，当事人未在《进口信用证开证申请人承诺书》中的利息一栏签字，但能够依据合同目的及双方交易惯例确定利息的，应予支持。

第七节　借记卡纠纷

一、导论

自1978年以来，我国改革开放进程不断推进，1985年6月，中国银行珠海分行发行了第一张国内银行卡。[①]此后，银行卡逐渐成为人们日常生活中必不可少的金融工具。截至2022年年末，全国共开立银行卡94.78亿张，同比增长2.50%。其中，借记卡86.80亿张，信用卡和借贷合一卡7.98亿张。人均持有银行卡6.71张，其中，人均持有信用卡和借贷合一卡0.57张。全国共发生银行卡交易74 519.45亿笔，金额1011.94万亿元，同比分别增长5.34%和0.98%。[②]总体而言，我国关于银行卡纠纷的规范性文件较少，1992年12月国务院发布《储蓄管理条例》以规范我国境内的储蓄业务，1999年3月中国人民银行发布的《银行卡业务管理办法》正式施行，其中对于银行卡的种类和定义作出了规定。2015年2月，国务院颁布《存款保险条例》。2021年5月25日，《最高人民法院关于审理银行卡民事纠纷案件若干问题的规定》的发布为解决银行卡民事纠纷提供了更多的法律依据。但是长期以来，对于持卡人与发卡行的民事责任认定上理论界与实务界上存在一定的分歧，本节以借记卡纠纷的案件裁判文书为研究对象，并将2019年以来人民法院作出的相关裁判文书作为主要范围，归纳、提炼借记卡纠纷裁判的理念和趋势，以期通过对我国案例的研究来指导司法实践。

[①] 赵永林主编：《信用卡安全机制与法律问题的理论与实践》，法律出版社2009年版。
[②] 中国人民银行：《2022年支付体系运行总体情况》，载中国人民银行官网，http://www.pbc.gov.cn/，最后访问时间：2023年6月5日。

截至2022年1月，在中国裁判文书网输入"借记卡纠纷"（案由）检索出民事裁判文书6334篇，其中，由最高人民法院裁判的有8篇，由高级人民法院裁判的有173篇，由中级人民法院裁判的有1775篇。在具体案例的选取上，本节遵循以下"两个优先"原则：第一，优先选择审判层级较高的裁判文书；第二，优先选择审判日期较近的裁判文书。通过形式和内容两个方面的筛选，本节最终选择了5篇裁判文书进行研究，即（2021）新民申2435号、（2020）川民终1510号、（2021）湘06民终3631号、（2019）最高法民申2944号、（2019）粤03民终15810号。其中，由最高人民法院裁判的有1篇，由高级人民法院裁判的有2篇，裁判日期均为2019年（含）之后。

二、借记卡纠纷的基本理论

（一）借记卡的概念

根据《银行卡业务管理办法》第2条规定，银行卡是指由商业银行（含邮政金融机构）向社会发行的具有消费信用、转账结算、存取现金等全部或部分功能的信用支付工具。根据《银行卡业务管理办法》第5条规定，银行卡包括信用卡和借记卡。信用卡与借记卡的主要区别在于：借记卡不具备透支功能，需要持卡人先存款、后消费；信用卡具备透支功能，持卡人可在发卡行规定的信用额度内先消费、后还款。

借记卡按功能不同分为转账卡、专用卡、储值卡。转账卡是实时扣账的借记卡，具有转账结算、存取现金和消费功能。专用卡是具有专门用途、在特定区域使用的借记卡，具有转账结算、存取现金功能。储值卡是发卡银行根据持卡人要求将其资金转至卡内储存，交易时直接从卡内扣款的预付钱包式借记卡。由于借记卡具有易用性和广泛的普及性，借记卡成为电子贸易中最普遍使用的支付工具之一，在日常生活中，借记卡也常常与储蓄卡混用。当持卡人接受银行制作发行的借记卡时，标志着双方储蓄合同成立并生效，双方受到该借记卡合同的约束。

（二）借记卡存款所有权的归属

在实践中，"借记卡盗刷"事件发生后，虽然是盗刷人造成了借记卡内资金的损失，但盗刷人一般难以立即抓获或者抓获后盗刷者并没有能力赔偿持卡人的损失，持卡人想要挽回损失一般会起诉银行要求承担其财产损失的责任。因此，银行和持卡人是"借记卡盗刷"纠纷主要的两个主体，在分析借记卡盗刷的民事法律责任时，首先需要明晰两者的法律关系。

《宪法》《民法典》对于储蓄存款所有权归属并没有作出明确规定，而《储蓄管理条例》①规定持卡人对储蓄存款拥有所有权。《商业银行法》②《存款保险条例》③规定持卡人只享有债权。因此，发卡银行往往提出储蓄存款所有权归属于持卡人，盗刷行为人对持卡人构成侵权，发卡银行不应承担民事责任。

我国《民法典》规定的典型合同中并不包括储蓄合同，对于存款所有权的归属问题，《民法典》也没有明文规定，理论上存在以下几种不同的观点：

第一种观点是持卡人所有权说。该观点认为存款所有权归持卡人所有。其理由在于：第一，在所有权最为重要的处分权并不为银行所享有，而仍然归属于持卡人，因此银行并不享有持卡人存款的所有权，在银行与持卡人间发生转移的只是货币所有权中的部分权能。④第二，持卡人可以通过对银行卡与存折的支配从而支配存款，储蓄合同应是保管合同和使用合同的结合。⑤第三，持卡人将金钱存入银行，普遍是基于保管的意思表示，因为持卡人看重的是银行为金钱提供的安全保障与在需要使用时随时可以支取的便利。⑥

第二种观点是银行所有权说。该观点认为，储蓄存款的所有权归属于银行，持卡人将现金存入银行，在持卡人与银行间发生了所有权的转移，持卡人享有向银行要求还款的债权，银行负有向持卡人还款的债务，借记卡为银行出具给持卡人的债权凭证。其理由在于，第一，根据民法理论，货币作为种类

---

① 《储蓄管理条例》第5条第1款规定："国家保护个人合法储蓄存款的所有权及其他合法权益，鼓励个人参加储蓄。"
② 《商业银行法》第71条第2款规定："商业银行破产清算时，在支付清算费用、所欠职工工资和劳动保险费用后，应当优先支付个人储蓄存款的本金和利息。"
③ 《存款保险条例》第5条第3款规定："存款保险基金管理机构偿付存款人的被保险存款后，即在偿付金额范围内取得该存款人对投保机构相同清偿顺序的债权。"
④ 张里安、李前伦：《论银行账户资金的权利属性——横向公司诉冶金公司、汉口支行案之理论评析》，载《法学论坛》2007年第5期。
⑤ 孟勤国：《〈物权法〉的现代意义》，载《湖北大学学报（哲学社会科学版）》2007年第4期。
⑥ 高博：《借记卡伪卡盗刷案件中发卡银行民事责任认定研究》，吉林大学2019年博士学位论文。

物，遵循"占有即所有"的规则，只需转移占有，不需要任何意思表示也不需要依据任何有效的合同即可发生物权变动，占有转移即所有权转移。[1]第二，"存款人将现金存入银行，其必然应当知道钱款将处于银行的控制之中，银行可以任意使用存款并保留赚得的利润，而不是仅仅替存款人保管存款。"[2]第三，在大陆法系与英美法系国家的法律规定中，也同样认为存款所有权归属于银行。例如，《意大利民法典》第1834条规定。(金钱储蓄)银行对存入己处的货币享有所有权，并在约定期间届满时或者存款人提出请求时，负有返还同种货币的义务。[3]

本书支持第二种观点，即银行所有权说。第一，持卡人所有权说主张存款所有权中最重要的处分权非银行所有，因此其所有权归属于持卡人，但是，实际上发卡银行只需要在持卡人请求时，给付持卡人本金及利息，在持卡人未提出请求时，即使未取得持卡人同意，发卡银行也可以任意处分其占有的持卡人的存款，因此，不能认为银行不享有存款的处分权。第二，持卡人能够有效行使对银行的债权，在中国特色社会主义制度下，银行信用得以充分保障。在这种情况下，持卡人往往产生银行储蓄存款所有权归属于自己的看法，而实际上，银行信用不能保障的情况下，挤兑情况时有发生，持卡人并不能依照自己的意愿支配储蓄存款。第三，如果将借记卡内的钱当成持卡人所有，而银行只是对卡内的钱进行保管，这既与实际生活不符，也与银行的信贷资金运营制度自相矛盾。[4]在银行信贷资金运营制度下，持卡人将钱存入银行后，银行可以利用这笔钱进行包括放贷在内的投资行为并且银行还可以保有因投资行为产生的利润。

(三)银行与持卡人的权利义务

1.银行的权利。(1)依据银行与持卡人之间的借记卡使用协议，银行对持卡人存入的款项享有占有、使用、收益、处分的权利。(2)持卡人不遵守合同

---

[1] 李锡鹤：《为种类物之货币"占有即所有"无例外吗——兼论信托与捐赠财产的法律性质》，载《法学》2014年第7期。

[2] 其木提：《货币所有权归属及其流转规则——对"占有即所有"原则的质疑》，载《法学》2009年第11期。

[3] 《意大利民法典》，丁玫译，中国政法大学出版社2007年版。

[4] 张怡敏：《借记卡盗刷的民事法律责任研究》，南昌大学2018年硕士学位论文。

约定与相关法律规定从而给银行造成经济损失的，银行有权取消其持卡人资格并依法追究责任。

2. 银行的义务。（1）根据合同约定对持卡人履行还本付息的义务；根据《商业银行法》第 31 条第 1 款的规定，持卡人有权要求银行按时给付存款的本金和依照法定利率给付利息，发卡银行负有保证持卡人存款本金和利息及时支付的义务。（2）银行应设立 24 小时服务热线电话，提供业务咨询和挂失等服务。（3）为持卡人提供安全的借记卡交易环境。（4）保证借记卡内资金安全的义务，包括应对持卡人的信息进行保密、不得擅自使用与泄露、确保交易场所安全。

3. 持卡人的权利。（1）按照合同的约定，要求银行支付本金和利息。（2）查看自己的交易记录及账务变动情况的权利，一旦确定有误可要求银行进行说明与更改。

4. 持卡人的义务。（1）领用合约中规定的义务，主要为持卡人必须保管好借记卡与密码。（2）持卡人需要履行合同附随义务。包括持卡人必须向银行提供真实有效的资料、使用时要注意对自己的账号信息、密码等保管得当、不得将借记卡与密码交给第三人。

三、关于借记卡纠纷的裁判规则

（一）持卡人的借记卡密码未发生泄露，但借记卡绑定的第三方支付平台账号和密码泄露导致借记卡内的存款损失，发卡行主张不承担赔偿责任的，人民法院应予支持

【案例来源】

案例名称：吾某某与中国工商银行股份有限公司尉犁支行借记卡纠纷案

审理法院：新疆维吾尔自治区高级人民法院

案　　号：（2021）新民申 2435 号

【争议点】

吾某某与中国工商银行股份有限公司尉犁支行（以下简称工行尉犁支行）因借记卡合同法律关系纠纷引发诉讼，该案历经新疆维吾尔自治区尉犁县人民法院一审、新疆维吾尔自治区巴音郭楞蒙古自治州人民法院二审、新疆维吾尔

自治区高级人民法院再审三个阶段。在再审中，当事人就工行尉犁支行是否应当赔偿吾某某借记卡内的存款损失产生争议。

【裁判说理】

2014年1月15日，吾某某在工行尉犁支行处办理了一张借记卡，并先后办理了电子银行注册，开通了网银、手机银行、电话银行等业务，双方自愿成立了合法有效的借记卡合同法律关系。2016年7月31日至8月24日，银行出具的《借记卡账户历史明细清单》显示，吾某某的借记卡通过第三方支付平台支出33笔，银行均通过短信平台向吾某某发送了余额变动的短信通知。

吾某某在办理案涉借记卡的同时有偿开通了电子银行业务，电子银行账号和支付密码由吾某某自行设置和保管。从银行流水账单中反映，本案中借记卡支出款项均为第三方快捷支付，该种交易方式只需绑定银行卡，输入交易密码就能够实现，吾某某借记卡内的存款损失即为案涉借记卡在第三方支付平台频繁交易时发生，工行尉犁支行按指令向第三方履行合同义务支付款项并将每笔支出以短信形式告知吾某某。虽然银行应确保该借记卡内的数据信息不被非法窃取并加以使用，但由于案涉借记卡内的存款损失系由第三方支付平台账号和支付密码外泄导致，不能以此认定工行尉犁支行未履行安全保障的法定义务，并应当承担赔偿责任。

（二）持卡人将借记卡密码仅告知配偶，且发卡行不能证明配偶泄露的，不能认定为持卡人未尽到妥善保管借记卡密码安全的义务

【案例来源】

案例名称：俞某某与中国工商银行股份有限公司成都滨江支行借记卡纠纷案

审理法院：四川省高级人民法院

案　　号：（2020）川民终1510号

【争议点】

俞某某与中国工商银行股份有限公司成都滨江支行（以下简称工行滨江支行）因借记卡合同法律关系纠纷引发诉讼，该案历经四川省成都市中级人民法院一审、四川省高级人民法院二审两个阶段。在二审中，当事人就将借记卡密码告知配偶是否构成持卡人对银行卡、密码等身份识别信息未尽妥善保管义务具有过错产生争议。

【裁判说理】

《商业银行法》第 6 条规定："商业银行应当保障存款人的合法权益不受任何单位和个人的侵犯。"发卡行负有保障持卡人借记卡内资金安全和鉴别借记卡真伪、谨慎审查借记卡的义务，俞某某作为持卡人与工行滨江支行之间形成借记卡合同关系，持卡人俞某某负有妥善保管借记卡、密码等身份识别信息安全的义务。工行滨江支行作为商业银行及俞某某涉案借记卡的发卡银行，负有保障持卡人账户安全及存款安全的义务，该保障义务既包括保障借记卡本身的安全性，防止俞某某的数据信息被非法窃取并加以使用，还包括应当具备识别真伪的技术能力和硬件设施，承担对交易的借记卡进行实质审查的义务。在俞某某借记卡被伪造复制且在境外发生盗刷的过程中，工行滨江支行未识别出伪造的借记卡，致使俞某某的存款被盗刷。一审中，俞某某自认将其借记卡密码告知其妻子，工行滨江支行据此主张俞某某未尽到妥善保管借记卡密码的义务具有过错，应当承担相应责任。但是，本案中俞某某将借记卡密码告知配偶系用于其家庭资金周转存取使用之目的，且发卡行并未提供证据证明俞某某妻子泄露密码或授权他人进行交易，俞某某的该行为并无不妥。因此，俞某某将其借记卡密码告诉其妻子并无过错，应当认为已尽到谨慎注意义务和及时通知义务。

（三）第三人实施盗刷行为构成刑事案件的，不影响持卡人请求发卡行承担民事责任。发卡行主张由持卡人向第三人请求赔偿责任的，人民法院不予支持

【案例来源】

案例名称：陈某某与中国农业银行股份有限公司岳阳屈原支行借记卡纠纷案

审理法院：湖南省岳阳市中级人民法院

案　　号：（2021）湘 06 民终 3631 号

【争议点】

陈某某与中国农业银行股份有限公司岳阳屈原支行（以下简称农业银行屈原支行）因借记卡纠纷引发诉讼，该案历经湖南省岳阳市屈原管理区人民法院一审、湖南省岳阳市中级人民法院二审两个阶段。在二审中，当事人就陈某某的损失是否应由农业银行屈原支行承担的问题产生争议。

【裁判说理】

根据《商业银行法》第 6 条的规定，陈某某办理由农业银行屈原支行发行的借记卡，农业银行屈原支行作为经营存、贷款业务的专业金融机构，负有保障持卡人存款安全的义务。陈某某名下借记卡被他人盗刷，其在次日看到手机取款信息后，即至农业银行屈原支行核实情况，并向屈原管理区公安局报案，已充分履行谨慎注意义务与及时通知义务。根据《最高人民法院关于在审理经济纠纷案件中涉及经济犯罪嫌疑若干问题的规定》第 10 条的规定，人民法院在审理经济纠纷案件中，发现与本案有牵连，但与本案不是同一法律关系的经济犯罪嫌疑线索、材料，应将犯罪嫌疑线索、材料移送有关公安机关或检察机关查处，经济纠纷案件继续审理。本案为陈某某基于其与农业银行屈原支行的借记卡合同关系提起的民事诉讼要求农业银行屈原支行承担民事责任，与他人利用银行卡实施盗刷行为而应承担的刑事责任系基于不同法律事实而产生的互相独立的法律关系，公安机关是否侦破刑事案件并不影响陈某某通过民事诉讼要求银行承担民事责任。根据《民法典》第 593 条的规定，当事人一方因第三人的原因造成违约的，应当依法向对方承担违约责任。因此，由第三人利用银行卡实施盗刷行为，导致农业银行屈原支行未履行保障持卡人存款安全义务，造成陈某某借记卡上存款减少，农业银行屈原支行不得主张由陈某某向该第三人请求赔偿责任，应当由农业银行屈原支行向陈某某承担违约责任。农业银行屈原支行承担责任后，可依法向该实施盗刷的第三人进行追偿。

（四）持卡人明知第三人利用持卡人身份证、主卡及密码办理附属卡，未作出防范行为，且不能合理解释的，不能认定发卡行没有尽到合理审查义务

【案例来源】

案例名称：张某与山东高青农村商业银行股份有限公司借记卡纠纷案

审理法院：最高人民法院

案　　号：（2019）最高法民申 2944 号

【争议点】

张某与山东高青农村商业银行股份有限公司（以下简称高青农商行）因借记卡纠纷引发诉讼，该案历经山东省淄博市中级人民法院一审、山东省高级人

民法院二审、最高人民法院再审三个阶段。在再审中，当事人就发卡行是否应当向持卡人支付本金及利息产生争议。

【裁判说理】

根据高青农商行的《信通卡开卡流程》规定，主卡和附属卡属于同一账户，附属卡交易款项计入主卡账户，主卡持卡人有权取消附属卡。开立附属卡需要主持卡人持主卡和有效身份证及附属卡持有人持有有效身份证到网点办理。从本案附属卡的办理过程来看，附属卡是在办理主卡并设置了密码之后不足4分钟之内办理，而无论是开卡流程规定还是实际柜员操作，附属卡的办理应当刷主卡并输入正确的密码。张某对其本人在场且明知第三人持有其身份证、主卡、密码不能作出合理解释，也没有证据证明柜员参与诈骗犯罪。柜员收到身份证件、主卡、客户输入主卡密码并依次确认后，严格执行了农商行借记卡开立的相关规定，因此，本案中应当认定被告高青农商行工作人员已经尽到合理审查义务，对于他人支配张某账户的附属卡而导致张某账户受到损失不具有过错。相反，张某在主卡与附属卡开立时均在办理现场，且明知第三人持有其身份证、主卡、密码等重要材料，因此，张某对第三人开立附属卡而不加制止的行为应当认定为放任或默许，高青农商行对此并无过错，张某要求高青农商行赔偿涉案存款损失，不应予以支持。

（五）发卡行以持卡人未订付费短信通知服务导致损失扩大，应当对涉案损失承担部分责任的，人民法院不予支持

【案例来源】

案例名称：中国建设银行股份有限公司深圳益民支行与覃某某借记卡纠纷案

审理法院：广东省深圳市中级人民法院

案　　号：（2019）粤03民终15810号

【争议点】

中国建设银行股份有限公司深圳益民支行（以下简称建设银行益民支行）与覃某某因借记卡纠纷引发诉讼，该案历经广东省深圳前海合作区人民法院一审、广东省深圳市中级人民法院二审两个阶段。在二审中，当事人就持卡人未订付费短信通知服务对涉案损失应否承担部分责任的问题产生争议。

【裁判说理】

覃某某具有购买短信通知服务的权利而非义务，建设银行益民支行无权要求覃某某必须购买，更不能因为其没有购买有偿服务，而让其承担不利后果。首先，根据原《合同法》第60条（现《民法典》第509条）规定，当事人应按照约定全面履行自己的义务。当事人应当遵循诚信原则，根据合同的性质、目的和交易习惯履行通知、协助、保密等义务。《商业银行法》第6条规定，商业银行应当保障存款人的合法权益不受任何单位和个人的侵犯。建设银行益民支行有义务通过技术、信息手段为覃某某提供全面的安全保障，并主动通知覃某某其银行卡内交易变动情况，这属于双方合同本身的要义，建设银行益民支行的履约义务不应当因为覃某某未购买其提供的有偿服务就有所减免，显然这种情况违背了合同的自愿平等原则，而将本应由双方自愿达成的有偿服务赋予了强制性。其次，根据原《合同法》第119条（现《民法典》第591条）的规定，"当事人一方违约后，对方应当采取适当措施防止损失的扩大；没有采取适当措施致使损失扩大的，不得就扩大的损失要求赔偿"，如果银行有证据证明覃某某在确实知悉银行卡被盗刷的情况下，故意放任不管，不采取措施进行及时止损，其也应当根据其过错程度对相应的损失承担责任。但是在2017年3月31日损失发生后，覃某某并未立即知晓，而是在2017年4月3日17时多，通过柜员机查询发现银行卡被盗刷，并立即报案并挂失银行卡。由于覃某某没有开通付费短信服务，因此并不存在建设银行益民支行主张的在被盗刷后立即就能知晓并采取适当措施防止损失扩大的前提，覃某某发现银行卡被盗刷后立即报案并挂失，视为在合理期间内采取了必要的救济手段。此外，短信通知服务仅是一个持卡人的选项，在该选择中并没有附注该服务对双方具体的权利义务。银行并未明确购买短信通知服务之后持卡人要承担的义务，而在出现损失之后，银行就此提出持卡人应承担的责任，显然没有依据。

四、结语

我国借记卡纠纷主要表现为由于第三人盗刷借记卡，导致持卡人借记卡内的存款减少，从而引起的借记卡的持卡人与发卡行之间的纠纷。随着互联网的发展，第三方支付平台的普及，第三人盗刷的方法也从实体卡片盗刷向网络破解等更加复杂多样的方式转变，这也对持卡人与发卡行保护借记卡资金安全提出了更高的要求。持卡人的借记卡密码未发生泄露，但借记卡绑定的第三方支付平台账号和密码泄露导致借记卡内存款损失，发卡行已尽到充分的安全保障义务，持卡人不能请求发卡行承担赔偿责任。同时，也不能要求持卡人的妥善保管义务超出一般生活的情理，持卡人将借记卡的密码仅告知配偶，且发卡行不能证明配偶泄露的，不能认定为持卡人未尽到妥善保管借记卡密码安全的义务，即使发生盗刷案件的，也不能认定持卡人具有过错，应当认定发卡行未能尽到安全保障义务，应当承担违约责任。在借记卡的发放上，发卡行的操作符合规定，则应当认定为其发放主卡及附属卡尽到了合理审查义务，持卡人明知第三人利用持卡人身份证、主卡及密码办理附属卡而未加以防范，属于未尽到谨慎注意义务，第三人通过附属卡转移其主卡资金的，不能构成借记卡盗刷。第三人实施盗刷行为构成刑事案件的，不影响持卡人请求发卡行承担民事责任。此外，持卡人未订付费短信通知服务，但是在得知盗刷案件后的合理期间内采取了必要的救济手段的，不承担盗刷案件发生后损失扩大的责任。

第八节 信用卡纠纷

一、导论

信用卡作为一种循环信贷与支付工具相结合的零售金融产品，是商业银行所有业务中涉及面广、业务流程复杂、综合性强的一项业务。1995年3月，广东发展银行发行了我国第一张具有信贷消费特征的信用卡——贷记卡，开创了我国境内真正意义上的信用卡时代先河。本节以因信用卡产生纠纷的案件裁判文书为研究对象，将2019年以来人民法院作出的相关裁判文书作为主要范围，提炼、归纳信用卡纠纷裁判的理念和趋势，以期通过对我国案例的研究来指导司法实践。

截至2022年1月，在中国裁判文书网输入"信用卡纠纷"（案由）检索出民事裁判文书2 617 153篇，其中，由高级人民法院裁判的有372篇，由中级人民法院裁判的有 20 691 篇。在具体案例的选取上，本节遵循以下"两个优先"原则：第一，优先选择审判层级较高的裁判文书；第二，优先选择审判日期较近的裁判文书。通过形式和内容两个方面的筛选，本节最终选择了 5 篇裁判文书进行研究，即（2019）苏 01 民终 4641 号、（2021）粤 01 民终 23232 号、（2020）豫民申 3092 号、（2021）豫 15 民终 4779 号、（2021）京 74 民终 457 号。其中，裁判日期为 2020 年（含）之后的有 4 篇。

二、信用卡纠纷的基本理论

（一）信用卡纠纷的概念

信用卡纠纷，是指商业银行、信用卡持卡人、特约商户、实际取款人或刷卡人在信用卡的发行与使用过程中产生的权利义务纠纷。原中国银行业监督管理委员会 2011 年出台的《商业银行信用卡业务监督管理办法》第 7 条规定，信用卡是指记录持卡人账户相关信息，具备银行授信额度和透支功能，并为持卡人提供相关银行服务的各类介质。根据中国人民银行 1999 年出台的《银行卡业务管理办法》第 6 条规定，信用卡按是否向发卡银行交存备用金分为贷记卡和准贷记卡两类。贷记卡，是指发卡银行给予持卡人一定的信用额度，持卡人可在信用额度内先消费、后还款的信用卡。准贷记卡，是指持卡人须先按发卡银行要求交存一定金额的备用金，当备用金账户余额不足支付时，可在发卡银行规定的信用额度内透支的信用卡。其中，在我国使用的信用卡以贷记卡为主。与借记卡相比，信用卡具备透支功能，持卡人可在发卡行规定的信用额度内先消费、后还款，而借记卡不具备透支功能，需要持卡人先存款、后消费。

（二）信用卡纠纷中主要涉及的当事人及其主要权利义务

1. 持卡人。持卡人，是指即通过发卡行审查后接受发给的信用卡，持有并使用信用卡的申请人。申请人，是指向发卡行提出办理信用卡申请的公民个人或单位。

（1）持卡人的权利：①信用卡使用权。信用卡持卡人向发卡行申请信用卡，发卡行根据申请人的申请进行信用调查并核定信用额度，此即为授信。持卡人应在此额度内，有权按照其真实意愿使用信用卡和享有发卡行承诺的各项服务。②知悉真情权。持卡人有权向发卡行了解其申请、使用的信用卡产品及服务的具体规则和真实情况；有权索取信用卡有关使用说明资料；有权知悉其选用的信用卡的功能、使用方法、收费项目、收费标准、适用利率及有关的计算公式；用卡交易后，有权向发卡银行索取对账单，或通过发卡银行提供的客户服务电话以及其他渠道了解其账务变动情况；对账务变动情况有异议的，有权在规定时间内提出查询或更正要求，必要时还可申请调阅签购单的服务。③安全保障权。持卡人有权要求发卡行保障持卡人信用卡不被冒用、盗用，并有权要求发卡行对因信用卡申请或使用而知悉关于申请人或持卡人之一切资料行对客户个人信息资料予以保密。

（2）持卡人的义务：①妥善保管义务。信用卡持卡人应当妥善保管信用卡及其卡片信息、密码、验证码等身份识别信息、交易验证信息等。不能将信用卡、密码等相关信息泄露给他人，不得让与、转借或受担保或以其他方式授权第三人使用。②及时挂失义务。信用卡持卡人如遇信用卡遗失、被窃或遭他人占用，应在合理期限内立即通过发卡行提供的客户服务电话或网上银行等方式办理挂失，以避免损失进一步扩大。③按时清偿消费金额和相关费用的义务。持卡人应当按约定的收费标准承担各类费用，对因使用信用卡而发生的交易款项、利息和费用等承担还款义务。

2. 发卡行。发卡行，是指符合《银行卡业务管理办法》条件的商业银行向中国人民银行申请开办信用卡业务，提交相关材料，经过中国人民银行审批开办信用卡业务向符合条件的信用卡申请人发放信用卡的商业银行。

（1）发卡行的权利。①费用偿还请求权。发卡行在先行给付消费款项后，可向持卡人请求偿还，超出免息期限的，可按照约定向持卡人请求利息。②年费收取权。发卡行有权根据合同约定，向持卡人收取信用卡年费。

（2）发卡行的义务。①先行给付消费金额义务。使用信用卡代替现金消费的功能，是信用卡最基本的功能。发卡行负有在持卡人授信额度内先行给付消费金额的义务。②谨慎审查义务。在信用卡申请、使用等过程中，发卡行应当谨慎审查信用卡申请人和使用人的相关资料，以确认其是否系申请人和持卡人本人。③安全保障义务。在数据关联紧密的大数据时代，发卡行在依赖互联网提供服务和产品的同时，大量的信息和资金均以数据的形式通过网络和设备进行存储和传输，银行信息安全面临着更大的风险。因此，银行安全保障义务的实现，首先就需要保证信息安全系统和数据信息不被侵害。其次，网上银行电子交易具有数字化、虚拟化的特点，电子交易的安全依托于网上银行防火墙、身份认证系统和加密技术等电子技术的支撑，由于现有的科学技术的有限性和大数据时代风险的无限性，网上银行交易安全面临着重大风险。[1]发卡行应尽最大努力对信用卡申请人、持卡人的个人信息及账户采取保护措施，避免其个人资料遭受泄露、盗取、误用或滥用，以及持卡人账户发生非基于本人意思的资金减少或者透支数额增加的情况。

3. 其他当事人。

（1）收单行，是指跨行交易中兑付现金或与商户签约进行跨行交易资金结算，并且直接或间接地使交易达成转接的银行。

（2）银行卡组织，是指在中国境内办理银行卡业务的商业银行和非银行金融机构共同组成的联合经营组织。

（3）特约商户，是指与银行签订受理银行卡业务协议并同意用银行卡进行商务结算的商户，也就是通常所说的能够进行刷卡消费的商户。

（三）信用卡纠纷的主要类型

1. 因信用卡申请产生的纠纷。当信用卡申请人向银行申领信用卡时，相比于借记卡的申请，往往需要经过较为烦琐的手续，而我国对于信用卡申请材料有着较为严格的规定，根据原中国银行业监督管理委员会2011年出台的《商业银行信用卡业务监督管理办法》第37条[2]的规定，发卡银行印制的信用卡申请材料文本应当包括：（1）申请人信息，包括申请人姓名、证件号码、联系方

---

[1] 李晗：《大数据时代网上银行的安全保障义务研究》，载《当代法学》2016年第4期。

[2] 《商业银行信用卡业务监督管理办法》第37条规定："发卡银行印制的信用卡申请材料文本应当至少包含以下要素：（一）申请人信息：编号、申请人姓名、有效身份证件名称、证件号码、单位名称、单位地址、住宅地址、账单寄送地址、联系电话、联系人姓名、联系人电话、联系人验证信息、其他验证信息等；（二）合同信息：领用合同（协议）、信用卡章程、重要提示、合同信息变更的通知方式等；（三）费用信息：主要收费项目和收费水平、收费信息查询渠道、收费信息变更的通知方式等；（四）其他信息：申请人已持有的信用卡及其授信额度、申请人声明、申请人确认栏和签名栏、发卡银行服务电话和银行网站、投诉渠道等。'重要提示'应当在信用卡申请材料中以醒目方式列示，至少包括申请信用卡的基本条件、所需基本申请资料、计结息规则、年费／滞纳金／超限费收取方式、阅读领用合同（协议）并签字的提示、申请人信息的安全保密提示、非法使用信用卡行为相关的法律责任和处理措施的提示、其他对申请人信用和权利义务有重大影响的内容等信息。申请人确认栏应当载明以下语句，并要求客户抄录后签名：'本人已阅读全部申请材料，充分了解并清楚知晓该信用卡产品的相关信息，愿意遵守领用合同（协议）的各项规则。'"

式、单位信息等；（2）合同信息，包括有关信用卡申请基本条件、资料、计息规则等重要提示；（3）费用信息，包括；收费项目、水平、信息查询渠道等；（4）其他信息，包括已持有的信用卡及其授信额度、投诉渠道等。在申请人申请信用卡时，还需要在确认栏抄录指定语句并签名，以确保发卡行对信用卡申请人尽到了格式条款的明确说明义务和对申请人身份进行核实的谨慎审查义务，以避免第三人盗用身份开立账户。

2. 因信用卡盗刷产生的纠纷。信用卡盗刷存在伪卡盗刷、网络盗刷、真卡盗刷三种类型。信用卡伪卡盗刷，是指他人使用伪造的信用卡刷卡进行取现、消费、转账等，导致持卡人账户发生非基于本人意思的资金减少或者透支数额增加的行为。信用卡网络盗刷，是指他人盗取并使用持卡人信用卡网络交易身份识别信息和交易验证信息进行网络交易，导致持卡人账户发生非因本人意思的资金减少或者透支数额增加的行为。信用卡真卡盗刷，是指他人使用持卡人的信用卡刷卡进行取现、消费、转账等，导致持卡人账户发生非基于本人意思的资金减少或者透支数额增加的行为。

（1）信用卡伪卡盗刷或网络盗刷。在举证责任分配方面，持卡人应当承担对伪卡盗刷或网络盗刷存在的初步举证责任，如提供生效法律文书、银行卡交易时真卡所在地、交易行为地、账户交易明细、交易通知、报警记录、挂失记录等证据材料。而发卡行、非银行支付机构应当对争议交易为持卡人本人交易或者其授权交易承担举证责任，如提供交易单据、对账单、监控录像、交易身份识别信息、交易验证信息等证据材料。如果持卡人告知银行存在伪卡盗刷或网络盗刷后，发卡行未及时核实相关信用卡持有及使用情况，提供或者保存交易单据、监控录像等证据材料，导致有关证据材料无法取得的，应承担举证不能的法律后果。[1]

---

[1]《最高人民法院关于审理银行卡民事纠纷案件若干问题的规定》第4条规定："持卡人主张争议交易为伪卡盗刷交易或者网络盗刷交易的，可以提供生效法律文书、银行卡交易时真卡所在地、交易行为地、账户交易明细、交易通知、报警记录、挂失记录等证据材料进行证明。发卡行、非银行支付机构主张争议交易为持卡人本人交易或者其授权交易的，应当承担举证责任。发卡行、非银行支付机构可以提供交易单据、对账单、监控录像、交易身份识别信息、交易验证信息等证据材料进行证明。"《最高人民法院关于审理银行卡民事纠纷案件若干问题的规定》第5条规定："在持卡人告知发卡行其账户发生非因本人交易或者本人授权交易导致的资金或者透支数额变动后，发卡行未及时向持卡人核实银行卡的持有及使用情况，未及时提供或者保存交易单据、监控录像等证据材料，导致有关证据材料无法取得的，应承担举证不能的法律后果。"

在责任承担方面，若本案证据可以证明伪卡盗刷或网络盗刷的事实存在，且持卡人履行了对银行卡、密码、验证码等身份识别信息、交易验证信息的妥善保管义务，则信用卡持卡人可以请求发卡行返还扣划的透支款本息、违约金并赔偿损失。若持卡人未能对银行卡、密码、验证码等身份识别信息、交易验证信息尽到妥善保管义务，则应当认定持卡人对于信用卡伪卡盗刷、网络盗刷产生的损失具有过错，持卡人应当承担相应责任。同时，信用卡丢失后，持卡人应当履行及时挂失义务，持卡人未履行及时挂失义务的，应当对未及时挂失而导致的损失扩大部分承担责任。①

（2）信用卡真卡盗刷案件。在真卡盗刷中，持卡人也无法有效防范盗刷，摧毁权利外观，更难以向盗刷者追责，在当事人之间分配风险，关键在于综合衡量持卡人基于该盗刷行为所处的法律地位，以及当事人的风险转化可能性。持卡人在转移风险方面的劣势无法通过其他途径弥补，反之，发卡行具有更强的风险预防能力，并可以通过保险等方式移转风险，所以，发卡行不得在真卡盗刷情形中获得优待，理应类推《最高人民法院关于审理银行卡民事纠纷案件若干问题的规定》第7条，承担与伪卡盗刷同等的责任。②

3. 因征信问题产生的纠纷。国务院发布的《征信业管理条例》于2013年3月15日正式施行，经过数年的发展，我国征信业在征信法规制度、公共征信系统、征信市场发展、征信监管机制和社会信用体系建设等方面均取得积极进展。部分持卡人由于疏忽、遗忘或者他人盗用持卡人身份开立账户等原因未及时归还透支款项，而发卡行仅以短信形式通知提醒，持卡人没有注意而多次逾

---

① 《最高人民法院关于审理银行卡民事纠纷案件若干问题的规定》第7条规定："发生伪卡盗刷交易或者网络盗刷交易，借记卡持卡人基于借记卡合同法律关系请求发卡行支付被盗刷存款本息并赔偿损失的，人民法院依法予以支持。发生伪卡盗刷交易或者网络盗刷交易，信用卡持卡人基于信用卡合同法律关系请求发卡行返还扣划的透支款本息、违约金并赔偿损失的，人民法院依法予以支持；发卡行请求信用卡持卡人偿还透支款本息、违约金等的，人民法院不予支持。前两款情形，持卡人对银行卡、密码、验证码等身份识别信息、交易验证信息未尽妥善保管义务具有过错，发卡行主张持卡人承担相应责任的，人民法院应予支持。持卡人未及时采取挂失等措施防止损失扩大，发卡行主张持卡人自行承担扩大损失责任的，人民法院应予支持。"

② 李建星：《银行卡盗刷责任分配规则之重塑》，载《南大法学》2022年第1期。

期，商业银行向征信机构提供持卡人不良信息，[1]导致持卡人个人征信有不良记录，不仅将对信用卡持卡人社会评价造成负面影响，而且可能影响信用卡持卡人的日常生活。

4.因信用卡利息费用问题产生的纠纷。持卡人负有按时清偿消费金额和相关费用的义务，承担因使用信用卡而发生的交易款项、利息和费用等承担。《中国人民银行关于信用卡业务有关事项的通知》2017年1月1日起施行，其第3条规定，违约金和服务费用，取消信用卡滞纳金，对于持卡人违约逾期未还款的行为，发卡机构应与持卡人通过协议约定是否收取违约金，以及相关收取方式和标准。发卡机构向持卡人提供超过授信额度用卡服务的，不得收取超限费。发卡机构对向持卡人收取的违约金和年费、取现手续费、货币兑换费等服务费用不得计收利息。因此，对2017年1月1日后，发卡行不得就持卡人违约逾期未还款的行为收取信用卡滞纳金，对于是否对该部分收取违约金，应当按照与持卡人达成协议，或按照信用卡合同约定的变更先前的信用卡合同。

根据《最高人民法院关于审理银行卡民事纠纷案件若干问题的规定》第2条第2款[2]的规定，若信用卡合同的约定给付透支利息、复利、违约金等，或者给付分期付款手续费、利息、违约金等费用总额过高时，持卡人可以请求对费用总额予以适当减少，人民法院在审理时根据公平原则和诚信原则予以衡量，可以参照《最高人民法院关于进一步加强金融审判工作的若干意见》第2

---

[1]《征信业管理条例》第44条规定："本条例下列用语的含义：（一）信息提供者，是指向征信机构提供信息的单位和个人，以及向金融信用信息基础数据库提供信息的单位。（二）信息使用者，是指从征信机构和金融信用信息基础数据库获取信息的单位和个人。（三）不良信息，是指对信息主体信用状况构成负面影响的下列信息：信息主体在借贷、赊购、担保、租赁、保险、使用信用卡等活动中未按照合同履行义务的信息，对信息主体的行政处罚信息，人民法院判决或者裁定信息主体履行义务以及强制执行的信息，以及国务院征信业监督管理部门规定的其他不良信息。"

[2]《最高人民法院关于审理银行卡民事纠纷案件若干问题的规定》第2条第2款规定："发卡行请求持卡人按照信用卡合同的约定给付透支利息、复利、违约金等，或者给付分期付款手续费、利息、违约金等，持卡人以发卡行主张的总额过高为由请求予以适当减少的，人民法院应当综合考虑国家有关金融监管规定、未还款的数额及期限、当事人过错程度、发卡行的实际损失等因素，根据公平原则和诚信原则予以衡量，并作出裁决。"

条第 2 项①关于金融借款合同的规定，借款人以贷款人同时主张的利息、复利、罚息、违约金和其他费用过高，显著背离实际损失为由，对总计超过年利率 24% 的部分予以调减。

三、关于信用卡纠纷的裁判规则

（一）残疾人向发卡行申领信用卡，但因身体残疾无法完成签字等手续的，发卡行应当采取合理措施履行格式条款的说明义务

【案例来源】

案例名称：李某某与广发银行股份有限公司南京鼓楼支行信用卡纠纷案

审理法院：江苏省南京市中级人民法院

案　　号：（2019）苏 01 民终 4641 号

【争议点】

李某某与广发银行股份有限公司南京鼓楼支行因信用卡开立纠纷引发诉讼，该案历经江苏省南京市玄武区人民法院一审、江苏省南京市中级人民法院二审两个阶段。在二审中，当事人就李某某因视力残疾不能签字，广发银行是否应协助李某某激活其信用卡产生争议。

【裁判说理】

本案中，李某某通过电话向广发银行提交申领信用卡的申请，广发银行审核后予以批准，并向李某某发放了信用卡，表明双方当事人已就领用信用卡达成合意，该信用卡合约对双方当事人均发生法律效力。李某某收到信用卡至广发银行办理激活手续时，广发银行以李某某系视力残障人士，无法抄写申请材料中明确要求抄写的内容，违反了《商业银行信用卡业务监督管理办法》第 37 条、第 49 条规定为由，未协助李某某激活信用卡。首先，从《商业银行信用卡业务监督管理办法》第 49 条的规定可以看出，其目的是审核持卡人的身

---

① 《最高人民法院关于进一步加强金融审判工作的若干意见》第 2 条第 2 项规定："严格依法规制高利贷，有效降低实体经济的融资成本。金融借款合同的借款人以贷款人同时主张的利息、复利、罚息、违约金和其他费用过高，显著背离实际损失为由，请求对总计超过年利率 24% 的部分予以调减的，应予支持，以有效降低实体经济的融资成本。规范和引导民间融资秩序，依法否定民间借贷纠纷案件中预扣本金或者利息、变相高息等规避民间借贷利率司法保护上限的合同条款效力。"

份信息，确保系持卡人本人激活信用卡进行使用，激活信息卡为合同附随义务。依据诚信原则，广发银行向李某某审批、发放了信用卡，即应按李某某本人的申请，协助激活信用卡。其次，《商业银行信用卡业务监督管理办法》第37条中规定了："发卡银行印制的信用卡申请材料文本应当至少包含以下要素：……申请人确认栏应当载明以下语句，并要求客户抄录后签名：本人已阅读全部申请材料，充分了解并清楚知晓该信用卡产品的相关信息，愿意遵守领用合同（协议）的各项规则。"但是，本案中，李某某系视力残障人士，其无法阅读、签名系受制其身体残疾所致，系身体不能为，而非意思不作为。再次，该条款系信用卡审核、发放前要求李某某愿意受信用卡领用合同约束的意思表示，而本案中信用卡已发放给李某某，双方已达成信用卡领用合约，广发银行以此为由拒绝为李某某激活信用卡于法无据。最后，根据《残疾人保障法》第3条规定，残疾人在政治、经济、文化、社会和家庭生活等方面有同其他公民平等的权利。该法第55条[①]同样规定，银行有义务为残疾人采取合理措施保障其合法权益。信用卡领用合约为格式条款合同，广发银行要求李某某抄录内容后签名确认的目的是达成向李某某尽到了格式条款的明确说明义务。本案中，李某某系视力残障人士，抄录、签名显然不能为，广发银行应采取录音、录像等其他合理措施向李某某履行明确说明义务，而非采取简单的方式予以拒绝，不考虑李某某视力残障的特殊情况，广发银行拒绝协助李某某激活信用卡的行为存在不当。

（二）银行单方以公告方式将信用卡滞纳金变更为违约金，持卡人不予认可的，不能视为达成收取违约金的约定

【案例来源】

案例名称：钟某某与中国建设银行股份有限公司广州市绿色金融改革创新试验区花都分行信用卡纠纷案

审理法院：广东省广州市中级人民法院

案　　号：（2021）粤01民终23232号

[①] 《残疾人保障法》第55条第1款规定："公共服务机构和公共场所应当创造条件，为残疾人提供语音和文字提示、手语、盲文等信息交流服务，并提供优先服务和辅助性服务。"

【争议点】

钟某某与中国建设银行股份有限公司广州市绿色金融改革创新试验区花都分行（以下简称建行花都分行）因信用卡纠纷引发诉讼，该案历经广东省广州市花都区人民法院一审、广东省广州市中级人民法院二审两个阶段。在二审中，当事人就钟某某是否应当承担全部的滞纳金与违约金产生争议。

【裁判说理】

根据《中国建设银行贷记卡领用协议》中关于利息和滞纳金的约定，钟某某在使用信用卡免息期满后仍未足额清偿到期欠款，需要依照约定向建行花都分行支付相应的利息和滞纳金。钟某某在向建行花都分行申领信用卡时，建行花都分行以加粗加黑的形式提醒钟某某阅读全部内容后再签名，应视为其已认可和接受《中国建设银行贷记卡领用协议》中的各项约定，并愿意在使用信用卡的过程中受其约束。钟某某对利息和滞纳金的约定是知情的，并已按照约定履行。《中国建设银行贷记卡领用协议》中关于利息、滞纳金的条款虽属格式条款，但不存在应认定无效的情形，且钟某某已理解该部分条款的内容，并自愿受该条款的约束，现钟某某未按照约定偿还欠款，构成违约，应当向建行花都分行支付全部利息及 2017 年 1 月 1 日之前的滞纳金。

《中国人民银行关于信用卡业务有关事项的通知》2017 年 1 月 1 日起施行，第 3 条规定，取消信用卡滞纳金，对于持卡人违约逾期未还款的行为，发卡机构应与持卡人通过协议约定是否收取违约金，以及相关收取方式和标准。建行花都分行虽以公告的方式将滞纳金变更为违约金，但该变更并未得到钟某某的认可，不能视为双方之间达成了关于违约金收取的约定，建行花都分行与钟某某并无逾期还款违约金的约定，建行花都分行无权要求钟某某支付该部分违约金。

（三）发卡行未及时向持卡人提供信用卡合同约定的服务，持卡人要求发卡行退还信用卡年费的，人民法院应予支持

【案例来源】

案例名称：苗某与交通银行股份有限公司郑州黄河中路支行信用卡纠纷案

审理法院：河南省高级人民法院

案　　号：（2020）豫民申 3092 号

【争议点】

苗某与交通银行股份有限公司郑州黄河中路支行因信用卡纠纷引发诉讼，该案历经河南省郑州市金水区人民法院一审、河南省郑州市中级人民法院二审、河南省高级人民法院再审三个阶段。在再审中，当事人就交通银行是否存在违约行为产生争议。

【裁判说理】

苗某在交通银行股份有限公司郑州黄河中路支行办理了白金信用卡，开卡说明显示，白金卡基本年费1000元/年，享受交通银行营业网点VIP通道等服务，苗某与交通银行自愿形成信用卡合同关系合法有效，双方应以白金卡信用卡章程规范约束各自的行为，全面履行自己的义务，苗某开卡使用后，应依约按时足额缴纳相应款项，交通银行应向苗某提供营业网点VIP通道等服务。苗某为获得较为便捷的服务，办理了交通银行的白金信用卡，且按照约定支付年费。现根据交通银行提供的视频资料显示，交通银行工作人员在苗某要求享受VIP通道服务时未及时为其提供相关服务，构成违约。因交通银行在服务过程中未提供相应的白金卡VIP通道服务，故苗某要求交通银行将该1000元年费退还并无不当。

（四）发卡行向持卡人请求的手续费、违约金、利息等总额高于年利率24%的，人民法院可以根据持卡人的请求调减为年利率24%

【案例来源】

案例名称：中国工商银行股份有限公司信阳分行与陈某某信用卡纠纷案

审理法院：河南省信阳市中级人民法院

案　　号：（2021）豫15民终4779号

【争议点】

中国工商银行股份有限公司信阳分行与陈某某因信用卡纠纷引发诉讼，该案历经河南省信阳市浉河区人民法院一审、河南省信阳市中级人民法院二审两个阶段。在二审中，当事人就手续费、违约金、利息等的数额问题产生争议。

【裁判说理】

本案中，陈某某向中国工商银行股份有限公司信阳分行（以下简称工商银行信阳分行）申领信用卡，工商银行信阳分行经审核为其办理了信用卡业务，双方之间成立信用卡合同关系。陈某某持信用卡透支消费后，未在还款期限内履行还款义务，其行为构成违约，依法应承担相应的违约责任。但工商银行信阳分行要求之手续费、违约金、利息等总额过高，根据《民法典》第585条的规定，约定的违约金过分高于造成的损失的，人民法院可以根据当事人的请求予以适当减少。《最高人民法院关于审理银行卡民事纠纷案件若干问题的规定》第2条规定，发卡行请求持卡人按照信用卡合同的约定给付手续费、利息、违约金等总额过高，持卡人可以请求予以适当减少。现双方对欠款本金没有异议。根据《最高人民法院关于进一步加强金融审判工作的若干意见》第2条第2项的规定，以年利率24%计算利息、违约金等。信用卡纠纷虽有别于一般的金融借款纠纷，但其基础法律关系依然是银行与申领人之间的借款合同关系，故信用卡合约中有关利息、违约金等的约定实质上是对借款利息、违约金等的约定。

（五）发卡行未尽到谨慎审查义务，致使第三人盗用当事人身份开立信用卡并恶意透支的，当事人无须承担该信用卡的逾期金额

【案例来源】

案例名称：牟某某与天津银行股份有限公司北京分行信用卡纠纷案

审理法院：北京金融法院

案　　号：（2021）京74民终457号

【争议点】

牟某某与天津银行股份有限公司北京分行因信用卡纠纷引发诉讼，该案历经北京市西城区人民法院一审、北京金融法院二审两个阶段。在二审中，当事人就持卡人是否应当承担他人盗用自己身份开立的信用卡逾期金额产生争议。

【裁判说理】

在办理信用卡过程中，银行处于优势地位，对客户要尽到安全保障义务和谨慎审查义务，否则应承担相应责任。根据《商业银行信用卡业务监督管理办法》第38条、第42条的规定，银行作为专业的金融机构，办理开卡业务时应当严格审核申请人身份，核实银行卡申请资料的真实性和有效性，确保银行卡申请为开卡人本人的真实意思表示。本案中，根据司法鉴定所出具的鉴定意见，涉案信用卡申请表中牟某某的签字与样本中并非同一人书写。信用卡所预留的手机机主并非牟某某，并且牟某某提交了劳动合同、房产证等证明其工作

单位并非申请表中显示的工作单位。牟某某为出售北京房屋曾将其身份证原件借给刘某某使用，涉案信用卡系该期间刘某某冒名办理的。本案中，开卡行虽核实了"牟某某"的身份证件，但其并未发现申领人系冒用他人身份信息开立涉案信用卡，其办理诉争开卡业务时并未尽到谨慎审查义务，开卡行存在过错，故就涉案信用卡产生的逾期金额不应由牟某某承担。

四、结语

相比于借记卡纠纷，信用卡纠纷中的法律关系不仅更为复杂和多样，而且持卡人与发卡行的权利义务关系也更加多元。在处理信用卡纠纷时，应注意以下几点：一是在信用卡发放中，为确保当事人知悉信用卡使用中的各项信息，《商业银行信用卡业务监督管理办法》规定，当事人需要抄录确认知悉的语句，但是部分残疾人显然不能达到此等要求，为保障残疾人合法权益，残疾人向发卡行申领信用卡，发卡行应当采取合理措施履行格式条款的说明义务。二是在当事人双方未约定的情况下，发卡行单方以公告方式将信用卡滞纳金变更为违约金，不能视为双方达成收取该部分违约金的约定。三是在当事人双方成立信用卡合同关系后，双方便应当全面履行各自的法律义务，持卡人应及时缴纳信用卡年费，发卡行应及时向提供信用卡合同约定的服务，发卡行未及时向持卡人提供服务的，构成违约，持卡人可以要求发卡行退还信用卡年费。四是在违约金、利息等收取方面，若发卡行向持卡人请求手续费、违约金、利息等总额高于年利率24%的，人民法院可以根据持卡人的请求调减为年利率24%。五是发卡行未尽到谨慎审查义务，致使第三人盗用身份开立信用卡并恶意透支的，持卡人无须承担信用卡的逾期金额，并有权请求发卡行协助消除征信不良记录。

第九节 储蓄存款合同纠纷

一、导论

当前，随着经济的发展，储蓄存款合同纠纷案件呈上升态势。储蓄存款合同是一种特殊的合同，我国现行《民法典》对其没有作专门的规定。由于缺失专门的储蓄合同法律规范，《民法典》《商业银行法》《储蓄管理条例》等法律法规以及最高人民法院的相关司法解释、中国人民银行的相关规定在主体保护的侧重上并非保持一致，使司法实践中储蓄存款合同纠纷的解决存在争议，突出围绕于储蓄存款的权利属性、归责原则、先刑后民的适用标准等问题，故储蓄存款合同纠纷的法律适用问题成为实务中亟待解决的问题。本节以因储蓄存款合同产生纠纷的案件裁判文书为研究对象，将2019年以来人民法院作出的相关裁判文书作为主要范围，归纳、提炼储蓄存款合同裁判的理念和趋势，以期通过对我国案例的研究来指导司法实践。

截至2022年1月，在中国裁判文书网输入"储蓄存款合同纠纷"（案由）检索出民事裁判文书29 979篇，其中，由最高人民法院裁判的有86篇，高级人民法院裁判的有1526篇，由中级人民法院裁判的有7384篇。在具体案例的选取上，本节遵循以下"两个优先"原则：第一，优先选择审判层级较高的裁判文书；第二，优先选择审判日期较近的裁判文书。通过形式和内容两个方面的筛选，本节最终选择了5篇裁判文书进行研究，即（2021）最高法民申1928号、（2020）粤民申3025号、（2020）鲁民再35号、（2021）辽02民终10191号、（2019）沪74民终200号。其中，由最高人民法院裁判的有1篇，由高级人民法院裁判的有2篇，由中级人民法院裁判的有2篇，裁判日期为2020年（含）之后的案例有4篇。

二、储蓄存款合同纠纷的基本理论

（一）储蓄存款合同的概念

根据1992年12月11日国务院发布的《储蓄管理条例》第3条的规定，储蓄是指个人将属于其所有的人民币或者外币存入储蓄机构，储蓄机构开具存折或者存单作为凭证，个人凭存折或者存单可以支取存款本金和利息，储蓄机构依照规定支付存款本金和利息的活动。储蓄合同，是指存款人将人民币或外币存入储蓄机构，储蓄机构根据存款人的请求支付本金和利息的合同。实务中储蓄机构开具的存单、存折或其他储蓄凭证均为储蓄合同的表现形式，以证明存款人与储蓄机构之间存在储蓄合同关系。

（二）储蓄存款合同的法律性质

关于储蓄合同的性质，存在四种不同的观点：

第一，保管合同说。该观点认为，储蓄存款合同是双方当事人签订的保管合同。因为保管合同只是转移标的物的占有而不转移所有权，因此与储蓄存款合同的区别显而易见：其一，合同保管人一方负有不得使用保管物的义务。吸收存款是商业银行获利的工具，银行正是通过从储户手中吸收存款，进而利用货币创造新的价值来维持自己市场主体的地位。其二，保管人的返还义务限于原物。与储蓄存款合同不同，储蓄合同的标的物是种类物，银行需到期还本付息一定数量的金钱即可，不需返还原物。

第二，借用合同说。该观点是对储蓄机构的储蓄存款使用权的肯定。从实质上说，存款是货币资金的使用权以特定的方式，在一定期限内出让给银行或非银行金融机构。从传统民法上来说，银行对存款的使用和借用合同中使用权的界定相差甚远。借用合同仅限于使用权，借用人无法处分标的物，且借用期届满后，借用人须返还原物。而银行出于经营需要，有权处分存款获得利益，期限届满后也不必返还原物。

第三，借贷合同说。依照借贷合同的模型，持卡人是债权人即出借人，银行是债务人即借款人，持卡人将自己的现金存入银行就相当于将这笔资金以借款方式转让给银行，持卡人可与银行约定一定期限内取出或随时取出，银行不得拒绝支付。这与银行贷款给客户的原理是一样的，都是以借贷协议为基础。而且借贷合同的标的物都要求是金钱，因为金钱特殊的物权属性，遵循占有即所有的规则，因此在占有移转之后，风险由债务人承担，与储蓄合同关系相似。英国和美国的相关案例中也认为客户向银行存入资金，银行负责收取的合同关系不是信托合同关系，而是一种借贷合同关系。银行负有在客户需要时偿还这笔资金的义务。[1]

第四，消费保管合同说。消费保管合同，也称为不规则保管合同，指以代替物为保管物，约定将保管物的所有权移转于保管人，而将来由保管人以种类、品质、数量相同之物返还的保管合同。[2]《日本民法》第666条第1款规定，保管人依合同得消费保管物之情形，保管人应返还与被保管之物种类、品质及数量相同之物。第2款规定，第591条第2款及第3款之规定准用于依存款或储蓄相关合同保管金钱之情形。[3]

上述观点中，保管合同说忽视了银行可以将储蓄存款予以使用的事实。借用合同说注意到了银行对储蓄存款的处分权能，但借用合同中，借用期满后应当归还原物，而银行实际上并不需要归还原物。借贷合同说认为存款人的存款行为是基于出借金钱之意思，这可能并不太符合大多数人的日常生活观念与经验。消费保管合同说则主张，存款人的存款行为应当属于基于保管之意思，并与银行约定将存款所有权转移给银行，在注意到意思表示是合同成立的重要构成要件的同时，亦明确规定合同成立以约定保管物的所有权发生转移为前提，更为合理地解释了存款人与银行在储蓄存款法律关系中的地位。

（三）储蓄存款合同的法律特征

第一，储蓄存款合同的主体具有特定性。根据《储蓄管理条例》第3条的规定和实名制的要求，储蓄合同当事人一方的储户必须为16岁以上办理居民身份证的自然人，法人或者其他组织不能成为储蓄合同存款当事人主体。同

---

[1] 费安玲、沈达明、郑淑君：《英法银行业务法》，对外经济贸易大学出版社1995年版，第23页。

[2] 朱晓喆：《存款货币的权利归属与返还请求权——反思民法上货币"占有即所有"法则的司法运用》，载《法学研究》2018年第2期。

[3] 《日本民法》第591条第2款规定：借用人，不论返还时期约定有无，得随时返还。第3款规定：当事人约定返还时期之情形，出借人因借用人到期前返还而受损害时，对得借用人请求其赔偿。

时，我国对储蓄机构实行特许经营制，即要求其具备法律规定的资格，否则便不能从事吸收储蓄存款业务的活动。根据《储蓄管理条例》第 4 条的规定，储蓄机构是指经中国人民银行或其分支机构批准，各银行、信用合作社办理储蓄业务的机构，以及邮政企业办理储蓄业务的机构。即作为储蓄合同中收受存款的储蓄机构，其成立和营业必须符合法律规定，否则视为非法经营。

第二，储蓄存款合同为格式合同。储蓄合同的内容比较简单，涉及存款的币种、金额、期限、利率、存期等。除存款利率范围由中国人民银行确定外，其他条款都是由储蓄机构先行拟定，存款人在办理储蓄业务、签订储蓄合同时，总是按事先拟好的格式填写，并无与储蓄机构协商确定合同条款的余地，因此储蓄合同属于标准合同，有较多的默示条款。在因储蓄合同出现争议时，如果储户没有过错，应优先保护广大储户的利益。

第三，储蓄存款机构须依据存款人的请求方能还本付息。与一般债权合同债务人应在履行期限届满时履行到期义务不同，储蓄合同的履行比较特殊。由于银行业经营的特点，作为债务人的储蓄机构不用自己主动清偿债务，而是由债权人上门实现其权利，即由储户自己到储蓄机构提取存款，储蓄机构支付本金、利息等义务也必须经储户的请求。在活期储蓄合同中，存款人可随时要求储蓄机构支付本金和利息，但储蓄机构不得不主动要求存款人支取存款。在定期存款合同中，在定期存款到期后储蓄机构仍无权要求存款人支取存款，在储户怠于行使自己债权的情况下，储蓄机构只能听任存款保留在自己的手中。这也是"取款自由"原则的体现。

第四，储蓄存款合同是转移货币存款所有权的合同。"对于存款所有权的归属问题，应当明确存款行为完成后，存款所有权已转移给储蓄机构，存款人享有对储蓄机构的存款债权即还本付息的请求权。"[1] 货币是典型的代替物、消耗物，储蓄存款交付给银行机构之后，储蓄机构可以自主处置自己吸纳的存款，即不仅占有该货币，还依法对该特定货币享有作为流动资金、发放贷款等的使用、收益、处分的权利，按照所有权的定义和性质，当然取得了该存款的所有权。

第五，储蓄存款合同为实践合同、要式合同、有偿合同、单务合同。储蓄合同的成立需要储户将存款交付储蓄机构，交付后方可成立。同时，储蓄必须

---

[1] 吴合振：《银行业务中的法律问题》，人民法院出版社 2006 年版，第 3~4 页。

填写存单，存单为书面格式，故储蓄存款合同为要式合同。储户将标的物存款存至储蓄机构，期限届满后储蓄机构应当还本付息，故为有偿合同。最后，储蓄存款的一方当事人对储蓄机构没有积极的给付义务，即存款人所负担的许可储蓄机构使用存款的义务与储蓄机构的义务并不具有对应性，故为单务合同。

（四）储蓄存款合同的纠纷类型及责任承担

储蓄存款合同纠纷，是指储蓄合同的当事人之间或当事人与第三人之间因储蓄合同中的权利义务而产生的纠纷。[①]

1. 因遗失存单或存单被盗而导致存款被他人支取。这类案件分为两类：一类是在储蓄机构接到挂失前，存款被他人取走且储蓄机构尽到合理审查义务，储蓄机构作为合同的一方履行付款义务时正确无误，存款被冒领的责任一般由储户自己承担；另一类是在储蓄机构接到储户挂失后，或者挂失前储蓄机构存在过错使存款被他人领取的，储蓄机构应当承担违约责任。

2. 储户泄露了存单密码及相关信息而导致他人伪造存单将存款支取。如果诈骗人通过各种手段获取了储户完备的取款手续，储蓄机构向诈骗人的付款不存在任何形式审查的瑕疵，银行对诈骗人的付款完全合法有效。如果诈骗人的取款手续不完备，储蓄机构对诈骗行为存在一定形式审查上的瑕疵，可能负有未尽到注意义务的过错，此种情况下一般认为由银行承担违约责任。

3. 储户由存单处分或授权行为引发的存单纠纷。存单是记名的有价证券，具有物权和债权的双重特征。物权表现为存单所有人对存单的权利，是对存单占有、使用、收益和处分的权利债权，是存单所有人对存单上文字记载的权利，可依存单上所记载的金钱数额向债务人储蓄机构行使债权的请求权。我国法律要求储户存款实行实名制，并且法律法规保护这种记名债权。如储户不慎丢失、毁灭存单，储户仍可以依照规定挂失、转存甚至提款，储户的这种债权仍可实现，这是其他债权凭证所不可比拟的优势。实践中，储户将存单转借给他人用于质押贷款，还有的为转借存单对方打了借条，有观点认为这是对存单的处分或授权行为，继而认为这种存单质押贷款行为有效，实际上这是一种误

[①] 张玉辉：《论储蓄合同纠纷的类型及责任界定》，载《企业经济》2006 年第 4 期。

解，许多这样的质押都因为未经储户在质押合同上签字而归于无效。①

4. 储户与第三人涉及诈骗的存单纠纷。《最高人民法院关于审理存单纠纷案件的若干规定》第 5 条规定："人民法院在审理一般存单纠纷案件中，除应审查存单、进账单、对账单、存款合同等凭证的真实性外，还应审查持有人与金融机构间存款关系的真实性，并以存单、进账单、对账单、存款合同等凭证的真实性以及存款关系的真实性为依据，作出正确处理。"若存在诈骗的存单，则当事人与银行之间没有存款关系。②

三、关于储蓄存款合同纠纷的裁判规则

（一）金融机构仅以存款人为收取较高利息进行存款，主张存款人对储蓄存款损失具有过错的，人民法院不予支持

【案例来源】

案例名称：沈阳农村商业银行股份有限公司等与大连市西岗区科力水产品经销部等储蓄存款合同纠纷案

审理法院：最高人民法院

案　　号：（2021）最高法民申 1928 号

【争议点】

沈阳农村商业银行股份有限公司等与大连市西岗区科力水产品经销部等（以下简称科力水产经销部）因储蓄存款合同纠纷引发诉讼，该案历经辽宁省沈阳市中级人民法院一审、辽宁省高级人民法院二审、最高人民法院再审等阶段。在再审中，当事人就科力经销部对于储蓄存款损失是否具有过错产生争议。

【裁判说理】

本案中，沈阳农村商业银行股份有限公司大东支行员工谢某以拉存款为由，向科力水产经销部实际经营人刘某某支付 360 万元利息后，在谢某带领下

---

① 彭磊：《小合同大纠纷——论储蓄合同纠纷的类型及责任界定》，载《武汉金融》2006 年第 10 期。

② 彭磊：《小合同大纠纷——论储蓄合同纠纷的类型及责任界定》，载《武汉金融》2006 年第 10 期。

前往该支行某分理处开户，该分理处负责人用科力经销部的印鉴私自加盖了7张结算业务申请书后，称分理处无法开户，谢某又带科力水产经销部工作人员到沈阳农商行于洪支行开户并存款2001万元，后谢某利用结算业务申请书将存款全部转走。首先，高额利息仅是存款人存款的原因，科力水产经销部将案涉款项存入沈阳农商行于洪支行，双方成立储蓄合同关系。其次，科力水产经销部从谢某处预先收取高额利息，但谢某并非案涉储蓄合同的当事人，科力水产经销部预先收取高息本身也不能表明其在储蓄合同项下具有过错，科力水产经销部开户系按照柜台内工作人员的要求进行，虽受虚构高额报酬诱惑前往于洪支行开户存款，但其存款目的与存款被骗取之间并无直接因果关系。最后，存款人与银行之间的储蓄存款合同的法律关系性质，不能因为存款被他人骗取而发生改变，在办理具体结算业务时，银行应当按照有关法律法规的规定，审核客户身份信息，保障客户资金安全，沈阳农商行也应对其怠于履行审核客户身份信息义务承担责，更不能仅以此认定存款人在存款合同项下存在过错。

（二）金融机构与存款人均存在违约行为，致使第三人挂失存单后提取存款的，应当根据双方过错大小，分别对存款损失承担相应责任

【案例来源】

案例名称：谢某某与中国农业银行股份有限公司高州市支行储蓄存款合同纠纷案

审理法院：广东省高级人民法院

案　　号：（2020）粤民申3025号

【争议点】

谢某某与中国农业银行股份有限公司高州市支行（以下简称农业银行高州支行）因储蓄存款合同纠纷引发诉讼，该案历经广东省高州市人民法院一审、广东省茂名市中级人民法院二审、广东省高级人民法院再审三个阶段。在再审中，当事人就农业银行高州支行是否应当对存款损失承担全部责任的问题产生争议。

【裁判说理】

根据《商业银行法》第6条的规定，商业银行应当保障存款人的合法权益不受任何单位和个人的侵犯，农业银行高州支行应当保障谢某某的存款不受侵犯，如农业银行高州支行在存单被挂失后提取的过程中存在违约行为，

农业银行高州支行应对谢某某的损失承担赔偿责任。从前刑事判决查明的内容来看，黄某某都是以挂失后提前支取的方式提取谢某某等人的存款，农业银行高州支行在谢某某本人未到场的情况下，为谢某某的存单办理了从挂失到提取的一系列业务，也未向谢某某本人作核实，故农业银行高州支行在管理上存在过错，未尽到保护客户权益的义务，农业银行高州支行应对谢某某的损失承担主要赔偿责任。但是，本案中黄某某作为农业银行前工作人员，谢某某未核实黄某某已经离职的事实，轻易相信并将身份证交给黄某某，存在未妥善保管身份证的情况，故根据原《合同法》第107条（现《民法典》第577条）"当事人一方不履行合同义务或者履行合同义务不符合约定的，应当承担继续履行、采取补救措施或者赔偿损失等违约责任"和第120条（现《民法典》第592条）"当事人双方都违反合同的，应当各自承担相应的责任"的规定，农业银行高州支行与谢某某均应对谢某某存款的损失承担责任。综合双方的过错大小，农业银行高州支行与谢某某之间对谢某某的损失承担责任的比例为6∶4。

（三）存款人与金融机构间的借款债务已经超过诉讼时效，金融机构仍然可以对存款人的存款行使抵销权

【案例来源】

案例名称：胡某某与山东临沭农村商业银行股份有限公司储蓄存款合同纠纷案

审理法院：山东省高级人民法院

案　　号：（2020）鲁民再35号

【争议点】

胡某某与山东临沭农村商业银行股份有限公司（以下简称临沭农商行）因储蓄存款合同纠纷引发诉讼，该案历经山东省临沭县人民法院一审、山东省临沂市中级人民法院二审、山东省高级人民法院再审三个阶段。在再审中，当事人就存款人借款债务超过诉讼时效，银行能否就该存款人存款行使抵销权产生争议。

【裁判说理】

2009年6月5日，胡某某在临沭农商行办理借款合同，期限自2009年6月8日起至2011年6月8日止，其中借款合同第4条第3款约定："依据本

合同约定收回或提前收回借款本金、利息、罚息、复利和借款人其他应付费用时，借款人有权不通知借款人而直接从借款人任何账户中划收。"贷款逾期后，胡某某未履行合同约定的还款义务。2015年11月5日至2016年3月21日，原告将存款转到该账户上后，信用社多次从上述账户中自动扣款用于归还贷款。《合同法》第40条（现《民法典》第497条）规定，格式条款具有本法第52条和第53条规定情形的，或者提供格式条款一方免除其责任、加重对方责任、排除对方主要权利的，该条款无效。《贷款通则》第22条规定，贷款人有权依照合同约定从借款人账户上划收贷款本金和利息。本案中，临沭农商银行与胡某某在借款合同中约定"按照本合同规定收回或提前收回贷款本金、利息、罚息、逾期利息、复利和其他借款人应付费用时，贷款人均可直接从借款人任何账户中扣收"，该条明确约定了临沭农商银行按照《贷款通则》规定向借款人追索欠款的方式，系双方当事人真实的意思表示。虽然案涉债权已过诉讼时效，不能通过诉讼程序强制债务人履行，但双方的债权债务依然存在，通过抵销来消灭双方的债权债务关系符合利益均衡和公平正义原则，并且，合同法对超过诉讼时效的债权能否行使抵销权并未作出禁止性规定，故只要符合法律规定的行使抵销权的条件，任何一方均可以行使抵销权。因此，案涉借款合同中约定的通过扣收追索欠款的抵销方式与通过诉讼手段行使债权请求权不同，前者并不受诉讼时效的限制。本案中，胡某某欠付临沭农商银行借款本金及其利息，而胡某某在临沭农商银行账户上有存款，两者种类物相同，亦没有法律规定或合同约定的不得抵销的情形，胡某某在农商银行的存款为活期存款，为可以随时行使的债权，符合互负到期债务的条件，临沭农商银行从胡某某开设的账户上扣款亦符合双方合同约定，故对于胡某某要求临沭农商银行返还存款本金及占用期间的利息请求不应得到支持。

（四）存折丢失后，存款人应当及时挂失，存款人怠于履行及时挂失义务，致使存款被第三人取走，金融机构尽到合理审查义务的，存款损失由存款人承担

【案例来源】
　　案例名称：唐某某与交通银行股份有限公司大连经济技术开发区分行储蓄存款合同纠纷案
　　审理法院：辽宁省大连市中级人民法院

案　　号：（2021）辽02民终10191号

【争议点】

唐某某与交通银行股份有限公司大连经济技术开发区分行因储蓄存款合同纠纷引发诉讼，该案历经大连经济技术开发区人民法院一审、辽宁省大连市中级人民法院二审两个阶段。在二审中，当事人就是交通银行是否应当承担赔偿责任产生争议。

【裁判说理】

唐某某于1999年11月30日在交通银行办理活期存款2万元，交通银行向被告出具了存款凭条（非实名制），凭密支取。2000年10月唐某某发现涉案存折丢失，但并没有第一时间选择报警。直到2019年，唐某某想起此事后，遂向交通银行大连经济技术开发区分行申请挂失，交通银行回复上述存款已被凭密码及存折支取。本案中，根据《储蓄管理条例》第31条的规定，存款人遗失存单、存折或预留印鉴、印章的，必须立即向其开户的金融机构申请挂失，受理挂失前储蓄存款已被他人支取的，储蓄机构不负赔偿责任。本案唐某某2000年10月即发现存折丢失，但交通银行一直未接到挂失，直到2019年唐某某才向银行办理挂失，其本身怠于履行及时挂失义务存在过错。且1999年11月30日开立存款账户时尚未实行实名制，依据《中国人民银行关于大额现金支付管理的通知》规定，5万元以上的现金支付要求取款人提供有效身份证件，而5万元以下取款凭存折及密码可以办理取款交易，不需要出示身份证明。因此，案涉存款支取过程的办理亦符合相关规定，交通银行已尽到合理审查义务，不存在过错，不应承担赔偿责任。

（五）在网络盗刷案件中，金融机构不能仅以用户名、登录密码、附加码、取款密码及验证码验证通过而免除违约责任

【案例来源】

案例名称：丁某与招商银行股份有限公司上海淮中支行储蓄存款合同纠纷案

审理法院：上海金融法院

案　　号：（2019）沪74民终200号

【争议点】

丁某与招商银行股份有限公司上海淮中支行因储蓄存款合同纠纷引发诉

讼，该案历经上海市黄浦区人民法院一审、上海金融法院二审两个阶段。在二审中，当事人就招商银行淮中支行应否对被盗刷的款项承担支付责任产生争议。

【裁判说理】

《商业银行法》第6条规定，商业银行应当保障存款人的合法权益不受任何单位和个人的侵犯。《电子银行业务管理办法》第38条亦规定，金融机构应当采用适当的加密技术和措施、识别与验证使用电子银行服务客户的真实性、有效身份。在储蓄存款合同关系中，银行负有向存款人提供安全的用卡环境的义务。招商银行淮中支行作为专业金融机构，对其所提供的供客户选择的任何一种网上交易模式，均具有保障账户资金安全的法定义务。本案中，丁某将货币存入招商银行淮中支行时，即不再对其享有所有权，而是获得依合同约定请求招商银行淮中支行支付本息的债权，本案根据查明的事实，涉案银行卡的网上交易须输入正确的用户名、登录密码、附加码、取款密码及验证码，方能完成网银转账交易。《个人银行证书申请表》背面所载功能说明及责任条款亦规定，客户对网上交易指令及由此产生的结果承担一切经济和法律责任。但是，上述网银交易中债务履行适当性的认定，在性质上属于事实推定，即以相关验证信息的私密性为前提，推定系争交易由存款人或其授权所为。但网银交易系统的安全性不高、银行对网银交易环境的管理不善等均有可能导致存款人信息泄露，商业银行作为电子交易系统的开发者、设计者、维护者，也是从电子交易的风险中获得经济利益的一方，相较于存款人而言，应当也更有能力采取更为严格的技术保障措施，以增强防范银行卡违法犯罪行为的能力。此外，招商银行淮中支行未提供相应的证据证明丁某未尽到适当注意义务导致银行卡信息泄露，且存款人已提供证据证明相关交易系他人冒用存款人名义、使用存款人网络交易身份认证信息所为。根据《商业银行法》第33条的规定，银行应当按时向存款人足额支付本息，在存款人没有可归责事由的情况下，银行应该无条件地向存款人承担到期支付的责任。丁某与招商银行淮中支行之间就被盗刷部分的债权债务关系仍然存在，债务人必须向正确的债权人履行债务，否则不发生清偿的效果，丁某可以要求招商银行淮中支行承担继续履行的违约责任。

四、结语

在我国，储蓄存款合同纠纷主要发生于存款人与金融机构之间，包括在订立、履行、变更、终止储蓄存款合同发生的权利义务纠纷。在处理储蓄合同纠纷时，应注意以下几点：一是在储蓄存款合同订立时，一些金融机构为追求业绩，向存款人宣传高额利息，使部分不法行为人有机可乘，通过预支高息给存款人，诱惑其向金融机构存款，再通过各种手段转走存款，此系金融机构未能履行审查义务，金融机构不能仅以存款人为收取较高利息进行存款，主张存款人对储蓄存款损失具有过错。二是双方均应当全面履行各自义务，若金融机构与存款人均存在违约行为，导致储蓄存款损失的，应当根据双方过错大小，分别对存款损失承担相应责任。三是在存款人与金融机构的借款合同中，存款人的债务虽然已经超过诉讼时效，金融机构仍可以对存款人的存款行使抵销权。四是若存款人怠于履行及时挂失义务，致使储蓄存款损失，金融机构尽到合理审查义务的，存款损失由存款人承担。五是在电子银行业务中，金融机构应当尽到更加严格的审查义务，不能仅以用户名、登录密码、附加码、取款密码及验证码验证通过而免除违约责任。

第三章
保险纠纷

序 论

1949年10月20日，中国人民保险公司在北京成立，宣告了第一家全国性大型综合国有保险公司的诞生。1979年11月19日，中国人民银行在北京召开了全国保险工作会议，我国国内保险业务开始走向复兴。1995年10月1日，我国第一部《保险法》正式施行。2004年12月11日起，我国保险业已经全面对外开放。随着经济的发展与社会的进步，我国保险事业蓬勃发展，随之，人民法院审理的保险纠纷案件数量也呈现上升趋势，以财产损失保险合同为例，在中国裁判文书网上以"财产损失保险合同纠纷"（案由）进行检索，其中2010~2013年为405份、2014年为1646份、2015年为2200份、2016年为5137份、2017年为7143份、2018年为7634份、2019年为10 345份、2020年共10 789份，窥一斑而知全豹，由此可以看出，保险纠纷案件呈现飞速增长的趋势。随着案件数量的增长，实践中遇到的问题也愈加复杂化，不仅包含保险合同中保险主体、保险客体、保险标的、保险费率、保险利益、保险价值等方面，还涉及保险人代位求偿权保护等领域。但司法实践中人民法院在处理保险纠纷时仍可能出现标准不一的情形，因此，本章以人民法院作出的相关裁判文书为基础，归纳、提炼与保险纠纷有关的裁判规则具有重要的现实意义。

在体例上，本章共六节，每一节包括导论、基本理论、裁判规则、结语四部分；在素材上，本章以人民法院的裁判文书为主，辅以与此相关的理论；在内容上，本章包括财产损失保险合同纠纷、责任保险合同纠纷、信用保险合同纠纷、保证保险合同纠纷、保险人代位求偿权纠纷、人身保险合同纠纷六节内容，每一节均以相关理论为基础，同时紧扣实务中的热点、难点问题，精选了具有代表性的裁判文书，通过对裁判文书的提炼、归纳，总结出裁判文书的实务要点，希望以此为我国保险纠纷的理论研究与司法实务尽一份绵薄之力。

第一节 财产损失保险合同纠纷

一、导论

财产损失保险合同，也被称为狭义的财产保险合同，其保险标的以有形财产为限，并且能够以货币来衡量其价值，其目的是补偿该物质财产受到的损失，因此，财产损失保险合同也是最典型的保险合同。财产损失保险合同按照承保财产的类型不同可以分为火灾保险合同、货物运输保险合同、运输工具保险合同、农业保险合同等类型。本节以因财产损失保险合同产生纠纷的案件裁判文书为研究对象，将2019年以来人民法院作出的相关裁判文书作为主要范围，归纳、提炼财产损失保险合同纠纷裁判的理念和趋势，以期通过对我国案例的研究来指导司法实践。

截至2022年1月，在中国裁判文书网输入"财产损失保险合同纠纷"（案由）检索出民事裁判文书53 460篇，其中，由最高人民法院裁判的有7篇，高级人民法院裁判的有303篇，由中级人民法院裁判的有8971篇。在具体案例的选取上，本节遵循以下"两个优先"原则：第一，优先选择审判层级较高的裁判文书；第二，优先选择审判日期较近的裁判文书。通过形式和内容两个方面的筛选，本节最终选择了5篇裁判文书进行研究，即（2020）云民终1236号、（2019）苏民再61号、（2021）黑09民终1号、（2021）川01民终16471号、（2020）沪74民终301号。其中，由高级人民法院裁判的有2篇，裁判日期为2020年（含）之后的案例有4篇。

二、财产损失保险合同纠纷的基本理论

（一）财产损失保险合同的概念

财产损失保险合同，是指以有形财产为保险标的，补偿其直接损失的财产

保险合同,也称为狭义的财产保险合同。①根据我国《保险法》第95条②的规定,我国的财产保险合同为广义上的财产保险合同,包括财产损失保险合同、责任保险合同、信用保险合同、保证保险合同等。

财产损失保险合同的保险标的物范围十分广泛,包括生产生活资料、运输中的货物、运输工具、工程项目、农业产品等一切具体的、有形的财产,这些财产所包含之货币价值的全部或部分损失,即保险人需要承担的责任。在我国保险实务中,投保人与保险人会通过约定的方式确定相关财产是否属于保险标的物,由此可将财产分为三类:(1)可保财产,是指保险人通常在保险单条款中事先规定的可以承保的财产;(2)特保财产,是指保险人与投保人双方在保险合同中特别约定的保险人同意承保的财产,在无约定的情况下,该类财产通常不在保险责任范围内;(3)不保财产,是指因价值难以确定或者存在违法事项等原因,保险人不予承保的财产。③

(二)财产损失保险合同保险标的物的可转让性

根据《保险法》第49条④的规定,保险标的物可以转让。(1)保险标的的受让人承继被保险人的权利和义务。(2)被保险人、受让人应当向保险人履行及时通知义务。对于如何判断被保险人、受让人履行通知义务是否"及时",法律没有具体规定,合同中对于被保险人、受让人履行通知义务有约定的,应当从其约定,合同中没有约定的,应当结合具体案件事实判断合理期限。对于

---

① 高宇:《保险法学》,法律出版社2021年版,第246页。
② 《保险法》第95条规定:"保险公司的业务范围:(一)人身保险业务,包括人寿保险、健康保险、意外伤害保险等保险业务;(二)财产保险业务,包括财产损失保险、责任保险、信用保险、保证保险等保险业务;(三)国务院保险监督管理机构批准的与保险有关的其他业务。保险人不得兼营人身保险业务和财产保险业务。但是,经营财产保险业务的保险公司经国务院保险监督管理机构批准,可以经营短期健康保险业务和意外伤害保险业务。保险公司应当在国务院保险监督管理机构依法批准的业务范围内从事保险经营活动。"
③ 樊启荣:《保险法学》,高等教育出版社2021年版,第216页。
④ 《保险法》第49条规定:"保险标的转让的,保险标的的受让人承继被保险人的权利和义务。保险标的的转让的,被保险人或者受让人应当及时通知保险人,但货物运输保险合同和另有约定的合同除外。因保险标的转让导致危险程度增加的,保险人自收到前款规定的通知之日起三十日内,可以按照合同约定增加保险费或者解除合同。保险人解除合同的,应当将已收取的保险费,按照合同约定扣除自保险责任开始之日起至合同解除之日应收的部分后,退还投保人。被保险人、受让人未履行本条第二款规定的通知义务的,因转让导致保险标的危险程度显著增加而发生的保险事故,保险人不承担赔偿保险金的责任。"

货物运输保险合同因其保险标的物的特殊性,保险单可通过被保险人背书等方式直接转让,无须履行通知义务。(3)当保险标的转让导致危险程度显著增加时,保险人享有增加保险费或者解除保险合同的选择权。根据《最高人民法院关于适用〈中华人民共和国保险法〉若干问题的解释(四)》第4条[①]的规定,认定危险程度显著增加应当综合考虑保险标的的用途、使用范围、所处环境、改装、使用人或者管理人的变化、危险程度增加持续等因素进行判断,同时,也应当考虑如果增加的危险属于保险合同订立时保险人预见或者应当预见的保险合同承保范围,不构成危险程度显著增加。(4)被保险人、受让人未履行通知义务,因转让导致保险标的危险程度显著增加而发生的保险事故,保险人享有拒绝承担保险责任的抗辩权。

(三)财产损失保险合同保险人承保损失的范围

财产损失保险合同所承保的财产损失包括:

1. 保险标的遭受的实际损失。根据填补损失原则,财产损失保险合同中保险人对于保险标的损失的赔偿,以保险合同约定的保险金额内保险标的的实际损失为限。

2. 施救费用。为了防止保险事故所致实际损失的进一步扩大,对保险标的物所进行的施救所产生的必要的、合理的费用,应当由保险人承担。

3. 核定保险事故及损失的费用。查明和确定保险事故的性质、原因和保险标的的损失所支出的必要的、合理的费用。

对于施救费用及核定费用应当在保险标的所遭受的实际损失之外另行计算,最高不超过财产损失保险合同约定的保险金额。[②]

[①] 该条规定:"人民法院认定保险标的是否构成保险法第四十九条、第五十二条规定的'危险程度显著增加'时,应当综合考虑以下因素:(一)保险标的的用途的改变;(二)保险标的的使用范围的改变;(三)保险标的的所处环境的变化;(四)保险标的因改装等原因引起的变化;(五)保险标的的使用人或者管理人的改变;(六)危险程度增加持续的时间;(七)其他可能导致危险程度显著增加的因素。保险标的的危险程度虽然增加,但增加的危险属于保险合同订立时保险人预见或者应当预见的保险合同承保范围的,不构成危险程度显著增加。"

[②] 高宇:《保险法学》,法律出版社2021年版,第247页。

（四）财产损失保险合同的分类

财产损失保险合同以有形财产为保险标的，根据保险标的的种类不同，财产损失保险合同可以分为火灾保险合同、货物运输保险合同、运输工具保险合同、农业保险合同等。

1. 火灾保险合同。火灾保险合同，是指以权利人所有或管理的该动产或不动产发生火灾、爆炸等不可抗力或意外事故作为承保危险的财产损失保险合同。目前，我国火灾保险合同主要包括：（1）企业财产保险合同。企业财产保险，是指以机构或者团体所有、占有或负有保管义务的位于指定地点的财产及其有关利益为保险标的的财产保险。①（2）家庭财产保险合同。家庭财产保险合同，是指以坐落于确定地点内的为权利人所有的家庭财产为保险标的，对其发生不可抗力或意外事故所致损失予以补偿的财产保险合同。②

2. 货物运输保险合同。货物运输保险合同，是指以运输过程中的货物为保险标的，保险人承保货物在运输过程中可能遭受的自然灾害或者意外事故所造成损失的保险合同。③货物运输合同的特点在于：（1）保险标的的流动性。货物运输保险合同以运输中的货物为保险标的，其并不处于固定的位置，而是通常处于从一处运往另一处的过程。（2）转让的自由性。根据《保险法》第49条第2款的规定，保险标的转让的，被保险人或者受让人应当及时通知保险人，但货物运输保险合同和另有约定的合同除外。为了促进货物流通，运输中的货物往往可以通过被保险人背书或其他符合交易习惯的方式，将货物运输保险合同随保险标的物转让，无须通知保险人。（3）保险价值的确定性。在途货物的价值在运输过程中可能出现较大的价格浮动，所以货物运输保险合同中往往采用定值保险的方式，明确保险价值。（4）保险起见的特定性。货物运输保险合同的保险期间是根据约定的运输路程计算，也即"仓对仓"条款，而非确定的期限。（5）解除合同的严格性。根据《保险法》第50条的规定，货物运输保险合同和运输工具航程保险合同，保险责任开始后，合同当事人不得解除

---

① 《保险术语》(GB/T 36687-2018) 3.1.2。
② 高宇：《保险法学》，法律出版社2021年版，第247~248页。
③ 贾林青、朱铭来、罗健：《保险法》，中国人民大学出版社2020年版，第180页。

合同。而对于其他保险合同，根据《保险法》第 15 条的规定，除该法另有规定或者保险合同另有约定外，保险合同成立后，投保人可以解除合同，保险人不得解除合同。

3. 运输工具保险合同。运输工具保险合同，是指以各种载人、载物或从事某种交通作业的机动运输工具为保险标的，承保运输工具在运行过程中遭受的不同自然灾害与意外事故风险的财产损失保险合同。运输工具保险的特点：（1）保险标的的特定性。运输工具保险合同的保险标的物是特定的运输工具。（2）被保险人的开放性。运输工具保险合同的被保险人包括运输工具所有权人，还包括运输工具的驾驶人、承租人等。（3）赔偿责任的特殊性。运输工具保险合同的不仅会采取货币赔偿的方式，许多情况下，也会采取对运输工具进行修理、更换等方式。

4. 农业保险合同。农业保险合同，是指以农业生产中出于生长期或收获期的农作物、经济作物或牲畜和水产养殖物为保险标的，承保种植业、养殖业因遭受自然灾害、意外事故、疫病或者疾病等造成的损失的财产损失保险。[①] 农业保险合同具有不同于其他财产损失保险合同的特点：（1）保险标的具有生命力。农业保险合同的保险标的为种植物、养殖物，其面临着因疾病、死亡等失去经济价值的风险，同时在发生保险事故后，也可能仍然具有一定的生命力而继续生长。（2）保险价值的变动性。农业保险合同因保险标的具有生命力，而使其保险价值具有变动性，保险价值随着保险标的的生长而发生变化。（3）地域性和季节性。农业受到地理、气候因素的重大影响，在不同地区、不同季节下保险标的的危险程度可能发生变化，保险费率也存在较大的差别。《农业保险条例》第 11 条规定，在农业保险合同有效期内，合同当事人不得因保险标的的危险程度发生变化增加保险费或者解除农业保险合同。（4）政策性。农民、农业生产经营组织投保的农业保险往往受到政府财政部门的保险费补贴。

[①] 贾林青、朱铭来、罗健：《保险法》，中国人民大学出版社 2020 年版，第 170 页。

三、关于财产损失保险合同纠纷的裁判规则

（一）在当事人未特别约定的情况下，部分保险标的物自燃引起火灾，导致保险标的整体毁损的，应当依据通常理解认定保险标的毁损属于因自燃引起的损失，保险人请求按照合同约定免责的，人民法院应予支持

【案例来源】

案例名称：路华能源科技（保山）有限公司与中国人民财产保险股份有限公司保山市分公司、中国人民财产保险股份有限公司保山市隆阳支公司财产损失保险合同纠纷案

审理法院：云南省高级人民法院

案　　号：（2020）云民终1236号

【争议点】

路华能源科技（保山）有限公司与中国人民财产保险股份有限公司保山市分公司、中国人民财产保险股份有限公司保山市隆阳支公司因财产损失保险合同纠纷引发诉讼，该案历经云南省保山市中级人民法院一审、云南省高级人民法院二审两个阶段。在二审中，当事人就由于锂电池自燃引起火灾蔓延造成保险标的物损害，保险公司是否承担保险责任产生争议。

【裁判说理】

本案保险合同第5条约定，火灾造成的保险标的损失，保险人按照保险合同约定负责赔偿；第8条约定，自燃原因造成的损失、费用，保险人不负责赔偿。首先，本案是由于锂离子电池自燃引发的火灾，同时符合了保险条款中火灾需承保以及自燃可免责的两个条款约定。结合这两个保险条款进行理解，对于发生火灾引起保险标的损失属于保险责任是一般原则，但由于自燃原因引起的损失和费用保险人不负责赔偿属于免责条款特别约定，两者并不冲突。判断是否属于保险责任的标准：造成保险标的损失的原因是否属于合同承保范围内。免责条款的适用强调的是原因，本案火灾的直接原因是储存的锂离子电池自燃。既然"自燃"作为原因免责已经在保险合同条款中得以明确，那么保险人对因自燃原因引起火灾造成保险标的的损失不负赔偿责任。其次，对于自燃造成的损失范围的理解问题。案涉投保的标的包括房屋、机器设备、办公设

备、材料、成品、在制品，公估报告认定损失由办公设备、机器设备和存货组成，上述损失均属于保险标的的范围。若认为损失虽然由于自燃引发，但在自燃免除责任的条款中没有明确规定，保险人仅对自燃的保险标的物本身损害不负赔偿责任，还是对因自燃引起火灾蔓延造成其他保险标的物损害亦不负赔偿责任。该理解实则将损失人为地划分为自燃物的损失与自燃物引起的其他财产损失，根据《保险法》第30条的规定，采用保险人提供的格式条款订立的保险合同，保险人与投保人、被保险人或者受益人对合同条款有争议的，应当按照通常理解予以解释。双方当事人对保险条款中保险责任及免除责任理解有分歧，首先应当按照合同条款所使用的词句、目的、交易习惯及诚信原则来确定条款的真实意思，并非双方一旦产生分歧，就判定作出有利于被保险人的解释。本案中发生自燃的锂离子电池并未作为单独物承保，其与厂房、办公设备、机器设备等共同作为投保的标的，因此，产生的损失应视为在一次保险事故中产生的损失。人为地对保险标的损失进行分割缺乏合理事实基础也与当事人约定不符。

（二）特定期间内免检的机动车，在保险人未能提供证据证明车辆存在不符合实质性安全质量标准，或者发生过造成人员伤亡的交通事故、按规定不符合免检条件的情形下，保险人仅以车辆未领取检验标志主张免于承担赔付责任的，人民法院不予支持

【案例来源】

案例名称：张家港保税区展大国际贸易有限公司与中国平安财产保险股份有限公司江阴中心支公司财产损失保险合同纠纷案

审理法院：江苏省高级人民法院

案　　号：（2019）苏民再61号

【争议点】

张家港保税区展大国际贸易有限公司与中国平安财产保险股份有限公司江阴中心支公司（以下简称平安财保江阴公司）因财产损失保险合同纠纷引发诉讼，该案历经江苏省江阴市人民法院一审、江苏省无锡市中级人民法院二审、江苏省高级人民法院再审三个阶段。在再审中，当事人就被保险车辆特定期间内未领取车辆检验标志是否属于保险合同约定的"未按规定检验或检验不合格"的问题产生争议。

【裁判说理】

根据公安部、原国家质量监督检验检疫总局联合发布的《关于加强和改进机动车检验工作的意见》第 11 条[①]的规定，试行非营运轿车等车辆 6 年内免检。自 2014 年 9 月 1 日起，试行 6 年以内的非营运轿车和其他小型、微型载客汽车（面包车、7 座及 7 座以上车辆除外）免检制度。据此，非营运轿车等小型、微型载客车辆在注册登记 6 年内，无须到检验机构进行安全技术检验，即可直接申请领取检验标志。本案中，发生交通事故的车辆于 2014 年 10 月 16 日注册登记，2017 年 2 月 17 日交通事故发生时，该车辆的机动车行驶证虽逾期未检验，但并未超过 6 年。事故发生后，展大贸易公司向公安部门申请领取检验标志，其后仍然领取到了机动车检验合格标志，该标志载明"检验有效期至 2018 年 10 月（免于安全技术检验）"。由此，也印证了 6 年内的安全技术检验仅为形式检验，在此期间内，行政管理部门推定车辆符合技术安全。根据原《合同法》第 125 条（现《民法典》第 466 条[②]）的规定，当事人对合同条款的理解有争议的，应当按照合同所使用的词句、合同的有关条款、合同目的、交易习惯以及诚信原则，确定该条款的真实意思。根据《保险法》第 30 条的规定，当保险人与投保人对合同条款有争议时，应当按照通常理解予以解释，对合同条款有两种以上解释的，应当作出有利于被保险人和受益人的解释。如将合同条款所约定的"检验"理解为"按照行政管理部门的要求，办理形式上的车辆年检审核事宜"，将不可能发生合同条款所约定的"检验不合格"的情形，

---

① 《公安部、原国家质量监督检验检疫总局关于加强和改进机动车检验工作的意见》第 11 条规定："试行非营运轿车等车辆 6 年内免检。自 2014 年 9 月 1 日起，试行 6 年以内的非营运轿车和其他小型、微型载客汽车（面包车、7 座及 7 座以上车辆除外）免检制度。对注册登记 6 年以内的非营运轿车和其他小型、微型载客汽车（面包车、7 座及 7 座以上车辆除外），每 2 年需要定期检验时，机动车所有人提供交通事故强制责任保险凭证、车船税纳税或者免征证明后，可以直接向公安机关交通管理部门申请领取检验标志，无需到检验机构进行安全技术检验。申请前，机动车所有人应当将涉及该车的道路交通安全违法行为和交通事故处理完毕。但车辆如果发生过造成人员伤亡的交通事故的，仍应按原规定的周期进行检验。上述车辆注册登记超过 6 年（含 6 年）的，仍按规定每年检验 1 次；超过 15 年（含 15 年）的，仍按规定每年检验 2 次。公安机关交通管理部门要在地市和县级车辆管理所、交通管理服务站、交通违法处理窗口等场所，设置核发检验标志窗口，方便群众就近快捷领取检验标志。"

② 《民法典》第 466 条规定："当事人对合同条款的理解有争议的，应当依据本法第 142 条第 1 款的规定，确定争议条款的含义。"第 142 条第 1 款规定："有相对人的意思表示的解释，应当按照所使用的词句，结合相关条款、行为的性质和目的、习惯以及诚信原则，确定意思表示的含义。"

显然与当事人希望通过合同确定双方权利义务的合同目的相悖。因此，对于存在争议的格式条款，应当先按照合同的文义、目的以及诚信原则等通常理解确定该条款的真实意思，案涉格式条款中"检验"应理解为被保险机动车辆经实质性安全技术检验。将合同条款所约定的"检验"理解为经过实质的安全技术检验，符合双方订立合同的目的以及实现双方的利益衡平。存在安全性能隐患的车辆将增加发生保险事故的概率和保险公司赔付的风险。在作出实质性理解时，即使没有申请取得检验标志等事务性的工作，也不会当然增加机动车发生保险事故的概率，是否经形式上的检验审核对交通事故的发生没有直接的因果关系，并不构成保险上的近因，案涉被保险车辆虽逾期未领取机动车检验合格标志，但该车辆自注册登记时起未满6年，故不能仅以逾期未领取检验标志认定案涉车辆属于保险合同约定的"未按规定检验或检验不合格"的免责情形。且平安财保江阴公司未能进一步举证证明案涉车辆存在不符合质量安全的情形下，因此不能适用合同约定的免责情形。

（三）保险人怠于履行法定定损、理赔义务及延期支付维修款，造成被保险人损失的，应当承担赔偿责任

【案例来源】

案例名称：中国平安财产保险股份有限公司大庆支公司与台河市天宇选煤有限责任公司财产损失保险合同纠纷案

审理法院：黑龙江省七台河市中级人民法院

案　　号：（2021）黑09民终1号

【争议点】

中国平安财产保险股份有限公司大庆支公司（以下简称平安保险大庆支公司）与台河市天宇选煤有限责任公司（以下简称天宇公司）因财产损失保险合同纠纷引发诉讼，该案历经黑龙江省七台河市新兴区人民法院一审、黑龙江省七台河市中级人民法院二审两个阶段。在二审中，当事人就平安保险大庆支公司是否应承担天宇公司的停运损失产生争议。

【裁判说理】

天宇公司为案涉货车在平安保险大庆支公司投保了交强险和商业险，系合法有效的合同，双方均应按照保险合同的约定行使权利和履行义务。《保险法》

第 23 条^①规定了保险人的及时定损与理赔义务,根据《保险法》第 23 条第 2 款规定,保险人未及时履行及时定损及理赔义务的,除支付保险金外,应当赔偿被保险人或者受益人因此受到的损失。首先,事故发生后,为了防止保险事故的性质、原因和损失程度等无法查明,所以在天宇公司核定前,被保险人不能轻易将车辆送去维修,自接到天宇公司请求后,平安保险大庆支公司应在最长不得超过 30 日内作出核定损失的结论,但平安保险大庆支公司在此期间怠于履行法定定损、理赔的义务,天宇公司及时向平安保险大庆支公司报案申请理赔,而平安保险大庆支公司对事故车辆核定损失超过约定的 30 日,共计 58 天完成定损,因此,平安保险大庆支公司应当承担对超出合同约定的定损期间内天宇公司涉案火车停运的赔偿责任。其次,平安保险大庆支公司为天宇公司车辆定损后,应当在车辆维修完毕后将维修款及时打入维修场所的账户内,而其怠于履行职责,造成天宇公司车辆一直无法取回,造成天宇公司涉案车辆停运 32 天的损失。因保险公司没有及时支付保险金,导致保险标的被修理公司留置,留置期间产生的损失,也应由保险公司承担。天宇公司车辆系营运车辆,平安保险大庆支公司应当预料到迟延定损、理赔会造成停运损失,故应对天宇公司停运的损失承担赔偿责任。

(四)车辆受让人将车辆借给亲友使用,并扩大车辆使用的地域范围的,不能认定为导致保险标的危险程度显著增加

【案例来源】

案例名称:樊某与诚泰财产保险股份有限公司丽江中心支公司等财产损失保险合同纠纷案

审理法院:四川省成都市中级人民法院

案　　号:(2021)川 01 民终 16471 号

---

① 《保险法》第 23 条规定:"保险人收到被保险人或者受益人的赔偿或者给付保险金的请求后,应当及时作出核定;情形复杂的,应当在三十日内作出核定,但合同另有约定的除外。保险人应当将核定结果通知被保险人或者受益人;对属于保险责任的,在与被保险人或者受益人达成赔偿或者给付保险金的协议后十日内,履行赔偿或者给付保险金义务。保险合同对赔偿或者给付保险金的期限有约定的,保险人应当按照约定履行赔偿或者给付保险金义务。保险人未及时履行前款规定义务的,除支付保险金外,应当赔偿被保险人或者受益人因此受到的损失。任何单位和个人不得非法干预保险人履行赔偿或者给付保险金的义务,也不得限制被保险人或者受益人取得保险金的权利。"

【争议点】

樊某与诚泰财产保险股份有限公司丽江中心支公司（以下简称诚泰保险丽江公司）等因财产损失保险合同纠纷引发诉讼，该案历经四川省大邑县人民法院一审、四川省成都市中级人民法院二审两个阶段。在二审中，当事人就车辆受让人将车辆借给亲友使用以及扩大车辆使用的地域范围，是否构成车辆危险程度显著增加产生争议。

【裁判说理】

根据《保险法》第49条第4款的规定，被保险人、受让人未履行该条第2款规定的通知义务的，因转让导致保险标的危险程度显著增加而发生的保险事故，保险人不承担赔偿保险金的责任。本案中，案涉车辆的原所有人将该车转让给樊某后，二人均未通知保险人诚泰保险丽江公司。该车辆转让后，受让人樊某曾将车辆借给亲友使用，使用地域从云南省扩大到了云南省和四川省两地。根据《最高人民法院关于适用〈中华人民共和国保险法〉若干问题的解释（四）》第4条第2款规定，保险标的危险程度虽然增加，但增加的危险属于保险合同订立时保险人预见或者应当预见的保险合同承保范围的，不构成危险程度显著增加。本案中，车辆的使用地域从云南省扩大到四川省，其扩大范围有限，并不必然导致危险程度显著增加，樊某仅将车辆交给了朋友、家人使用，现有证据也不足以证明樊某将车辆频繁交给了不特定主体使用，也没有证据证明樊某将车辆交给了不能驾驶案涉车辆的人使用，故将车辆交给他人使用也并不必然导致危险程度显著增加。此外，本案的保险标的系机动车，其作为一种交通工具，其用途即为从出发点行驶到目的地，其使用必定伴随着地点、范围、环境的变化，案涉保险合同也并未约定车辆必须限定在云南省使用，故诚泰保险丽江公司应当预见案涉车辆可能存在在我国境内其他省份使用的情况。同时，案涉车辆的驾驶并不需要特殊的资格，案涉保险合同也并未约定车辆必须由某一特定人员使用，故诚泰保险丽江公司应当预见案涉车辆可能存在交给其他人使用的情况，故上述情况不应构成危险程度显著增加，诚泰保险丽江公司主张的免责事由不成立，应当承担赔付保险金的责任。

（五）财产损失保险合同约定的免责条款中涉及部门规章的，保险人应当履行提示和明确说明义务，保险人未尽到提示和明确说明义务的，该免责条款不产生效力。保险人仅以机动车驾驶人未取得营运车辆驾驶员从业资格证，主张涉案车辆危险程度显著增加的，人民法院不予支持

【案例来源】

案例名称：中国太平洋财产保险股份有限公司上海分公司与上海德泽国际物流有限公司财产损失保险合同纠纷案

审理法院：上海金融法院

案　　号：（2020）沪74民终301号

【争议点】

中国太平洋财产保险股份有限公司上海分公司（以下简称太平洋财险上海分公司）与上海德泽国际物流有限公司（以下简称德泽公司）因财产损失保险合同纠纷引发诉讼，该案历经上海市浦东新区人民法院一审、上海金融法院二审两个阶段。在二审中，当事人就免责条款是否生效及驾驶人不具有营运车辆驾驶员从业资格证是否显著增加车辆危险程度的问题产生争议。

【裁判说理】

涉案车辆事故发生时的驾驶员具有符合要求的机动车驾驶证与行驶证，但无营运车辆驾驶员从业资格证。本案中，保险合同的免责条款约定了"驾驶出租机动车或营业性机动车无交通运输管理部门核发的许可证书或其他必备证书"，保险人免责的内容。根据《最高人民法院关于适用〈中华人民共和国保险法〉若干问题的解释（二）》第10条的规定，保险人将法律、行政法规中的禁止性规定情形作为保险合同免责条款的免责事由，保险人对该条款作出提示后，投保人、被保险人或者受益人以保险人未履行明确说明义务为由主张该条款不成为合同内容的，人民法院不予支持。但是，该免责条款不属于法律、行政法规中的禁止性规定情形，根据《道路运输条例》第22条的规定，从事货运经营的驾驶人员须经相关知识考试合格。《道路运输从业人员管理规定》第6条中规定了驾驶员应当取得相应的从业资格证书。本案中，驾驶员已取得相关驾驶证，但未取得营运车辆驾驶员从业资格证，违反了《道路运输从业人员管理规定》的规定，但《道路运输从业人员管理规定》属于交通运输部的规章，故案涉免责条款不属于法律、行政法规中的禁止性规定情形，太平洋财险上海

分公司理应就该免责条款向德泽公司尽到提示和明确说明义务。且现有证据无法证明太平洋财险上海分公司已履行提示和明确说明义务，根据《保险法》第17条第2款[①]的规定，该免责条款不生效力。

根据《保险法》第52条的规定，保险标的危险程度显著增加的，被保险人应当按照合同约定及时通知保险人，保险人可以按照合同约定增加保险费或者解除合同。要适用该条文，须符合以下条件：（1）危险增加需达到显著程度。危险增加的判断标准，应以一个普通人在通常情况下的认知标准进行判断。（2）危险持续地增加，并且在被保险人知晓之时该等危险没有消失或者减轻。（3）危险程度的显著增加需是保险合同当事人在订约时均无法预见的危险。本案中，德泽公司出具的机动车保险单上被保险机动车使用性质载明为营业货车，太平洋财险上海分公司在庭审中亦称德泽公司系一家专业物流运输公司，可见太平洋财险上海分公司对于涉案车辆属营运性质在订立保险合同时是明知的，且太平洋财险上海分公司亦未提供证据证明在德泽公司驾驶员不具有营运车辆从业资格证的情况下即显著增加了涉案车辆的危险程度，驾驶人持有准驾车型为A2的机动车驾驶证，且涉案车辆在事故发生时均处于车辆检验的有效期内，表明驾驶人具有相应的驾驶员资格，驾驶人未具有从业资格证并不代表其失去了驾驶车辆资格，因此并未显著增加涉案车辆危险程度。

四、结语

在处理财产损失保险合同纠纷时，应注意以下几点：首先，保险合同中免责条款引起的争议在财产损失保险合同纠纷中占有重要地位，根据《保险法》第17条的规定，对保险合同中的免责条款，保险人应当履行提示和说明义务，未作提示或者明确说明的，该条款不产生效力。根据《最高人民法院关于适用〈中华人民共和国保险法〉若干问题的解释（二）》第10条的规定，保险人将法律、行政法规中的禁止性规定情形作为保险合同免责条款的免责事由，保险人只需履行提示义务，但是保险合同免责事由涉及部门规章时，保险人仍然

---

① 《保险法》第17条第2款规定："对保险合同中免除保险人责任的条款，保险人在订立合同时应当在投保单、保险单或者其他保险凭证上作出足以引起投保人注意的提示，并对该条款的内容以书面或者口头形式向投保人作出明确说明；未作提示或者明确说明的，该条款不产生效力。"

应当履行提示和明确说明义务，否则对当事人不产生效力。其次，财产损失保险合同通常为保险人向被保险人提供的合同，其中涉及大量的格式条款，根据《保险法》第 30 条的规定，采用保险人提供的格式条款订立的保险合同，保险人与投保人、被保险人或者受益人对合同条款有争议的，应当按照通常理解予以解释。同时应当注意到对条款的实质性理解，比如，对于车辆检验，根据公安部、原国家质量监督检验检疫总局发布的《关于加强和改进机动车检验工作的意见》第 11 条的规定，试行非营运轿车等车辆 6 年内免检，在该特定期间内，保险人未能提供证据证明车辆存在不符合实质性安全质量标准，或者发生过造成人员伤亡的交通事故、按规定不符合免检条件的情形下，保险人不能仅以车辆未领取检验标志主张免于承担赔付责任的。对于危险程度显著增加，虽然被保险人将车辆转让给他人，而未及时通知保险人，但受让人仅将车辆借给亲友使用，以及扩大车辆使用的地域范围的，并没有实质性增加车辆的危险程度。机动车驾驶人未取得营运车辆驾驶员从业资格，但是具有案涉车辆相应驾驶证、行驶证的，也不能认定危险程度显著增加。此外，发生保险事故后，保险人应当履行及时定损、理赔的义务，造成被保险人损失的，应当承担赔偿责任。

第二节 责任保险合同纠纷

一、导论

责任保险合同，又称为第三人保险合同，是相对特殊的一种财产保险合同，其特殊之处在于，大多数财产保险合同均以有形财产作为保险标的，而责任保险合同则是以被保险人对第三人依法应负的赔偿责任为保险标的。在责任保险合同法律关系中，投保人按照约定向保险人支付保费，当保险事故发生，即被保险人应向第三人承担赔偿责任时，由保险人按照法律规定或合同约定在责任限额范围内向被保险人或第三人赔偿保险金。通过责任保险合同，被保险人将其面临的对第三人承担赔偿责任的风险转移至保险人，受害第三人也因此获得了更充足、更可靠的赔偿来源。由此可见，责任保险合同具有不同于其他保险合同的特征、保险责任承担方式、保险责任范围等独特内容值得研究。本节以责任保险合同纠纷的案件裁判文书为研究对象，并将 2019 年以来人民法院作出的相关裁判文书作为主要范围，归纳、提炼责任保险合同裁判的理念和趋势，以期通过对我国案例的研究来指导司法实践。

截至 2022 年 1 月，在中国裁判文书网输入"责任保险合同纠纷"（案由）检索出民事裁判文书 34 241 篇，其中，由最高人民法院裁判的有 1 篇，高级人民法院裁判的有 318 篇，由中级人民法院裁判的有 5224 篇。在具体案例的选取上，本节遵循以下"两个优先"原则：第一，优先选择审判层级较高的裁判文书；第二，优先选择审判日期较近的裁判文书。通过形式和内容两个方面的筛选，本节最终选择了 5 篇裁判文书进行研究，即（2020）赣民再 171 号、（2021）鲁民申 6598 号、（2020）豫 05 民终 112 号、（2019）沪 74 民终 192 号、（2019）新 40 民终 1227 号。其中，由高级人民法院裁判的有 2 篇，裁判日期均为 2019 年（含）之后。

二、责任保险合同纠纷的基本理论

（一）责任保险合同的概念

根据《保险法》第 65 条[①]和 2018 年 9 月 17 日国家市场监督管理总局、中国国家标准化管理委员会发布的《保险术语》（GB/T 36687—2018）第 3.6.16 条的规定，责任保险是指以被保险人对第三者依法应负的赔偿责任为保险标的的保险。责任保险合同属于广义上的财产保险合同，是以保险事故发生而导致的责任损失为承保危险的保险合同。责任保险合同的适用范围十分广泛，按照保险标的不同，可以分为雇主责任保险合同、产品责任保险合同、机动车第三者

[①]《保险法》第 65 条规定："保险人对责任保险的被保险人给第三者造成的损害，可以依照法律的规定或者合同的约定，直接向该第三者赔偿保险金。责任保险的被保险人给第三者造成损害，被保险人对第三者应负的赔偿责任确定的，根据被保险人的请求，保险人应当直接向该第三者赔偿保险金。被保险人怠于请求的，第三者有权就其应获赔偿部分直接向保险人请求赔偿保险金。责任保险的被保险人给第三者造成损害，被保险人未向该第三者赔偿的，保险人不得向被保险人赔偿保险金。责任保险是指以被保险人对第三者依法应负的赔偿责任为保险标的的保险。"

责任保险合同、公众责任保险合同等。按照投保方式的不同，可以分为强制责任保险合同和自愿责任保险合同。责任保险合同具有不同于其他保险合同的显著特征。

（二）责任保险合同的特征

1. 保险目的的利他性。责任保险合同是以他人利益而设立的保险合同，其目的在于承担被保险人对第三人的损害赔偿责任。

2. 赔偿标的的特定性。责任保险合同以被保险人依法应负的民事责任，而非以特定的财产、特定的身体或生命为保险标的的保险合同。[1]

3. 赔偿金额的限定性。责任保险合同相比于其他财产保险合同的突出特点在于，其保险标的是被保险人对第三人的民事赔偿责任。在其他财产保险合同中，保险人所承担的赔偿责任往往可以通过评估保险标的的实际损失加以确定，相较之下，责任保险合同中保险人所负有的赔偿责任，则因被保险人对第三人造成的人身或财产损害难以估量而具有相当的不确定性。因此，在订立责任保险合同时，保险人与被保险人通常在保险合同中明确约定保险责任的最高限额。

（三）责任保险合同的保险标的

随着社会的进步、经济的发展，责任保险合同的种类也出现了逐渐增长的趋势，而成为责任保险合同的保险标的应当符合以下法律要求：

1. 被保险人承担的民事赔偿责任。根据《保险法》第65条的规定，责任保险是指以被保险人对第三者依法应负的赔偿责任为保险标的的保险。因此，责任保险合同的保险标的是被保险人的民事赔偿责任，不能是被保险人以外的人所应承担的赔偿责任，但是根据《最高人民法院关于适用〈中华人民共和国保险法〉若干问题的解释（四）》第16条[2]的规定，在被保险人因共同侵权依法承担连带责任时，保险人应当在承担保险责任后，就超出被保险人责任份额

---

[1] 高宇：《保险法学》，法律出版社2021年版，第257页。
[2] 《最高人民法院关于适用〈中华人民共和国保险法〉若干问题的解释（四）》第16条规定："责任保险的被保险人因共同侵权依法承担连带责任，保险人以该连带责任超出被保险人应承担的责任份额为由，拒绝赔付保险金的，人民法院不予支持。保险人承担保险责任后，主张就超出被保险人责任份额的部分向其他连带责任人追偿的，人民法院应予支持。"

的部分向其他连带责任人追偿。责任保险合同的保险标的也不能是被保险人的刑事责任或者行政责任，而仅限于民事赔偿责任。一般情况下，责任保险合同中的民事赔偿责任是指被保险人对第三人人身或者财产造成损害所应承担的侵权责任。但是，保险人与被保险人同样可以被保险人对第三人的违约责任作为保险标的。此外，对于非赔偿责任，则不属于责任保险合同的保险标的，如赔礼道歉等。

2. 被保险人非基于重大过失或故意所应承担的民事责任。责任保险合同通常将被保险人故意或者重大过失所致的损害赔偿责任排除在承保范围之外。因为，在被保险人故意或重大过失所产生的民事责任中，被保险人规避风险的态度往往比较消极，更有甚者恶意创造保险事故，这种道德危险的存在，违背了责任保险合同设立的初衷，因此，大多数责任保险合同仅承保被保险人不存在过错或者仅有一般过失时所应承担的民事责任。

3. 被保险人向第三人承担的民事责任。不同于承保有形财产的财产保险合同，责任保险合同的保险标的是无实物形态的法律责任，接受保险保障的是被保险人，而最终接受赔偿的则是因被保险人的民事违法行为而遭受损害的第三人，因此，责任保险合同所承保的应当是被保险人因其实施的民事违法行为致第三人损害而依法向第三人承担的民事赔偿责任。[1]

（四）责任保险合同的保险责任

1. 保险责任的承担方式。

（1）直接向第三人赔付保险金。根据《保险法》第65条[2]第1款的规定，在法律规定的情况下，或者在保险人与被保险人约定的情况下，保险人可以不经被保险人同意，直接向第三人赔付保险金。

根据《保险法》第65条第2款的规定，被保险人对第三人造成的损害所

---

[1] 贾林青：《保险法》，中国人民大学出版社2020年版，第250页。
[2] 《保险法》第65条规定："保险人对责任保险的被保险人给第三者造成的损害，可以依照法律的规定或者合同的约定，直接向该第三者赔偿保险金。责任保险的被保险人给第三者造成损害，被保险人对第三者应负的赔偿责任确定的，根据被保险人的请求，保险人应当直接向第三者赔偿保险金。被保险人怠于请求的，第三者有权就其应获赔偿部分直接向保险人请求赔偿保险金。责任保险的被保险人给第三者造成损害，被保险人未向该第三者赔偿的，保险人不得向被保险人赔偿保险金。责任保险是指以被保险人对第三者依法应负的赔偿责任为保险标的的保险。"

应承担的赔偿责任已经确定的，且被保险人请求保险人向第三人直接赔付保险金的，保险人必须直接向第三人直接赔付保险金。根据《最高人民法院关于适用〈中华人民共和国保险法〉若干问题的解释（四）》第14条[①]的规定，被保险人对第三者应负的赔偿责任可以通过以下方式确定：第一，经人民法院生效裁判、仲裁裁决确认；第二，经被保险人与第三者协商一致；第三，被保险人对第三者应负的赔偿责任能够确定的其他情形。

根据《保险法》第65条第2款的规定，被保险人对第三者应负的赔偿责任已经确定，但是被保险人怠于向保险人请求保险人直接向第三人承担赔付责任的，第三人有权就其应获赔偿部分直接向保险人请求赔偿保险金。根据《最高人民法院关于适用〈中华人民共和国保险法〉若干问题的解释（四）》第15条的规定，被保险人对第三者应负的赔偿责任确定后，被保险人不履行赔偿责任，且第三者以保险人为被告或者以保险人与被保险人为共同被告提起诉讼时，被保险人尚未向保险人提出直接向第三者赔偿保险金请求的，可以认定为属于"被保险人怠于请求"的情形。

（2）向被保险人赔付保险金。根据《保险法》第65条第3款的规定，责任保险合同约定的保险事故发生后，被保险人就其对第三人造成的损害，未向第三人实际赔偿损失时，保险人无权向被保险人赔付保险金。根据《最高人民法院关于适用〈中华人民共和国保险法〉若干问题的解释（四）》第20条[②]的规定，若保险人在被保险人向第三人实际赔偿损失前，向被保险人赔付保险金，但被保险人不履行赔偿责任的，第三人仍可以被保险人怠于请求保险人直接向第三人进行赔付，向保险人请求直接赔付保险金，保险人向第三人赔付后，可以要求被保险人返还先前赔付的保险金。因此，在保险事故发生后，被

[①] 《最高人民法院关于适用〈中华人民共和国保险法〉若干问题的解释（四）》第14条规定："具有下列情形之一的，被保险人可以依照保险法第六十五条第二款的规定请求保险人直接向第三者赔偿保险金：（一）被保险人对第三者所负的赔偿责任经人民法院生效裁判、仲裁裁决确认；（二）被保险人对第三者所负的赔偿责任经被保险人与第三者协商一致；（三）被保险人对第三者应负的赔偿责任能够确定的其他情形。前款规定的情形下，保险人主张按照保险合同确定保险赔偿责任的，人民法院应予支持。"

[②] 《最高人民法院关于适用〈中华人民共和国保险法〉若干问题的解释（四）》第20条规定："责任保险的保险人在被保险人向第三者赔偿之前向被保险人赔偿保险金，第三者依照保险法第六十五条第二款的规定行使保险金请求权时，保险人以其已向被保险人赔偿为由拒绝赔偿保险金的，人民法院不予支持。保险人向第三者赔偿后，请求被保险人返还相应保险金的，人民法院应予支持。"

保险人应当先向第三人赔偿损失，保险人再向被保险人赔付保险金。

2. 保险责任的承担范围。

（1）第三人的损失。第三人的损失也即因被保险人的违约行为或侵权行为，对第三人造成的损害，被保险人应当向第三人承担民事赔偿责任。根据《最高人民法院关于适用〈中华人民共和国保险法〉若干问题的解释（四）》第16条的规定，被保险人因共同侵权依法承担连带责任，保险人不仅应当承担被保险人应承担的责任份额，而且应当承担其他连带责任人应承担的责任份额，因为，被保险人应当向第三人承担的赔偿责任正是连带赔偿责任，保险人承担保险责任后，有权就超出被保险人责任份额的部分向其他连带责任人追偿。

（2）仲裁、诉讼费用等必要费用。根据《保险法》第66条的规定，被保险人因给第三者造成损害的保险事故而被提起仲裁或者诉讼的，被保险人支付的仲裁或者诉讼费用以及其他必要的、合理的费用，除合同另有约定外，由保险人承担。

3. 保险责任的赔偿限额。责任保险合同中不存在"保险价值"的问题，责任保险人为控制风险，需要明确保险责任的范围，因此责任保险合同中会约定赔偿限额。[1] 责任保险人的责任限额，责任保险合同中约定的责任保险的保险人承担保险责任的最高金额，如果被保险人对第三人的赔偿责任超过该限额，则由被保险人自行负责赔偿第三人。[2]

（1）保险期间内总赔偿限额。即在责任保险合同有效期限内，保险人与被保险人约定，发生多次被保险人应当承担的赔偿责任的保险事故时，保险人对所有第三人的人身、财产损害所承担的保险责任，赔付累计不超过某一最高限额，对于超过该最高限额的部分，由被保险人自行负责赔偿。

（2）单次事故的赔偿限额。即在责任保险合同有效期限内，发生的单次保险事故的赔偿责任有限制，包括由同一原因引起的一系列事故。在保险事故发生后，保险人以该赔偿限额为限进行赔付，对下次保险事故中被保险人所应承担的赔偿责任，保险人仍然应当以该赔偿限额为限进行赔付。

---

[1] 樊启荣：《保险法学》，高等教育出版社2021年版，第228页。
[2] 贾林青、朱铭来、罗健：《保险法》，中国人民大学出版社2020年版，第190页。

三、关于责任保险合同纠纷的裁判规则

（一）保险人主张机动车驾驶人处于"驾驶证暂扣期间"，应当认定其"未取得驾驶资格或未取得相应驾驶资格"，人民法院应予支持

【案例来源】

案例名称：中国人民财产保险股份有限公司景德镇市分公司与付某某责任保险合同纠纷案

审理法院：江西省高级人民法院

案　　号：（2020）赣民再171号

【争议点】

中国人民财产保险股份有限公司景德镇市分公司与付某某因责任保险合同纠纷引发诉讼，该案历经江西省浮梁县人民法院一审、江西省景德镇市中级人民法院二审、江西省高级人民法院再审三个阶段。在再审中，当事人就"驾驶证暂扣期间"是否属于"未取得驾驶资格或未取得相应驾驶资格"的问题产生争议。

【裁判说理】

首先，《最高人民法院关于审理道路交通事故损害赔偿案件适用法律若干问题的解释》第18条规定，"有下列情形之一导致第三人人身损害，当事人请求保险公司在交强险责任限额范围内予以赔偿，人民法院应予支持：（一）驾驶人未取得驾驶资格或者未取得相应驾驶资格的……保险公司在赔偿范围内向侵权人主张追偿权的，人民法院应予支持。追偿权的诉讼时效期间自保险公司实际赔偿之日起计算"。[①] 当出现"驾驶人未取得驾驶资格或者未取得相应驾驶资格"造成第三人人身损害这一情形时，应由侵权人承担侵权责任，保险公

[①] 《最高人民法院关于审理道路交通事故损害赔偿案件适用法律若干问题的解释》第18条规定："有下列情形之一导致第三人人身损害，当事人请求保险公司在交强险责任限额范围内予以赔偿，人民法院应予支持：（一）驾驶人未取得驾驶资格或者未取得相应驾驶资格的；（二）醉酒、服用国家管制的精神药品或者麻醉药品后驾驶机动车发生交通事故的；（三）驾驶人故意制造交通事故的。保险公司在赔偿范围内向侵权人主张追偿权的，人民法院应予支持。追偿权的诉讼时效期间自保险公司实际赔偿之日起计算。"

司承担的仅是垫付责任并享有追偿权。该条款的立法本意在于一方面让保险公司承担交强险对受害人的风险救济功能，另一方面驾驶人最终承担自己违法驾驶致第三人损害的法律责任。驾驶机动车是具有一定技术性的行为，只有取得经有关行政部门认可的驾驶资格才被法律允许驾驶机动车。判断"未取得驾驶资格"和"未取得驾驶资格"的标准就是驾驶人是否存在不被法律、行政法规允许驾驶机动车的情形。已经取得驾驶证，但因交通违法行为被暂扣驾驶证期间，其不被允许驾驶机动车，驾驶人的驾驶资格处于暂停状态，应等同于"未取得驾驶资格"。本案中，付某某在事发前因其酒驾被给予暂扣驾驶证6个月、记12分、罚款1500元的处罚，根据《道路交通安全法实施条例》第28条的规定，"机动车驾驶人在机动车驾驶证丢失、损毁、超过有效期或者被依法扣留、暂扣期间以及记分达到12分的，不得驾驶机动车"。即行政机关对付某某作出行政处罚后使付某某不再具有合法的驾驶资格，在驾驶证暂扣期间付某某驾驶汽车属于"未取得驾驶资格"的情形。其次，在驾驶人驾驶资格暂停期间，如果让保险人为这类违法驾驶行为造成的交通事故承担最终赔偿，无异于鼓励驾驶人的违法行为，让违法者获益，也有违法律对公民行为的引导功能。

（二）在第三者责任保险中，机动车驾驶人因自身行为受到损害，被保险人以机动车驾驶人在事故发生时处于车外为由，主张将其认定为第三者，请求保险人进行理赔的，人民法院不予支持

【案例来源】

案例名称：齐某某与中国人民财产保险股份有限公司临沂市分公司保险合同纠纷案

审理法院：山东省高级人民法院

案　　号：（2021）鲁民申6598号

【争议点】

齐某某与中国人民财产保险股份有限公司临沂市分公司因保险合同纠纷引发诉讼，该案历经山东省蒙阴县人民法院一审、山东省临沂市中级人民法院二审、山东省高级人民法院再审三个阶段。在再审中，当事人就中国人民财产保险股份有限公司临沂市分公司应否赔偿的问题产生争议。

【裁判说理】

齐某某在中国人民财产保险股份有限公司临沂市分公司处为本案半挂牵引

车投保机动车商业保险,其中包括第三人责任险。驾驶人刘某某驾驶上述保险车辆,在卸石灰时发生意外事故。根据《保险法》第65条[①]第4款规定,"责任保险是指以被保险人对第三者的赔偿责任为保险标的的保险"。案涉第三人责任险约定,机动车在被保险人或其允许的合法驾驶人使用过程中发生意外事故,致使第三者遭受人身伤亡或财产的直接损失,对被保险人应依法支付的赔偿金额,保险人依照本保险合同的约定,对于超过机动车交通事故责任强制保险各分项赔偿限额的部分给予赔偿。在责任保险中,被保险人是责任主体,第三者是权利主体,二者相互对立,同一主体在同一责任保险中不能既是被保险人又是第三者。案涉机动车第三者责任险中,被保险人是指投保人及其允许的合法驾驶人。投保人允许的合法驾驶人无论是否应对第三者负赔偿责任,其致害方的角色不变,都应与被保险人一并处于第三者的对立面。刘某某系投保人允许的合法驾驶人,其地位相当于被保险人,原则上不是第三者。根据侵权责任基本原理,任何危险作业的直接操作者不能构成此类侵权案件的受害人。驾驶人作为车辆的操作者,因过错发生交通事故产生损害,其操作行为本身是损害产生的原因,这种因果关系不因驾驶人物理位置的变化而变化,即无论驾驶人于事故发生时处在车上还是车下,都无法改变其自身的行为是事故发生原因的事实。机动车驾驶人因本人的过错行为造成自身损害,其不能成为自身过错行为的受害者并以此要求赔偿。即同一法律主体不能既是侵权人又是受害人,驾驶人不得基于自身侵权行为造成自身利益损害而要求自己的保险人赔偿。

(三)牵引车与挂车连接时,应当视为一个整体,牵引车投保了车上人员责任保险,但挂车未投保车上人员责任保险时,牵引车上人员在挂车上发生意外事故,被保险人请求保险人承担损害赔偿责任的,人民法院应予支持

【案例来源】

案例名称:大家财产保险有限责任公司河南分公司与内黄县现代物流信息

[①]《保险法》第65条规定:"保险人对责任保险的被保险人给第三者造成的损害,可以依照法律的规定或者合同的约定,直接向该第三者赔偿保险金。责任保险的被保险人给第三者造成损害,被保险人对第三者应负的赔偿责任确定的,根据被保险人的请求,保险人应当直接向该第三者赔偿保险金。被保险人怠于请求的,第三者有权就其应获赔偿部分直接向保险人请求赔偿保险金。责任保险的被保险人给第三者造成损害,被保险人未向该第三者赔偿的,保险人不得向被保险人赔偿保险金。责任保险是指以被保险人对第三者依法应负的赔偿责任为保险标的的保险。"

发展有限责任公司亳城分公司保险合同纠纷案

审理法院：河南省安阳市中级人民法院

案　　号：（2020）豫 05 民终 112 号

【争议点】

大家财产保险有限责任公司河南分公司与内黄县现代物流信息发展有限责任公司亳城分公司（以下简称内黄县现代物流亳城分公司）因保险合同纠纷引发诉讼，该案历经河南省内黄县人民法院一审、河南省安阳市中级人民法院二审两个阶段。在二审中，当事人就是挂车上人员发生伤亡时牵引车上投保的车上人员责任险能否适用的问题产生争议。

【裁判说理】

大家财产保险有限责任公司河南分公司与内黄县现代物流亳城分公司间的保险合同自愿成立，合法有效，双方成立责任保险合同关系，双方均应依约履行合同义务。案涉《机动车车上人员责任保险》的保险责任为保险期间内，被保险人或其允许的驾驶人在使用被保险机动车过程中发生意外事故，致使车上人员遭受人身伤亡，且不属于免除保险人责任的范围，依法应当对车上人员承担损害赔偿责任，保险人依照本保险合同的约定负责赔偿。本案中，秦某某系牵引车司机，其在挂车装货后搭雨布捆货的行为，是为了保证车辆可以安全行驶和运输采取的必要措施，在搭雨布过程中发生意外，属于正常工作时发生的事故。而本案中，牵引车与挂车系通过牵引装置紧密连接，在牵引车和挂车连接使用时应视为一个整体，都是车体的一部分。秦某某在挂车上受伤时属于车上人员，其是在从事运输过程中装货后搭雨布时受伤，应属于使用机动车过程中发生的意外事故，故属于车上人员责任保险的赔付范围。

（四）在雇主责任保险合同中，保险人认为构成工伤应当按照《工伤保险条例》重新核定保险赔偿金额，被保险人主张依据雇主责任保险合同约定进行赔付的，人民法院应当支持被保险人的请求

【案例来源】

案例名称：溧阳市立达安装工程有限公司与中华联合财产保险股份有限公司上海分公司责任保险合同纠纷案

审理法院：上海金融法院

案　　号：（2019）沪 74 民终 192 号

【争议点】

溧阳市立达安装工程有限公司（以下简称溧阳公司）与中华联合财产保险股份有限公司上海分公司（以下简称中华联合财保公司）因责任保险合同纠纷引发诉讼，该案历经上海市黄浦区人民法院一审、上海金融法院二审两个阶段。在二审中，当事人就中华联合财保公司应按何种标准赔付产生争议。

【裁判说理】

溧阳公司与中华联合财保公司签订雇主责任保险合同，被保险人为溧阳公司，保险合同约定，死亡伤残费用每人责任限额为 100 万元。后溧阳公司工作人员王某某在工作时间、工作地点因工作原因发生意外事故，因此根据保险合同的约定，本案事故应属保险事故，保险人应该按照保险合同约定向被保险人溧阳公司进行理赔，但是涉案保险合同并未约定限制赔偿条款，或者约定赔偿的标准及适用法律。保险人重新核定本案在雇主责任保险合同项下的保险赔偿金额的基础应是依据保险合同的约定，而不应该是依据《工伤保险条例》规定。因《工伤保险条例》确定的工伤保险赔偿关系与本案所涉雇主责任保险系不同法律关系，在本案中，不能依据工伤保险条例规定的标准来确定雇主责任险中保险赔偿金额。而依据本案所涉雇主责任保险合同约定，雇员每人的伤亡赔偿限额为 100 万元，故溧阳公司请求中华联合财保公司赔偿其 100 万元保险赔偿金，具有合同与事实依据。

（五）安全生产责任保险合同中约定的工伤死亡赔偿金实际已经由社会保险部门进行赔付的，被保险人再向保险人请求赔偿保险金的，人民法院不予支持

【案例来源】

案例名称：中国人民财产保险股份有限责任公司伊犁哈萨克自治州分公司与新疆宝马实业有限责任公司责任保险合同纠纷案

审理法院：新疆维吾尔自治区高级人民法院伊犁哈萨克自治州分院

案　　号：（2019）新 40 民终 1227 号

【争议点】

中国人民财产保险股份有限责任公司伊犁哈萨克自治州分公司与新疆宝马实业有限责任公司（以下简称宝马实业公司）因责任保险合同纠纷引发诉讼，

该案历经新疆维吾尔自治区尼勒克县人民法院一审、新疆维吾尔自治区高级人民法院伊犁哈萨克自治州分院二审两个阶段。在二审中，当事人就存款人借款债务超过诉讼时效，银行能否就该存款人的存款行使抵销权产生争议。

【裁判说理】

安全生产责任保险是生产经营单位在发生生产安全事故以后对死亡、伤残者履行赔偿责任的保险。安全生产责任保险合同是以被保险人对第三者依法应负的损害赔偿责任为保险标的的保险合同，它是以有形或无形财产及相关利益为保险标的的一类补偿性保险，属于财产保险的范畴。《保险法》第65条第3款规定："责任保险的被保险人给第三者造成损害，被保险人未向该第三者赔偿的，保险人不得向被保险人赔偿保险金。"该条款表明被保险人在保险合同约定的保险事故发生后，保险人对其遭受的实际损失应当进行充分的补偿，达到保障目的。但同时不能使赔偿数额超过其实际损失，使被保险人获取额外收益而损害保险人的合法权益。案涉保险条款第3条约定，在保险期间内，被保险人在生产经营过程中发生在保险单明细表中载明的从业人员的人身伤亡事故，经认定为生产安全事故，依据法律应当由被保险人承担的死亡赔偿金、伤残赔偿金，保险人将根据本保险合同的约定，在本保险合同载明的赔偿限额内负责赔偿。本案中，宝马实业公司的员工周某某因工死亡，宝马实业公司与死者家属的赔偿协议明确约定预先支付工亡补助金623 900元。事后宝马实业公司从尼勒克县社会保险事业管理局领取应支付给周某某亲属的工亡补助金623 900元、丧葬补助金26 502元。据此，根据损失填补原则，保险人的保险赔偿应当以被保险人遭受的实际损失为前提，本案中，合同约定的工伤死亡赔偿金实际由社会保险部门进行了赔付，被保险人并没有遭受实际损失，如果保险人依据保险合同对被保险人宝马实业公司进行赔付，将使宝马实业公司从中额外获益，违反了财产保险的损失填补原则。

四、结语

在责任保险合同纠纷的裁判文书中，因为机动车交通事故责任强制保险的要求，涉及机动车事故的纠纷占有相当比例，人民法院在审理过程中，可能会出现以下三种情况：其一，在机动车驾驶人处于"驾驶证暂扣期间"，保险人主张认定为被保险人在"未取得驾驶资格或未取得相应驾驶资格"发生事故，应予支持；其二，机动车驾驶人因自身行为受到损害，被保险人以机动车驾驶人在事故发生时处于车外为由，主张将其认定为第三者的，不应支持；其三，牵引车与挂车连接时，应当视为一个整体，牵引车投保了车上人员责任保险，但挂车未投保车上人员责任保险时，牵引车上人员在挂车上发生意外事故，被保险人请求保险人承担损害赔偿责任的，应予支持。此外，在雇主责任保险合同纠纷中，保险人认为构成工伤应当按照《工伤保险条例》重新核定保险赔偿金额，被保险人主张依据雇主责任保险合同约定进行赔付的，法院应当支持被保险人的请求。在安全生产责任保险合同中约定的工伤死亡赔偿金实际已经由社会保险部门进行赔付的，被保险人再向保险人请求赔偿保险金的，法院应当不予支持。

第三节 信用保险合同纠纷

一、导论

当代社会经济飞速发展，社会信用体系尚未健全，忽视信用风险往往会使企业遭受较大损失。借助信用保险制度，由拥有强大资源的专业保险人对交易相对人进行调查、风险预估和管理，同时在债务人违约时补偿信用损失，市场主体可以极大地节约其时间与经济成本，因此，无论对于维护交易安全还是促进交易效率，信用保险都发挥了非常大的作用。[1] 本节以信用保险合同纠纷的案件裁判文书为研究对象，将 2018 年以来人民法院作出的相关裁判文书作为主要范围，归纳、提炼信用保险合同裁判的理念和趋势，以期通过对我国案例的研究来指导司法实践。

截至 2022 年 1 月，在中国裁判文书网输入"信用保险合同纠纷"（案由）检索出民事裁判文书 967 篇，其中，由最高人民法院裁判的有 2 篇，高级人

---

[1] 樊启荣：《保险法学》，法律出版社 2021 年版，第 231 页。

民法院裁判的有 21 篇，由中级人民法院裁判的有 89 篇；在中国裁判文书网中输入"进出口信用保险合同纠纷"（案由）检索出民事裁判文书 67 篇，其中，高级人民法院裁判的有 10 篇，由中级人民法院裁判的有 23 篇。在具体案例的选取上，本节遵循以下"两个优先"原则：第一，优先选择审判层级较高的裁判文书；第二，优先选择审判日期较近的裁判文书。通过形式和内容两个方面的筛选，本节最终选择了 5 篇裁判文书进行研究，即（2020）浙民再 19 号、（2020）粤民申 5850 号、（2019）渝民申 2769 号、（2020）浙 02 民终 3021 号、（2018）沪 02 民终 10680 号。其中，由高级人民法院裁判的有 3 篇，裁判日期为 2019 年（含）之后的案例有 4 篇。

二、信用保险合同纠纷的基本理论

（一）信用保险合同的概念

信用保险合同是保险人对被保险人因其债务人无法清偿债务而遭受的损失承担赔偿责任的财产保险合同。例如，商品交易活动中的卖方担心买方不能如期付款而要求保险人提供保险保障，在买方不按时付款而发生信用危险事故，并受到损失时，由保险人履行保险赔偿责任，属于信用保险合同。[1]

（二）信用保险合同的特征

信用保险合同与一般的财产保险合同相比，具有自身的法律特点：

1. 保险主体的特殊性。在信用保险合同中，投保人与被保险人为同一民事法律主体，也即债权人，而债务人不在信用保险合同关系中，但是与信用保险合同联系紧密。

2. 保险标的的特殊性。信用保险合同的保险标的是信用风险，也即债务人未能如期履行债务造成违约而给债权人带来的风险，这种债务不履行的原因既有可能是债务人自身出现财务问题，也可能是遭遇不可抗力。[2]

3. 保险人的特定性。在各国保险市场上，并非所有的保险组织都能够经营

---

[1] 贾林青：《保险法》，中国人民大学出版社 2020 年版，第 260 页。
[2] 樊启荣：《保险法学》，高等教育出版社 2021 年版，第 231 页。

信用保险。一般来说，政府机构直接办理（政策性）信用保险业务，如英国的出口信用保险部；抑或政府出资参股的保险公司办理出口信用保险，如加拿大的出口发展公司；抑或政府授权商业保险公司经营信用保险业务，如德国的赫尔梅斯保险公司。[①]

（三）信用保险合同与保证保险合同的联系与区别

《保险术语》（GB/T 366887—2018）第3.8.1条对保证保险的定义为，以一方（权利人）因第三方（被保证人）未履行义务或不诚实行为而遭受的经济损失为标的的保险。信用保险合同与保证保险合同既相联系又相区别。

二者的相同之处在于：（1）保险标的相同。信用保险合同与保证保险合同承保的保险标的都属于无形财产。实质上两者的保险标的都是信用，保险人承保的都是债务人的信用风险。[②]（2）从属于主合同。信用保险合同与保证保险合同均具有从属性。（3）保险人以债务人不履行债务为承担保险责任的前提。信用保险合同与保证保险合同中债务人不履行债务而使债权人遭受损失时，保险人才需要承担赔付。（4）保险人承担保险责任后，取得代位求偿权。当保险人赔付后，保险人即取得债权人的地位，获得债权人对债务人的一切权利。

二者的区别在于：（1）投保人不同。信用保险合同的投保人是债权人，即债权人为了实现自己的债权，在债务人不履行债务时，由保险人承担赔偿责任。而在保证保险合同中，投保人是债务人，为了保证履行债务，在债务人不履行债务时，由保险人承担保证人责任，保障债权人实现债权。（2）投保人与实际受益人不同。在信用保险合同中，投保人是债权人，在保险事故发生后，也即债务人不履行债务时，保险人应当向债权人履行赔付，实际受益人也即债权人。而在保证保险合同中，投保人是债务人，在保险事故发生后，保险人承担代替债务人向债权人履行债务的责任，实际受益人仍然是债权人。（3）承保风险不同。保证保险合同通常将不可抗力等原因所致义务人不能履行义务的损失排除于保险给付范围之外，只承保义务人因主观上的过错而没有履行义务给

[①] 贾林青、朱铭来、罗健：《保险法》，中国人民大学出版社2020年版，第213页。
[②] 高宇：《保险法学》，法律出版社2021年版，第289页。

权利人造成的损失，而信用保险合同所承保的危险则包括此种损失。[1]

(四)信用保险合同的种类

1.出口信用保险合同。这类合同是指保险人与出口商之间达成的，保险人承保出口商因债务人不履行合同义务所遭受经济损失的保险合同。[2] 在出口信用保险合同中，保险人与出口商之间通常会约定最高赔偿限额条款以及信用限额条款，也即保险人在合同期限内承担赔偿责任的累计最高赔偿额与对每一个单独的买方所设定的最高保险赔偿额。出口信用保险合同的除外责任主要包括汇率变动造成的损失风险、出口商或其代理人违反合同约定或者法律规定造成的以及信用保险合同中明确约定的损失风险。

2.国内商业信用保险合同。又称国内贸易信用保险合同，是指借款项或赊销商品的债权人向保险人支付保险费，在债务人违约时由保险人在保险金额范围内予以赔偿的信用保险合同。[3] 国内商业信用保险合同的除外责任一般包括：(1)被保险人故意违反法律规定或合同约定造成的损失；(2)战争风险；(3)信用保险合同约定的其他风险。

3.投资信用保险合同。这类合同是以投保人向保险人所在国投资时遭遇的政治风险为保险事故，以其在履行出口合同中应享有的合法权益为保险标的的信用保险合同。[4] 其保险事故主要包括：(1)国有化风险；(2)汇兑风险；(3)战争风险。投资信用保险合同的除外责任一般包括：(1)被保险人故意违反法律规定或合同约定，致使其资产受到征用、没收造成的损失；(2)被保险人因投资项目遭受的损失；(3)被保险人因没有在政府有关部门所规定的汇款期限内将款项汇出所遭受的损失；(4)投资合同范围之外的任何其他财产被征用、没收所造成的损失。[5]

---

[1] 国务院发展研究中心宏观部、中国出口信用保险公司联合课题组：《中国出口信用保险公司政策性职能履行评估报告(2012—2014)》，中国发展出版社2017年版，第14~15页。
[2] 贾林青、朱铭来、罗健：《保险法》，中国人民大学出版社2020年版，第214页。
[3] 樊启荣：《保险法学》，法律出版社2021年版，第233页。
[4] 傅廷中：《保险法学》，清华大学出版社2015年版，第167~168页。
[5] 樊启荣：《保险法学》，法律出版社2021年版，第235页。

三、关于信用保险合同纠纷的裁判规则

（一）在获得已生效仲裁裁决或法院判决并申请执行之前，保险人不予定损核损的"纠纷先决条款"，不属于格式条款的法定无效情形，也不属于保险人的免责条款

【案例来源】

案例名称：中国出口信用保险公司宁波分公司与宁波市易元照明科技有限公司进出口信用保险合同纠纷案

审理法院：浙江省高级人民法院

案　　号：（2020）浙民再19号

【争议点】

中国出口信用保险公司宁波分公司与宁波市易元照明科技有限公司因进出口信用保险合同纠纷引发诉讼，该案历经浙江省宁波市鄞州区人民法院一审、浙江省宁波市中级人民法院二审、浙江省高级人民法院再审两个阶段。在再审中，当事人就案涉"纠纷先决条款"是否有效产生争议。

【裁判说理】

案涉"纠纷先决条款"作了相同修改，"纠纷先决条款"系出口信用保险制度设立的特殊条款，其效力应予认定。第一，该条款不存在原《合同法》及《保险法》规定的应属无效的情形。《最高人民法院关于审理出口信用保险合同纠纷案件适用相关法律问题的批复》规定："对出口信用保险合同的法律适用问题，保险法没有作出明确规定。鉴于出口信用保险的特殊性，人民法院审理出口信用保险合同纠纷案件，可以参照适用保险法的相关规定；出口信用保险合同另有约定的，从其约定。"基于该批复规定，"纠纷先决条款"的效力仍须参照《保险法》的规定进行审查。根据《保险法》第19条规定："采用保险人提供的格式条款订立的保险合同中的下列条款无效：（一）免除保险人依法应承担的义务或者加重投保人、被保险人责任的；（二）排除投保人、被保险人或者受益人依法享有的权利的。"根据原

《合同法》第 40 条（现《民法典》第 497 条[1]）规定，格式条款具有该法第 52 条和第 53 条规定情形的，或者提供格式条款一方免除其责任、加重对方责任、排除对方主要权利的，该条款无效。案涉"纠纷先决条款"内容在于强调被保险人可先行与买方协商争议，协商不成，则先由被保险人先行进行仲裁或诉讼，在获得已生效仲裁裁决或法院判决并申请执行之前，保险人不予定损核损。该条款既未排除被保险人索赔等依法享有的权利，亦未排除保险人依法应承担的赔付义务。如被保险人通过诉讼或仲裁确定了对境外买方享有的债权，保险人即应向被保险人赔付，投保人的投保目的并未落空。且《保险条款》第 13 条第 3 项载明，诉讼、仲裁等产生的费用，由保险人与被保险人按权益进行分摊，说明"纠纷先决条款"，并未加重被保险人的责任。第二，该条款不违背公平原则。"纠纷先决条款"并非使保险人"终局免责"，而只是暂不定损核赔，一旦被保险人提起诉讼或仲裁，在获得生效的仲裁裁决或法院判决并申请执行后，无论执行是否到位，保险人都仍需按照约定进行赔付，故该条款并未免除保险人应承担的义务，不违背公平原则。如果被保险人未通过诉讼或仲裁确定债权，保险人对不确定的债权承担保险责任，承担难以代位追偿的风险，无疑加重保险人的责任，造成不公平的结果。第三，该条款无须提示和明确说明。《保险法》第 17 条第 2 款规定，对保险合同中免除保险人责任的条款，保险人在订立合同时应当在投保单、保险单或者其他保险凭证上作出足以引起投保人注意的提示，并对该条款的内容以书面或者口头形式向投保人作出明确说明；未作提示或者明确说明的，该条款不发生效力。由于"纠纷先决条款"并未免除中信保公司的理赔责任，该条款不属于免除保险人责任的条款，不存在未作提示和明确说明对投保人不发生效力的情形。

---

[1] 《民法典》第 497 条规定："有下列情形之一的，该格式条款无效：（一）具有本法第一编第六章第三节和本法第五百零六条规定的无效情形；（二）提供格式条款一方不合理地免除或者减轻其责任、加重对方责任、限制对方主要权利；（三）提供格式条款一方排除对方主要权利。"

（二）信用保险合同中约定的限额买方，被保险人应当提供证据证明，其与限额买方进行了真实交易或者限额买方收取了货物，否则应当承担举证不利的后果

【案例来源】

案例名称：阳江市皓德工贸有限公司与中国出口信用保险公司广东分公司信用保险合同纠纷案

审理法院：广东省高级人民法院

案　　　号：（2020）粤民申5850号

【争议点】

阳江市皓德工贸有限公司（以下简称皓德公司）与中国出口信用保险公司广东分公司因信用保险合同纠纷引发诉讼，该案历经广东省广州市天河区人民法院一审、广东省广州市中级人民法院二审、广东省高级人民法院再审三个阶段。在再审中，当事人就出口信用保险公司是否应向皓德公司承担保险赔偿责任的问题产生争议。

【裁判说理】

首先，在出口信用保险合同中，投保人皓德公司需申请特定买家信用限额，保险公司在对投保人申请的特定买家进行资信调查后，审批信用限额，根据批准的信用限额承担保险责任，基于出口信用保险存在限额买方的特殊性，皓德公司作为出口货物的实际出卖人、托运人，应审慎核实交易对方及其委托人的身份、资格。本案中，本案出口信用保险的限额买方系在乌干达注册的甲公司，皓德公司应就其实际与限额买方进行了真实交易或者限额买方实际收取了涉案货物承担举证责任。其次，皓德公司自认本案交易全程通过电子邮件的方式与名为R某的人进行，其在涉案合同的履行过程中并未向限额买方核实交易的真实性，更未要求R某提供其已获得限额买方委托授权与皓德公司进行本案交易的证据。此外，从出口信用保险公司提供给皓德公司资信调查证明可见，与皓德公司联系的限额买方的地址、电话均与出口信用保险公司查证并通过信保通系统送达给皓德公司的限额买方的基本情况不相符。再次，从皓德公司、出口信用保险公司提供的证据可见，涉案货物运抵港为肯尼亚的蒙巴萨，该地址并非限额买方所在地。乙公司提走涉案货物后将货物交由其他公司进行了后续的运输。从提货人出示的交易买方授权文件上的签章可见，上述文件的签章与限额买方实际使用印章存在明显差异。由此可见，涉案货物被提走并不等于限额买方已接收了货物。即使在贸易术语项下买方负责受领货物并办理货物进口海关手续，但因出口信用保险存在限额买方的特殊性，并不能免除皓德公司对于限额买方实际接收货物的举证义务。最后，出口信用保险公司提供的境外调查《声明》显示限额买方明确否认向皓德公司购买任何货物，也未收到过涉案货物，同时否认曾授权任何人签署本案买卖合同，对此皓德公司并不能提交相反证据予以反驳。故，皓德公司作为涉案交易的当事人，其有能力也有义务证明涉案交易货物的实际买主系限额买方，本案出口信用保险公司承保的是皓德公司与限额买方的贸易风险，现皓德公司提交的证据不能证明其与限额买方存在买卖合同关系，更不能证明涉案货物是限额买方或限额买方授权的第三方实际受领，即现有证据无法证实皓德公司与限额买方之间存在真实、合法、有效的贸易合同关系，其诉请出口信用保险公司承担保险赔付责任，不应予以支持。

（三）被保险人在买卖合同相对方拖欠货款，但无证据显示对方的经营及信用状况恶化的情况下，仍然按照交易习惯继续向对方供应货物，保险人主张按照被保险人"知险后出运"免除责任的，人民法院不予支持

【案例来源】
案例名称：中国出口信用保险公司重庆营业管理部、中国出口信用保险公司与重庆宝雄进出口贸易有限公司进出口信用保险合同纠纷案
审理法院：重庆市高级人民法院
案　　号：（2019）渝民申 2769 号

【争议点】
中国出口信用保险公司重庆营业管理部、中国出口信用保险公司与重庆宝雄进出口贸易有限公司因进出口信用保险合同纠纷引发诉讼，该案历经重庆市江北区人民法院一审、重庆市第一中级人民法院二审、重庆市高级人民法院再审三个阶段。在再审中，当事人就出口保险重庆公司能否以宝雄公司"知险后出运"主张免责产生争议。

【裁判说理】
中国出口信用保险公司下属分支机构中信保重庆营管部向宝雄公司签发的《短期出口信用保险综合保险单》，双方约定因买方破产或无力偿付债务、买方

拖欠货款、买方拒绝接收货物等风险引起的直接损失，按本保单约定承担保险责任，被保险人知道或应当知道买方破产或无力偿付债务、买方拖欠货款、买方拒绝接收货物等风险已经发生，或者由于买方违反销售合同或预期违反销售合同，被保险人仍继续向买方出口所遭受的损失，保险人不承担赔偿责任。在本案保险期间，宝雄公司多次向巴西买方出口货物，双方之间存在持续性合同关系，巴西买方持续滚动付款，在宝雄公司委托中信保重庆营业部代其收款后，巴西买方在此期间还支付过两笔款项，由此可见，宝雄公司与巴西买方之间存在未按照合同约定的时间及金额付款及持续滚动付款的交易习惯。且从巴西买方与宝雄公司的往来邮件来看，巴西买方一直在积极想办法履行付款义务，在无证据显示巴西买方的资力及信用状况恶化的情况下，宝雄公司并不当然有权以巴西买方欠付货款为由而拒绝继续供货，中信保重庆营业部主张宝雄公司明知巴西买方拖欠货款仍然发货，即构成"知险后出运"可以免责的理由不能成立。

（四）被保险人严重迟延填报《可能损失通知书》，且不能作出合理解释的，保险人有权依据信用保险合同的约定免除保险责任

【案例来源】

案例名称：慈溪德信进出口有限公司与中国出口信用保险公司宁波分公司信用保险纠纷纠纷案

审理法院：浙江省宁波市中级人民法院

案　　号：（2020）浙02民终3021号

【争议点】

慈溪德信进出口有限公司（以下简称德信公司）与中国出口信用保险公司宁波分公司（以下简称中信保公司）因信用保险纠纷引发诉讼，该案历经浙江省宁波市鄞州区人民法院一审、浙江省宁波市中级人民法院二审两个阶段。在二审中，当事人就中国出口信用保险公司宁波分公司能否适用免责条款产生争议。

【裁判说理】

根据《保险条款》第9条的约定，被保险人应在知道或应当知道保单条款第2条项下拖欠风险发生之日起30日内，或其他风险发生之日起10个工作日内，向保险人提交《可能损失通知书》。被保险人提交《可能损失通知书》是

索赔的前提条件。被保险人未能在保单规定期限内提交《可能损失通知书》，保险人有权降低赔偿比例，如果被保险人在规定期限后6个月内仍未提交《可能损失通知书》，保险人有权拒绝承担赔偿责任。该条款中涉及责任免除的内容采用加粗加黑字体予以提示，且投保单及投保人声明中均采用有别于其他内容的加黑加粗字体再次提醒投保单位注意涉及免除或限制保险人责任的条款，故可以认定保险人已履行对免责条款的明确说明义务。本案中，德信公司最后一笔交易的应付款日为2017年3月10日，而德信公司直至2019年9月9日才通过信保通系统向中信保公司提交《可能损失通知书》，距离保险事故发生长达2年之久，使保险人丧失及时调查保险事故原因并采取有效措施的机会。现德信公司未举证证明其有正当理由或提供有效证据证明系中信保公司行为所致，故保险人有权拒绝承担赔偿责任。

（五）短期出口信用综合险中，投保人以销售合同无效、保险标的不具有保险利益为由，主张与保险人签订的保险合同无效，请求退还保险金的，人民法院不予支持

【案例来源】

案例名称：中国航空技术上海有限公司与中国出口信用保险公司上海分公司信用保险合同纠纷案

审理法院：上海市第二中级人民法院

案　　号：（2018）沪02民终10680号

【争议点】

中国航空技术上海有限公司（以下简称中航上海公司）与中国出口信用保险公司上海分公司（以下简称出口信用保险公司）因信用保险合同纠纷引发诉讼，该案历经上海市静安区人民法院一审、上海市第二中级人民法院二审两个阶段。在二审中，当事人就中航上海公司与美梭公司所签销售合同的效力是否影响本案保险合同的效力产生争议。

【裁判说理】

中航上海公司与案外人美梭公司所签销售合同，因涉及刑事犯罪，经生效判决书认定为无效合同，但不必然影响保险合同效力。中航上海公司与案外人所签销售合同，系以合法形式掩盖非法目的，应为无效合同，对于中航上海公司主张其无保险利益，涉案保险合同无"危险性"的主张。第一，财产保险合

同中，不以投保人对保险标的具有保险利益为保险合同生效的要件，《保险法》第 12 条第 2 款要求被保险人在保险事故发生时应对保险标的具有保险利益；第 48 条明确，保险事故发生时，被保险人对保险标的不具有保险利益则不得向保险人请求赔偿保险金，即保险利益存否不必然导致保险合同效力的变化。第二，中航上海公司从事出口贸易，并向出口信用保险公司投保短期出口信用保险，保险标的系中航上海公司就出口贸易回收货款的利益，而非自具体、特定的进口商处收取货款的利益，中航上海公司向出口信用保险公司申报具体进口商的名称、贸易额，仅为双方区分、计算相应保费所需，与双方每年签订续转保单，中航上海公司根据出口贸易情况逐笔向出口信用保险公司申报，双方于约定时间进行保费核定的交易模式相符。故中航上海公司从事出口贸易，即对保险合同项下的保险标的（回收货款）具有保险利益。中航上海公司与出口信用保险公司签订的《短期出口信用保险综合保险单》系双方的真实意思表示，应为真实、有效，中航上海公司以保险合同无效而要求出口信用保险公司返还保费的请求，不应予以支持。

四、结语

在审理信用保险合同纠纷时，若出现以下五种情况的，人民法院不予支持：其一，进出口信用保险合同中约定的"纠纷先决条款"，既不属于格式条款的法定无效情形，也不属于保险人的免责条款，被保险人请求不予适用的；其二，信用保险合同中约定了限额买方，被保险人未能提供证据证明，其与限额买方进行了真实交易或者限额买方收取了货物，请求保险人承担保险责任的；其三，被保险人在买卖合同相对方拖欠货款，但无证据显示对方的经营及信用状况恶化的情况下，仍然按照交易习惯继续向对方供应货物，保险人主张按照被保险人"知险后出运"免除责任的；其四，被保险人严重迟延填报《可能损失通知书》，且不能作出合理解释的，保险人可以根据合同约定免责，被保险人请求保险人承担保险责任的；其五，短期出口信用综合险中，投保人以销售合同无效，保险标的不具有保险利益为由，主张与保险人签订的保险合同无效，请求退还保险金的。

第四节　保证保险合同纠纷

一、导论

1999年8月30日，原中国保监会在《关于保证保险合同纠纷案的复函》（保监法〔1999〕第16号）中指出："保证保险是财产保险的一种，是保险人提供担保的一种形式。"2000年8月28日，《最高人民法院关于中国工商银行郴州市苏仙区支行与中保财产保险有限公司湖南省郴州市苏仙区支公司保证保险合同纠纷一案的请示报告的复函》指出："保证保险虽是保险人开办的一个险种，其实质是保险人对债权的一种担保行为。"正确认定保证保险合同的性质，对于法院审理保证保险合同纠纷案件具有重要意义。本节以保证保险合同纠纷的案件裁判文书为研究对象，将2013年以来人民法院作出的相关裁判文书作为主要范围，归纳、提炼商品房预售合同纠纷裁判的理念和趋势，以期通过对我国案例的研究来指导司法实践。

截至2022年2月，编者在中国裁判文书网输入"保证保险合同纠纷"（案由）共检索出民事裁判文书139 333篇，其中，由最高人民法院裁判的有5篇，由高级人民法院裁判的有121篇，由中级人民法院裁判的有2768篇。在具体案例的选取上，本节遵循以下"两个优先"原则：第一，优先选择审判层级较高的裁判文书；第二，优先选择审判日期较近的裁判文书。通过形式和内容两个方面的筛选，本节最终选择了6篇裁判文书进行研究，即（2021）沪74民终1388号、（2021）川01民终22025号、（2021）皖06民终396号、（2021）鲁10民终708号、（2013）民申字第1565号、（2020）皖02民终964号。其中，由最高人民法院裁判的有1篇，裁判日期为2021年（含）之后的有4篇。

二、保证保险合同的基本理论

（一）保证保险合同的性质

在我国理论界和实务界，对保证保险性质的认识，主要有"保证说""保险说"和"二元说"三种观点。虽然我国2009年修订后的《保险法》明确规定了保证保险为财产保险业务的范围以来，对保证保险的认识逐渐倾向于"保险说"，但因《保险法》未明确界定保证保险之内涵，依旧未完全形成共识。

1."保证说"。该学说认为，尽管保证保险在形式上是保险人开办的一个险种，但形式与实质是不一致的，实质为保险人采取保险形式对债权人的一种担保行为，是保险公司借用保险形式开办的有偿保证义务，主要依据如下：（1）自契约当事人方面来说，一般保险契约只有保险人和投保人，而保证保险业务中有保证人、被保证人和债权人。（2）从制度本质方面考察，未有保险原理之存在，不符合大数法则，且所保障之危险非属偶发意外，而取决于被保证人之主观意思，如投保人故意不履行债务。（3）从收取的费用性质方面考察，购买保证保险所缴费用只是利用保险公司之名义收取的手续费或服务费，而非保险费。（4）保证保险的保险人在承担保险责任后，可以向债务人（投保人）追偿，而保险人在保险合同中一般并无追偿权。（5）保证保险合同依附于基础合同不具有独立性，符合保证合同之特征。在司法实践中，最高人民法院在早期涉及保证保险的案例时多采"保证说"，在相关复函中明确指出：保证保险是由保险人为投保人向被保险人（债权人）提供担保的保险，虽是保险人开办的险种，其实质是保险人对债权人的担保行为，适用有关担保的法律。

2."保险说"。该学说认为，保证保险实质为财产保险之一种，是保险公司以"保证"形式经营的一种新型保险业务，与保证合同存在本质区别，主要理由如下：（1）就保险契约之特性而论，保险契约为双务契约，保证契约一般为无偿单务契约，本质上有所差异。（2）从当事人角度考察，保险契约只有保险人与投保人，忽略了保险契约有为第三人利益投之可能和情形。（3）从保险原理方面考察，保险事故是否具有偶发性，不应根据投保人是否故意，而应以保险人承担保险责任是否违反诚信原则或者公序良俗为判断标准。

且保险事故之偶发性应解释为保险契约订立之际尚未确定之状态即可，即使依投保人的意思所发生的事故亦不能认定其缺乏偶然性。在司法实践中，最高人民法院在2003年后由之前的"保证说"开始向"保险说"转变，如2003年的《最高人民法院关于审理保险纠纷案件若干问题的解释》（征求意见稿）规定：法院在审理保证保险合同纠纷确定当事人权利义务时，应适用保险法；保险法未作规定的，才适用担保法。福建省高级人民法院在相关规范指引中对保证保险合同的法律性质更明确规定如下：保证保险合同是指借款合同或借款担保合同的债务人向保险人投保，若债务人不履行借款合同或者借款担保合同约定的义务，导致债权人权益受到损失时，由保险人承担保险赔偿责任的财产保险合同。

3."二元说"。该学说认为，保证保险兼具"保险"和"保证"双重属性，且二者是无法割裂的。虽然保证与保险的性质不同，但均有存在的价值，两者可以相辅相成共同发挥作用。保证保险合同是混合合同，不属于保证合同或者保险合同中的任何一种，在合同中涉及保险和保证的部分分别适用不同的法律。"二元说"的另一种解释为，保证保险合同的性质要根据具体的合同内容确定，不能"一刀切"地归为保证或者保险，要根据个案的实际内容来确定适用《保险法》抑或《民法典》关于保证合同之规定。

（二）保证保险合同是否具有独立性

保证保险合同之独立性，是指其与基础合同是否存在主从合同关系，效力是否受基础合同的影响，在理论界和实务界存在否定说和肯定说的两种主张。否定说认为，保证保险合同从属于基础合同，为主从合同关系；基础保险合同无效，保证保险合同亦无效。梁慧星教授持上述观点，并认为基础合同无效导致保证保险合同保险标的消灭。肯定说则主张保证保险合同保险标的为被保险人依法或者依照合同约定而享有的权利，尽管该权利基于基础合同而产生，但基础合同与保证保险合同不是主从关系；基础合同无效并不必然导致保证保险合同无效，保证保险合同具有独立性。随着对保证保险合同性质认识的加深，肯定说为主流观点。任自立教授提出，保证保险合同为无因合同，无因性成就了其独立性。最高人民法院在相关判决中认为：在保险合同法律关系中，尽管其他民事合同的权利义务是保险人确定承保条件的基础，但并不能改变两个合同在实体与程序上的法律独立性，其他民事合同与保险合同并不存在主从合同关系。[①]本书认为,保证保险合同的保险标的为被保险人享有的权利,主要为合同债权,为债权请求权保险利益。保证保险的保险标的和保险利益基于基础合同而产生,但并不是唯有效基础合同才产生权利。无论基础合同是否成立或者有效,均能产生合同债权,被保险人即具有保险利益,该保证保险合同就是有效的。发生约定的保险事故的,保险人即应承担保证保险责任。因此,保证保险合同具有独立性,其效力不受基础合同的影响。即使基础合同不成立、无效或者被撤销等,并不必然导致保证保险合同产生同等法律后果。当然,基础合同的效力也会对保证保险合同的效力发生影响,但发生影响的并不是基础合同的效力,而是保险标的或者保险利益原则的体现。如在投保人采取欺诈手段骗保骗贷的情况下,保证保险合同无效是因为保险危险是确定发生的,或者说因保险标的不存在导致被保险人不具有保险利益。如保险合同约定以特定的有效贷款合同债权作为保险标的,若贷款合同无效,无法产生特定债权,保证保险合同则因保险标的和保险利益自始不存在而无效。

(三) 保证保险合同纠纷中各合同主体的诉讼地位

1. 对于当事人在保证保险合同中约定了保险公司具有先诉抗辩权(或穷尽债务人的财产后才补充清偿)的情况,应当认定保险公司提供的保证保险具有一般保证的性质。根据担保法的规定,不管债权人是否先诉了债务人,依据不告不理原则,法院均不应该直接追加债务人作为共同被告或第三人参加诉讼。对于债权人没有举证证明其已向债务人提起过诉讼或仲裁且债务人已无可供执行的财产的情况,应该裁定驳回其起诉并告知其先诉债务人。对于有证据证明债务人已无可供执行的财产的情况,法院应当直接审理债权人对保险公司的索赔请求,将债务人列为共同被告或第三人已无必要。

2. 保证保险合同对保证方式没有明确约定的情况。根据《民法典》第686条规定,当事人对保证方式没有约定或者约定不明确的,按照一般保证承担保证责任。

3. 在特殊的情况下,法院也可依职权将债务人追加为第三人。如果保险人

[①] 参见最高人民法院关于神龙汽车有限公司与华泰财产保险股份有限公司保险合同纠纷管辖权的民事判决书(2000年经终字第295号)。

主张据以签订保证保险合同的主债务合同无效,或者法院在审理保证保险合同纠纷过程中发现债权合同可能无效,由于合同无效的法律后果直接关系到债务人,债务人对案件的处理结果就存在法律上的利害关系,人民法院就应该依《民事诉讼法》第 59 条的规定,允许或追加债务人作为第三人参加案件的诉讼。但是,当前法官在错案追究责任制度的影响下,当面临可追加可不追加的情况时,会选择追加当事人,因为这样可避免被上级法院以漏列当事人为由发回重审,减少责任风险。

三、关于保证保险合同纠纷的裁判规则

（一）保险单约定的受益人在出具函件索赔未能及时得到理赔的情况下,有权以自身名义起诉要求予以审理

【案例来源】

案件名称：天安财产保险股份有限公司与紫森（厦门）供应链管理有限公司财产保险合同纠纷案

审理法院：上海金融法院

案　　号：（2021）沪 74 民终 1388 号

【争议点】

天安财产保险股份有限公司（以下简称天安财保）与紫森（厦门）供应链管理有限公司（以下简称紫森供应链）因保证保险合同纠纷引发诉讼,该案历经上海市浦东新区人民法院一审、上海金融法院二审两个阶段。在二审中,当事人就被上诉人作为保险单约定的受益人是否有权提起原审诉讼的问题产生争议。

【裁判说理】

天安财保与紫森供应链签订的保险单第 12 条的特别约定中,均记载了紫森供应链为该保险的唯一受益人（赔款领受人）,紫森供应链作为保单中确定的唯一保险金领受人,且在紫森供应链向天安财保出具函件索赔的情况下,天安财保也在《兑付函》中向紫森供应链确认未兑付部分均属于保险责任。根据上述事实,在天安财保未能及时理赔的情况下,紫森供应链有权以自身名义起诉要求予以理赔,天安财保称紫森供应链无权以自身名义起诉,应由 ×× 股份

公司等起诉的主张，难以成立。同时，根据原审中查明的事实，某中心出具了相应的管理报告，管理报告中确认了底层资产拖欠本息的重大事项说明。按照保单约定，底层资产未按时支付相应本息应当视为保险事故。本案中，紫森供应链发出理赔申请后，天安财保于 2018 年 11 月 27 日出具的《兑付函》也载明，紫森供应链未获得清偿的剩余本金及相应利息未兑付部分属于保险责任。根据保单约定内容及天安财保对保险责任的确认，应当认为保单中约定的保险事故已经出现，天安财保应当予以理赔。天安财保二审中所称兑付函中"鉴于"表述含义为附条件生效，而其出具兑付函之时并未完全掌握相关信息，故不能以《兑付函》中的内容作为依据，因无相应的证据予以佐证，对此难以确认。

（二）当事人未明确表示仅行使保险人代位求偿权，其诉讼请求包含了代偿款、未付保费、违约金等，争议范围超过保险人行使代位求偿权所能主张权利的范围，则案由应确定为保证保险合同纠纷

【案例来源】

  案件名称：中国大地财产保险股份有限公司四川分公司与王某保证保险合同纠纷案

  审理法院：四川省成都市中级人民法院

  案 号：（2021）川 01 民终 22025 号

【争议点】

  中国大地财产保险股份有限公司四川分公司（以下简称大地财保四川分公司）与王某因保证保险合同纠纷引发诉讼，该案历经四川省成都市武侯区人民法院一审、四川省成都市中级人民法院二审两个阶段。在二审中，当事人就本案的案由应如何确定的问题产生争议。

【裁判说理】

  民事案件案由是案件所涉及的民事法律关系性质的反映，是案件诉讼争议所涉及的法律关系的概括，民事案件案由应当依据当事人主张的民事法律关系的性质来确定。本案大地财保四川分公司一审诉讼请求为判令王某向其支付代偿款项、逾期保费、违约金及律师费，其诉请的依据是其与王某签订的个人贷款保证保险合同。当事人有权选择不同的途径依据不同的基础法律关系主张权利，本案大地财保四川分公司既可以根据《保险法》规定的保险

人代位求偿权请求王凯赔偿其理赔款，又可以根据案涉合同约定向王某主张代偿款、未付保费、违约金等。大地财保四川分公司未明确表示仅行使保险人代位求偿权，其诉讼请求包含代偿款、未付保费、违约金等，争议范围超过保险人行使代位求偿权所能主张权利的范围，故本案案由应确定为保证保险合同纠纷。

（三）投保单中关于责任免除、保险金额和免赔率等免除保险人责任的格式条款，采取加黑加粗显示方式的，视为尽到了合理说明义务

【案例来源】

案件名称：许某某与中国人民财产保险股份有限公司淮北市分公司保证保险合同纠纷案

审理法院：安徽省淮北市中级人民法院

案　　号：（2021）皖06民终396号

【争议点】

许某某与中国人民财产保险股份有限公司淮北市分公司（以下简称人保财险淮北分公司）因保证保险合同纠纷引发诉讼，该案历经安徽省淮北市相山区人民法院一审、安徽省淮北市中级人民法院二审两个阶段。在二审中，双方就许某某是否应当支付人保财险淮北分公司代偿款、未付保费合计83 620.91元及违约金的问题产生争议。

【裁判说理】

许某某上诉主张人保财险淮北分公司没有提供保险合同和保单原件，不具备担保资格，且保险单采用的是格式条款，没有尽到合理说明义务。首先，经一审法院核实，人保财险淮北分公司已在一审中提交保险单及投保单原件，保险合同不违反法律、行政法规规定，应为合法有效合同。许某某亦在保险单、投保单上签字捺手印，并对其真实性予以认可，同时许某某在投保后按月缴纳了部分保费，说明保险合同的签订是其真实意思表示，许某某作为完全民事行为能力人，应当了解投保后所产生的权利义务并应当按照合同的约定履行义务。其次，虽然人保财险淮北分公司的投保单采用的是格式合同，但在责任免除、保险金额和免赔率等免除保险人责任的格式条款中，人保财险淮北分公司采取加黑加粗显示的方式，尽到了合理说明义务，免责条款对许某某产生效力。另外，即使人保财险淮北分公司未对免责条款尽到合理说明义务，免责条

款未生效亦不影响保险合同的效力，保险合同仍为合法有效，许某某仍应当对未支付的保费 1650.85 元承担责任。

（四）保险人依据保证保险合同向被保险人代偿后，再向借款保证人要求追偿的，法院不予支持

【案例来源】

案件名称：布某1与中国人民财产保险股份有限公司威海市分公司等保证保险合同纠纷案

审理法院：山东省威海市中级人民法院

案　　号：（2021）鲁10民终708号

【争议点】

布某1与中国人民财产保险股份有限公司威海市分公司（以下简称人保财险威海公司）、布某2、王某某因保证保险合同纠纷引发诉讼，该案历经山东省威海市环翠区人民法院一审山东省威海市中级人民法院二审两个阶段。在二审中，当事人就被上诉人依据保证保险合同向银行代偿后，能否向借款保证人布某1要求追偿的问题产生争议。

【裁判说理】

《保险法》第60条第1款规定，"因第三者对保险标的的损害而造成保险事故的，保险人自向被保险人赔偿保险金之日起，在赔偿金额范围内代位行使被保险人对第三者请求赔偿的权利"。根据上述法律规定，人保财险威海公司对光大银行承担保证保险责任后，依法取得代位求偿权，但其代位求偿权的对象仅限于造成保险事故发生的布某2，布某1作为布某2的担保人，既非涉案保证保险合同的当事人，也非造成保险事故发生的当事人，不能成为人保财险威海公司代位求偿权的追偿对象，故人保财险威海公司无权基于保险代位求偿权向布某1主张权利。人保财险威海公司向光大银行理赔后，光大银行的债权已然实现，不再具备债权转让的基础，本案亦不具备适用原《担保法》第22条主债权转让、担保债权等从权利一并转让的前提，故人保财险威海公司亦无权基于债权转让向布某1主张权利。

（五）在企业借款保证保险合同中，因企业破产或倒闭，银行向保险公司主张权利，应按借款保证合同纠纷处理，适用有关担保的法律

【案例来源】

  案件名称：人保葫芦岛公司与建行葫芦岛分行保证保险合同纠纷案

  审理法院：最高人民法院

  案 号：（2013）民申字第1565号

【争议点】

  人保葫芦岛公司与建行葫芦岛分行因保证保险合同纠纷引发诉讼，该案历经辽宁省葫芦岛市中级人民法院一审、辽宁省高级人民法院二审、最高人民法院再审三个阶段。在再审中，当事人就本案所涉法律关系为保证保险法律关系，应优先适用《保险法》相关规定，本案一审及二审法院未适用《保险法》，是否属于适用法律确有错误的问题产生争议。

【裁判说理】

  最高人民法院对湖南省高级人民法院关于《中国工商银行郴州市苏仙区支行与中保财产保险有限公司湖南省郴州市苏仙区支公司保证保险合同纠纷一案的请示报告》的复函指出，"保证保险虽是保险人开办的一个险种，其实质是保险人对债权人的一种担保行为。在企业借款保证保险合同中，因企业破产或倒闭，银行向保险公司主张权利，应按借款保证合同纠纷处理，适用有关担保的法律"，故人保葫芦岛公司主张本案应优先适用《保险法》相关规定的再审理由不能被支持。

（六）被保险人与投保人达成的补充协议中明确约定，被保险人受保险合同条款拘束的，法院予以支持

【案例来源】

  案件名称：中国人寿财产保险股份有限公司芜湖市中心支公司与芜湖亚夏融资租赁有限公司等保证保险合同案

  审理法院：安徽省芜湖市中级人民法院

  案 号：（2020）皖02民终964号

【争议点】

  中国人寿财产保险股份有限公司芜湖市中心支公司（以下简称人寿芜湖公

司）与芜湖亚夏融资租赁有限公司（以下简称亚夏公司）、五河县友谊公共交通有限公司（以下简称友谊公司）因保证保险合同纠纷引发诉讼，该案历经安徽省芜湖市镜湖区人民法院一审，安徽省芜湖市中级人民法院二审两个阶段。在二审中，当事人亚夏公司是否理应受《中国人寿财产保险股份有限公司融资租赁履约保证保险条款》第28条约束的问题产生争议。

【裁判说理】

亚夏公司虽未直接与人寿芜湖公司签订融资租赁履约保证保险合同，但亚夏公司作为被保险人与人寿芜湖公司在案涉《关于融资租赁履约保证保险条款的补充协议》中明确约定，"保险人、被保险人在平等自愿的基础上协商一致，就《中国人寿财产保险股份有限公司融资租赁履约保证保险条款》之内容，做如下明确和补充……"。因而，可以认定亚夏公司接受前述保证保险条款的约束，并与人寿芜湖公司就有关条款达成进一步的明确和补充。案涉《中国人寿财产保险股份有限公司融资租赁履约保证保险条款》第28条明确约定，当发生保险事故时，投保人欠交的应付租金先行从预付款、定金、保证金等中支付，该约定的内涵清晰，且非免责条款，人寿芜湖公司亦以加粗的方式予以呈现，亚夏公司理应受该条款的约束。因而，人寿芜湖公司上诉主张要求扣除友谊公司交纳的保证金743 968.4元，有合同依据，法院依法予以支持。故，人寿芜湖公司应支付亚夏公司保险理赔款4 372 550元。

四、结语

从20世纪90年代后期开始，我国保险业推出一种名为"保证保险"的新险种。在处理保证保险合同纠纷时，应注意以下几点：一是在保险单约定的受益人在出具函件索赔未能及时得到理赔的情况下，有权以自身名义起诉要求予以理赔。二是当事人未明确表示仅行使保险人代位求偿权，其诉讼请求包含代偿款、未付保费、违约金等，争议范围超过保险人行使代位求偿权所能主张权利的范围，则案由应确定为保证保险合同纠纷。三是，投保单中关于责任免除、保险金额和免赔率等免除保险人责任的格式条款，采取加黑加粗显示方式的，视为尽到了合理说明义务。

第五节 保险人代位求偿权纠纷

一、导论

保险代位求偿权，是指保险标的由于第三人责任导致保险损失，保险人向被保险人赔偿损失后，在赔偿金额范围内依法取得向第三人请求赔偿的权利。保险中的代位求偿权最早出现在英国1906年制定的《保险法》中，该法第76条第1款规定：保险人从导致保险标的损害的情形产生之日起，取得此被保险人在该标的方面的一切权益。[①] 代位求偿权源于保险制度中的损失补偿原则，用来预防被保险人利用故意的保险事故来获取不正当利益是保险法中法律制度的根本性原则。该原则是对保险人所遭受的损害进行补偿，使其能够恢复到损害之前的状态，而不是给被保险人以额外的利益。本节以保证保险合同纠纷的案件裁判文书为研究对象，将2015年以来人民法院作出的相关裁判文书作为主要范围，归纳、提炼商品房预售合同纠纷裁判的理念和趋势，以期通过对我国案例的研究来指导司法实践。

截至2022年2月，在中国裁判文书网输入"保险人代位求偿权纠纷"（案由）共检索出民事裁判文书157 864篇，其中，由最高人民法院裁判的有27篇，由高级人民法院裁判的有726篇，由中级人民法院裁判的有11 904篇。在具体案例的选取上，本节遵循以下"两个优先"原则：第一，优先选择审判层级较高的裁判文书；第二，优先选择审判日期较近的裁判文书。通过形式和内容两个方面的筛选，本节最终选择了6篇裁判文书进行研究，即（2015）民申字第2408号、（2019）最高法民辖终460号、（2015）民申字第496号、（2019）最高法民申236号、（2021）辽民申5063号、（2020）皖02民终3190号。其中，由最高人民法院裁判的有4篇，裁判日期为2019年（含）之后的4篇。

[①] 赵娟：《保证保险代位求偿对象的司法认定》，载《法律适用》2019年第24期。

二、保险人代位求偿权纠纷的基本理论

（一）代位求偿权成立的要件

1. 保险事故的发生与第三人的过错行为必须存在因果关系。具体来讲，第一，发生的事故必须是保险合同所规定的责任事故。如果发生的事故并非保险事故，与保险人无关，也就无所谓代位求偿权。第二，发生的保险事故必须是第三人的过错行为所致，才存在被保险人对第三人具有赔偿请求权，也才可能将其转移给保险人。如果保险事故的发生与第三人无关，就应由保险人赔偿，也就不存在向责任方追索的可能。保险代位求偿权实质上就是一种债权转移，即被保险人的第三人损害赔偿请求权的转移。

2. 代位权的产生必须在保险人给付保险金之后。保险事故发生后，被保险人可以依法或依约定向第三人提出赔偿请求，如已取得赔偿，保险人无须负赔偿之责。被保险人如先向保险人索赔，保险人在支付赔偿款后应要求被保险人转移权利并积极协助向第三人追偿。如果被保险人放弃对第三人的请求权，保险人不承担赔偿金的责任。但是，在保险人向被保险人赔偿保险金，已取得代位求偿权后，被保险人未经保险人同意放弃的第三人请求赔偿的权利的，该行为无效。

3. 保险人向第三人索赔权利范围应以被保险人享有的权利为限，并且不能超过保险人赔付的金额，超过部分应归被保险人。其理由就在于保险代位求偿权的取得是由于保险人履行了赔偿义务。设立保险求偿权的目的是保护被保险人的利益，同时也防止其获得双重利益，避免道德风险。因此，不允许保险人获得超过赔偿款金额的额外利益，损害被保险人的利益。所以，代位求偿权的范围只能是小于或等于保险赔偿金额。这也是保险代位求偿权与一般债权的主要区别。在财产保险实践中，第三人应对如下行为承担民事赔偿责任：

（1）侵权行为。由于第三人的故意或过失，或者依法适用无过错原则的情况下，造成保险财产损失的行为。如因第三人的过失碰撞造成保险人承保汽车遭受损失而向第三人追偿等。

（2）不当得利。由于第三人的不当得利行为而产生的民事返还责任。

（3）共同海损。保险财产因共同海损造成损失的，被保险人有权依法向其他受益人追偿。

（4）合同责任。由于第三人在履行其与被保险人所订立合同时的违约行为造成保险财产的损失或依约应由第三人承担的民事责任。

（5）产品质量责任。当产品发生责任事故，在具体的责任人无法查清的，由产品生产者承担责任，则由保险人赔偿损失。保险人在赔付后又查明事故的实际责任人是第三人的，应向第三人求偿。

（6）保证及信用保险的追偿。保证及信用保险是从民法担保制度中的保证发展而来的，它是就被保险人履约、信用等向债权人的一种担保，在被保险人不履行债务或发生信用危机时，由保险人以支付保险金的形式履行保险合同项下被保险人的债务，由此，就产生了向被保险人追偿的权利。在保证及信用保险中，一般都要求被保险人提供反担保，如果保险人依保险合同向债权人支付保险金后，保险人就可以向反担保人或被保险人追偿。

（二）代位求偿权的取得方式

代位求偿权取得方式的不同直接影响代位求偿权以谁的名义行使。对于代位求偿权的取得方式有两种学说：一种是当然取得主义，另一种是请求取得主义。当然取得即为自然而然的取得，指的是当保险人向被保险人支付赔偿金后自然就取得代位求偿权，无须其他授权或认可。请求取得主义，就是这项权利的取得需要被认可，当被保险人得到保险人的赔付后，保险人也不能自然而然地取得代位求偿权，只有当被保险人作出明确的意思表示，即权利让渡的意思表示，保险人才能取得此项权利。当然取得主义者认为，此项权利的取得源于法律规定，是自然取得；请求取得主义者认为，此项权利源于被保险人授权，不是当然取得。代位求偿权的取得方式不同直接影响代位求偿权以谁的名义行使。当然取得主义者认为以保险公司名义行使代位求偿权，而请求取得主义者认为以被保险人名义行使代位求偿权。我国的保证保险实际业务中，保险人想要取得被保险人的代位求偿权，是需要被保险人以"权利转让书"的形式来完成权利的让渡，当保险人取得了"权利转让书"，也就意味着保险人取得代位求偿权。这种行业习惯做法的依据就是"请求取得主义"学说。而我国法律规定的代位求偿权的取得途径是当然取得。①因此，在司法实务中，即使没有权利转让书，代位求偿权取得没有任何障碍，只是案件存在权利转让时有双重取得权利保障，即法定和约定取得。因我国法律规定代位求偿权是当然取得，法律明确赋予保险人一种权利，且投保人的债权当责任主体取得补偿金后已经转移到保险人身上，代位求偿权也依法转移到其身上，所以保险人行使代位求偿权应以自己名义行使。

（三）代位求偿权行使对象的限制

我国《保险法》第62条也对保险代位权的行使对象进行了限制，即"除被保险人的家庭成员或者其组成人员故意造成本法第60条第1款规定的保险事故外，保险人不得对被保险人的家庭成员或者其组成人员行使代位请求赔偿的权利"。法律限制代位求偿权的行使对象的法理在于：在学理上，若第三者与被保险人在经济上存在利害与共的关系，具有"一致的利益"，则保险人向其行使代位求偿权，无异于在保险人向被保险人赔偿保险金之后，又将保险赔偿金从被保险人处取回，与保险的补偿目的相悖。若允许这种结果存在，被保险人通过保险分散风险，消化损失的计划势必落空，保险的功能也无从发挥。②而且，一般而言，非因严重过错行为，被保险人也不会向该责任人主张权利。基于此，其他国家（或地区）的立法也进行了相应的限制。

三、关于保险人代位求偿权纠纷的裁判规则

（一）被保险人的子公司属于被保险人的利益共同体，保险人不得向其行使追偿权

【案例来源】

案件名称：中华联合财产保险股份有限公司乌鲁木齐市沙依巴克区支公司与德汇置业集团有限公司等保险人代位求偿权纠纷案

---

① 《保险法》第60条第1款规定："因第三者对保险标的的损害而造成保险事故的，保险人自向被保险人赔偿保险金之日起，在赔偿范围内代位行使被保险人对第三者请求赔偿的权利。"该条并没有规定保险人取得代位求偿权需要被保险人授权。

② 桂裕：《保险法论》，我国台湾地区三民书局1981年版，第154页。

审理法院：最高人民法院

案　　号：（2015）民申字第 2408 号

【争议点】

中华联合财产保险股份有限公司乌鲁木齐市沙依巴克区支公司（以下简称中华保险公司）与德汇置业集团有限公司（以下简称德汇公司）、钱某某、张某某因保险人代位求偿权纠纷引发诉讼，该案历经新疆维吾尔自治区乌鲁木齐中级人民法院一审、新疆维吾尔自治区高级人民法院二审、最高人民法院再审三个阶段。在再审中，双方就关于中华保险公司能否代火车头公司向德汇公司请求赔偿的问题产生争议。

【裁判说理】

《保险法》第 62 条规定："除被保险人的家庭成员或者其组成人员故意造成本法第六十条第一款规定的保险事故外，保险人不得对被保险人的家庭成员或者其他组成人员行使代位请求赔偿的权利。"尽管目前对该条款中被保险人的组成人员范围尚无具体界定，但该条款实际是限制代位求偿权的相对人，目的在于保护与被保险人属于利益共同体的第三人。在本案中，火车头公司作为德汇公司的全资子公司，尽管两公司在法律关系上属于彼此独立的法人，但在经济利益上具有高度一致性，应属于利益共同体，德汇公司在火灾中承受实际损失，并事后出面协调解决问题，赔付受灾商户，中华保险公司根据保险合同向火车头公司赔付的保险金也应实际用于补偿德汇公司的损失和支出，故中华保险公司要求德汇公司返还该笔保险金显然不符合我国《保险法》第 62 条的立法本意。

（二）因第三者对保险标的的损害造成保险事故，保险人向被保险人赔偿保险金后，代位行使被保险人对第三者请求赔偿的权利而提起诉讼的，应当根据保险人所代位的被保险人与第三者之间的法律关系确定管辖法院

【案例来源】

案件名称：深圳市新宁现代物流有限公司与中国人民财产保险股份有限公司北京市分公司等保险人代位求偿权纠纷案

审理法院：最高人民法院

案　　号：（2019）最高法民辖终 460 号

第三章

保险纠纷

【争议点】

深圳市新宁现代物流有限公司（以下简称深圳新宁公司）与中国人民财产保险股份有限公司北京市分公司（以下简称中国财保北京分公司）、江苏新宁现代物流股份有限公司（以下简称江苏新宁公司）因保险人代位求偿权纠纷引发诉讼，该案历经湖北省高级人民法院一审、最高人民法院二审两个阶段。在二审中，当事人就案涉协议管辖是否成立，湖北省高级人民法院对本案有无管辖权的问题产生争议。

【裁判说理】

本案是保险人中国财保北京分公司向被保险人履行完赔付义务后，对江苏新宁公司、深圳新宁公司因违约行为造成被保险财产的灭失或损毁，而提起的保险人代位求偿诉讼。保险代位求偿权应当根据保险人所代位取得的被保险人与第三人的合同关系或者侵权关系来确定管辖，故本案管辖应根据被保险人与江苏新宁公司、深圳新宁公司之间的合同关系来确定。联想移动通信科技有限公司、被保险人与江苏新宁公司在湖北省武汉市共同签订《基础协议》，协议第11.3条约定，"任何因本协议的解释和执行引起的或与之有关的争议和纠纷，经双方协商解决未果的，双方同意提交协议签订地人民法院裁决"。联想移动通信科技有限公司、被保险人与深圳新宁公司签订的《参加协议》约定，双方均希望在采购活动中援引《基础协议》的全部条款和条件，故《基础协议》中协议管辖约定对深圳新宁公司也具有约束力。《民事诉讼法》第35条规定："合同或者其他财产权益纠纷的当事人可以书面协议选择被告住所地、合同履行地、合同签订地、原告住所地、标的物所在地等与争议有实际联系的地点的人民法院管辖，但不得违反本法对级别管辖和专属管辖的规定。"本案中，《基础协议》中明确约定发生争议由"协议签订地人民法院裁决"，该协议管辖约定对深圳新宁公司也具有约束力，在《参加协议》的《补充协议》中，被保险人、联想移动通信科技有限公司与深圳新宁公司在协议的首段中已明确合同签订地为湖北省武汉市，据此，合同签订地湖北省武汉市的相关法院有管辖权。

（三）除非当事人在保险合同中约定缴纳保费为保险合同的生效要件，否则以保险合同未约定交付保险费的期限为由，认定保险人依法取得代位求偿权的，人民法院不予支持

【案例来源】

案件名称：中国太平洋财产保险股份有限公司北京分公司与宁夏中钢活性炭有限公司保险人代位求偿权纠纷案

审理法院：最高人民法院

案　　号：（2015）民申字第496号

【争议点】

宁夏中钢活性炭有限公司（以下简称中钢公司）与太平洋财产保险股份有限公司北京分公司（以下简称太平洋保险公司）因保险人代位求偿权纠纷引发诉讼，该案历经宁夏回族自治区石嘴山市中级人民一审、宁夏回族自治区高级人民法院二审、最高人民法院再审三个阶段。在再审中，当事人就原审判决以保险合同未约定交付保险费的期限为由认定被申请人取得代位求偿权是否正确的问题产生争议。

【裁判说理】

《保险法》第13条规定：投保人提出保险要求，经保险人同意承保，保险合同成立。保险人应当及时向投保人签发保险单或者其他保险凭证。依法成立的保险合同，自成立时生效。投保人和保险人可以对合同的效力约定附条件或者附期限。第14条规定："保险合同成立之后，投保人按照约定交付保险费，保险人按照约定的时间开始承担保险责任。"由上述规定可见，除非当事人在保险合同中约定缴纳保险费为保险合同的生效要件，否则，投保人提出保险要求，经保险人同意承保，保险合同即有效成立。缴纳保险费是保险合同有效成立后投保人应履行的合同义务，而非保险合同的生效要件。本案中，尽管案涉《财产一切险保险单》载明"鉴于本保险单明细表中所列明的被保险人向中国太平洋保险公司提出书面投保申请和有关资料，并向保险公司缴付了本保险单明细表中所列的保险费，保险公司同意按保险单的规定负责赔偿在本保险单明细表中列明的保险期限内被保险财产遭受的损坏或毁灭，并特立本保险单为凭"，但该表述并不能当然解释为只有永威公司缴纳了保险费，保险公司的保险责任才开始。因此，案涉保险费缴纳与否属于保险合同的履行问题，并不影

响保险合同的成立与生效。因此，申请人原审判决以保险合同未约定交付保险费的期限为由，认定被申请人依法取得代位求偿权属于故意忽略案件主要事实及对证据认定错误的申请理由不能成立。

（四）被保险人和第三者在保险事故发生前达成的仲裁协议，对保险人行使代位求偿权具有约束力

【案例来源】

案件名称：中国人民财产保险股份有限公司广州市分公司与哈尔滨电气股份有限公司等保险人代位求偿权纠纷案

审理法院：最高人民法院

案　　号：（2019）最高法民申236号

【争议点】

中国人民财产保险股份有限公司广州市分公司（以下简称人保广州分公司）与哈尔滨电气股份有限公司（以下简称哈尔滨电气公司）、美国通用电气公司因保险人代位求偿权纠纷引发诉讼，该案历经广东省广州市中级人民法院一审、广东省高级人民法院二审、最高人民法院再审三个阶段。在再审中，当事人就原审认定的本案纠纷不属于人民法院主管，裁定驳回人保广州分公司的起诉，适用法律是否错误的问题产生争议。

【裁判说理】

本案系人保广州分公司向被保险人赔偿保险金后，依据《保险法》第60条规定提起的保险人代位求偿权之诉。根据本案查明的事实，案外人（被保险人）广州珠江天然气发电有限公司与哈尔滨电气公司、通用电气公司签订的《联合循环项目合同》第18条"争端解决"条款载明："双方因合同产生的或与合同相关的争端应通过友好协商解决。若未能达成一致解决方案，应将争端提交至中国国际经济贸易仲裁委员会（CIETAC）供其根据国际商会仲裁规则进行仲裁。"该仲裁协议系合同双方自愿达成，且不违反法律、行政法规的强制性规定，应认定有效。《联合循环项目合同》签订时间为2004年9月25日，而案涉保险合同签订于2013年5月31日，人保广州分公司在签订该保险合同时应当知道上述仲裁协议的存在，且没有证据证明其明确表示反对该仲裁协议。原审认为案涉仲裁协议对人保广州分公司具有约束力，并根据《仲裁法》第26条关于"当事人达成仲裁协议，一方向人民法院起诉未声明有仲裁协议，

人民法院受理后，另一方在首次开庭前提交仲裁协议的，人民法院应当驳回起诉，但仲裁协议无效的除外"的规定，认定本案争议不属于人民法院主管，裁定驳回人保广州分公司的起诉，适用法律并无不当。

（五）被保险人就应由保险公司赔偿部分的损失先行向承运方放弃了请求赔偿的权利，其无权再将其已经向承运方放弃的权利转让给保险人代位行使

【案例来源】

案件名称：安华农业保险股份有限公司沈阳中心支公司与齐某某等保险人代位求偿权纠纷案

审理法院：辽宁省高级人民法院

案　　号：（2021）辽民申 5063 号

【争议点】

安华农业保险股份有限公司沈阳中心支公司（以下简称安华保险公司）与齐某某、王某某、抚顺市润通物流运输有限公司因保险人代位求偿权纠纷引发诉讼。该案历经辽宁省望花区人民法院一审、辽宁省抚顺市中级人民法院二审、辽宁省高级人民法院再审三个阶段。在再审中，双方就安华保险公司主张由于第二人的行为导致案涉事故发生，安华保险公司先行履行保险赔偿义务后依法享有代位求偿权的问题产生争议。

【裁判说理】

《保险法》第 60 条规定："因第三者对保险标的的损害而造成保险事故的，保险人自向被保险人赔偿保险金之日起，在赔偿金额范围内代位行使被保险人对第三者请求赔偿的权利。"本案中，经原审查明，案涉《沈阳中宇通物流有限公司运输合同》约定：由于运输途中造成丢失损坏（不含自然损坏）由车方赔偿保险公司免赔部分。即由于运输途中造成丢失损坏应由保险公司赔偿部分，不用车方赔偿。由于中宇通公司就应由保险公司赔偿部分的损失，先行向承运方放弃了请求赔偿的权利，其在收到安华保险公司的赔款后，当然无权再将其已经向承运方放弃的权利转让给安华保险公司代位行使，故原审判决认定安华保险公司无权向三被申请人行使保险代位求偿权并无不当。

（六）保险公司向机动车一方支付了车辆损失险的保险赔偿款后，向非机动车一方行使代位求偿权的，人民法院应予支持

【案例来源】

案件名称：王某某与中国人民财产保险股份有限公司芜湖市分公司等代位求偿权纠纷案

审理法院：安徽省芜湖市中级人民法院

案　　号：（2020）皖02民终3190号

【争议点】

王某某与中国人民财产保险股份有限公司芜湖市分公司（以下简称人保芜湖分公司）、雍某某因保险人代位求偿权纠纷引发诉讼，该案历经安徽省芜湖市镜湖区人民法院一审、安徽省芜湖市中级人民法院二审两个阶段。在二审中，双方就人保芜湖分公司请求王某某支付其垫付雍某某的车辆损失费的法律依据问题产生争议。

【裁判说理】

根据《保险法》第60条第1款规定，"因第三者对保险标的的损害而造成保险事故的，保险人自向被保险人赔偿保险金之日起，在赔偿金额范围内代位行使被保险人对第三者请求赔偿的权利"。保险人取得代位求偿权的前提有二：一是保险事故系因第三者对保险标的的损害而造成；二是保险人已向被保险人进行赔偿。本案中，造成被保险人雍某某的车辆受损，经交警部门认定，王某某对本起事故负主要责任，对事故发生导致雍某某的车辆受损存在过错。人保芜湖分公司作为保险人已向被保险人雍某某进行赔偿，雍某某也已出具了机动车辆索赔权转让书，因此，人保芜湖分公司依法取得代位求偿权，人保芜湖分公司请求王某某支付其垫付雍某某车辆损失费有事实和法律依据。

四、结语

在处理保险人代位求偿权纠纷时，应注意：因第三者对保险标的的损害造成保险事故，保险人向被保险人赔偿保险金后，代位行使被保险人对第三者请求赔偿的权利而提起诉讼的，应当根据保险人所代位的被保险人与第三者之间的法律关系确定管辖法院。同时，被保险人就应由保险公司赔偿部分的损失，

先行向承运方放弃了请求赔偿的权利，那么其无权再将其已经向承运方放弃的权利转让给保险人代位行使。如果保险公司向机动车一方支付了车辆损失险的保险赔偿款，则其有权向非机动车一方行使代位求偿权。

第六节　人身保险合同纠纷

一、导论

人身保险合同作为与财产保险合同并列的又一类基本保险，对社会经济秩序和生活秩序具有重要作用。本节以人身保险合同的案件裁判文书为研究对象，将2016年以来人民法院作出的相关裁判文书作为主要范围，归纳、提炼人身保险合同纠纷裁判的理念和趋势，以期通过对我国案例的研究来指导司法实践。

截至2021年2月，在中国裁判文书网输入"人身保险合同纠纷"（案由）共检索出民事裁判文书60 448篇，其中，由最高人民法院裁判的有5篇，由高级人民法院裁判的有1278篇，由中级人民法院裁判的有15 425篇。在具体案例的选取上，本节遵循以下"两个优先"原则：第一，优先选择审判层级较高的裁判文书；第二，优先选择审判日期较近的裁判文书。通过形式和内容两个方面的筛选，本节最终选择了6篇裁判文书进行研究，即（2021）沪01民终12395号、（2020）黑民再372号、（2016）京03民终3048号、（2019）苏06民终3278号、（2019）川民再597号、（2017）最高法民申5048号。其中，由最高人民法院裁判的有1篇，由高级人民法院裁判的有2篇，裁判日期为2019年（含）之后的有4篇。

二、人身保险合同纠纷的基本理论

（一）人身保险合同的概念

我国《保险法》第 12 条第 3 款规定："人身保险是以人的寿命和身体为保险标的的保险。"人身保险合同是指以投保人与保险人约定缴纳保险费为生效条件，当被保险人在保险期间内因保险事故发生而导致死亡、伤残、疾病，或者生存到约定的年龄、期限时，保险人向被保险人或受益人承担给付保险金义务的合同。人身保险合同的具体保险责任包括：死亡保险责任是当被保险人死亡时，保险人按约定给付死亡保险金；生存保险责任是当被保险人生存至约定的年龄、期限时，保险人按约定给付生存保险金。类似的还有伤残保险责任、医疗保险责任和收入损失保险责任等。

（二）人身保险合同的主要特征

除了具备保险合同共有的特征，人身保险合同尤其是人寿保险合同，还具有以下主要特点：

1. 人身保险合同的保险标的是被保险人的身体或寿命。人的生命或身体遭受保险事故造成的后果包括：（1）生命的丧失；（2）由身体的伤残、疾病引发的医疗费用；（3）因丧失劳动能力或其他原因而产生的收入损失或经济需要；（4）精神上的痛苦等。

2. 人身保险合同是定额给付合同。人身保险合同的保险标的为人的生命或身体，而人的生命或身体本身不是商品，是不宜用货币来衡量的，故人身保险合同不存在保险价值，其保险金额不是以保险标的的价值为依据，而是由保险人与投保人协商约定来确定。

区别于财产保险的补偿性，人身保险合同提供的是一种对人身风险的保障，是对被保险人或受益人提供的经济上的帮助和支持，而并非以实际损失为限。只要发生保险事故造成被保险人死亡、伤残或者疾病，或者被保险人生存至合同约定年龄、期限，保险人就要按约定给付保险金。

3. 人身保险合同不存在代位求偿权。被保险人因第三者行为而发生死亡伤残或者疾病等保险事故时，被保险人或受益人可以在保险人给付保险金后保留对第三者请求赔偿的权利。

4. 人身保险合同是以长期合同为主的保险合同。大多数人身保险合同（人寿保险合同）都是长期性的，历经几年、几十年甚至终身。原因在于被保险人的年龄越大，其寻求保险保障的需求越大，而其交费能力存在下降。人身保险合同采取长期保险的形式，有利于降低保险费用，增强保障作用，这区别于财产保险合同多以1年为期。

5. 人身保险合同具有储蓄性质、返还性。人身保险合同主要是将投保人多次缴纳的保险费集中起来，构成人身保险责任准备金，并最终以保险金的形式返还给被保险人或受益人。因此，人身保险合同具有储蓄性质。人身保险合同的保险期限届满后，保险人返还的保险金相当于保险费总和加上一定比例的利息。投保人和被保险人可以享有储蓄方面的权利，诸如抵押贷款权，中途解除人身保险合同要求返还合同现金价值的权利等，这区别于财产保险合同的补偿性。

6. 人身保险合同的保险费不得诉讼请求。《保险法》第38条规定："保险人对人寿保险的保险费，不得以诉讼方式要求投保人支付。"无论投保人是趸交还是分期缴纳保险费，保险人不得强制投保人缴纳保险费。若选择分期缴纳保险费，投保人超过约定的期限或宽限期内未支付当期保险费的，保险合同效力中止，或者由保险人按照约定减少保险金额，保险人不得诉讼投保人支付保险费。

（三）人身保险合同的常见条款

1. 不可抗力条款。又称不可争辩条款，是指人身保险合同中约定的在投保人与保险人订立合同后，存在一个不可争辩期，一般为2年的条款。若在该期限内被保险人没有发生保险事故，即使在保险合同订立时投保人未履行如实告知义务的，依然认为保险合同有效，保险人不得以投保人误告或隐瞒事实为由主张保险合同无效或拒绝给付保险金。也即人身保险合同过了一定期限后，其效力具有不可争辩性，除非因投保人不缴纳保险费而效力中止。

设立该条款的现实必要性在于，人身保险合同的标的是人的生命或身体，而且大多数期限较长、保险标的的身体状况容易发生变化，即使投保人未履行如实告知义务。在2年内若未发生保障事故，也不足以增加保险人对被保险人风险测量的评估。而且在2年之后，若要再次确认2年前被保险人的身体状况，也存在技术上的困难。

该条款的意义在于：一方面，存在可抗辩期，保险人在可抗辩期内存在宣告保险合同无效的权力，这就要求投保人不得投机取巧，而应履行如实告知的义务；另一方面，在过了一定期限后，保险合同的效力变得不可争辩，有利于保护被保险人的利益，实现人身保险的风险保障作用。可见，该条款兼顾了双方的利益和公平性。

我国《保险法》第16条第3款中规定，自合同成立之日起超过2年的，保险人不得解除合同；发生保险事故的，保险人应当承担赔偿或者给付保险金的责任。

2. 年龄误告条款。是指人身保险合同中约定的当被保险人的年龄出现误告时，应对此进行更改的条款。保险人有权在抗辩期内依法解除保险合同并无息退还保险费，或要求补交所欠保险费，或在给付保险金时按照投保人实付保险费与应付保险费的比例支付。该条款产生的原因在于：在订立保险合同时，基于最大诚信原则，一般不对被保险人的年龄进行严格审查。但对于人身保险合同而言，被保险人的年龄等身体状况会对保险人是否承保以及保险费率的高低产生影响。如果该事实在抗辩期后发现，根据不可抗辩条款，保险合同的效力具有不可争议性，会损害保险人的利益，故设计该条款以保证保险合同的公平性。

按照我国《保险法》第32条，具体有以下处理方法：（1）投保人申报的被保险人年龄不真实，并且其真实年龄不符合合同约定的年龄限制的，保险人可以解除合同，并按照合同约定退还保险单的现金价值。（2）投保人申报的被保险人年龄不真实，致使投保人支付的保险费少于应付保险费的，保险人有权更正并要求投保人补交保险费，或者在给付保险金时按照实际保险费与应付保险费的比例支付。（3）投保人申报的被保险人年龄不真实，致使投保人支付的保险费多于应付保险费的，保险人应当将多收的保险费退还投保人。

3. 宽限期条款。是指人身保险合同中约定的存在一个较短的期限，一般为30天或60天，对于投保人而言，从应缴保险费之日起，在该期限内若因资金周转困难等原因未及时缴纳保险费的，保险合同仍然有效，发生保险事故时，保险人应当给付保险金，但超过了宽限期则保险合同失效的条款。该条款产生是因为人身保险合同大多是长期保险合同，且一般分期缴纳保险费，而在较长的时间中，投保人的资金状况存在不确定性，也可能因其他事务耽误缴费时机。如果严格按照应缴保险费日是否缴纳当期保险费，则往往容易使被保险人失去保险保障，达不到保险合同的订立初衷，故引入宽限期条款。

我国《保险法》第36条规定："合同约定分期支付保险费，投保人支付首期保险费后，除合同另有约定外，投保人自保险人催告之日起超过三十日未支付当期保险费，或者超过约定的期限六十日未支付当期保险费的。合同效力中止，或者由保险人按照合同约定的条件减少保险金额。被保险人在前款规定期限内发生保险事故的，保险人应当按照合同约定给付保险金。但可以扣减欠交的保险费。"

4.复效条款。是指人身保险合同中约定的在保单失效后的2年内，若投保人与保险人协商达成一致并补交保险合同失效期的保险费及利息，则保险合同可以恢复效力的条款。该条款的产生是因为人身保险合同存在长期性，投保人有时因未能及时缴纳保险费而使保险合同失效，但是投保人仍然想获得保险保障。采用保险合同复放的方式比重新订立保险合同更为简单易行，尤其是当被保险人年龄已经超过承保年龄限制时，只能通过复效方式来继续获得保险保障。

我国《保险法》第37条规定："合同效力依照本法第三十六条规定中止的，经保险人与投保人协商并达成协议，在投保人补交保险费后，合同效力恢复。但是，自合同效力中止之日起满二年双方未达成协议的，保险人有权解除合同。保险人依照前款规定解除合同的。应当按照合同约定退还保险单的现金价值。"

5.贷款条款。是指人身保险合同中约定的保单生效1年或2年后，投保人出现资金周转困难等问题时，可以向保险人提出以保单作为抵押的贷款，其贷款金额应低于该保单项下积累的责任准备金或保单现金价值，投保人应按期归还贷款本息的条款。对于此期间发生的保险事故，保险人有权从保险金中扣除贷款本息。如果贷款本息超过了责任准备金或保单现金价值，则保险合同无效。基于人身保险单具有的有价证券性质，此条款是为了满足投保人在较长的保险费缴纳期限中因突发资金困难而产生的获取款项需要。投保人急需款项时就可能办理退保业务，这对于保险人是一种业务上的损失，而且当投保人恢复资金周转时，如若要再次获得保险保障。需要与保险人再次订立保险合同，这十分不便，故采用以保单作抵押的贷款手段来协调保险人与投保人的利益关系。

另外。我国《保险法》第 34 条第 2 款规定，按照以死亡为给付保险金条件的合同所签发的保险单，未经被保险人书面同意，不得转让或者质押。

三、关于人身保险合同纠纷的裁判规则

（一）投保人的如实告知义务限于保险人询问的范围和内容，对于保险人未询问的事项，投保人无须主动告知，保险人不能以投保人未履行如实告知义务主张免赔

【案例来源】

案件名称：中国人民财产保险股份有限公司辽阳市分公司与刘某某等机动车交通事故责任纠纷案

审理法院：上海市第一中级人民法院

案　　号：（2021）沪 01 民终 12395 号

【争议点】

中国人民财产保险股份有限公司辽阳市分公司（以下简称人保公司辽阳分公司）与刘某某、上海文拓包装材料有限公司（以下简称文拓公司）因机动车交通事故责任纠纷引发诉讼，该案历经上海市闵行区人民法院一审、上海市第一中级人民法院二审两个阶段。在二审中，当事人就人保公司辽阳分公司是否有权以涉案保险合同已解除为由免除其保险责任的问题产生争议。

【裁判说理】

关于人保公司辽阳分公司是否有权单方解除涉案保险合同。人保公司辽阳分公司作为专业的保险机构，应在承保时对涉案车辆是否为新车尽到审慎审查义务。投保人的如实告知义务限于保险人询问的范围和内容。现人保公司辽阳分公司未提供充分证据证明其询问的范围和内容包括涉案车辆是否为新车，其主张文拓公司违反如实告知义务，缺乏依据，人保公司辽阳分公司无权以此为由主张解除保险合同。

（二）投保人声明中没有具体免责内容，且无证据证明已向投保人送达包含免责条款的《示范条款》，该免责条款无效

【案例来源】

案件名称：哈尔滨三川物流有限公司与中国太平洋财产保险股份有限公司哈尔滨中心支公司等机动车交通事故责任纠纷案

审理法院：黑龙江省高级人民法院

案　　号：（2020）黑民再372号

【争议点】

哈尔滨三川物流有限公司（以下简称三川公司）与中国太平洋财产保险股份有限公司哈尔滨中心支公司（以下简称太平洋保险公司）、哈尔滨巍洋物流有限公司（以下简称巍洋公司）因机动车交通事故责任纠纷引发诉讼，该案历经黑龙江省哈尔滨市平房区人民法院一审、黑龙江省哈尔滨市中级人民法院二审、黑龙江省高级人民法院再审三个阶段。在再审中，当事人就太平洋保险公司对于免责条款是否尽到了明确说明义务的问题产生争议。

【裁判说理】

《保险法》第17条规定的"明确说明"，是指保险人与投保人签订保险合同之前或者签订保险合同之时，对于保险合同中所约定的免责条款，除了在保险单上提示投保人注意外，还应当对有关免责条款的概念、内容及其法律后果等，以书面或口头形式向投保人或其代理人作出解释，以使投保人明晰该条款的真实含义和法律后果。同时，《最高人民法院关于适用〈中华人民共和国保险法〉若干问题的解释（二）》第13条规定："保险人对其履行了明确说明义务负举证责任。投保人对保险人履行了符合本解释第十一条第二款要求的明确说明义务在相关文书上签字、盖章或者以其他形式予以确认的，应当认定保险人履行了该项义务。"由此可知，法律规定对保险合同中的免除保险人责任的条款，应在保险合同订立时，在投保单或者保险单等保险凭证上，以足以引起投保人注意的文字、字体、符号或者其他明显标志作出提示。如果以书面或者口头形式向投保人对保险人免责事由作出解释说明的，保险人应举证投保人在相关文书上签字、盖章或其他形式予以确认。本案三川公司投保的《保险单》(副本)、《神行车保系列产品投保单》均在太平洋保险公司处，且均未有太平洋保险公司免责条款的内容。虽然《神行车保系列产品投保单》中的投保

人声明中有"本投保人已经收到了条款全文及投保告知书,仔细阅读了保险条款,尤其是加黑突出标注的、免除保险人责任部分的条款内容"等字样,并加盖"三川公司保险专用章",但该投保人声明中没有具体的免责内容,也未体现太平洋保险公司对免责条款进行了任何书面或者口头形式的明确说明,且该声明落款处没有投保日期,不能证明是当年投保的保单。虽然太平洋保险公司称《中国保险行业协会机动车综合商业保险示范条款》中有免责条款,但《中国保险行业协会机动车综合商业保险示范条款》未加盖三川公司保险专用章,也没有任何签字,且《中国保险行业协会机动车综合商业保险示范条款》也在太平洋保险公司处,太平洋保险公司没有证据证实《中国保险行业协会机动车综合商业保险示范条款》向三川公司进行了送达。因此,本案太平洋保险公司并无充分证据证明其对免责条款尽到了明确说明义务。在这种情况下,免除责任条款对三川公司不发生免除责任的法律效力。

（三）保险人代投保人网上激活保险卡的行为不属于代理行为,代为激活保险卡后仍应就免责条款向投保人进行提示说明

【案例来源】

　　案件名称:中国人寿保险股份有限公司北京市分公司与王某某等意外伤害保险合同纠纷案

　　审理法院:北京市第三中级人民法院

　　案　　号:（2016）京03民终3048号

【争议点】

　　中国人寿保险股份有限公司北京市分公司（以下简称人寿保险公司）与王某某、尹某某、张某因意外伤害保险合同纠纷引发诉讼,该案历经北京市密云区人民法院一审、北京市第三中级人民法院二审两个阶段。在二审中,当事人就关于人寿保险公司是否履行了免责条款告知义务的问题产生争议。

【裁判说理】

　　在通过网络方式订立保险合同过程中,保险公司工作人员经常代投保人在网上激活保险卡进而签订保险合同。对此,保险公司一般主张代为激活的行为属于代理行为,保险公司工作人员作为投保人的代理人,在激活过程中知晓并同意的免责条款,不论投保人是否实际知悉,对投保人亦有效。法院认为,由于保险公司工作人员作为公司代表的特别身份,在与投保人订立保险合同的过

程中，只存在保险人与投保人的双方法律关系，而不存在保险人、投保人、投保人之代理人的三方法律关系。因此，保险公司工作人员并非以投保人代理人的身份激活保险卡、签订保险合同，在投保人未自行点击确认免责条款的情况下，免责条款对于投保人不发生效力。

（四）员工因工作发生人身损害的，用人单位或雇主不得以团体意外伤害险的保险金抵偿自身的赔偿责任

【案例来源】

案件名称：范某某等与上海祥龙虞吉建设发展有限公司等提供劳务者受害责任纠纷案

审理法院：江苏省南通市中级人民法院

案　　号：（2019）苏 06 民终 3278 号

【争议点】

范某某、俞某某、高某与上海祥龙虞吉建设发展有限公司（以下简称祥龙公司）、黄某某因提供劳务者受害责任纠纷引发诉讼，该案历经江苏省启东市人民法院一审、江苏省南通市中级人民法院二审两个阶段。在二审中，当事人就案涉 10 万元意外伤害保险金是否应当在祥龙公司、黄某某的赔偿数额中予以扣除的问题产生争议。

【裁判说理】

团体意外伤害保险并非雇主责任险，该人身保险的受益人一般为被保险人或其指定的人。《保险法》第 39 条规定，人身保险的受益人由被保险人或者投保人指定。投保人指定受益人时须经被保险人同意。投保人为与其有劳动关系的劳动者投保人身保险，不得指定被保险人及其近亲属以外的人为受益人。该条的立法本意在于，雇主和劳动者通常处于不平等状态，雇主在为劳动者投保意外伤害险时，可能会利用自身的强势地位将受益人指定为雇主，该行为势必损害处于弱势地位的劳动者合法权益，故该条明确雇主为劳动者投保人身保险时，受益人只能是被保险人及其近亲属。如果施工单位或雇主为员工投保意外伤害险后可以直接在赔偿款中扣除该保险金，施工单位或雇主即成为实质意义上的受益人，有违该条的立法本旨。

（五）总承包单位与劳动者有无劳动关系，与劳动者是否为建筑工程团体意外伤害保险合同被保险人无关，即使劳动者为分包单位员工，仍应为总承包单位所订立的意外伤害团体保险合同的被保险人

【案例来源】

案件名称：中美联泰大都会人寿保险有限公司四川分公司与华蓥市第一建筑劳务开发有限公司意外伤害保险合同纠纷案

审理法院：四川省高级人民法院

案　　号：（2019）川民再597号

【争议点】

中美联泰大都会人寿保险有限公司四川分公司（以下简称联泰寿险四川公司）与华蓥市第一建筑劳务开发有限公司（以下简称华蓥第一劳务公司）因意外伤害保险合同纠纷引发诉讼，该案历经四川省成都市锦江区人民法院一审、四川省成都市中级人民法院二审、四川省高级人民法院再审三个阶段。在再审中，当事人就王某某是否为案涉建筑工程团体意外伤害保险合同的被保险人的问题产生争议。

【裁判说理】

根据《建设工程安全生产管理条例》第38条的规定，"施工单位应当为施工现场从事危险作业的人员办理意外伤害保险。意外伤害保险费由施工单位支付。实行施工总承包的，由总承包单位支付意外伤害保险费。意外伤害保险期限自建设工程开工之日起至竣工验收合格止"。根据《原建设部关于加强建筑意外伤害保险工作的指导意见》第6条规定，"施工企业应在工程项目开工前，办理完投保手续。鉴于工程建设项目施工工艺流程中各工种调动频繁、用工流动性大，投保应实行不记名和不计人数的方式。工程项目中有分包单位的由总承包施工企业统一办理，分包单位合理承担投保费用。业主直接发包的工程项目由承包企业直接办理"。总承包单位与劳动者有无劳动关系，与劳动者是否为建筑工程团体意外伤害保险合同被保险人无关，即使劳动者为分包单位员工，仍应为总承包单位所订立意外伤害团体保险合同被保险人。本案中，华蓥第一劳务公司为泰诚公司的合法分包单位，王某某作为该公司员工在案涉施工工地上工作属实，本院依法认定其为案涉保险合同被保险人。

（六）保险人未提供充分证据证明被保险人隐藏的职业身份足以影响其是否同意承保，仅以投保人隐瞒被保险人职业身份为由解除合同的，法院不予支持

【案例来源】

案件名称：中国人寿保险股份有限公司山东省分公司与孙某1等人身保险合同纠纷案

审理法院：最高人民法院

案　　　号：（2017）最高法民申5048号

【争议点】

中国人寿保险股份有限公司山东省分公司（以下简称人寿保险公司）与孙某1、刘某、桑某1、桑某2（以下简称被申请人）及第三人孙某2、孔某3、孙某4因海上人身保险合同纠纷引发诉讼，该案由山东省高级人民法院二审、最高人民法院再审。在再审中，当事人就被保险人桑某3的职业身份是否加重了人寿保险公司责任负担导致人寿保险公司有权解除合同的问题产生争议。

【裁判说理】

保险合同载明桑某3的身份为嘉顺航运有限公司轮机长，其实际为渔船轮机长，但桑某3作为轮船机长的职业身份并没有改变。人寿保险公司主张作业船舶的大小、工作环境等是确定职业风险、决定可否承保等的重要因素，但保险合同中没有限定作业船舶的大小以及作业范围，也没有提供充分证据证明桑某3的作业船舶、作业范围加重人寿保险公司的责任负担并足以影响人寿保险公司是否同意承保。原审判决认定人寿保险公司主张以投保人隐瞒被保险人桑某3职业身份为由解除合同的理由不能成立，并无不当。人寿保险公司的该项申请再审理由不能成立。

四、结语

在处理人身保险合同纠纷时，应注意：在人身保险合同中，投保人声明中没有具体免责内容，且无证据证明已向投保人送达包含免责条款的《示范条款》，保险公司免责条款无效。同时，保险人未提供充分证据证明被保险人隐藏职业身份足以影响其是否同意承保，仅以投保人隐瞒被保险人职业身份为由

解除合同的，法院不予支持。在团体意外伤害保险合同中，员工因工作发生人身损害的，用人单位或雇主不得以团体意外伤害险的保险金抵偿自身的赔偿责任。总承包单位与劳动者有无劳动关系，与劳动者是否为建筑工程团体意外伤害保险合同被保险人无关，即使劳动者为分包单位员工，仍应为总承包单位所订立意外伤害团体保险合同被保险人。

第四章
金融交易纠纷

第四章
结果与分析

序 论

随着我国经济社会的不断发展，因金融交易纠纷引发的诉讼种类不断增加，司法实践中也出现了诸多新型、复杂的金融交易纠纷案件。从实务层面来看，研究金融交易纠纷相关法律问题，总结、归纳裁判文书中的裁判要点，对于解决金融交易疑难问题，规范金融交易市场具有非常重要的现实意义。

在体例上，本章共有六节内容，每一节均包括导论、基本理论、裁判规则、结语四部分；在素材上，本章以人民法院的裁判文书为主，辅以与此相关的理论；在内容上，本章包括预购民间借贷纠纷、小额借贷纠纷、金融不良债权转让合同纠纷、金融不良债权追偿纠纷、期货交易纠纷、国际货物买卖纠纷六节内容，每一节均以相关理论为基础，精选裁判文书，提炼、归纳和总结裁判文书中的实务要点。本章归纳、总结的要点紧扣司法实务中关于金融交易纠纷的热点和难点问题，对于相关领域的理论研究和司法实践均有所帮助，希望以此为我国金融交易法律制度的建设尽一份绵薄之力。

第一节 民间借贷纠纷

一、导论

民间借贷，是指自然人、法人、其他组织之间及其相互之间进行资金融通的行为。该行为基于借贷双方的自愿而发生。民间借贷在一定程度上缓解了银行等金融机构、贷款机构等信贷资金不足的矛盾，促进了经济的发展。但是，民间借贷的随意性、缺乏监管性、高风险性等也极易造成诸多社会问题。自改革开放以来，我国经济得到了长足的发展，各市场主体对资金的需求十分迫切，但银行等金融机构基于自身风险防范等因素，对借贷主体的审核十分严格，程序也较烦琐。

随着我国改革开放的进一步深入和市场经济的逐步建立，民间借贷市场越来越风生水起。民间借贷在促进经济发展的同时，也带来了一定的负面影响：一是借贷主体和形式多样化。凡属国家允许的拥有资质的机构之外的市场主体参与的借贷行为，都可以称为民间借贷。从借贷形式来看，除了借贷双方面对面的借贷外，还包括P2P网贷平台、第三方介入担保的借贷方式等。二是由借贷引起的纠纷增多，增加了社会的不安定因素。本节以民间借贷纠纷案件的裁判文书作为研究对象，将2016年以来人民法院作出的相关裁判文书作为主要范围，归纳、提炼民间借贷纠纷裁判的理念和趋势，以期通过对我国案例的研究来指导司法实践。

截至2021年2月，在中国裁判文书网输入"民间借贷纠纷"（案由）共检索出民事裁判文书16 135 571篇，其中，由最高人民法院裁判的有3817篇，由高级人民法院裁判的有84 807篇，由中级人民法院裁判的有1 160 436篇。在具体案例的选取上，本节遵循以下"两个优先"原则：第一，优先选择审判层级较高的裁判文书；第二，优先选择审判日期较近的裁判文书。通过形式和内容两个方面的筛选，本节最终选择了6篇裁判文书进行研究，即（2021）最高法民申7362号、（2021）最高法民申5271号、（2016）最高法民申621号、（2019）苏05民终1337号、（2016）豫民终1290号、（2021）最高法民申3028号。其中，由最高人民法院裁判的有4篇，裁判日期为2019年（含）之后的有4篇。

二、民间借贷纠纷的基本理论

（一）民间借贷的概念

对于民间借贷的概念，《民间借贷司法解释》第1条第1款规定了一个定义，即"本规定所称的民间借贷，是指自然人、法人、其他组织之间及其相互之间进行资金融通的行为"。民间借贷具有以下法律特征：第一，民间借贷合同的主体是自然人、法人和其他组织，凡是上述主体之间进行的借贷活动，都属于民间借贷。其中包括企业法人，以及不具有法人资格、作为其他组织出现的企业。第二，民间借贷的性质是资金融通，而不是其他民事活动。应当特别强调的是，确认法人、其他组织（包括企业）之间的借贷行为属于民间借贷的资金融通，具有合法性，受到法律保护。第三，民间借贷的内容是自然人与自然人、法人与法人、其他组织与其他组织之间，以及他们相互之间，在借贷活动中发生的权利义务关系，这是民间借贷合同的债权债务关系。第四，民间借贷是资金融通的法律行为，法律表现形式是民间借贷合同。对于经金融监管部门批准设立的从事贷款业务的金融机构及其分支机构，《民间借贷司法解释》第1条第2款作了排除性的规定，将他们排除在"法人"和"其他组织"的概念之外，在这些法人或者其他组织之间，因发放贷款等相关金融业务引发的纠纷，因为属于专门的金融机构的融资行为，不适用《民间借贷司法解释》的规定。在《民间借贷司法解释》的征求意见稿中，曾经规定了对于非银行金融机构即融资担保公司、融资租赁公司、典当行、小额贷款公司、投资咨询公司、农村资金互助合作社等，经过政府金融主管部门批准设立，其进行的担保、租赁、典当、小额贷款等形式的贷款业务，视为民间借贷，规定适用司法解释的规定，但正式公布的《民间借贷司法解释》删除了这个内容。

（二）民间借贷的当事人

民间借贷案件的主要当事人是贷款人和借款人。民间借贷的保证人也是这类案件的重要当事人，且有复杂性。在诉讼中，应当对保证人的诉讼地位予以准确认定。原则上，对于保证人，无论是连带责任保证还是一般保证，应当依照贷款人的主张确定是否为被告，即起诉保证人的，就列保证人为被告。贷款人不起诉保证人的，则没有必要追加保证人为被告。《民间借贷司法解释》第4条就具体情形作出了规定：第一，保证人为借款人提供连带责任保证，贷款人仅起诉借款人的，人民法院可以不追加保证人为共同被告；贷款人仅起诉保证人的，则可以追加借款人为共同被告。这里使用的是两个"可以"，都不是"应当"，因而都给法官以自由裁量的空间，可以根据具体情况确定。都追加作为共同被告的好处是，可以一并确定连带责任，由借款人和保证人直接连带承担清偿债务。第二，保证人为借款人提供的是一般保证，则"出借人仅起诉保证人的，人民法院应当追加借款人为共同被告；出借人仅起诉借款人的，人民法院可以不追加保证人为共同被告"。前者是应当追加，因为一般保证的保证人享有先诉抗辩权，如果债务人没有穷尽自己的能力清偿债务，保证人可以拒绝承担保证责任，因而必须与借款人共同参加诉讼。后者因为保证人是一般保证，可以不追加为共同被告，但是追加了也没有问题。

（三）民间借贷合同无效的情形

《民间借贷司法解释》规定了以下5种情形的民间借贷合同应当认定为无效：

1. 套取金融机构信贷资金又高利转贷给借款人，且借款人事先知道或者应当知道的民间借贷合同无效。这一规定的要点是，以银行信贷资金转贷的借款合同无效的要件：一是套取金融机构信贷资金转贷给借款人；二是转贷意图获取高利；三是借款人事先知道或者应当知道。这是一种以银行贷款进行的非法转贷行为，如果确实用的是银行贷款，但并未获取高利，而是收取适当的利息，并不构成非法转贷行为。其中的"高利"，司法解释没有规定，我认为应受最高利率限额的限制，即贷款利率和借款利率之和不得超过24%，超过者为高利。

2. 以向其他企业借贷或者向本单位职工集资取得的资金又转贷给借款人牟利，且借款人事先知道或者应当知道的民间借贷合同无效。这是以向其他企业拆借或者向本单位职工集资所得资金的非法转贷行为。其无效要件包括：一是以向其他企业拆借或者向本单位职工集资获取的资金作为出借款；二是转贷他人牟利（这不是高利，而是获利即可）；三是借款人事先知道或者应当知道。具备上述要件，即为非法转贷行为。

3. 出借人事先知道或者应当知道借款人借款用于违法犯罪活动仍然提供借款的民间借贷合同。出借人事先知道或者应当知道借款人借款用于违法犯罪活动，却仍然为其借款，相当于为违法犯罪活动提供资金，当然属于无效借贷合同。

4. 违背社会公序良俗的民间借贷合同无效。借款合同违背公共秩序或者善良风俗，当然属于无效借款合同。例如，通奸双方就通奸报酬达成的"借款协议"或者出具的"借据""借条"等，就是违背公序良俗的借款合同，当然无效。值得注意的是，在以往的法律和司法解释中，基本不用"公序良俗"的概念，而代之以"违背公共利益或者公共道德"的概念。《民间借贷司法解释》直接使用公序良俗的概念，具有重要意义。

5. 其他违反法律、行政法规效力性强制性规定的民间借贷合同无效。对此，应当依照法律、行政法规的效力性强制性规定认定。

三、关于民间借贷纠纷的裁判规则

（一）债权人未提交借款合同或借据、收据、欠条等债权凭证，仅依据银行转账凭证等资金往来记录主张资金往来双方存在借贷关系的，法院不予支持

【案例来源】

案件名称：清远市连上电力发展有限公司与清远市源河房地产开发有限公司等民间借贷纠纷案

审理法院：最高人民法院

案　　号：（2021）最高法民申 7362 号

【争议点】

清远市连上电力发展有限公司（以下简称连上公司）与清远市源河房地产开发有限公司（以下简称源河公司）、黄某某因民间借贷纠纷引发诉讼，该案历经广东省清远市中级人民法院一审、广东省高级人民法院二审、最高人民法院再审三个阶段。在再审中，当事人就关于黄某某、连上公司与源河公司之间是否存在民间借贷关系的问题产生争议。

【裁判说理】

《民间借贷司法解释》第 2 条第 1 款规定："出借人向人民法院起诉时，应当提供借据、收据、欠条等债权凭证以及其他能够证明借贷法律关系存在的证据。"第 17 条规定："原告仅依据金融机构的转账凭证提起民间借贷诉讼，被告抗辩转账系偿还双方之前借款或其他债务，被告应当对其主张提供证据证明。被告提供相应证据证明其主张后，原告仍应就借贷关系的成立承担举证证明责任。"本案中，连上公司未提交借款合同或借据、收据、欠条等债权凭证，仅依据银行转账凭证主张黄某某、连上公司与源河公司之间存在借贷关系，源河公司提交了银行汇款单等证据证明黄某某向源河公司支付款项的大部分资金来源，及源河公司与黄某某、连上公司之间有大量资金往来。连上公司虽主张案涉款项系黄某某的股东分红款回借给源河公司，但其所举证证据不足以证明

朱某某等人向黄某某支付的款项系源河公司的股东分红款。黄某某依据《合作开发新城东 B6、B7、B9 号小区协议书》向源河公司支付投资款，该投资款性质如何，系黄某某与源河公司之间另外的法律关系。连上公司主张源河公司直接将黄某某的投资款视为借款返还，依据不足。因连上公司未能进一步举证证明黄某某、连上公司与源河公司之间存在借贷关系，故原判决驳回连上公司的诉讼请求，并无不当。

（二）民间借贷合同中收款代理人所收取的款项，在没有收款人授权或追认的条件下，均不能直接认定为借款本金

【案例来源】

案件名称：乌鲁木齐市融通典当有限责任公司与昌吉市精美纸业有限公司民间借贷纠纷案

审理法院：最高人民法院

案　　号：（2021）最高法民申 5271 号

【争议点】

乌鲁木齐市融通典当有限责任公司（以下简称融通典当公司）与昌吉市精美纸业有限公司（以下简称精美公司）因民间借贷纠纷引发诉讼，该案历经新疆维吾尔自治区高级人民法院一审、最高人民法院二审、最高人民法院再审三个阶段。在再审中，当双方就二审认定精美公司案涉借款本金是否错误的问题产生争议。

【裁判说理】

二审根据精美公司于 2012 年 2 月 24 日出具的授权张某某有权代为领取借款金额的《委托书》，认为 2012 年 2 月 24 日之前，融通典当公司的汇款代理人杜某某向精美公司的收款代理人张某某所支付的款项，在没有精美公司授权或追认的条件下，均不能直接认定为融通典当公司向精美公司支付的借款本金。故 2012 年 2 月 23 日，杜某某通过银行转账汇款方式向张某某支付的 500 万元款项，不属于精美公司的借款。2012 年 2 月 24 日转账 100 万元、4 月 28 日转账 15 万元，因网上银行电子回单用途显示为"还款"，该两笔付款也不能认定为交付案涉借款。

（三）保证人在保证期间向债权人支付利息的，视为债权人已主张保证责任

【案例来源】

案件名称：高某、董某某与三明市瑞城房地产开发有限公司等民间借贷纠纷案

审理法院：最高人民法院

案　　号：（2016）最高法民申 621 号

【争议点】

高某、董某某与三明市瑞城房地产开发有限公司（以下简称瑞城公司）、永安市永达金属制品有限公司、健盛食品股份有限公司、三明市诚成融资担保有限公司、福建安益冷冻有限公司因民间借贷纠纷引发诉讼，该案历经福建省泉州市中级人民法院一审、福建省高级人民法院二审、最高人民法院再审三个阶段。在再审中，当事人就余某某行为性质的认定的问题产生争议。

【裁判说理】

余某某在借款后至 2013 年 2 月 5 日持续从自己的账户向债权人高某、董某某支付利息的行为，应当认定为瑞城公司在自动履行保证义务。瑞城公司的自动履行行为业已为债权人高某、董某某所接受，实际上已经达到了债权人在保证期间内要求保证人承担保证责任的法律效果。在此情况下，债务持续履行行为本身就足以表明债权人要求保证人承担保证责任，债权人有无口头或书面表示形式，并非所问。原《最高人民法院关于〈中华人民共和国担保法〉若干问题的解释》第 34 条第 2 款规定："连带责任保证的债权人在保证期间届满前要求保证人承担保证责任的，从债权人要求保证人承担保证责任之日起，开始计算保证合同的诉讼时效。"鉴于当事人在法定保证期间届满后仍持续履行债务，诉讼时效应适用原《民法通则》第 137 条的规定，从瑞城公司最后一次支付利息时间即 2013 年 2 月 5 日起计算诉讼时效。本案主债务届满之日为 2011 年 7 月 18 日，其后六个月即为 2012 年 1 月 18 日。即便依照上述司法解释，诉讼时效也应当是在 2012 年 1 月 18 日前，瑞城公司最后一次支付利息之日起算，即不可能早于 2011 年 7 月 18 日。因此，高某、董某某于 2013 年 5 月 6 日提起诉讼，要求保证人承担保证责任并未超过 2 年诉讼时效。

（四）当有证据证明出借人明知实际借款人并且两者之间形成了事实上的借贷关系时，由实际借款人承担还款责任

【案例来源】

案件名称：苏州工业园区泓润农村小额贷款股份有限公司与杨某某、曹某某借款合同纠纷案

审理法院：江苏省苏州市中级人民法院

案　　号：（2019）苏05民终1337号

【争议点】

苏州工业园区泓润农村小额贷款股份有限公司（以下简称泓润小贷公司）与杨某某、曹某某因借款合同纠纷引发诉讼，该案历经江苏省苏州工业园区人民法院一审、江苏省苏州市中级人民法院二审两个阶段。在二审中，当事人就杨某某、曹某某应否就案涉《最高额借款合同》承担共同还款责任的问题产生争议。

【裁判说理】

原《民法总则》第146条规定："行为人与相对人以虚假的意思表示实施的民事法律行为无效。以虚假的意思表示隐藏的民事法律行为的效力，依照有关法律规定处理。"依据上述法律规定，各方当事人通谋虚伪意思表示所实施的民事法律行为无效，应当按虚假意思表示所隐藏的真实民事法律行为处理。本案中，虽然借款合同由杨某某与泓润小贷公司签订，但是泓润小贷公司与美丽漂漂公司均明知实际借款人为美丽漂漂公司，各方仅是借用杨某某的名义，隐藏的真实民事法律行为是泓润小贷公司与美丽漂漂公司之间借款行为，由此应由美丽漂漂公司承担相应的借款本息归还责任。泓润小贷公司作为专业的小贷公司，在其明知合同签订主体与实际借款主体不一致的情况下，仍然与出名人签订借款合同，实施通谋的虚假意思表示行为，理当由此承担相应的法律后果。

（五）当实际借款人作出债务加入的意思表示时，由名义借款人与实际借款人共同承担还款责任

【案例来源】

案件名称：武某某与河南豪德天下置业有限公司、毛某某民间借贷纠纷案

审理法院：河南省高级人民法院

案　　号：（2016）豫民终1290号

【争议点】

河南豪德天下置业有限公司（以下简称豪德公司）与武某某、毛某某因民间借贷纠纷引发诉讼，该案历经河南省郑州市中级人民法院一审、河南省高级人民法院二审两个阶段。在二审中，当事人就毛某某签字行为的法律性质认识的问题产生争议。

【裁判说理】

本案中豪德公司、毛某某和武某某对于2009年10月14日毛某某、卢某某在一份还款承诺书上签字无异议，但对于毛某某签字行为的法律性质认识不一。毛某某主张其为卢某某承诺向武某某还款的见证人，应由卢某某履行还款义务。豪德公司主张其对毛某某以见证人身份在还款承诺书上签字的行为并不知情，毛某某的签字与豪德公司无关。武某某主张本案借款全部用于豪德公司开发的项目，豪德公司系实际借款人，毛某某是豪德公司的法定代表人，在还款承诺书上签字是代表公司作出的保证，豪德公司应承担连带保证责任。

按照毛某某主张的见证人身份，从一般常理分析，其会参与武某某和卢某某双方协商还款的过程，即使未参与全过程，其在还款承诺书上签字时也会充分注意到承诺的内容，也就会对还款承诺书载明的"原借武某某资金共计叁佰叁拾万元整"的借款背景有所了解，对此武某某和卢某某均认为所应归还的借款系武某某依据2009年1月10日借款协议出借给中迪公司的280万元和2009年4月9日出借给卢某某的52万元，而在该借款协议和卢某某出具的借条上均载明了借款用于豪德公司的项目，武某某在面对借款协议和借条指向的用款人豪德公司时，没有理由就此隐瞒，如若该笔借款与豪德公司无关，作为时任豪德公司法定代表人的毛某某在还款承诺书上签字时就此提出异议，才更符合常理，而毛某某未就此提出异议，也没有证据证明卢某某出具还款承诺书时与武某某就借款背景向毛某某作出了其他解释，故而毛某某以其为见证人身份签字的还款承诺书应由卢某某履行的主张缺乏依据，本院不予支持。一审采信武某某关于豪德公司为实际借款人，时任法定代表人毛某某在还款承诺书上签字为职务行为的主张，并无不当，但武某某主张毛某某在还款承诺书上签字系代表豪德公司作出的保证之观点，缺乏依据，本院不予支持。因毛某某所代表的豪德公司并非本案借款协议的缔约人，亦非借条的出具人，也没有证据证明其在还款承诺书上签字的身份是见证人或是保证人，可以视为债的主体之外的第三人主动向债权人作出的愿意还款的表示，应认定为债务加入。

（六）借贷合同均由夫妻一方签订，且款项由夫妻一方支付，款项数额亦超出家庭日常生活所需，债权人未提交充分证据证实夫妻另一方参与了借贷合同的履行而要求其承担共同还款责任的，法院不予支持

【案例来源】

案件名称：陈某某与李某某等民间借贷纠纷案

审理法院：最高人民法院

案　　号：（2021）最高法民申3028号

【争议点】

陈某某与李某某、赵某某因民间借贷纠纷引发诉讼，该案历经山东省济南市中级人民法院一审、山东省高级人民法院二审、最高人民法院再审三个阶段。在再审中，当事人就本案债务是否应当认定为夫妻共同债务的问题产生争议。

【裁判说理】

原《最高人民法院关于审理涉及夫妻债务纠纷案件适用法律有关问题的解释》第3条规定："夫妻一方在婚姻关系存续期间以个人名义超出家庭日常生活需要所负的债务，债权人以属于夫妻共同债务为由主张权利的，人民法院不予支持，但债权人能够证明该债务用于夫妻共同生活、共同生产经营或者基于夫妻双方共同意思表示的除外。"本案中，《投资理财协议》均由李某某签订，款项由李某某支付，款项数额亦超出家庭日常生活所需，陈某某未提交充分证据证实赵某某参与了《投资理财协议》的履行。陈某某要求赵某某承担共同还款责任的主张依据不足。

四、结语

在处理民间借贷纠纷时，注意以下几点：一是民间借贷，是指自然人、法人、其他组织之间及其相互之间进行资金融通的行为，不能仅依据银行转账凭证等资金往来记录主张资金往来双方存在借贷关系，债权人应该提交借款合同或借据、收据、欠条等债权凭证。二是民间借贷合同中收款代理人所收取的款项，在没有收款人授权或追认的条件下，均不能直接认定为借款本金。三是保

证人在保证期间向债权人支付利息的，视为债权人已主张保证责任。四是如果有证据证明出借人明知实际借款人并且两者之间形成了事实上的借贷关系时，由实际借款人承担还款责任。五是当实际借款人作出债务加入的意思表示时，由名义借款人与实际借款人共同承担还款责任。六是在借贷合同均由夫妻一方签订，款项由夫妻一方支付，款项数额亦超出家庭日常生活所需的情况下，债权人需要提交充分证据证实夫妻另一方参与了借贷合同的履行才能要求其承担共同还款责任。

第二节 小额借款纠纷

一、导论

近年来，随着贷款需求不断完善，小额贷款发展十分迅速，并呈现贷款业务发展迅速、支农支小效果明显、普遍重视内控建设、治理结构完善、贷款发放灵活、有效满足客户需求等特点。小额贷款作为实体经济血液——金融的一部分，发挥着"强后盾"的功能。但与此同时，小额贷款仍存在许多问题亟待解决。本节以小额借款纠纷的案件裁判文书为研究对象，将2017年以来人民法院作出的相关裁判文书作为主要范围，归纳、提炼小额借款纠纷裁判的理念和趋势，以期通过对我国案例的研究来指导司法实践。

截至2021年2月，编者在中国裁判文书网输入"小额借款纠纷"（案由）共检索出民事裁判文书497篇，其中，由最高人民法院裁判的有1篇，由高级人民法院裁判的有5篇，由中级人民法院裁判的有48篇。在具体案例的选取上，本节遵循以下"两个优先"原则：第一，优先选择审判层级较高的裁判文书；第二，优先选择审判日期较近的裁判文书。通过形式和内容两个方面的筛选，本节最终选择了4篇裁判文书进行研究，即（2015）鲁商终字第174号、（2017）最高法民申2851号、（2020）最高法民申5112号、（2017）渝01民终2038号。其中，由最高人民法院裁判的有2篇，裁判日期为2020年（含）之后的有 1 篇。

二、小额借款纠纷的基本理论

（一）小额贷款公司的概念及特征

小额贷款公司，是指从事小额贷款业务，通过企业法人、自然人或者其他社会组织而成立的不吸收公众存款的股份有限公司或者有限责任公司。小额贷款公司具有独立的法人资格并享有法人财产权，实行自主经营、自负盈亏、自我约束、自担风险，以全部财产对其负担的债务承担民事责任。小额贷款公司的特征主要有以下几个方面：

第一，从事的业务比较单一。首先，从经营内容来看，小额贷款公司主要从事放贷业务，放贷收取的利息作为营业收入，只提供放贷不接受存款的业务模式过于单一。其次，在放贷形式方面，小额贷款公司的贷款形式集中在通过抵押获取贷款或者通过保证的方式获取贷款，信用贷款或者通过其他形式的贷款并不常见，尽管部分借款人表现出强烈的还款意愿并且也愿意负担较高的贷款利率，但如果不能提供抵押或者相应担保，小额贷款公司不会为其发放贷款。最后，在贷款产品设计方面，尽管小额贷款公司的行业竞争激烈，但推出的产品和创新力略显不足。

第二，放贷灵活便捷。一般来说，小额贷款公司规模较小，因此内设部门较少，组织机构也相对简单。小额贷款公司发放贷款需要经过放贷前调查、放贷中审查、放贷后管理三个流程，贷前调查阶段只需借款人提供自己的身份证明并由具有稳定收入的家庭成员或具备良好信誉的亲友为其提供担保，整个申请过程也可以在线进行，公司审核完毕后最多 2~3 日即可获得贷款，办理时长相比其他融资方式具有较大优势；办理担保的过程中，鉴于小额贷款公司业务内容较为单一，因此担保条件也不同于其他金融机构那样严格；还款方式具有多样性特征，借款人可以选择采用等额本息还款、等额本金还款、一次性清偿本息或者按月还息到期还本等多种还款方式。

第三，经营主体受限。小额贷款公司的目标群体集中在中低层收入群体与中小企业。这部分人群一方面碍于自身实力原因无法向银行等其他类型的金融机构获取资金，另一方面达不到规定贷款的标准，尽管可以提供抵押和担保，仍然无法取得资金短期自用。小额贷款公司的出现恰恰解决了这部分人群资金严重短缺的现实问题，以现有的资本金对外放贷，为其提供短期的资金帮助。

第四，设立流程的特殊性。小额贷款公司成立时必须经过特定的手续程序，例如，小额贷款公司的发起人需将正式的申请书提交省级金融行业主管部门，得到批复以后，方可到工商管理部门进行登记。

第五，贷款对象的特殊性。大型商业银行的主要客户为信用度较高、资金雄厚的集团或者个人。而小额贷款公司在成立之初的客户定位就是"三农"与小微公司。实际操作过程中，农户与小微公司由于缺乏抵押担保需求、贷款总金额较小、信誉度低等原因，很难通过商业银行等正规金融机构贷款成功。国家推出的《关于小额贷款公司试点的指导意见》积极鼓励小微贷款将资金注入农村市场，促进农村地区健康快速发展，很多地方为了解决公司资金短缺的难题，逐渐引导小微贷款公司做大做强，为农村地区发展提供更多的资金。由此可见，从小额贷款公司设立的实际情况综合考虑，国内小额贷款公司最佳的服务对象为中小型公司。

（二）小额贷款公司的法律风险

小额贷款公司在发展过程中，必须使用到风险管理理论，只有规避风险才能实现真正的发展。只要有金融活动必然伴随风险，小额贷款也不例外。贷款出现风险具有很强的客观性，只要进行金融交易，必然伴随风险。贷款风险指的是金融部门进行贷款操作与管理时，实际收益值与期望收益值之间的差异，进而导致金融机构蒙受损失。借款者由于生产经营中伴随有不确定因素，导致不能在规定时间内还款而迫使金融机构遭受损失。这种损失可以划分为两种：收益性损失和信贷资金损失。在很多情况下，贷款者不仅支付不起利息，就连偿还本金都比较困难，对于小额贷款公司而言影响较大。

小额贷款公司出现的风险，可以视为两大来源：小额贷款公司自身属性的限制和金融市场影响。小额信贷公司实际上是为了满足市场实际需求而诞生的，随着发展逐渐带有明显的商业性，但是国家对其定位并不是金融机构，并非纳入金融监管的视野，因此风险比较高。国际律师协会（IBA）对公司法律风险作出定义，公司因经营活动不符合法律规定或者外部法律事件导致风险损失的可能性。小额贷款公司作为新兴公司，相关的法律机制不健全，必然在法律层面上存在诸多风险因素。小额贷款公司的法律风险可定义为其在经营管理活动中遇到的法律层面上的损失可能性。

(三) 小额贷款公司法律风险的属性

第一，地区风险聚集性。小额贷款公司在发展过程中必然会受到地域的制约，在很多情况下，某个贷款业务集中在几个区域或者行业，导致其贷款风险具有很强的地域性。由于自身的特点决定小额贷款公司的顾客数量庞大，但是单笔贷款的金额较小，似乎是将风险转移分散，可是事实上，小额贷款公司面临的风险远远高于商业银行面临的风险。另外，小额信贷不需要过于复杂的担保机制，如果出现违约行为很难追究责任，地区信贷市场的信用模式不健全，贷款风险直接限制着小额贷款公司的发展。

第二，风险具有协变性。贷款行业很容易出现协变性，主要是因为贷款人聚集在某个行业，若市场经济发展出现某些行业或者领域不景气的现象，那么这些贷款人就可能会有集体违约的风险。小额信贷公司本身的规模就比较小，并且借贷的对象行业集中度比较高，因此出现协变性风险时，很难抵御，给公司造成巨大的损失。

第三，风险信息数据的"软信息"性。小额贷款公司进行风险评估时，因受制于信息技术与市场不成熟等因素，则更多地依靠社交网络进行评估，因此很多都是"软"信息。正是由于上述问题的出现，导致评估主观性过强，很难准确把握市场风险。除此之外，这种手段得到的信息真实度不高，很难切实把握风险程度。处于市场经济与信息技术不断发展的社会，小额信贷公司必须改变风险评估的方式，保证信息的真实性。

第四，风险评估难度大。目前金融信贷行业，评估信用风险时主要采取的是经验与数据分析结合的模式，真实程度比较高。但是通过小额信贷渠道获取资金的客户，往往为低收入者或者小微公司，基本上不存在信用记录，而且没有财务信息，更没有高价值的担保机制。所以，收集财务信息与信贷记录时难度比较大，即便是耗费资金收集到信息，可靠性也不足，导致风险评估的难度较大。

三、关于小额借款纠纷的裁判规则

（一）小额贷款公司违反相关管理规定超额度、跨区域经营贷款业务，属于违反行政管理规定的行为，依法应当承担相应的行政责任，但是不影响借款合同的效力

【案例来源】

案件名称：日照山海天旅游度假区长信小额贷款有限公司与山东山石国际贸易有限公司等企业借贷纠纷案

审理法院：山东省高级人民法院

案　　号：（2015）鲁商终字第174号

【争议点】

日照山海天旅游度假区长信小额贷款有限公司（以下简称山海天小额贷款公司）与山东山石国际贸易有限公司（以下简称山石公司）、山东海纳房地产股份有限公司（以下简称海纳公司）、日照经济开发区太阳海岸工程开发有限公司（以下简称太阳海岸公司）因小额借款合同纠纷引发诉讼，该案历经山东省日照市中级人民法院一审、山东省高级人民法院二审两个阶段。在二审中，当事人就山海天小额贷款公司违反关于额度、区域规定发放贷款的行为效力应如何认定的问题产生争议。

【裁判说理】

原《最高人民法院关于适用〈中华人民共和国合同法〉若干问题的解释（一）》第4条规定："合同法实施以后，人民法院确认合同无效，应当以全国人大及其常委会制定的法律和国务院制定的行政法规为依据，不得以地方性法规、行政规章为依据。"因《山东省小额贷款公司试点暂行管理办法》和《山东省人民政府办公厅关于鼓励和支持小额贷款公司发展有关事宜的通知》均不属于法律和行政法规，故山石公司以山海天小额贷款公司违反上述规定主张合同无效的理由不能成立，法院不予支持。即使山海天小额贷款公司违反关于额度、区域的规定与山石公司签订《借款合同》，但规定小额贷款公司不能超额度、跨区域发放贷款的目的是有效进行行政管理和控制小额贷款公司行业风险，并不涉及平等民事主体之间的私法关系，故小额贷款公司违反相关管理规

定超额度、跨区域经营贷款业务，属于违反行政管理规定的行为，依法应当承担相应的行政责任，但是行政责任的承担并不影响借款合同的效力。因此，涉案借款合同因不存在原《合同法》第52条规定的无效情形，故应认定为有效。上诉人山石公司关于借款合同无效及以合同无效为由不支付利息的上诉理由没有法律依据，本院不予支持。

（二）小额贷款公司股权代持有效

【案例来源】

　　案件名称：黄某某与重庆翰廷投资有限公司合同纠纷案

　　审理法院：最高人民法院

　　案　　号：（2017）最高法民申2851号

【争议点】

黄某某与重庆翰廷投资有限公司（以下简称翰廷投资公司）因合同纠纷引发诉讼，该案历经重庆市第一中级人民法院一审、重庆市高级人民法院二审、最高人民法院再审三个阶段。在再审中，当事人就涉案双方当事人之间的法律关系是股权代持还是股权转让问题产生争议。

【裁判说理】

从此协议看，双方之间确认了黄某某的实际出资和翰廷投资公司代持黄某某相应股份的情况，而未对股权转让进行相关约定。而且从《股权代持协议书》内容来看，翰廷投资公司代持的黄某某的相应股份均来自黄某某本人实际出资，并非受让于翰廷投资公司。因而，双方之间并无任何股权转让的法律关系。该份《补充协议》虽有约定变更股权的时间和方式，但该变更并非基于转让，而是源于双方解除之前的代持关系，通过公司对外合法公示的方式实现将黄某某的实际出资人身份转化为公司股东身份。因而，该《补充协议》的目的在于翰廷投资公司将代持的黄某某股权合法登记至黄某某名下，即实现股权从名义股东向实际出资人的转化，使黄某某成为融炬小额贷款公司的合法登记股东。从《补充协议》整体内容来看，未见任何以转让为基础的股权交易，不存在任何黄某某所主张股权转让的意思表示。因而，双方《补充协议》亦不存在股权转让的法律关系。

（三）小额贷款公司按照市场化原则进行经营，贷款利率上限放开，但不得超过民间借贷司法解释保护上限

【案例来源】

案件名称：阿拉善盟黎明实业有限公司等与中盐宁夏金源小额贷款有限公司小额借款合同纠纷案

审理法院：最高人民法院

案　　号：（2020）最高法民申5112号

【争议点】

阿拉善盟黎明实业有限公司（以下简称黎明实业公司）、宁夏回族自治区海通资产经营有限公司（以下简称海通资产公司）、丁某1、丁某2、王某（以下简称黎明实业公司等五再审申请人）与中盐宁夏金源小额贷款有限公司（以下简称中盐小贷公司）因小额借款合同纠纷引发诉讼。该案历经宁夏回族自治区银川市中级人民法院一审、宁夏回族自治区高级人民法院二审、最高人民法院再审三个阶段。在再审中，当事人就原判决对本案利率标准的确定是否存在错误的问题产生争议。

【裁判说理】

黎明实业公司等主张中盐小贷公司属于金融机构，应按照中国人民银行同期基准贷款利率支付利息。根据原审查明的事实，中盐小贷公司为主管部门批准从事发放贷款业务的有限责任公司依据《原中国银行业监督管理委员会、中国人民银行关于小额贷款公司试点的指导意见》（银监发〔2008〕23号）"小额贷款公司按照市场化原则进行经营，贷款利率上限放开，但不得超过司法部门规定的上限，下限为人民银行公布的贷款基准利率的0.9倍"的规定，中盐小贷公司的贷款利率不得超过2015年《民间借贷司法解释》第26条规定的年利率24%。本案中，《借款合同》《借款展期协议书》中约定的借款利率为月利率2%，未超过前述规定的上限，故原判决依据双方约定的利率支持中盐小贷公司的诉讼请求并无不当。

（四）小额贷款公司采取非监管融资方式融资的借款合同无效

【案例来源】

案件名称：重庆市南岸区融生源小额贷款有限责任公司与李某民间借贷纠

纷案

审理法院：重庆市第一中级人民法院

案　　号：（2017）渝01民终2038号

【争议点】

重庆市南岸区融生源小额贷款有限责任公司（以下简称融生源公司）与李某因民间借贷纠纷引发诉讼，该案历经重庆市渝北区人民法院一审、重庆市第一中级人民法院二审两个阶段。在二审中，当事人就本案所涉《借款协议》的效力如何认定的问题产生争议。

【裁判说理】

作为小额贷款公司的融生源公司向李某借款，属于融资的一种方式。《重庆市小额贷款公司融资监管暂行办法》第4条规定："小额贷款公司可以开展以下方式融资，并接受市金融办的监管：（一）从银行业金融机构融资；（二）通过金融资产交易平台（包括银行机构、资产管理公司、信托投资公司和专门从事金融资产交易的机构等，下同）开展回购方式的资产转让业务；（三）向主要股东定向借款；（四）小额贷款公司的同业资金借款；（五）经批准的其他方式融资。"而融生源公司在本案中所采取的融资方式（向李某借款）并不属于监管制度所允许的融资方式，严重扰乱了国家金融秩序，因此根据原《最高人民法院关于适用〈中华人民共和国合同法〉若干问题的解释（一）》第10条"当事人超越经营范围订立合同，人民法院不因此认定合同无效。但违反国家限制经营、特许经营以及法律、行政法规禁止经营规定的除外"之规定，本案所涉《借款协议》属于无效合同。

四、结语

2020年2月10日，原国务院扶贫办和原中国银保监会联合印发《关于积极应对新冠疫情影响切实做好扶贫小额信贷工作的通知》，从六个方面明确提出要求：适当延长还款期限，简化业务流程手续，切实满足有效需求，充分发挥基层作用，强化监测防范风险，加强组织领导。小额贷款公司违反相关管理规定超额度、跨区域经营贷款业务，属于违反行政管理规定的行为，依法应当承担相应的行政责任，但是不影响借款合同的效力。并且，小额贷款公司采取非监管融资方式融资的借款合同无效。

第三节 金融不良债权转让合同纠纷

一、导论

"存款保险制度"和"不良债权处置"是防范金融风险的两大屏障。随着存款保险制度的全面推行,如何处理金融机构的不良债权已成为推动金融改革,维护金融稳定的另一重大课题。本节以金融不良债权转让合同纠纷的案件裁判文书为研究对象,将2017年以来人民法院作出的相关裁判文书作为主要范围,归纳、提炼金融不良债权转让合同纠纷裁判的理念和趋势,以期对通过我国案例的研究来指导司法实践。

截至2021年2月,编者在中国裁判文书网输入"金融不良债权转让合同纠纷"(案由)共检索出民事裁判文书7938篇,其中,由最高人民法院裁判的有29篇,由高级人民法院裁判的有146篇,由中级人民法院裁判的有894篇。在具体案例的选取上,本节遵循以下"两个优先"原则:第一,优先选择审判层级较高的裁判文书;第二,优先选择审判日期较近的裁判文书。通过形式和内容两个方面的筛选,本节最终选择了4篇裁判文书进行研究,即(2017)沪02民终8102号、(2021)最高法民申3693号、(2019)渝民终1585号、(2021)最高法民申6426号。其中,由最高人民法院裁判的有2篇,裁判日期为2021年(含)之后的有2篇。

二、金融不良债权转让合同纠纷的基本理论

(一)金融不良债权的范围

不良债权是一种非优良债权,即债权在实现的过程中存在严重障碍。不良债权的概念区别于正常债权,两者以债权人利益能否得到实现为界。不良债权

一般表现为债务人丧失基础信用，债权人利益难以实现，债权即使通过一定手段执行也只能收回部分或完全无法回收。运用经济学上的指标对金融不良债权的认定进行衡量会发现，"不良资产""不良贷款""不良债权"并不是同一概念。银行的资产负债表上"资产"包括储备资产、对企业债权、对政府债权、对非货币金融机构债权以及国外资产五类。根据2005年原中国银行业监督管理委员会、财政部联合发布的规定，不良债权不涵盖金融机构的股权和实物类资产，不良债权与不良资产属于从属关系，"不良资产"的范围大于"不良债权"的范围。另外，据2001年中国人民银行发布的贷款划分规则，商业银行的贷款被划分为五类，现在通说一般称后三类为不良贷款，是指不能按期归还并使银行遭受一定损失的贷款。不良贷款是不良债权中以贷款形式所表现的部分，"不良债权"的概念涵盖"不良贷款"，"不良债权"的范围大于"不良贷款"的范围。通过对不良资产、不良债权、不良贷款的比较区别，文中所指的商业银行金融不良债权包含次级、可疑和损失不良信用贷款，不包括商业银行本身自有的国外资产、储备资产。另外，我国政策上对国外商业银行放开较晚，国外银行开展业务时存在较大限制，本文研究对象为中资商业银行的不良债权。

（二）金融不良债权转让效力的定义

债权转让，在法理上最精确的定义是债权让与，《民法典》合同编称债权让与为债权"转让"，债权让与属于合同变更与转让的内容。关于债权让与，是指不改变债权的内容而将它转移于他人的合同。[①] 韩世远教授将债权让与视为一种合同，参照韩教授的观点，本文"金融不良债权转让"主要研究的是金融不良债权转让合同。参照金融资产管理公司处置不良债权的方式，对金融不良债权的转让进行定义。以时间段划分金融资产管理公司的不良债权处置方式，总共分为两大类。2002年以前，金融资产管理公司采取的处置方式主要有"法律清收、资产重组、委托代理处置"等。2002年以后，则集中通过批量"打包"的债权转让方式进行，其中债权转让都作为金融资产管理公司主要的不良债权处置模式。金融不良债权转让，是指不良债权通过"招标、协议转让、公开拍卖"等方式在受让人间互相流转的行为。本文所论述的"转让"不

---

① 韩世远：《合同法总论》，法律出版社2011年版，第457页。

包括债权证券化、债转股、债务重组的方式,而仅指打包出售、单户协议转让、集中委托拍卖、招标等方式实现对不良债权的清收。打包出售,是指银行或金融资产管理公司将不良资产进行归类,或按资产的性质,如可疑类资产包、损失类资产包等;或按资产所属的行业,如房地产类资产包、纺织类资产包、酒店业资产包等;或按资产的所属地,如北京地区资产包、上海地区资产包等,然后再进行转让。单户协议转让,是指银行或金融资产管理公司与买受人各自对某一项特定的不良债权进行评估,独立定价,如果双方的定价接近,则以一种事先确定的机制完成交易,如中间价;如果双方定价相差较大,则定价失败,交易不能完成。集中委托拍卖出售,是指通过拍卖中介机构,按照一定规律搭配好的债权资产包进行拍卖,境内外投资者在交纳保证金后均可参与竞拍。招标,是指将不良资产项目按照一定的规律进行搭配,组成若干债权资产包,通过招标竞标的方式直接向境内外投资人出售。金融不良债权转让既有依据国家任务需要的政策性转让,也有依据市场交易规则的商业性转让。政策性不良债权转让指在 1999 年国家统一安排下,资产管理公司通过再贷款或财政担保的方式从四大行、国家开发银行以全款价格收购不良债权,而商业性不良债权转让是指 2004 年至 2005 年,在政府主管部门主导下,资产管理公司通过市场化方式从收购四大行金融不良债权。

结合合同效力的概念,金融不良债权转让效力指金融不良债权转让合同依意思表示所追求发生法律上的效果。就金融不良债权转让而言,包含两层法律关系:第一,商业银行或其他金融机构与借款人签订借款合同,借款合同到期后,借款人未按合同约定还本付息,形成的贷款人与借款人之间金融不良债权转让基础法律关系;第二,商业银行或其他金融机构作为债权人与其他受让人签订金融不良债权转让合同,为化解金融机构的金融风险,将不良债权通过债权转让的方式转出给金融资产管理公司或其他社会投资者,并由此形成金融债权转让法律关系。

(三)金融不良债权转让的特点

金融不良债权转让本质上仍属普通民商事债权转让范畴。不良债权转让本质上虽然只是法律关系主体的变更,对债权债务的实际内容无任何变化,但还是存在区别于一般债权转让制度的特点。具体而言,金融不良债权转让其特殊性具体表现在:

1. 金融不良债权转让政策性强。围绕金融不良债权转让的多方包括金融资产管理公司、国有银行、国企债务人等都是以国家为投资主体而设立，就资产性质而言，它们都是国家出资设立的机构。金融资产管理公司、国有银行均是国家控股的企业，资产管理公司从银行处获得的是金融不良债权，资产管理公司依法设立后，按政策从事管理和处置不良债权，其并不因"国家金融机构"的身份而凌驾于交易相对方之上。在金融不良债权交易这个大市场下，不良债权的转让本质上也是普通的民事转让行为，其行为的效力应按照相关民商事法律的规定予以评价。但《民法典》合同编对合同效力的评价也需要结合一定的"行政法规"和"国家利益"的因素，因此对不良债权转让效力的研究需要考虑国家相关的政策因素。即不良债权转让行为的发生具有一定的政策性，其操作过程也按照国家一定的政策性要求进行。无论是银行的"剥离"还是四大金融资产管理公司不良债权的对口接收，其本质是国家为减轻银行和国有企业身上的包袱，促进国企的发展，推动金融改革，因此在宏观政策指导下的不良债权转让具有较强的行政色彩。

2. 金融不良债权转让标的特殊。金融不良债权转让标的特殊性表现在以下三个方面：其一，金融不良债权转让中，转让的标的为不良贷款债权。即转让债权具有瑕疵性，因为债权有瑕疵，商业银行作为债权人才会将债权折价转让，此时受让人购买债权有获得高利润的可能。其二，根据前两次商业银行大规模剥离的情形，大多数不良债权涉及国有企业作为债务人的情形，此时对金融不良债权的标的又必然关系到国有资产的保护。其三，不良债权转让标的具有"物"的特性。实践中，为方便"剥离"和资产管理公司的处置，不良债权往往通过"打包"的形式进行转让，即将多笔债权进行捆绑处理。不良债权转让多数情况下以"债权资产包"为标的进行交易。在此交易下，债权被赋予了"物"的特征，既能被所有，也能被支配，从而获得收益。崔建远教授也提出，"将一包债权视为一个物"的观点，[1] 只成立一个债权让与合同。

3. 金融不良债权转让次数具有多次性。同一金融不良债权的转让，很有可能不是通过一次债权转让予以完成，限于债务人的还款能力，不良债权若无法短期内有效回收，将会往下游不断转让，这就导致了不良债权转让次数的增多。通常来讲，第一次不良债权转让以原不良债权持有银行为债权的最初转出

---

[1] 崔建远：《债权让与续论》，载《中国法学》2008年第3期。

方,最高人民法院于 2001 年起便下发了一系列司法文件,目的在于保护银行顺利将不良贷款进行"剥离",这些文件在适用上被严格限定,仅仅针对金融资产管理公司收购、管理和处置国有银行的不良贷款案件上。这些文件在司法救济上为债权银行和资产管理公司保驾护航,尽量维护不良债权转让合同的有效性。第二次不良债权转让以接收银行不良债权的金融资产管理公司为债权再次转出方。不良债权转移到资产管理公司后,资产管理公司通过各种手段清收处置不良债权并不是所有都能达到预期效果,对资产管理公司无法处置或者本身转让作为一种处置方式,不良债权通过此方式再次移转。此次再转让因涉及国有资产流失的红线,因而司法政策上采取较为紧缩的态度,法官在审判中也较为谨慎,妥善对待此类不良债权转让案件。第三次不良债权转让是普通社会投资者之间互相流转的行为。普通社会投资者从商业银行、资产管理公司以及其他社会投资者处购入不良债权,通过再次转让获取中间差价的行为。此类转让的总体效力应遵循债权转让的一般规则,但由于金融不良债权的特殊性,转让过程中的具体问题只能够"参照"第二次不良债权转让方式进行。

三、关于金融不良债权转让合同纠纷的裁判规则

(一)债权受让人有权要求保证人承担计算至实际清偿日止的逾期利息的保证责任

【案例来源】

案件名称:杨某 1 与中国东方资产管理股份有限公司浙江省分公司等金融借款合同纠纷案

审理法院:上海市第二中级人民法院

案　　号:(2017)沪 02 民终 8102 号

【争议点】

杨某 1 与中国东方资产管理股份有限公司浙江省分公司(以下简称东方资产公司)、上海天玖企业发展有限公司(以下简称天玖公司)、上海天玖置业有限公司(以下简称天玖置业)、上海木蓉实业有限公司(以下简称木蓉公司)、杨某 2、杨某 3、王某某、范某某、郑某某因金融借款合同纠纷引发诉讼,该案历经上海市黄浦区人民法院一审、上海市第二中级人民法院二审两个阶段。

在二审中，当事人就东方资产公司是否有权向杨某1主张受让债权后所产生的逾期利息的问题产生争议。

【裁判说理】

杨某1认为依据"（2013）执他字第4号答复湖北高院《关于非金融机构受让金融不良债权后能否向非国有企业债务人主张全额债权的请示》函复"，东方资产公司作为债权受让人不得主张债权受让日之后的利息。法院认为，该函复针对的情形是执行程序以及受让经生效法律文书确定的金融不良债权，与本案所涉情形不同，因此该"函复"不适用于本案。东方资产公司作为债权受让人，受让广发银行上海分行对天玖公司的金融债权后，一并取得主债权项下的担保债权，即有权要求保证人杨某1承担计算至实际清偿日止的逾期利息的保证责任。杨某1的上诉请求，于法无据，本院不予支持。

（二）不良资产受让人是非金融资产管理公司的，无权向国有企业债务人主张不良债权受让日之后发生的利息

【案例来源】

案件名称：华润渝康资产管理有限公司与成都天兴仪表（集团）有限公司金融不良债权追偿纠纷案

审理法院：最高人民法院

案　　号：（2021）最高法民申3693号

【争议点】

华润渝康资产管理有限公司（以下简称渝康资管公司）与成都天兴仪表（集团）有限公司（以下简称天兴仪表公司）因金融不良债权追偿纠纷引发诉讼，该案历经重庆市第一中级人民法院一审、重庆市高级人民法院二审、最高人民法院再审三个阶段。在再审中，当事人就非金融资产管理公司在受让金融不良债权后能否向非国有企业债务人主张受让日之后的利息的问题产生争议。

【裁判说理】

《最高人民法院关于审理金融不良债权转让案件工作座谈会纪要》第9条规定："受让人向国有企业债务人主张利息的计算基数应以原借款合同本金为准；受让人向国有企业债务人主张不良债权受让日之后发生的利息的，人民法院不予支持。"第12条规定："会议认为，在《纪要》中，国有银行包括国有独资商业银行、国有控股商业银行以及国有政策性银行；金融资产管理公司包

括华融、长城、东方和信达等金融资产管理公司和资产管理公司通过组建或参股等方式成立的资产处置联合体。国有企业债务人包括国有独资和国有控股的企业法人。受让人是指非金融资产管理公司法人、自然人……"根据上述规定,不良资产受让人是非金融资产管理公司的,无权向国有企业债务人主张不良债权受让日之后发生的利息。《最高人民法院关于如何理解最高人民法院法发〔2009〕19号〈会议纪要〉若干问题的请示之答复》指出,根据《最高人民法院关于审理金融不良债权转让案件工作座谈会纪要》的精神和目的,涉及非国有企业债务人的金融不良债权转让纠纷案件,亦应参照适用《最高人民法院关于审理金融不良债权转让案件工作座谈会纪要》的规定。根据本案查明的事实,渝康资管公司不是金融资产管理公司。因此,二审判决认定渝康资管公司属于《最高人民法院关于审理金融不良债权转让案件工作座谈会纪要》第9条规定的受让人,无权收取不良债权受让日之后的利息,并无不当。

(三)债务人以资产公司未经公开竞价处置程序,采取协议转让方式向国有受让人转让资产主张此债权转让没有公开拍卖而无效的,法院不予支持

【案例来源】

案件名称:奉节县重名水泥有限责任公司与重庆百盐投资(集团)有限公司合同纠纷案

审理法院:重庆市高级人民法院

案　　号:(2019)渝民终1585号

【争议点】

重庆百盐投资(集团)有限公司(以下简称百盐投资公司)与奉节县重名水泥有限责任公司(以下简称重名水泥公司)因合同纠纷引发诉讼,该案历经重庆市第二中级人民法院一审、重庆市高级人民法院二审两个阶段。在二审中,双方就案涉债权转让未经公开拍卖是否导致转让无效的问题产生争议。

【裁判说理】

《最高人民法院关于审理涉及中国农业银行股份有限公司处置股改剥离不良资产案件适用相关司法解释和司法政策的通知》(法〔2011〕144号)第1条规定:"人民法院在审理涉及农业银行处置上述不良资产案件时,可以适用最高人民法院就审理涉及金融资产管理公司处置不良资产案件所发布的相关司法

解释、司法政策及有关答复、通知的规定。"第 2 条规定："财政部驻各省、自治区、直辖市、计划单列市财政监察专员办事处出具的委托处置资产证明文件，可以作为人民法院确认农业银行处置的不良资产属于受财政部委托处置资产的依据。"财政部《金融资产管理公司资产处置管理办法（修订）》（财金〔2008〕85 号）第 19 条第 3 款规定："资产公司未经公开竞价处置程序，不得采取协议转让方式向非国有受让人转让资产。"《中国农业银行委托资产批量转让业务管理办法》（农银规章〔2014〕180 号）第 10 条规定："委托资产批量转让优先采用邀请招标、要约邀请公开竞价、产权交易机构挂牌等公开处置方式。未经公开处置程序，不得采用协议方式向非国有受让人批量转让委托资产。"根据前述规定精神，涉及农业银行受财政部委托处置其股改剥离的不良资产时，应当参照适用金融资产管理公司处置不良资产的相关规定。2016 年 8 月 29 日，财政部驻重庆市财政监察专员办事处已经出具《审查证明》，证明本案所涉债权是中国农业银行受财政部委托管理和处置的股改剥离不良资产。百盐投资公司是国有独资公司，根据前述财政部及农业银行的管理办法，农行奉节支行可以采用协议方式向其批量转让委托资产。重名水泥公司主张案涉债权转让没有公开拍卖而无效的理由不能成立。

（四）非金融机构的不良债权受让人，不享有原权利人因其为金融机构的特殊身份而享有的权利

【案例来源】

案件名称：杭州炳盛投资管理合伙企业与安阳电池厂等金融不良债权追偿纠纷案

审理法院：最高人民法院

案　　号：（2021）最高法民申 6426 号

【争议点】

杭州炳盛投资管理合伙企业（有限合伙）（以下简称杭州炳盛）与安阳电池厂、安阳市金钟电池有限责任公司（以下简称金钟公司）因金融不良债权追偿纠纷引发诉讼，该案历经河南省安阳市中级人民法院一审、河南省高级人民法院二审、最高人民法院再审三个阶段。在再审中，双方就杭州炳盛申请再审的理由是否能成立的问题产生争议。

【裁判说理】

金融不良债权受让人受让的是合同权利,其权利不能大于原权利人,也不能享有原权利人依其为金融机构特殊身份而特别享有的权利。本案中,杭州炳盛虽然从长城资产河南分公司处受让了案涉不良债权,但杭州炳盛并非金融资产管理公司,并不当然享有长城资产河南分公司作为金融资产管理公司特殊身份而享有的权利。根据《最高人民法院关于审理金融不良债权转让案件工作座谈会纪要》第9条的规定,受让人向国有企业债务人主张利息的计算基数应以原借款合同本金为准;受让人向国有企业债务人主张不良债权受让日之后发生的利息的,人民法院不予支持。杭州炳盛主张长城资产河南分公司享有自工行河南分公司受让债权之后的相应利息、罚息的权利,其作为受让人也享有相应权利,本案利息、罚息应计算至2019年4月22日的再审申请理由不能成立。

四、结语

金融不良债权的转让和剥离有着较为特殊的时代背景,人民法院对金融不良债权转让相关案件的审理,关系到市场经济交易链条的稳定,关系到国有资产的保护。在司法实践中,对于逾期利息的计算,债权受让人有权要求保证人承担计算至实际清偿日止的逾期利息的保证责任。同时,不良资产受让人是非金融资产管理公司的,无权向国有企业债务人主张不良债权受让日之后发生的利息。

第四节 金融不良债权追偿纠纷

一、导论

处置金融不良债权的重要方式之一就是将其进行转让,而在转让之后,金融不良债权的追偿问题也会随之而来。在我国经济不断发展的今天,金融不良债权追偿纠纷频频发生，争议焦点、难点也日趋复杂。但是截至目前，我国并未形成处置金融不良债权等一系列问题的系统化理论，司法实践中出现的相关热点、难点问题仍然有待司法实践与理论的指导。本节以金融不良债权追偿纠纷案件的裁判文书为研究对象，将 2020 年以来人民法院作出的相关裁判文书作为主要范围，对金融不良债权追偿纠纷案件的裁判理念和裁判趋势进行提炼、归纳，以期通过对案例进行研究来指导司法实践。

截至 2022 年 2 月，编者在中国裁判文书网输入"金融不良债权追偿纠纷"（案由）共检索出民事裁判文书 25 678 篇，其中由最高人民法院裁判的有 104 篇，由高级人民法院裁判的有 630 篇，由中级人民法院裁判的有 3470 篇。在具体案例的选取上，本节遵循"两个优先"原则：第一，优先选择审判层级较高的裁判文书；第二，优先选择审判日期较近的裁判文书。通过对裁判文书的形式以及内容进行筛选，本节最终选择了 5 篇裁判文书进行研究，即（2020）最高法民申 6993 号、（2020）最高法民申 6943 号、（2021）最高法民申 2882 号、（2019）闽民终 957 号、（2021）辽民终 1061 号。其中，由最高人民法院裁判的有 3 篇，裁判日期为 2020 年（含）之后的有 4 篇。

二、金融不良债权追偿纠纷的基本理论

（一）金融不良债权的界定

金融不良债权，顾名思义，是一种非优良的债权，但仍属于债权的一种，其具有债权的一般特性。民法学界认为，"债权是请求特定人为特定行为（作为或不作为）的权利"[①]，其具有以下特征：第一，债权为财产上的请求权，不可以通过对债务人人身限制来实现债权；第二，债权属于相对权，即债的双方主体均为特定的；第三，债权具有相容性和平等性，也即同一标的物上可以出现内容相同的数个债权，且相互间是平等的，不具有排他性；第四，债权是有期限的。[②] 以上债权的界定对于不良债权均适用，但仍需具体界定到不良债权的概念中来。不良债权，是指债权在实现过程中出现了严重的障碍，一般表现

[①] 陶希晋总编：《中国民法学·民法债权》，法律出版社 1991 年版，第 7 页。
[②] 崔建远：《债权让与续论》，载《中国法学》2008 年第 3 期。

为债务人丧失偿债基础、丧失基础信用，使债权人即使通过各种手段也只能实现债权的一部分，难以完全实现债权。

（二）金融不良债权追偿的范围

是否属于金融不良债权往往需要运用到经济学的指标。通过用经济学上的指标对金融不良债权进行衡量，我们发现"不良债权"与"不良资产""不良贷款"并非同一概念，其三者的范围是从属关系。一方面，银行的资产负债表上"资产"包括储备资产、对企业债权、对政府债权、对非货币金融机构债权以及国外资产五类。不良债权并不包括金融机构的股权和实物类资产，因此不良资产的范围要大于不良债权。另一方面，根据中国人民银行发布的《贷款风险分类指导原则》（试行）第4条的规定可知，其把贷款分为"正常""关注""次级""可疑"和"损失"五个等级，学界大部分学者认为后三种为不良贷款，后三种贷款主要是指在正常情况下以及用尽各种如执行抵押、担保甚至走法律程序等可实行的措施之后，借款人仍然无法足额偿还本金及利息的情况。因此，不良债权的范围要大于不良贷款的范围。综上所述，通过对"不良债权"与"不良资产""不良贷款"这三个概念范围的比较分析，我们可以总结出商业银行金融不良债权包括"次级""可疑"和"损失"，但是不包括金融机构的股权和实物类资产。

（三）金融不良债权追偿的特征

根据上述对金融不良债权的界定可知，金融不良债权的除了具有一般债权的特点之外还具有其自身的特性。第一，追偿主体即债权人是特定的，商业银行等有权发放贷款的金融机构作为原始的债权人，在金融不良债权被转让之后就出现了新的债权人，一般为国家为了专门处置银行的不良债权而设立的金融资产管理公司等；第二，所追偿的标的即不良债权的设定需要经过严格的条件筛选程序，比如需要严格遵守《商业银行法》《贷款通则》等相关规定；第三，金融不良债权属于有缺陷的债权，对不良债权的追偿难度系数较大，追偿的均为风险较大的不良债权，比如在正常情况下以及用尽各种如执行抵押、担保甚至走法律程序等可实行的措施之后，借款人仍然无法足额偿还本金及利息的情况；第四，追偿主体的债权也就是现行的债权人的债权属于继受权利，多是通过原始债权人转让不良债权的方式取得的债权。[①]

三、关于金融不良债权追偿纠纷的裁判规则

（一）在国家机关出具的担保函无效的情况下，其本来应当承担的保证责任因缔约过失而转换为赔偿责任，如有其他保证人的，与其他保证人之间不再是连带债务关系

【案例来源】

案例名称：舜欣资产管理有限公司与单县财政局等金融不良债权追偿纠纷案

审理法院：最高人民法院

案　　号：（2020）最高法民申 6993 号

【争议点】

舜欣资产管理有限公司（以下简称舜欣公司）与单县财政局、山东舜亦新能源有限公司（以下简称舜亦公司）、山东泰信纺织有限公司（以下简称泰信公司）因金融不良债权追偿纠纷引发诉讼，该案经过了山东省济南市中级人民法院一审、山东省高级人民法院二审、最高人民法院再审三个阶段。在再审中，当事人就单县财政局的诉讼时效期间是否已经届满的问题产生争议。

【裁判说理】

首先，单县财政局违反原《担保法》第 8 条规定（现《民法典》第 683 条）。因此，单县财政局作为国家机关不得为保证人，其向山东国托出具的担保函依法应当无效。山东国托作为非银行金融机构，自收到担保函时即应当知晓，故对于担保函无效的法律后果，山东国托应当自接到单县财政局出具的担保函时可以预见，无须人民法院再予确认。

其次，根据原《担保法》第 8 条规定，本案因担保函无效给债权人山东国托造成损失的，单县财政局应当向债权人山东国托承担赔偿责任，单县财政局应当承担的民事责任依法应该由保证责任转换为缔约过失责任。山东国托依前述法律规定享有的赔偿请求权属于债权请求权，应当适用诉讼时效的相关规

[①] 史浩民、张鹏：《优先购买权制度的法律技术分析》，载《法学》2008 年第 9 期。

定。依据原《民法通则》第 137 条[①]的规定，诉讼时效期间应从知道或者应当知道权利被侵害时起计算。2013 年 9 月 15 日借款合同到期，债务人未按期还款。自此时山东国托应当知晓其涉案债权受到损害，其应在诉讼时效期间向单县财政局主张承担赔偿责任。山东国托怠于行使其权利超过诉讼时效期间，未能引起诉讼时效中断。山东国托向单县财政局主张赔偿，人民法院不予保护。舜欣公司作为涉案债权的受让人，其行使权利的范围不应超过原权利人，故其向单县财政局主张赔偿，人民法院亦不予保护。

最后，单县财政局因担保函无效承担的赔偿责任与担保函约定的连带责任保证类型不同。在担保函无效的情况下，单县财政局的保证责任因缔约过失而转换为赔偿责任，其与另一保证人泰信公司之间亦不再是连带债务关系，不应适用《最高人民法院关于审理民事案件适用诉讼时效制度若干问题的规定》第 17 条第 2 款关于"对于连带债务人中的一人发生诉讼时效中断效力的事由，应当认定对其他连带债务人也发生诉讼时效中断的效力"的规定。[②] 即使山东国托在诉讼时效期间向单县财政局主张了赔偿请求权，亦是在其他连带责任保证人及债务人实际无法履行，给债权人造成损失的范围内承担一定比例的赔偿责任。因此，单县财政局与债务人及其他连带责任保证人并非同一顺位。山东国托向债务人及其他连带责任保证人主张权利的行为，并不导致其对单县财政局享有的赔偿请求权的诉讼时效中断。故对泰信公司发生诉讼时效中断效力的催收，其诉讼时效中断的效力不及于单县财政局。

（二）银行分行的下属支行虽不同于银行分行，但若支行与民事主体签订的担保合同是其真实的意思表示且担保对象明确、具体，在分行与支行均能作出合理解释并且不加重担保人责任的情况下，可以认定担保人对该分行的借款承担连带保证责任

【案例来源】

案例名称：瑞星集团股份有限公司与中国信达资产管理股份有限公司山东省分公司金融不良债权追偿纠纷案

---

① 对应《民法典》第 188 条，该条规定："诉讼时效期间自权利人知道或者应当知道权利受到损害以及义务人之日起计算。"

② 对应《最高人民法院关于审理民事案件适用诉讼时效制度若干问题的规定》（2020 年修正）第 25 条。

审理法院：最高人民法院

案　　号：（2020）最高法民申 6943 号

【争议点】

瑞星集团股份有限公司（以下简称瑞星公司）与中国信达资产管理股份有限公司山东省分公司（以下简称信达公司）、青岛光大天一商贸有限公司（以下简称商贸公司）、山东光大日月油脂股份有限公司（以下简称油脂公司）因金融不良债权追偿纠纷引发诉讼，该案经过了山东省青岛市中级人民法院一审、山东省高级人民法院二审、最高人民法院再审三个阶段。在再审中，双方对瑞星公司应否对商贸公司对华夏银行青岛分行的借款承担连带保证责任。

【裁判说理】

对于瑞星公司应否对商贸公司对华夏银行青岛分行的借款承担连带保证责任这一争议，有如下说理：涉案《最高额融资合同》《最高额保证合同》《进口押汇合同》均签订于同日（2014 年 9 月 17 日）。《最高额保证合同》约定，《最高额融资合同》及其项下具体业务构成《最高额保证合同》的主合同。《进口押汇合同》约定，该合同为《最高额融资合同》项下具体业务合同。华夏银行麦岛支行系华夏银行青岛分行的直接下属支行，与无隶属关系的银行分支机构之间有明显区别。虽然由华夏银行麦岛支行与瑞星公司签订《最高额保证合同》，但瑞星公司就该担保事项作出的《董事会决议》明确载明：同意该公司为借款人商贸公司向华夏银行青岛分行办理贸易融资授信（借款/进口押汇等）人民币本金贰亿肆仟万元以内提供（连带责任保证/抵押）担保。从上述事实来看，瑞星公司向青岛分行提供担保系其真实意思表示，且担保对象明确、具体。综合前述，虽然涉案《最高额融资合同》《最高额保证合同》及《进口押汇合同》约定的乙方分别为华夏银行麦岛支行与华夏银行青岛分行，但不影响瑞星公司作为保证人对涉案债务承担保证责任。

（三）关联关系与人格混同有较为明显区别的，关联关系的法人并未达到人格混同程度的，不丧失独立意思和独立财产能力

【案例来源】

案例名称：上海博瑞信诚投资有限公司与山东吉龙集团有限公司等金融不良债权追偿纠纷案

审理法院：最高人民法院

案　　　号：（2021）最高法民申 2882 号

【争议点】

上海博瑞信诚投资有限公司（以下简称博瑞投资公司）与山东吉龙集团有限公司（以下简称吉龙集团公司）、宋某1、宋某2、宋某3、山东吉龙实业有限公司（以下简称吉龙实业公司）、莱阳宏顺食品有限公司因金融不良债权追偿纠纷引发诉讼，该案经过了山东省莱阳市中级人民法院一审、山东省高级人民法院二审、最高人民法院再审三个阶段。在再审中，当事人就能否认定吉龙实业公司与吉龙集团公司构成人格混同，进而要求吉龙集团公司为吉龙实业公司的债务承担连带责任的问题产生争议。

【裁判说理】

博瑞投资公司提交的证据只能认定吉龙实业公司与吉龙集团公司存在关联关系，尚不能认为吉龙实业公司与吉龙集团公司的财产已经混同且无法区分。而且，吉龙实业公司与吉龙集团公司并非股东与公司的关系。2002 年，作为吉龙实业公司股东的宋某1、宋某2、宋某3 出资设立了吉龙集团公司，吉龙实业公司并非吉龙集团公司的股东。认定公司控股股东滥用控股权对公司过度支配与控制的标准，是该公司完全丧失独立性，沦为控股股东的工具或躯壳。现有证据不足以认定吉龙实业公司已不具有独立意思和独立财产，也不足以认为吉龙实业公司的财产与其股东及关联企业吉龙集团公司的财产已经混同而不可区分。故不能认定吉龙实业公司与吉龙集团公司人格混同，也就不能进而要求吉龙集团公司为吉龙实业公司的债务承担连带责任。

（四）只要双方没有达成改变担保的书面合意，或被担保一方作出同意改变担保书面文件的情况下，即使只有担保人改变担保的单方意思表示，担保人仍应承担担保责任

【案例来源】

案例名称：明策伟华有限公司与漳州市广漳木业有限公司等金融不良债权追偿纠纷案

审理法院：福建省高级人民法院

案　　　号：（2019）闽民终 957 号

【争议点】

明策伟华有限公司（以下简称明策伟华公司）与漳州市广漳木业有限责任

公司（以下简称广漳木业公司）、漳州市佳森园工贸有限责任公司（以下简称佳森园公司）、福建省南洋门业有限公司（以下简称南洋门业公司）、福建省新润食品有限公司（以下简称新润食品公司）、陈某1、陈某2、蔡某某、陈某3、沈某某、陈某4、林某某因金融不良债权追偿纠纷引发诉讼，该案经过了福建省漳州市中级人民法院一审、福建省高级人民法院二审两个阶段。在二审中，双方就新润食品公司是否应该承担担保责任产生争议。

【裁判说理】

新润食品公司虽然在第一笔贷款发放后，即于2013年9月向工行龙文支行表示其不再为案涉借款承担担保责任，但这只是其要改变担保的单方意思表示。即使工行龙文支行已口头表示同意并发起流程上报上级行（省行）审批，虽然上级行未同意该变更申请，但工行龙文支行未将内部流程的情况告知新润食品公司。仍然不能以此认定新润食品公司有理由相信工行龙文支行已免除其对广漳木业公司的贷款的担保责任。

在没有证据证明新润食品公司与工行龙文支行之间达成改变担保的书面合意，或工行龙文支行作出同意改变担保书面文件的情况下，新润食品公司仍应对案涉债务承担担保责任。而且，在担保未被解除或改变之前，判断担保责任的有无仍应以担保人与债权人所签订的最高额保证合同为准，不因主合同担保约定部分是否列明新润食品公司及所涉担保合同，而影响担保责任的认定。在没有证据证明工行龙文支行同意解除新润食品公司的担保情况下，亦不因工行龙文支行未将相应的免除担保责任内部申请审核结果告知新润食品公司，而推定新润食品公司担保责任的免除。因此，新润食品公司仍应该承担担保责任。

（五）保证人并不存在下落不明导致债权人无法在保证期间内向其主张权利的情形，而债权人仅通过在报纸刊登公告的方式向保证人主张权利的，不能认定债权人已经向连带责任保证人主张权利

【案例来源】

案例名称：中国华融资产管理股份有限公司辽宁省分公司与东港市荣达食品有限公司等金融不良债权追偿纠纷案

审理法院：辽宁省高级人民法院

案　　号：（2021）辽民终1061号

第四章
金融交易纠纷

【争议点】

中国华融资产管理股份有限公司辽宁省分公司（以下简称华融公司）与东港市荣达食品有限公司（以下简称荣达公司）、东港市成泰农产品加工有限公司（以下简称成泰公司）、刘某某、陶某某、衣某某、潘某因金融不良债权追偿纠纷引发诉讼，该案经过了辽宁省丹东市中级人民法院一审、辽宁省高级人民法院二审两个阶段。在二审中，双方就报纸公告催收能否作为债权人向连带责任保证人主张权利的方式产生争议。

【裁判说理】

债权人于2016年12月6日在报纸刊登的催收公告能否认定为该行为系债权人在保证责任期间内向连带责任保证人主张权利。在最高人民法院对《关于担保期间债权人向保证人主张权利的方式及程序问题的请示》的答复中，虽然明确了公告送达可以作为债权人向保证人主张权利的方式，但就公告送达方式的适用条件，《最高人民法院关于审理民事案件适用诉讼时效制度若干问题的规定》第10条第1款第4项[①]规定："当事人一方下落不明，对方当事人在国家级或者下落不明的当事人一方住所地的省级有影响的媒体上刊登具有主张权利内容的公告，但法律和司法解释另有特别规定的，适用其规定。"据此可知，债权人在保证期间内以公告方式向保证人主张权利应当符合以下三个条件：第一，保证人下落不明，债权人要求保证人承担责任的意思表示，原则上必须由保证人实际受领或能够实际受领方能发生法律效力，只有在保证人因下落不明导致无法受领的情况下，才能以公告送达这一拟制受领的方式主张权利。第二，公告的内容须有主张权利的意思表示。第三，公告的媒体应当是国家级或者保证人住所地省级有影响的媒体。本案中，无据可证保证人在保证期间内，存在下落不明导致债权人无法在保证期间内向其主张权利的情形。故本案工商银行与长城公司在未通过其他途径向保证人主张债权的情形下，仅通过在报纸刊登公告的方式向保证人主张权利，不符合上述规定，不能产生债权人向保证人主张权利的法律效果。所以，在不符合上述条件时，报纸公告催收不能作为债权人向连带责任保证人主张权利的方式。

---

① 对应《最高人民法院关于审理民事案件适用诉讼时效制度若干问题的规定》（2020年修正）第10条第1款第4项。

四、结语

在处理金融不良债权追偿纠纷时，应注意以下几点：一是国家机关不得为金融不良债权的保证人，其出具的担保函依法应当无效。因此，国家机关本来应当承担的民事责任依法由保证责任转换为缔约过失责任，国家机关的保证责任因缔约过失而转换为赔偿责任，如有其他保证人，其与其他保证人之间不再是连带债务关系。二是银行也是金融不良债权的重要主体，但是银行分行的下属支行虽不同于银行分行，但若支行与民事主体签订的担保合同是其真实的意思表示且担保对象明确、具体，在分行与支行均能作出合理解释并且不加重担保人责任的情况下，可以认定担保人对该分行的借款承担连带保证责任。三是在认定法人人格混同时，需要法人之间的人员、业务以及财务均混同，而关联关系与人格混同有较为明显的区别，关联关系的法人并未达到人格混同程度的，不丧失独立意思和独立财产能力。四是金融不良债权中也常常存在担保问题，在保证人并不存在下落不明导致债权人无法在保证期间内向其主张权利的情形下，而债权人仅通过在报纸刊登公告的方式向保证人主张权利的，不能认定债权人已经向连带责任保证人主张权利。五是如果只有担保人改变担保的单方意思表示，则只要双方没有达成改变担保的书面合意，或被担保一方作出同意改变担保书面文件的情况下，担保人仍应承担担保责任。

第五节　期货交易纠纷

一、导论

我国的期货交易市场产生于 20 世纪 90 年代初期，随着近几十年发展与完善，我国的期货交易市场逐渐走上了规范化的道路。但是，毕竟我国期货交易起步较晚，与发达国家较为成熟的期货交易市场运作机制相比，还有较大的进步空间。在司法实践中出现的期货交易纠纷仍然有待理论与实务界的进一步指导，本节以期货交易纠纷案件的裁判文书为研究对象，将 2016 年以来人民法院作出的相关裁判文书作为主要范围，对期货交易纠纷案件的裁判理念和裁判趋势进行提炼、归纳，以期通过对案例进行研究来指导司法实践。

截至 2022 年 2 月，编者在中国裁判文书网输入"期货交易纠纷"（案由）共检索出民事裁判文书 1364 篇，其中由最高人民法院裁判的有 32 篇，由高级人民法院裁判的有 210 篇，由中级人民法院裁判的有 918 篇。在具体案例的选取上，本节遵循"两个优先"原则：第一，优先选择审判层级较高的裁判文书；第二，优先选择审判日期较近的裁判文书。通过对裁判文书的形式以及内容进行筛选，本节最终选择了 6 篇裁判文书进行研究，即（2020）最高法民申 4729 号、（2021）最高法民申 4443 号、（2016）沪民终 210 号、（2017）沪民终 224 号、（2019）沪民终 523 号、（2016）苏民终 1190 号。其中，由最高人民法院裁判的有 2 篇，裁判日期为 2020 年（含）之后的有 2 篇。

二、期货交易纠纷的基本理论

（一）期货交易的概念

对于期货交易的概念，可以从不同的角度对其进行界定。从期货交易的交易方式来看，期货交易是指在监管部门允许的地点，用监管部门允许的方式所进行的以赚取风险利润或者转让价格风险为主要目的的交易方式。也有人从期货交易的历史渊源出发，"认为期货交易是一种集中交易标准化合约的交易形式，即参加期货买卖的交易各方依法缴纳保证金后，委托经纪人在期货交易所内买卖期货合约，并根据合约规定的条款约定在未来某一特定的时间和地点，以某一特定价格买卖某一特定数量和质量的商品的交易行为"。[1] 这一定义侧重强调期货交易中签订的合约的性质仍然没有脱离远期合约，也具有一定的合理性。还有人从期货交易的目的出发，认为期货交易就是为了规避现货价格风险，交易双方在规定的场所一般为期货交易所，集中交易符合标准的期货合约。

---

[1] 唐波：《新编金融法学》，北京大学出版社 2005 年版，第 288 页。

（二）期货交易的特征

期货交易主要有以下七个特征：第一，期货交易的场所是特定的。一般情况下是在期货交易所进行交易，没有按照规定在期货交易所意外进行的交易不属于期货交易。第二，期货交易的主体是特定的。期货交易需要符合法规定的条件，一般情况下是不能直接成为交易主体的，需要找到具有会员资格的单位进行代理交易。第三，期货交易的客体有严格的限制。与普通民事法律关系客体不同的是，期货交易的客体，也就是期货合约，其上市交易不仅需要符合法律法规的规定，还需要经过主管部门的批准。第四，在期货交易中所使用的期货合约通常为由法律所规定的机构也就是期货交易所统一制定的合约，交易双方没有权利以其合意修改期货合约中的条款。第五，期货交易时基本是"对冲平仓"，也就是通过与原期货合约的方向相反、数量相同的操作方式退出合约关系，只有在极少数的情况下才会进行实物交割。第六，期货交易有高风险的同时也有高收益性。期货交易的保证金制度运用了杠杆原理，交易者想要进场交易只需要缴纳少量的保证金即可。第七，有特定的履约担保主体即期货交易所，正是因为在期货交易中实行严格的会员制度、保证金制度、风险准备金制度、强行平仓制度等能够在一定范围内控制风险的制度，所以期货交易所会作为特定主体对期货合约的履行进行担保。

（三）期货交易的功能

首先，期货交易具有规避风险的功能，期货交易通过利用套期保值来规避价格风险。套期保值，是指在期货交易市场上买进或者卖出与现货数量相同、方向相反的期货合约，又在之后的某一时间对期货合约进行对冲平仓，从而使期货市场与现货市场产生盈亏冲抵的运作机制。[1] 其次，期货交易具有价格发现功能。价格是根据供求关系的变动而变动的，期货交易市场是一个严格的、规范化的市场，在期货交易所中，众多的交易主体把自己从各个方面掌握的市场供求变动信息集中起来，使交易主体能够在期货市场中公开、公平、自由进行竞争。[2] 如此，来自各方面的能够影响商品价格的供给、需求因素就被集中

---

[1] 李明良：《期货市场风险管理的法律机制研究》，北京大学出版社2005年版。
[2] 罗孝玲：《期货与期权》，高等教育出版社2006年版。

到了期货交易市场中,其所形成的期货价格就能较为真实、准确。最后,期货市场具有资产配置功能。正因为投资者能够借助期货为他们的其他资产对冲风险,而且期货交易的方式较为灵活,通过会员制度、保证金制度、风险准备金制度、强行平仓制度等能够在一定范围内控制风险的制度,使普通投资者也能够较为安全地进入市场进行交易。

三、关于期货交易纠纷的裁判规则

(一)期货交易中,在卖方机构已经多次进行风险提示并且买方也在各种风险告知书上签名的情况下,可以认定卖方机构已尽到风险提示说明义务

【案例来源】

案例名称:梅某某与国投安信期货有限公司期货经纪合同纠纷案

审理法院:最高人民法院

案　　号:(2020)最高法民申 4729 号

【争议点】

梅某某与国投安信期货有限公司(以下简称国投公司)因期货经纪合同纠纷引发诉讼,该案历经上海市第三中级人民法院一审、上海市高级人民法院二审以及最高人民法院再审三个阶段。再审中,双方就国投公司是否履行风险告知说明义务的问题产生争议。

【裁判说理】

对于国投公司是否履行风险告知说明义务及是否存在欺诈、诱骗梅某某开户及交易的行为。首先,国投公司员工在朋友圈发布期货资讯的行为并未有明确指向性,不能构成对梅某某的推介行为。其次,梅某某签署的《国投中谷期货有限公司合同文件》,其中包含的《期货交易风险说明书》末尾处有梅某某手写的"以上《期货交易风险说明书》的各项内容,本人/单位已阅读并完全理解",并签名;梅某某填写的《开户申请表(自然人)》声明栏载明"本人有能力承担因参加期货交易而产生的风险,并保证参与期货交易资金来源的合法性和所提供资料的真实性,承诺遵守期货交易所的各项业务规则,自愿承担期货交易结果",并在声明栏"申请人签名"处签名;《期货委托理财及居间业务

特别风险揭示》末尾处有梅某某手写"以上《期货委托理财及居间业务特别风险揭示》的各项内容,本人/单位已阅读并完全理解",并签名。即使梅某某称上述材料是应国投公司要求签署的,但以上文件均系梅某某手写并签名,在其多次签署过程中应了解文字含义,对所签署内容应有必要的适当的认知及判断。并且,梅某某期货开户及所有交易均系其自行操作,国投公司也多次进行风险提示。因此,国投公司在梅某某开户及交易过程中不存在欺诈或诱骗行为,且已尽到风险提示说明义务。

(二)在期货经纪合同中,应该综合客户知识、经验多方面进行认定未收到期货经纪合同是否对损失有影响

【案例来源】

案例名称:蒙某某与国海良时期货有限公司等期货强行平仓纠纷案

审理法院:最高人民法院

案　　号:(2021)最高法民申 4443 号

【争议点】

蒙某某与国海良时期货有限公司(以下简称国海公司)、国海证券股份有限公司贵港中山路证券营业部(以下简称国海贵港营业部)因期货强行平仓纠纷引发诉讼,该案历经广西壮族自治区贵港市中级人民法院一审、广西壮族自治区高级人民法院二审、最高人民法院再审三个阶段。在再审中,双方就国海公司是否应当就其强行平仓行为对蒙某某主张的损失承担赔偿责任的问题产生争议。

【裁判说理】

《最高人民法院关于审理期货纠纷案件若干问题的规定》第 36 条第 2 款规定,客户的交易保证金不足,又未能按期货经纪合同的约定处理;约定不明确的,期货公司有权就其未平仓的期货合约强行平仓,强行平仓造成的损失,由客户承担。第 57 条第 2 款规定:"期货公司向客户发出追加保证金的通知,客户否认收到上述通知的,由期货公司承担举证责任。"按照上述司法解释规定,期货公司只要履行了法定通知义务,就可依约对客户持有仓位进行强行平仓。蒙某某认为国海公司和国海贵港营业部迟延交付《期货经纪合同》导致其无法登录资金账户、中国期货保证金监控中心、期货电子邮局等,使其在持仓过程中不能随时关注持仓、保证金和权益变化情况及妥善处理交易持仓进而导致损

失。但是蒙某某作为从业多年的期货客户，完全具备知悉自身账户资金和持仓情况的知识和经验。尽管至2017年12月5日蒙某某持有的107手硅锰1801合约被国海公司强行平仓时，蒙某某未收到《期货经纪合同》，但其在《期货交易风险说明书》和《客户须知》上签署确认"以上各项内容，本人已阅读并完全理解"，而《期货交易风险说明书》《客户须知》对期货交易的保证金规则及期货保证金账户和结算资料的查询网址有明确告知，应当视为蒙某某知晓交易结算数据和追加保证金通知的查询方式和途径。蒙某某开户同时签收包括交易密码、资金密码、保证金监控中心查询密码、行情系统登录密码、电子邮局密码在内的期货密码，其亦具备了相应的查询能力，并且蒙某某开户后已经进行了多年期货交易。因此，蒙某某是否收到《期货经纪合同》不会导致其无法登录资金账户、中国期货保证金监控中心、期货电子邮局等，也不会影响其在持仓过程中随时关注持仓、保证金和权益变化情况及妥善处理交易持仓。蒙某某只要登录上述期货交易软件，就应视为其已查看并知晓追加保证金的通知，即使其实际确未看到通知事项，也不影响国海公司通知义务已实际履行的结果。因此，国海公司强行平仓符合合同约定和法律规定，由此带来的损失由蒙某某自行承担。

（三）因期货交易市场本身的复杂性，证券公司的过错只要不违反法律、法规和交易所交易规则且与投资者的损失没有直接的因果关系，证券公司就无须对其损失承担赔偿责任

【案例来源】
案例名称：李某与光大证券股份有限公司期货内幕交易责任纠纷案
审理法院：最高人民法院
案　　号：（2016）沪民终210号

【争议点】
李某与光大证券股份有限公司（以下简称光大证券公司）因期货内幕交易责任纠纷引发诉讼，该案历经上海市第二中级人民法院一审、上海市高级人民法院二审两个阶段。在二审中，双方就光大证券公司是否因其在审慎查验策略交易系统、严格按照其管理制度运营方面存在重大过失而承担一般侵权赔偿责任的问题争议较大。

【裁判说理】

关于光大证券公司是否因其在审慎查验策略交易系统、严格按照其管理制度运营方面存在重大过失而承担一般侵权赔偿责任的问题。李某称，如光大证券公司审慎查验了策略交易系统、严格按照内部管理制度运营，就不会出现涉案错单交易，李某也就不会遭受涉案损失，故光大证券公司的上述过错和李某的损失之间存在直接因果关系。但实际上，在证券、期货市场中，任何交易都会对市场产生影响，只是因交易量、价不同导致的影响不同，只要该交易行为不违反法律、法规和交易所交易规则，交易人就无须对该交易行为导致的市场价格变化，及引发的其他投资人的市场判断、自主交易产生的损失承担赔偿责任。本案中，错单交易导致的光大证券公司的经营性损失已由其自行承担，错单交易行为本身并未被中国证监会认定为违法或违规，亦非行政处罚和行政监管、市场禁入措施的对象，更非无效民事行为，故要求光大证券公司就其错单交易行为对其他投资人的自主交易性损失承担赔偿责任，缺乏足够的事实和法律依据。所以，错单交易与李某的损失之间不存在因果关系。进而，李某所称之错单交易的发生原因，即光大证券公司未审慎查验策略交易系统、未严格按照内部管理制度运营，与李某的损失之间亦不存在因果关系，光大证券公司不应就此承担一般侵权赔偿责任。

（四）对交易习惯的认定应当综合考虑各种因素，而不应仅依据某一行为即对交易习惯加以确定

【案例来源】

案例名称：倪某某与上海中期期货股份有限公司期货强行平仓纠纷案

审理法院：上海市高级人民法院

案　　号：（2017）沪民终 224 号

【争议点】

倪某某与上海中期期货股份有限公司（以下简称中期公司）因期货强行平仓纠纷引发诉讼，该案历经上海市第一中级人民法院一审、上海市高级人民法院二审两个阶段。在二审中，双方就是否存在追加保证金均依据中期公司员工电话通知倪某某之交易惯例及该通知行为的法律效力的问题产生争议。

【裁判说理】

首先，倪某某与毕某某之间的电话记录，与本案的待证事实缺乏关联性，不足以证明上述交易惯例的存在。其次，即便存在上述交易惯例，但因追加保证金的通知方式、强行平仓的条件已为《期货经纪合同》所明确约定，依据原《合同法》第61条[①]的规定，无须再按照交易习惯确定之。再次，即便如倪某某所称，毕某某曾经多次在强行平仓前电话通知倪某某追加保证金，该电话通知行为在结果上显然有利于倪某某及时履行其关注持仓、保证金和权益变化情况的合同义务，可以推定毕某某的目的是保护倪某某的利益。但是，该电话通知行为已经超出了《期货经纪合同》约定的中期公司应当履行的义务或应当提供的经纪服务的范围，也未获得中期公司的授权，应认定为毕某某的个人行为。依据原《合同法》第61条第1款的规定，当事人应当按照约定全面履行自己的义务。一方面，倪某某不能仅凭毕某某曾经的电话通知行为，就不履行或不承担《期货经纪合同》约定的其应当随时关注持仓、保证金和权益变化情况的合同义务。另一方面，如果法院仅凭毕某某曾经的电话通知行为，即认定倪某某主张的交易惯例成立，进而依据法律规定，为中期公司新设立追加保证金电话通知的附随义务，不但有违《期货经纪合同》的明确约定，也致毕某某因善意反而遭受不利益，或中期公司因员工对客户的善意反而负担合同外义务，明显有悖诚信原则。最后，依据原《合同法》第77条第1款[②]的规定，当事人协商一致的，可以变更合同。因此，在没有证据证明倪某某与中期公司协商一致的情况下，即便毕某某曾经多次在强行平仓前电话通知倪某某追加保证金，亦不构成对《期货经纪合同》的变更。

（五）对于期货公司是否负有明确告知义务，应结合具体事实，从缔约双方就该问题是否存在信息不对称、该信息对于投资人的重要程度，以及投资人对于持仓浮盈开仓是否具有合理期待等方面综合判定

【案例来源】

案例名称：张某某与浙商期货有限公司、上海期货交易所其他期货交易纠纷案

审理法院：上海市高级人民法院

[①] 对应《民法典》第510条，该条规定："合同生效后，当事人就质量、价格或者报酬、履行地点等内容没有约定或者约定不明确的，可以协议补充；不能达成协议补充的，按照合同有关条款、合同性质、合同目的或者交易习惯确定。"

[②] 对应《民法典》第543条，该条规定："当事人协商一致，可以变更合同。"

案　　号：（2019）沪民终 523 号

【争议点】

张某某与浙商期货有限公司（以下简称浙商期货公司）、上海期货交易所（以下简称上期所）因期货交易纠纷引发诉讼，该案历经上海金融法院一审、上海市高级人民法院二审两个阶段。在二审中，当事人就浙商期货公司对于其交易软件设置上不允许客户使用持仓浮动盈利开仓是否负有告知张某某的合同义务的问题产生争议。

【裁判说理】

在张某某与浙商期货公司签订的《期货经纪合同书》中约定"浙商期货公司对张某某的期货交易实行当日无负债结算"，但对于持仓浮动盈利可否用于开仓并未明确约定。对于浙商期货公司就此是否负有明确告知义务，应结合本案具体事实，从缔约双方就该问题是否存在信息不对称、该信息对于张某某的重要程度，以及张某某对于持仓浮盈开仓是否具有合理期待等方面综合判定。本案中，2009 年 4 月 10 日，证监会上海监管局发布《关于进一步加强盘中风险管理的通知》，明确要求辖区各期货经营机构在交易软件的设置方面，严禁允许客户使用持仓浮动盈利开仓。而张某某自 2009 年 9 月 28 日即与浙商期货公司签订《期货经纪合同书》从事期货交易。当时浙商期货公司在交易软件的设置上即不允许客户使用持仓浮动盈利开仓。2015 年 4 月 1 日，张某某再次与浙商期货公司签订《期货经纪合同书》从事期货交易，故其对于浙商期货公司交易软件不允许持仓浮动盈利开仓应当已经充分了解，双方就该问题并不存在信息不对称，张某某对于浙商期货公司可允许其使用持仓浮动盈利开仓亦不具有合理期待，故浙商期货公司虽然未明确告知张某某其交易软件的相关设置，亦不因违反先合同义务而存在违法侵害行为。

（六）交易规则具有一定的合同属性，合同主体可合意变更交易规则规定的保证金内容

【案例来源】

案例名称：无锡泰德不锈钢有限公司与无锡市不锈钢电子交易中心有限公司期货欺诈责任纠纷案

审理法院：江苏省高级人民法院

案　　号：（2016）苏民终 1190 号

【争议点】

无锡泰德不锈钢有限公司（以下简称泰德公司）与无锡市不锈钢电子交易中心有限公司（以下简称交易中心）因期货欺诈责任纠纷引发诉讼，该案历经江苏省无锡市中级人民法院一审、江苏省高级人民法院二审两个阶段。在二审中，当事人交易中心是否违反交易规则允许交易商在保证金不足或无保证金的情况下交易的问题产生争议。

【裁判说理】

从泰德公司历年的交易情况及其他交易商的交易情况来看，泰德公司及其他交易商长期存在保证金不足或无保证金而可继续交易的情况。交易中心虽提交了署名为徐某某的担保协议，并称可以此替代保证金，但首先，泰德公司并不认可徐某某系为其担保；其次，即便徐某某确为泰德公司向交易中心出具了担保协议，因担保协议并不具有财产属性，以此替代保证金明显违反交易规则关于保证金的规定，故应认定交易中心在组织交易过程中确实存在允许交易商在保证金不足或无保证金的情况下交易的情况。虽然交易中心允许交易商在保证金不足或无保证金的情况下交易违反了相关交易规则，但对泰德公司而言是明知的，且泰德公司亦长期在保证金不足或无保证金的情况下交易，交易中心并未对泰德公司施以较其他交易商更为严格的保证金制度。交易规则具有一定的合同属性，合同主体可合意变更其内容，交易中心长期以来未按交易规则载明的保证金制度实施，相关交易商明知且未提出异议，并继续参与交易，应视为各交易商（包括泰德公司）与交易中心合意变更了交易规则规定的保证金制度。泰德公司无权因交易中心实际执行的保证金制度与交易规则规定不符而要求交易中心赔偿其交易亏损。

四、结语

在处理期货交易纠纷时，应注意以下问题：一是期货交易中，在卖方机构已经多次进行风险提示，买方也在各种风险告知书上签名的情况下，可以认定已尽到风险提示说明义务。二是在期货经纪合同中，客户不能仅凭未收到期货经纪合同而认为其在持仓过程中不能随时关注各种变化情况及妥善处理交易持仓进而导致损失，应该综合客户知识、经验多方面进行认定未收到期货经纪合同是否对损失有影响。三是因期货交易市场本身的复杂性，证券公司的过错只要不违反法律、法规和交易所交易规则且与投资者的损失没有直接的因果关系，证券公司就无须对其损失承担赔偿责任。四是认定是否为交易习惯应当综合各种因素进行认定，而不应仅依据某一行为即对交易习惯加以确定。五是对于期货公司是否负有明确的告知义务，应结合具体事实，从缔约双方就该问题是否存在信息不对称、该信息对于投资人的重要程度，以及投资人对于持仓浮盈开仓是否具有合理期待等方面综合判定。六是在期货交易中，交易规则具有一定的合同属性，合同主体可合意变更交易规则规定的保证金内容。

第六节　国际货物买卖合同纠纷

一、导论

国际货物买卖，是指不同国家或者地区行为主体之间的交易。随着经济全球化的不断发展，国际货物买卖的发生也越来越频繁，成为国际交往中的重要角色，在世界经济发展中的地位也越来越重要。但是，国际货物买卖因其自身的运输货量较大、运输路程较远、所经环节较多、所需手续繁杂、周期较长等原因，在国际货物买卖中，往往会出现风险大或者履约困难的情况进而产生纠纷。我国在此方面的纠纷解决思路仍需要进一步完善。本节以国际货物买卖合同纠纷案件的裁判文书为研究对象，将2018年以来人民法院作出的相关裁判文书作为主要范围，对国际货物买卖合同纠纷案件的裁判理念和裁判趋势进行提炼、归纳，以期通过对案例进行研究来指导司法实践。

截至2022年2月，编者在中国裁判文书网输入"国际货物买卖合同纠纷"（案由）共检索出民事裁判文书25 678篇，其中由最高人民法院裁判的有104篇，由高级人民法院裁判的有630篇，由中级人民法院裁判的有3470篇。在具体案例的选取上，本节遵循"两个优先"原则：第一，优先选择审判层级较高的裁判文书；第二，优先选择审判日期较近的裁判文书。通过对裁判文书的形式以及内容进行筛选，本节最终选择了5篇裁判文书进行研究，即（2019）

鲁民终 1414 号、（2018）苏民终 1465 号、（2018）苏民终 999 号、（2019）桂民终 747 号、（2020）浙 07 民终 2651 号。其中，由高级人民法院裁判的有 4 篇，裁判日期为 2019 年（含）之后的有 3 篇。

二、国际货物买卖合同的基本理论

（一）国际货物买卖合同的一般原理

国际货物买卖合同作为国际经济贸易中最为重要的合同，是指不同国家或者地区之间的经济主体为了达到某种经济利益而签订的，规定各方主体权利、义务的能够产生法律效力的协议。国际货物买卖合同除了需要具备一般合同所具有的形式要件和实质要件之外，还需要签订合同主体的特殊性、合同标的的特殊性以及因合同发生纠纷时所适用法律的特殊性。

对于作为买卖合同项下种类之一的国际货物买卖合同，一般情况下可以分为以下几个步骤：首先，会出现"要约—承诺"阶段，欲订立合同的一方主体以具体明确的内容以订立合同为目的发出要约，另一方按照要约人的要约接受其要约内容即为承诺。自此，双方达成合意，合同成立。如果双方达成合意的内容不违反法律的规定，则此合同生效，如果双方达成合意的内容违反法律的规定，则合同就仅停留在了成立阶段，不被法律所保护。而生效的合同是具有法律上的约束力的，能够对签订的各方主体甚至第三方主体产生法律上的约束力。其次，在合同有效成立之后就需要考虑合同履行的问题。合同的履行，是指履行主体适当、全面地履行合同义务。在合同成立之后，签订双方也可以在意思表示一致的情况下对合同内容进行变更，在特殊情况下也可以直接请求法院或者仲裁机构予以变更。对于合同主体的变更是需要区分债权人与债务人的，债权人变更即债权转让是不需要经过债务人同意的，只需要通知债务人即可；而债务人变更即债务转移是需要经过债务人同意的。对于有效的合同，一般情况下当事人不履行约定的内容就需要承担违约责任；只有在特殊情况下，即发生了合同订立主体在订立合同时所没有预料到的情况，致使合同无法履行，或者虽然能够履行但是会产生极其不公平结果的情况下无须承担违约责任。这些情况通常被不可抗力、情势变更等制度所涵盖。最后，在合同没有出现任何状况而顺利履行的情况下，合同会因目的得到实现而消灭，也可能会在出现某种致使合同目的不能实现的原因而使合同消灭。

而国际货物买卖合同自身的特殊性具体来说包括：国际货物买卖合同的签订主体需要是来自不同国家和地区的自然人或者法人；买卖合同的标的是进出口货物；因合同发生纠纷时所适用的法律可能是某一方主体的国内法，也可能是合同约定的第三国法律，还有可能是国际条约或者是国际惯例。

（二）国际货物买卖合同风险转移原则

国际货物交易主体一般对国际货物买卖中的风险转移问题格外关注，因为风险最终由哪一方承担关系到买卖双方的根本利益。但是在国际贸易领域，由于各个国家的认识不同以及国际贸易的复杂性等多种因素影响，对于风险转移的认定还没有统一的标准。根据不同国家的理论与相关立法，目前主要有以下三种学说：

1. 合同成立主义。该原则认为，货物毁损、灭失的风险是在合同成立时转移的。此原则最早出现在古罗马法中，后由瑞士、罗马等国家继承发展。在该原则下，买方的义务会被加重。其一，国际货物买卖一般路途遥远，卖方发货后距离买方收到货有一定的时间差，在此时间内很难采取保护措施，但是买方在此期间仍然需要承担货物风险；其二，在"一物二卖"的情况下，因为合同成立主义是在合同成立时货物风险就已经转移给了买方，因此，即便卖方实施了不诚信的"一物二卖"行为，仍然是由买方为其行为负责。此原则虽然可以促使合同主体尽快履行合同，加速商品的流通，但是随着国际货物买卖主体法律意识的增强，这一原则下的风险分配不均会对国际贸易的发展产生阻力。

2. 所有权主义。该原则认为货物毁损、灭失的风险由货物的所有者承担。运用这一原则的国家有法国、英国以及意大利等，这一原则是以所有权即为占有权这一理论为基础的。在所有权转移即为占有权转移的理论基础上，货物毁损、灭失的风险由所有权人承担并无大碍。该原则相较于合同成立主义虽能打破"一物二卖"的困境，但是随着国际贸易的不断发展，各种新的合同类型出现，所有权与占有权相分离的情况也屡见不鲜，在此情况下，该原则无法确定风险转移的时间。

3. 交付主义。该原则认为货物毁损、灭失的风险以是否交货为依据。[①] 这

---

① 王利明：《违约责任论》（修订版），中国政法大学出版社2003年版。

一原则的理论依据是交付与所有权转移的相互独立。在此原则的指导之下，只要卖方完成交付，货物毁损灭失的风险即随之转移。在风险转移给买方之后，买方也有相应的救济措施，既可以向有过错的第三方主张赔偿，也可以向承保的保险公司主张赔偿。与所有权主义相比较，该原则中的"交付行为"更便于判断，并且货物被占有人实际控制，也更有利于预防风险的发生。交付主义你能够解决合同成立主义与所有权主义中难以解决的问题，其适用的范围相比而言有更加广泛的适用范围。因此，交付主义被采纳的比例较高，成为当今的立法潮流。[①] 在我国，《民法典》也规定，一般情况下货物的风险在交付时转移。

三、关于国际货物买卖合同纠纷的裁判规则

（一）合同一方对违约方主张的可得利益损失，不能仅凭其与违约方签订的合同标的额和与第三人签订的合同标的额的差价损失来认定，而要综合各方面因素进行判断

【案例来源】

案例名称：青岛华汇动能国际贸易有限公司与方科技有限公司国际货物买卖合同纠纷案

审理法院：山东省高级人民法院

案　　号：（2019）鲁民终 1414 号

【争议点】

青岛华汇动能国际贸易有限公司（以下简称华汇公司）与东方科技有限公司（以下简称东方科技公司）因国际货物买卖合同纠纷引发诉讼，该案历经山东省青岛市中级人民法院一审、山东省高级人民法院二审两个阶段。在二审中，双方就可得利益损失数额的问题产生争议。

【裁判说理】

一方面，东方科技公司已经于 2016 年 1 月 6 日发出了解除合同的通知，并且于 2016 年 1 月 11 日发出了解除本案合同的正式通知，华汇公司虽然不同意解除合同，并要求东方科技公司继续履行合同，但是华汇公司在收到该解除

---

① 董巍：《民事合同的风险转移制度浅析》，载《人民论坛》2013 年第 8 期。

合同通知后，于 2016 年 2 月 22 日向一审法院提起本案诉讼，要求解除合同，虽然华汇公司后来撤销了该项诉讼请求，但可以确认双方均无继续履行合同的意愿，且东方科技公司和第三人又另行签订了合同，本案买卖合同已经无法实际履行。合同的变更或者解除，不影响当事人要求赔偿的权利。

另一方面，因合同不能实际履行的过错主要在于东方科技公司，东方科技公司应当预见违反合同可能给华汇公司造成的损失，因此东方科技公司应当向华汇公司支付可得利益损失。华汇公司主张的可得利益损失，是华汇公司与东方科技公司签订的合同标的额和华汇公司与第三人签订合同标的额的差价损失。但是，根据华汇公司和东方科技公司之间的合同约定，上述差价并非华汇公司的预期可得利益，华汇公司还要负担设备由东方科技公司中国工厂运至最终用户的内陆运输及相关保险费用、中国海关关税及增值税等费用，华汇公司庭后根据汇率换算，比照其在田湾项目的费用支出，计算出如果合同要实际履行，所要支出的成本，从而计算出其预期利益。但上述费用支出均是华汇公司单方陈述，且本案项目与田湾项目的标的、履行地和成本不同，华汇公司提供的证明其成本的材料仅具有参考作用，不能证明其实际预期成本，因而也不能证明其预期可得利益。

（二）依据民事主体协商合同、履行合同等事实行为可以推断民事主体之间是否真实存在买卖合同关系

【案例来源】

案例名称：HHK 器械有限公司与苏州市利飞特电器有限公司国际货物买卖合同纠纷案

审理法院：江苏省高级人民法院

案　　号：（2018）苏民终 1465 号

【争议点】

HHK 器械有限公司（以下简称 HHK 公司）与苏州市利飞特电器有限公司（以下简称利飞特公司）因国际货物销售合同纠纷引发诉讼，该案经过了江苏省苏州市中级人民法院一审、江苏省高级人民法院二审两个阶段。在二审中，双方就是否存在买卖合同关系的问题产生争议。

【裁判说理】

HHK 公司主张其与利飞特公司之间不存在买卖合同关系，HHK 公司不是

买方,未收到相应的货物,其只是代理利飞特公司向国外买家收款。具体分析如下:第一,利飞特公司提交的三份购货订单均显示,下达采购订单的一方是 HHK 公司,接收采购订单的一方是利飞特公司,收货人待通知。可见,是 HHK 公司向利飞特公司购买产品,并向利飞特公司指定收货人以完成交付。HHK 公司与利飞特公司之间存在买卖合同关系,HHK 公司主张其不是买方,不能成立。第二,HHK 公司与利飞特公司之间存在真实的交易履行行为。本案中,HHK 公司与利飞特公司通过电子邮件对购货订单的装箱、重量及发货等情况进行实际协商,并由利飞特公司向 HHK 公司开具了相应的商业发票。若 HHK 公司如其所主张的只是代理利飞特公司收款,则其无须和利飞特公司对订单的细节进行协商,利飞特公司也无须向其开具商业发票。因此,协商合同和履行合同的事实均能证明 HHK 公司与利飞特公司之间存在买卖合同关系,HHK 公司主张其只是代理关系,不能成立。

(三)要约的形式可以多样化,以电子邮箱形式发出的要约,只要其内容具体明确并符合要约的实质性要件,一经对方承诺,合同即成立

【案例来源】

案例名称:常州市武进苏南灯泡厂与超级钢铁公司等国际货物买卖合同纠纷案

审理法院:江苏省高级人民法院

案　　号:(2018)苏民终 999 号

【争议点】

常州市武进苏南灯泡厂(以下简称苏南灯泡厂)与超级钢铁公司、王某某、义乌市双秋进出口有限公司(以下简称双秋公司)、南京顺祺富进出口贸易有限公司(以下简称顺祺富公司)因国际货物销售合同纠纷引发诉讼,该案经过了江苏省常州市中级人民法院一审、江苏省高级人民法院二审两个阶段。在二审中,双方就是否成立国际货物买卖合同关系的问题产生争议。

【裁判说理】

电子邮箱地址是识别电子邮箱账户的主要途径,而电子邮箱地址前的名称,是可以由该电子邮箱用户根据自己的需求所设定的名称,也可以由联系相对方进行名称备注,因此苏南灯泡厂辩称邮箱名称中包含"王某某"字样的邮件均非由其发出的意见不能成立。据查明的事实,超级钢铁公司提交的证据中

其所收发的电子邮件，均系与该电子邮箱联系，此为固定不变的电子邮箱地址，且确属苏南灯泡厂的电子邮箱，从该电子邮箱向超级钢铁公司法定代表人的电子邮箱发出的"修改后的最终形式发票"中记载了当事人名称、标的、数量、国际贸易术语、价格、履行期限等信息，内容具体确定，应当视为要约；该形式发票以及付款指示要求超级钢铁公司将50%的货款作为定金支付至双秋公司账户，此后超级钢铁公司也依约履行了支付定金义务，应当视为其以实际行为作出了承诺。因此，超级钢铁公司与苏南灯泡厂之间的国际货物买卖合同已经成立并生效。

（四）交易习惯应根据之前交易的实际情况进行认定

【案例来源】

  案例名称：谢某某与黄某某国际货物买卖合同纠纷案
  审理法院：广西壮族自治区高级人民法院
  案　　号：（2019）桂民终747号

【争议点】

  谢某某与黄某某因国际货物销售合同纠纷引发诉讼，该案历经广西壮族自治区南宁市中级人民法院一审、广西壮族自治区高级人民法院二审两个阶段。在二审中，双方就合同是否履行的问题产生争议。

【裁判说理】

  原《合同法》第61条[①]规定："合同生效后，当事人就质量、价款或者报酬、履行地点等内容没有约定或者约定不明确的，可以协议补充；不能达成补充协议的，按照合同有关条款或者交易习惯确定。"根据一审法院查明的事实，黄某某和谢某某在2014年有过四次矿石交易，交货地点均为香港，均由百盛公司接收，可以认定双方已经形成了一定的交易惯例。对于2015年的交易，双方在备忘录中约定将货物"发往香港谢总的公司"。双方对收货人有争议。黄某某主张按交易习惯指的是前四次交易的指定收货人香港百盛公司，谢某某则主张已变更了收货人并已告知黄某某，但是谢某某对自己的主张未能举证，而且黄某某的主张符合民间交易常识，也符合法律规定。从各方在微信等的聊天记录可以看出，黄某某在收到谢某某支付的200万元预付款后，已于

---

① 对应《民法典》第510条。

2015年5月24日将《备忘录》中约定的货物发到香港，由百盛公司接收，并在微信中告知了谢某某发货事宜。在其后黄某某多次催收款项时，谢某某并未否认收到货物，相反还多次表示正在等银行贷款批下来，批下来马上就可以支付。谢某某的回答和百盛公司范某某与黄某某丈夫的聊天记录在时间和内容上均可以相互印证。这一系列的聊天记录形成无可辩驳的证据链，证实黄某某已经完成了发货义务，谢某某已经收到货物的事实。

（五）在民事主体虽非合同相对人，但实际参与经营的情况下，相对人有理由相信该民事主体与合同签订主体系共同经营，其应承担相应的责任

【案例来源】

案例名称：邱某某与舒某某等国际货物买卖合同纠纷案

审理法院：浙江省金华市中级人民法院

案　　号：（2020）浙07民终2651号

【争议点】

邱某某与舒某某等因国际货物买卖合同纠纷引发诉讼，该案历经浙江省义乌市中级人民法院一审、浙江省人民法院二审两个阶段。在二审中，双方就合同是否履行的问题产生争议。

【裁判说理】

本案的争议焦点在于舒某某是不是涉案合同的相对人。虽然涉案7笔货款的订货单载明订货商系哈某，出具结算单的也是哈某，但是综观整个交易过程，涉案交易主要系邱某某通过舒某某的微信进行联系，舒某某与哈某系男女朋友关系，舒某某在微信中以"哈某老婆"的身份自居与邱某某洽谈业务，而且其中部分货物也是由舒某某签收，已经支付的款项也均是由舒某某支付。舒某某抗辩只是垫付货款，并未提供证据证明；舒某某抗辩其未参与实际经营，与现有证据所体现的内容不符。综合上述表现，邱某某有理由相信舒某某与哈某系共同经营，故舒某某应该承担责任。

四、结语

在处理国际货物买卖合同纠纷时，应注意以下几点：一是在国际货物买卖合同中，合同一方对违约方主张的可得利益损失，不能仅凭其与违约方签订的

合同标的额和与第三人签订合同标的额的差价损失认定，而要综合各方面因素进行判断。二是在民事主体之间是否存在买卖合同关系存疑时，可以从民事主体协商合同、履行合同等事实行为中推断出民事主体之间是否真实存在买卖合同关系。三是要约的形式可以多样化，以电子邮箱形式发出的要约，只要其内容具体明确，符合要约的实质性要件，并且一经对方承诺，合同即成立。四是交易习惯也应根据之前交易的实际情况进行认定。五是在民事主体虽非合同相对人，但实际参与经营的情况下，相对人有理由相信该民事主体与合同签订主体系共同经营，应承担相应的责任。

第五章
金融合同纠纷

序 论

在当今高度发达的金融市场上，合同制度是保证金融市场得以顺利运行的链条。金融合同是指平等主体之间以金融资产及其衍生品为对象，明确相互权利义务关系的协议。金融合同是一种特殊合同，不仅包括一些传统的金融合同，如金融借款合同，还包括一些新类型的金融合同。2022年最高人民法院颁布的《民事案件案由规定》，将具有金融性质的合同规定在不同的案由分类中，并没有单独列出有关的金融合同纠纷类型。比如，本章中的金融借款纠纷规定在借款合同纠纷案由中，金融委托理财合同纠纷和民间委托理财合同纠纷规定在委托理财合同纠纷中，而融资租赁合同纠纷、保理合同纠纷、典当纠纷则列为单独的案由纠纷。但由于金融合同种类较多，且随着我国金融市场的发展和完善，仅凭现有的法律规定，是不能够解决金融方面的法律适用问题。因此，本章以人民法院作出的相关裁判文书为基础，归纳、提炼与房地产建设有关的裁判规则具有重大的现实意义。

在体例上，本章共九节，每一节均包括导论、基本理论、裁判规则、结语四部分；在素材上，本章以人民法院作出的裁判文书为主，并辅以与此相关的理论；在内容上，不仅选取了司法实务中较为典型的金融合同作为研究标的，还涉及了有关金融类合同纠纷的共性问题，对其进行总结与归纳。本章主要列举了九种金融合同纠纷，分别为金融借款合同纠纷、金融委托理财合同纠纷、民间委托理财合同纠纷、财会服务合同纠纷、融资租赁合同纠纷、典当纠纷、保理合同纠纷、进出口代理合同纠纷、货运代理合同纠纷。每一节皆以有关理论为基础，对裁判文书进行筛选、梳理与分析，精准归纳、提炼出相应的裁判规则。本章紧扣实务热点，立足实践、指导实践，相信定会对理论研究与司法实务界的人士起到参考指导作用。

第一节 金融借款合同纠纷

一、导论

随着国家对个人创业的不断鼓励，各金融机构的业务范围也逐渐变广，随之而来的就是越来越复杂的金融风险以及越来越多的金融借款合同纠纷。本节以金融合同纠纷案件的裁判文书为研究对象，将2020年以来人民法院作出的相关裁判文书作为主要范围，对金融合同纠纷案件的裁判理念和裁判趋势进行提炼、归纳，通过对案例进行研究来探讨金融借款合同的法律风险，以期指导司法实践、降低金融借款法律风险。

截至2022年2月，编者在中国裁判文书网输入"金融借款合同纠纷"（案由）共检索出民事裁判文书6 735 383篇，其中由最高人民法院裁判的有2509篇，由高级人民法院裁判的有25 140篇，由中级人民法院裁判的有287 906篇。在具体案例的选取上，本节遵循"两个优先"原则：第一，优先选择审判层级较高的裁判文书；第二，优先选择审判日期较近的裁判文书。通过对裁判文书的形式以及内容进行筛选，本节最终选择了7篇裁判文书进行研究，（2021）最高法民申7837号、（2020）最高法民终1264号、（2021）冀民终777号、（2021）京民终678号、（2021）甘民终613号、（2021）甘民终594号、（2021）桂民终933号。其中，由最高人民法院裁判的有2篇，裁判日期均为2020年（含）之后的案件。

二、金融借款合同纠纷的基本理论

（一）金融借款合同的内涵

金融借款合同并非法学上的专业术语，而属于法律实务中的综合性概念。

金融贷款合同，是指以金融机构作为办理贷款业务的一方向贷款人提供贷款，并由借款人按照约定按期返还借款并支付利息的合同。金融借款合同除具有一般合同的特点外，还具有独特的特点：一是担保关系出现的频率较高；二是合同一方主体一般是特定的，即为金融机构的银行或者融资公司等。

（二）金融借款合同的特征

1. 金融性。金融性是此类合同较为明显的特征，金融借款合同的一方主体是特定的，一般为被严格监管的金融机构。此类合同具有保障融资与融出资金的双方权利与义务的功能，并有利于社会货币资本的有序流通。金融借款合同在相关法律法规的指导之下，能够通过无形的方式把国家宏观调控的任务落到实处，承载着国家对金融业的各种政策与导向。[1]

2. 担保性。因为金融借款合同的金融性与风险性，大部分的金融借款合同存在担保关系。融出资金一方运用各种手段加强对借款方的约束，以保障融出资金的安全性。这在一定程度上反映出贷款的规范性与借贷双方的安全意识，同时也从另一个角度对货币融出一方的优势地位予以加强。因此，在金融借款合同中除了有许多基础法律关系以外还往往存在担保关系。

3. 有偿性。借款人在获得金融机构的资金以后，不仅需要按照借款合同的约定按期返还所借的本金，还需要根据约定向金融机构支付相应的利息。支付利息义务是借款人在借款合同中的主要义务之一，是其使用金融机构资金的合理对价。因此，金融借款合同与自然人的借款合同所不同的是金融借款合同属于有偿合同，金融机构融出资金可以获取相应的利润。而自然人之间的借款合同为无偿合同，出借人与借款人对借款利息没有约定或者约定不明确的，视为没有利息。[2]

4. 要式性。与自然人间的借款合同不同，自然人间的借款合同双方可以不采用书面形式；而金融借款合同，因其具有涉及数额较大、法律关系较多等影响因素而规定一般情况下其订立合同必须采取书面形式。没有采取书面形式时，借贷双方就合同是否存在产生不同意见的，视为没有成立合同关系；但是

---

[1] 参见李张平：《金融借款合同纠纷常见问题与法院裁判观点》，人民法院出版社2018年版。

[2] 参见缪因知：《论利率法定与存款合同意思自治的冲突——以超长存期为中心》，载《中外法学》2014年第3期。

双方对合同关系是否存在没有异议或者一方已经履行合同的主要义务而对方也已经接受的情况下,可以认定为合同关系成立。

5. 诺成性。金融借款合同与自然人间借款合同的区别是,金融借款合同不需要自借款人提供借款时生效。而是与普通的诺成合同一样,在借贷双方就合同内容达成一致时合同成立,在合同不违反法律法规的情况下合同自成立时生效。如果借贷双方没有就合同的生效时间作特别约定,就不需要以金融机构提供借款的时间作为合同生效时间。

(三)金融借款合同法律关系分析

一般情况下,金融借款合同中借款人的权利主要包括获得借款,其义务主要是按合同约定的时间还本付息,延期还款时按照中国人民银行贷款利率执行;而贷款人的权利主要包括要求借款人按照合同约定还本付息、可以根据具体情况要求提供担保、可以要求借款方提供真实的财务数据、可以约定监督检查等,其义务主要包括有不得在所出借的款项中预先克扣利息以及按照央行贷款利率执行等。因此,在金融借贷合同的保障之下,借款人获得了货币的所有权,贷款人获得了以本金和利息为内容的债权以及为了保障债权的实现而存在的辅助性权利。虽然在一般情况下,合同内容是以当事人的意思自治为主,但是在金融借款合同中,因其受金融业涉及面较广及其本身的金融性等因素影响,金融借款合同双方均有遵守相关法律法规、国家政策的义务,即需要按照中国人民银行贷款利率执行,如果当事人的约定违反了中国人民银行贷款利率,其约定无效。

三、关于金融借款合同纠纷的裁判规则

(一)金融借款合同的债权人向担保人撤回破产债权申报的行为,在未违反法律、行政法规的强制性规定、未损害其他破产债权人利益情况下,应认定为有效

【案例来源】

案例名称:北京宏远信诚汽车销售有限公司与大庆农村商业银行股份有限公司金融借款合同纠纷案

审理法院：最高人民法院

案　　号：（2021）最高法民申 7837 号

【争议点】

北京宏远信诚汽车销售有限公司（以下简称宏远信诚公司）与大庆农村商业银行股份有限公司（以下简称大庆农商行）因金融借款合同纠纷引发诉讼，该案历经黑龙江省大庆市中级人民法院一审、黑龙江省高级人民法院二审以及最高人民法院再审三个阶段。在再审中，双方就宏远信诚公司是否应当偿还大庆农商行垫付汇票本金及利息问题产生争议。

【裁判说理】

原《担保法》第 18 条第 2 款规定："连带责任保证的债务人在主合同规定的债务履行期届满没有履行债务的，债权人可以要求债务人履行债务，也可以要求保证人在其保证范围内承担保证责任。"因宏远信诚公司未能按期清偿债务，大庆农商行曾向案涉债务的保证人庞大集团的破产管理人申报债权，但随后于 2019 年 12 月 8 日向庞大集团破产管理人撤回了债权申报。大庆农商行系案涉金融借款合同的债权人，具有求偿主体的选择权利，其向担保人撤回破产债权申报的行为，未违反法律、行政法规的强制性规定，未损害其他破产债权人的利益，应认定为有效。因大庆农商行在人民法院裁定批准《重整计划》之前已经撤回了破产债权申请，庞大集团破产管理人提存拟清偿给大庆农商行的现金及股票的行为，在大庆农商行撤回申报且不负有强制申报义务的情况下，不能对大庆农商行产生清偿债务的法律效力。因案涉债务未消灭，大庆农商行有权要求债务人宏远信诚公司偿还案涉债务。原审判决宏远信诚公司向大庆农商行偿还案涉债务，有合同和法律依据，并无不当。

（二）在金融借款合同纠纷中，补充协议中签章的真实性不能确定时对主合同中签章的真实性并不产生影响

【案例来源】

案例名称：凯恩集团有限公司与深圳市彼岸大道柒号投资合伙企业（有限合伙）等金融借款合同纠纷案

审理法院：最高人民法院

案　　号：（2020）最高法民终 1264 号

【争议点】

凯恩集团有限公司（以下简称凯恩公司）与深圳市彼岸大道柒号投资合伙企业（有限合伙）（以下简称彼岸大道合伙企业）、深圳溢高投资有限公司（以下简称溢高公司）、深圳亿合控股有限公司（以下简称亿合公司）、王某、孙某、深圳市尚衡华顺投资企业（有限合伙）（以下简称尚衡华顺企业）、兴平隆发置业有限公司（以下简称兴平隆发公司）、王某某因金融借款合同纠纷引发诉讼，该案历经广东省深圳市中级人民法院一审、广东省高级人民法院二审以及最高人民法院再审三个阶段。在再审中，双方就案涉保证是否为凯恩公司的真实意思表示问题产生争议。

【裁判说理】

凯恩公司主张 2017 年 6 月 30 日彼岸大道合伙企业、溢高公司、凯恩公司等各方联合签订的《补充协议之补充协议》系虚假合同，该合同上的签字和盖章均有可能是伪造的，并提交证据证明《补充协议之补充协议》中，"凯恩公司"印文和凯恩公司现用印章印文不一致。但该证据并不足以否定前述《保证合同》以及上述股东会决议上所盖的凯恩公司公章的真实性，亦无法否定凯恩公司为案涉贷款作保证的意思表示。凯恩公司作为企业法人，以公司股东会决议、时任法定代表人签字及公司加盖章的形式确认同意案涉担保事项，事后仅以加盖的公章与备案公章不符为由否定合同效力，不应得到支持。

（三）将新贷资金偿还到旧贷还款账户的行为，可以认定为以新贷还旧贷的要约，而对方扣划该账户资金的行为是对上述要约作出的承诺，由此可以认定双方达成了以新贷偿还旧贷的合意

【案例来源】

案例名称：河北邢台农村商业银行股份有限公司与江苏金桥市场发展有限公司等金融借款合同纠纷案

审理法院：河北省高级人民法院

案　　号：（2021）冀民终 777 号

【争议点】

河北邢台农村商业银行股份有限公司（以下简称邢台农商行）与江苏金桥市场发展有限公司（以下简称江苏金桥公司）、邢台群硕新材料科技有限公司（以下简称群硕科技公司）、赵某某、杨某某、王某某、邓某某因金融借款合同

纠纷引发诉讼，该案历经河北省邢台市中级人民法院一审、河北省高级人民法院二审两个阶段。在二审中，双方就案涉贷款是否以贷还贷、江苏金桥公司、王某某、杨某某、邓某某的保证责任应否免除问题争议较大。

【裁判说理】

　　本案中，案涉贷款分三笔发放。从案涉第一笔2500万元贷款发放后的资金流向来看，该笔贷款短时间内从群硕科技公司的贷款账户转入案外人邢台君泽轩商贸有限公司账户再转回到群硕科技公司的还款账户，而上述资金流转的时间之短，不符合正常交易资金往来的常理。如果群硕科技公司和邢台君泽轩商贸有限公司之间存在相互支付的数笔交易，在双方互付款项的数额相等，且同时支付的情况下，正常的交易习惯应是相互抵销，互不支付，而不会出现一方支付给另一方后，另一方马上又退回的情形。显然，邢台君泽轩商贸有限公司账户只是为案涉的2500万元从群硕科技公司的贷款账户转到其还款账户提供了一个资金流转通道，故从资金的流转方向来看，该2500万元新贷实质上是偿还了群硕科技公司的旧贷。关于邢台农商行上诉所提其与群硕科技公司不存在借新还旧的合意的上诉理由，邢台农商行在二审庭审答辩时称，其是按照群硕科技公司的委托将案涉2500万元贷款受托支付给了邢台君泽轩商贸有限公司，而邢台君泽轩商贸有限公司将该2500万元贷款又转回到群硕科技公司旧贷还款账户上，而该旧贷还款账户的开户行也是邢台农商行，故邢台农商行对该2500万元贷款的流转途径是清楚的。邢台农商行还主张该2500万元借款是群硕科技公司自己偿还的旧贷，其不得不接受。但无论从合同约定，还是从还款凭证都可以看出，即使是群硕科技公司自己擅自还款，其也只能将该款转入其自己的还款账户上，如果邢台农商行不从该账户上扣款，群硕科技公司也不可能完成还款，邢台农商行的上述主张与事实不符。群硕科技公司将新贷资金偿还到旧贷还款账户的行为，系向邢台农商行作出的以新贷还旧贷的要约，邢台农商行扣划该账户资金的行为是对上述要约作出的承诺，故可以认定双方达成了以新贷偿还旧贷的合意。

　　（四）未办理物权登记的，不影响合同效力，合同违约人应在物保财产价值范围内向对方承担违约损害赔偿责任

【案例来源】

　　案例名称：烟台市广信投资发展有限责任公司与恒丰银行股份有限公司等

金融借款合同纠纷案

审理法院：北京市高级人民法院

案　　号：（2021）京民终678号

【争议点】

烟台市广信投资发展有限责任公司（以下简称广信公司）与恒丰银行股份有限公司（以下简称恒丰银行）、烟台利浦经贸有限公司（以下简称利浦公司）、龙口市丰卫经贸有限公司（以下简称丰卫公司）因金融借款合同纠纷引发诉讼，该案历经北京市第四中级人民法院一审、北京市高级人民法院二审两个阶段。在二审中，当事人就涉案股权质押合同是否成立并生效的问题争议较大。

【裁判说理】

广信公司辩称其出具单方盖章的质押合同，不构成单方允诺，广信公司与国民信托之间未设立质押合同关系。单务合同是指只有一方当事人承担给付义务或者双方的义务不具有对待给付关系的合同。质押合同是质权人与出质人签订的担保性质的合同。质押合同系单务合同。本案中，广信公司不仅在质押合同上加盖公章，同时出具股东会决议表明同意承担质押担保，尽管质权人国民信托未在质押合同上加盖公章，但并不影响涉案股权质押合同的成立。故广信公司的答辩意见缺乏法律依据，一审法院不予采信。《民法典》第443条第1款规定："以基金份额、股权出质的，质权自办理出质登记时设立。"根据查明的案件事实，广信公司在签订股权质押合同之后，并未办理股权质押登记，据此可以认定质权因未办理出质登记而未设立。又因为当事人之间订立有关设立、变更、转让和消灭不动产物权的合同，除法律另有规定或者合同另有约定外，合同自成立时生效，未办理物权登记的，不影响合同效力。案涉质权虽然因未办理质押登记而未设立，但双方之间的质权设立合同是双方的真实意思表示，并不违反法律法规的强制性规定，应属有效，广信公司与国民信托之间成立股权质押合同关系。质押合同成立后，双方均应按合同约定履行自己的义务。现广信公司未申请质权质押设立登记，导致恒丰银行最终无法就案涉股权的交换价值享有优先受偿权，对恒丰银行构成了违约，应承担相应的违约责任。广信公司未办理案涉股权质押登记导致恒丰银行质权不成立，该种违约行为给恒丰银行造成损失，使得恒丰银行在质押财产价值范围内丧失优先受偿的权利。广信公司应在质押财产价值范围内向恒丰银行承担违约损害赔偿责任。

（五）仅仅是关于实现保证债权而非实现担保物权的约定，并没有明确涉及实现担保物权的内容，不能得出已就担保物权的实现顺序与方式等作出了明确约定

【案例来源】

案例名称：敦煌千年古城文化发展有限公司等与中国建设银行股份有限公司酒泉分行金融借款合同纠纷案

审理法院：甘肃省高级人民法院

案　　号：（2021）甘民终613号

【争议点】

敦煌千年古城文化发展有限公司（以下简称千年古城公司）、甘肃万华实业集团有限公司（以下简称万华公司）、上海金翅鸟文化旅游发展有限公司（以下简称金翅鸟公司）、牛某1、牛某2、牛某3与中国建设银行股份有限公司酒泉分行（以下简称建行酒泉分行）因金融借款合同纠纷引发诉讼，该案历经甘肃省酒泉市中级人民法院一审、甘肃省高级人民法院二审两个阶段。在二审中，双方就涉案债务如何承担担保责任的问题产生争议。

【裁判说理】

就抵押权是否优先的问题，万华公司、金翅鸟公司、牛某1、牛某2、牛某3主张就千年古城公司的抵押物清偿之后的不足部分承担连带保证责任。法院认为，根据《民法典》第392条的规定，当事人对实现担保物权的情形没有约定或者约定不明确时，则债权人应当先就债务人提供的物保实现其债权，不得绕过债务人的物保而径行追究人保合同项下保证人的保证责任。本案中，案涉《抵押合同》第9条第6款中关于抵押权如何实现的约定显然是关于实现担保物权所作的明确约定，属于《民法典》第392条中"当事人约定的实现担保物权的情形"。建行酒泉分行应当按照该约定实现债权。案涉《保证合同》的第6条第2款的约定，仅仅是关于实现保证债权而非实现担保物权的约定，并没有明确涉及实现担保物权的内容，不能得出已就担保物权的实现顺序与方式等作出了明确约定。故不能将《保证合同》中上述约定理解为《民法典》第392条规定的"当事人约定的实现担保物权的情形"。在《保证合同》未对如何实现担保物权作出明确约定的情况下，债权人应当先就债务人提供的物保实现债权，而不能直接要求保证人承担保证责任。故建行酒泉分行应当先就千年古

城公司提供的抵押物实现担保物权，再就抵押物不足的部分向万华公司、金翅鸟公司、牛某1、牛某3、牛某2实现保证债权。因此，一审判决中"万华公司、金翅鸟公司、牛某1、牛某2和牛某3均对案涉债务提供了保证担保，故五被告依法应对案涉债务承担连带清偿责任"的认定不够准确，并未明确债权实现的顺序，依法应予变更。

（六）控股股东在金融借款合同的法定代表人处签字的行为，既包含公司对债务的确认，也载明由股东对其自身将承担保证责任应是明知的，故可以认定其具有提供连带责任保证的意思表示

【案例来源】

案例名称：平凉市崆峒区新世纪小额贷款有限责任公司与朱某等金融借款合同纠纷案

审理法院：甘肃省高级人民法院

案　　号：（2021）甘民终594号

【争议点】

平凉市崆峒区新世纪小额贷款有限责任公司（以下简称新世纪小贷公司）与朱某、代某、华亭众一兴旺管业有限公司（以下简称众一管业公司）因金融借款合同纠纷引发诉讼，该案历经甘肃省平凉市中级人民法院一审、甘肃省高级人民法院二审两个阶段。在二审中，双方就朱某、代某是否应当承担连带保证责任的问题产生争议。

【裁判说理】

《民法典》第685条第2款规定："第三人单方以书面形式向债权人作出保证，债权人接收且未提出异议的，保证合同成立。"众一管业公司在借款人处盖章，朱某在法定代表人处签字捺印，代某在担保人（股东）处签字捺印。该承诺书虽以众一管业公司名义出具，但该要约内容包括朱某、代某愿意担保债权人的债权，有具体的债权数额及担保范围。保证合同作为单务合同，在新世纪小贷公司收到后未提出异议的情况下，保证合同即成立，代某在该承诺书担保人处签字捺印，承担连带责任保证的意思表示明确。关于朱某在法定代表人处签字是否应承担保证责任的问题。虽然朱某在法定代表人处签字，但其作为持有众一管业公司80%股份的控股股东，在以众一管业公司名义出具的承诺书中既包含公司对债务的确认，也载明由股东承担保证责任的情况下，其对自

身将承担保证责任应是明知的,故可以认定其具有提供连带责任保证的意思表示。《民法典》第692条第3款规定:"债权人与债务人对主债务履行期限没有约定或者约定不明确的,保证期间自债权人请求债务人履行债务的宽限期届满之日起计算。"新世纪小贷公司要求朱某、代某承担连带保证责任未超过保证期间,故其请求应予支持。一审判决对保证责任的承担认定不当,法院予以纠正。依照《民法典》第700条规定,朱某、代某承担保证责任后,有权向债务人追偿。

(七)当事人是否具有抵押担保的真实意思表示,不应仅以印章、签名等外在形式否定合同效力,需要结合签订背景、签订过程、办理抵押登记等情况综合考量

【案例来源】

案例名称:柳州市晨华房地产开发有限公司与南宁市金通小额贷款有限公司等金融借款合同纠纷案

审理法院:广西壮族自治区高级人民法院

案　　号:(2021)桂民终933号

【争议点】

柳州市晨华房地产开发有限公司(以下简称晨华公司)与南宁市金通小额贷款有限公司(以下简称金通公司)、防城港市广领贸易有限公司(以下简称广领公司)、广西信和房地产开发有限公司(以下简称信和公司)、李某某、刘某某、彭某某、汤某某、刘某某、蒋某某因金融借款合同纠纷引发诉讼,该案历经广西壮族自治区防城港市中级人民法院一审、广西壮族自治区高级人民法院二审两个阶段。在二审中,双方就金通公司是否对晨华公司名下案涉土地使用权享有抵押权的问题产生争议。

【裁判说理】

一是从案涉两份抵押合同的签订背景来看,晨华公司系为借款人广领公司的两笔借款提供抵押担保而与金通公司签订案涉两份抵押合同,即晨华公司系基于与广领公司之间的关系而向金通公司提供抵押担保。而且在此之前,晨华公司曾于2012年同样以案涉土地使用权为广领公司向金通公司的借款提供过抵押担保,并办理了抵押登记手续。因此,金通公司有理由相信晨华公司具有提供担保的意思表示。

二是从案涉两份抵押合同的签订情况来看，金通公司二审庭审中陈述案涉两份抵押合同上晨华公司的签章是法定代表人曾某进行签字及盖章，晨华公司对此虽不予认可，但法院认为，一审法院委托鉴定的结论仅能证明案涉两份抵押合同上晨华公司的印章盖印与其备案登记的印章盖印不是同一枚印章盖印，法定代表人"曾某"的签名字迹与其他鉴定样本及曾某本人的签名字迹不是同一人字迹，但并不能据此等同认定该印章为假章或不是曾某本人所签。案涉合同中晨华公司的印章与晨华公司备案登记表中登记的无数字编码印章从外观上并无明显不同，在金通公司有理由相信晨华公司具有提供抵押担保意思表示的前提下，不应苛责金通公司对晨华公司印章或法定代表人签名的真伪具有辨别的义务，金通公司在案涉抵押合同的签订过程中已尽到商事外观的合理注意义务。

三是从案涉土地使用权办理抵押登记的情况来看，金通公司作为抵押权人，晨华公司作为抵押人，均已向不动产登记主管部门提交了办理抵押登记所需要的相关材料，且经审核后予以办理抵押登记。晨华公司称金通公司系故意采取假印章假签名的方式办理抵押手续，对此，法院认为，在办理案涉两项抵押登记手续时，所涉晨华公司的营业执照、房产/土地登记法人代表身份证明书、承诺函、委托书等材料上均加盖有晨华公司的印章，且办理抵押登记时所需要提交的案涉土地权利证书原件也是由晨华公司配合提供，金通公司应不可能自行持有。

综上所述，虽然案涉两份抵押合同中晨华公司的印章并非备案印章，曾某的签名与鉴定样本及其本人签名不是同一人的字迹，但结合案涉两份抵押合同的签订背景、签订过程、办理抵押登记等情况综合考量，晨华公司仅以鉴定意见并不足以证明提供抵押担保并非其真实意思表示，故法院认为案涉两份抵押合同不违反法律法规的强制性规定，应为合法有效，金通公司对晨华公司名下案涉土地使用权享有抵押权，并可对案涉土地使用权处置所得价款在晨华公司提供的抵押担保范围内享有优先受偿权。一审判决认定案涉两份抵押合同无效，金通公司系善意取得案涉土地抵押权，以及未明确金通公司享有优先受偿权的范围，存在不当，法院对此一并予以纠正。

四、结语

在处理金融借款合同纠纷时,应注意以下问题:一是金融借款合同的债权人向担保人撤回破产债权申报的行为,在未违反法律、行政法规的强制性规定,未损害其他破产债权人的利益的情况下,应认定为有效。二是补充协议中签章的真实性不能确定时对主合同中签章的真实性并不产生影响。三是将新贷资金偿还到旧贷还款账户的行为,可以认定为以新贷还旧贷的要约,而对方扣划该账户资金的行为是对上述要约作出的承诺,由此可以认定双方达成了以新贷偿还旧贷的合意。四是未办理物权登记的,不影响合同效力,合同违约人应在物保财产价值范围内向对方承担违约损害赔偿责任。五是若仅仅是关于实现保证债权而非实现担保物权的约定,并没有明确涉及实现担保物权内容的,不能得出已就担保物权的实现顺序与方式等作出了明确约定。六是控股股东在金融借款合同的法定代表人处签字的行为,既包含公司对债务的确认,也载明由股东承担保证责任的情况下,其对自身将承担保证责任应是明知的,故可以认定其具有提供连带责任保证的意思表示。七是当事人是否具有抵押担保的真实意思表示,不应仅以印章、签名等外在形式否定合同效力,需要结合签订背景、签订过程、办理抵押登记等情况综合考量。

第二节 金融委托理财合同纠纷

一、导论

随着我国金融体制改革的推进,委托理财在各种资产经营方式中占有非常重要的地位。但是,这方面的立法与理论有待进一步完善。本节以金融委托理财合同纠纷案件的裁判文书为研究对象,将2018年以来人民法院作出的相关裁判文书作为主要范围,对金融委托理财合同纠纷案件的裁判理念和裁判趋势进行提炼、归纳，以期通过对案例进行研究来指导司法实践，为金融委托理财研究的发展添砖加瓦。

截至 2022 年 2 月，编者在中国裁判文书网输入"金融委托理财合同纠纷"（案由）共检索出民事裁判文书 1948 篇，其中由最高人民法院裁判的有 8 篇，由高级人民法院裁判的有 58 篇，由中级人民法院裁判的有 526 篇。在具体案例的选取上，本节遵循"两个优先"原则：第一，优先选择审判层级较高的裁判文书；第二，优先选择审判日期较近的裁判文书。通过对裁判文书的形式以及内容进行筛选，本节最终选取了 4 篇裁判文书进行研究，即（2018）最高法民申 5294 号、（2021）辽民申 3930 号、（2021）鄂民申 158 号、（2019）鲁民申 4456 号。其中，由最高人民法院裁判的有 1 篇，裁判日期为 2021 年（含）之后的有 2 篇。

二、金融委托理财合同纠纷的基本理论

（一）金融委托理财的界定

"委托理财"这一概念并非法学上的专业用语，而是金融界的习惯用语。委托理财有广义上的概念，也有狭义上的概念。委托理财在广义上可以理解为委托人将其所有或者有权处分的金融资产或者非金融资产委托给他方，让受托方进行多方面的投资管理活动；委托理财在狭义上可以理解为委托人将其所有或者有权处分的金融资产委托给他方，让受委托方进行金融方面的投资管理活动。也就是说，委托理财的广义和狭义之分是以委托资产的种类为区分标准的。广义上的委托理财包括金融资产和非金融资产的投资管理活动，而狭义上的委托理财仅指金融资产的金融投资管理活动。[1]

本节着重分析的是金融委托理财，金融委托理财具体是指自然人或者法人等的民事主体委托金融机构或者专业的投资机构，按照约定将其证券、资金等金融资产在证券市场或者期货市场上进行相关的投资管理活动。

---

[1] 参见李永样：《委托理财纠纷案件审判要旨》，人民法院出版社 2005 年版。

（二）金融委托理财合同的特征

1. 与代理关系有区别明显。委托关系与代理关系既有区别又有联系。虽然委托合同是授权委托代理的前提，但仅有委托合同的成立与生效并不会当然地出现代理权。被代理人将代理权授予代理人的行为，是委托代理关系诞生的直接根据，因此，代理权的产生还需要委托人有授予代理人以代理权的单方行为。所以，想要产生委托代理关系，不仅需要有被代理人的委托行为，还需要有被代理人授予代理人代理权的单方行为。

在金融委托理财合同中，虽然委托人与受托人之间的委托关系中具有一定的代理性质，但是两种关系仍然具有明显的不同。金融委托理财合同中侧重于强调委托人与受托人之间的内部合同关系；但是代理合同则会侧重于强调最终的法律效果如何归属被代理人，强调代理人与第三人之间的关系，一般对代理人与被代理人之间的内部关系没有涉及。

2. 资金所有权没有转移。在金融借款合同关系中，融出资金的一方只要完成了交付义务，资金的所有权便转移到了借款人手中。与金融借款合同不同的是金融委托理财合同的委托人交付的资金或者证券等金融性资产，其所有权并没有转移至受托人手中，委托人对这些金融性资产并没有失去控制权。[①]

3. 经常涉及第三方。委托理财合同与委托合同不同，委托合同一般情况下只约束合同双方，不涉及第三人，只有在受托人按照合同约定从事活动造成他人损失的情况下，才涉及第三人的利益即在受托人与委托人之间发生损害赔偿法律关系。但是委托理财合同除了约束合同双方主体之外，还存在第三方监管等问题，在司法实践中也经常出现转委托或者共同委托的认定问题。

4. 是有偿合同。委托理财合同与委托合同不同，委托合同可以约定为有偿合同也可以约定为无偿合同，而委托理财合同一般情况下是有偿合同。委托理财合同通常情况下会约定受托人可以从其受托的财产中获得一定的收益，并且对于受托人处理受托财产造成的风险损失一般不由委托人承担。

（三）金融委托理财合同的分类

1. 根据委托主体的不同可以将委托关系划分为如下几种：自然人之间的委

[①] 参见吴志攀：《证券法适用范围的反思与展望》，载《法商研究》2003 年第 4 期。

托关系；普通法人之间的委托关系；自然人与普通法人之间的委托关系；信托投资公司与自然人之间的委托关系；证券公司与自然人之间的委托关系；普通法人与证券公司或者信托公司之间的委托关系；证券公司监管下的主体之间的委托理财。①

2. 根据委托资产的交付方式的不同，可以分为两种，即直接交付委托资金的方式以及将资金账户、股票账户托管的方式。一般情况下，对于直接交付委托资金的方式，委托人对其所委托的资产没有控制权或者控制权较弱；对于将资金账户或者股票账户托管的方式，委托人具有控制权。

3. 根据受托人进行投资管理活动时所用的名义的不同，可以分为三种：以委托人名义进行的投资管理活动；以受托人名义进行的投资管理活动；以受托人借用的他人名义进行的投资管理活动。一般情况下，委托人在自行开立了资金账户和股票账户之后的委托，受托人的投资管理活动多以委托人的名义进行。如果委托人直接交付资金给受托人时，受托人的投资管理活动多以受托人自己的名义进行，而且在我国并未对借用他人名义进行证券交易的行为有明确的禁止性规定，因此，这种情况在实践中也并不少见。

三、关于金融委托理财合同纠纷的裁判规则

（一）原金融委托理财合同到期后虽未续签，但双方仍在继续履行，可以视为各方以实际行为对协议进行了展期

【案例来源】

案例名称：中国农业银行股份有限公司泉州分行与林某某等金融委托理财合同纠纷案

审理法院：最高人民法院

案　　号：（2018）最高法民申 5294 号

【争议点】

中国农业银行股份有限公司泉州分行（以下简称农行泉州分行）与林某某等因金融委托理财合同纠纷引发诉讼，该案历经福建省晋江市中级人民法院一

---

① 参见卓泽渊：《法理学》，法律出版社 2000 年版。

审、福建省高级人民法院二审以及最高人民法院再审三个阶段。在再审中，双方就农行泉州分行是否应承担《协议书》项下还款付息责任的问题产生争议。

【裁判说理】

林某某亦履行了出资义务，其签署《划款扣款委托书》委托案外人吴某某办理账户业务出入恰恰是对协议约定委托事项的进一步明确。《协议书》签订后，林某某等人按期收到收益款，虽收益款系由王某某等人支付，但无证据证明林某某等人对款项的来源知晓且已明知签订《协议书》并非系农行泉州分行行为。林某某等人在 2009 年 1 月 1 日签订的三份《协议书》到期后虽未续签，但在 2010~2012 年，林某某等人仍继续收到以 8000 万元为基数、每月 100 万元的固定收益，可以视为各方在协议履行期限届满后仍然按照原来的协议继续履行，以实际行为对协议进行了展期。虽然收款账户和收款人有所变更，但系当事人对自身权益的处分，不影响合同的继续履行。

（二）在金融委托理财合同中，金融机构的工作人员在金融机构的办公地点实施超出其职务范围的行为，给相对人造成损失的，不仅需要相对人承担过失责任，也需要金融机构承担监管不力的责任

【案例来源】

案例名称：马某某与中国工商银行股份有限公司建平支行金融委托理财合同纠纷案

审理法院：辽宁省高级人民法院

案　　号：（2021）辽民申 3930 号

【争议点】

马某某与中国工商银行股份有限公司建平支行（以下简称工商银行建平支行）因金融委托理财合同纠纷引发诉讼，该案历经辽宁省朝阳市中级人民法院一审、辽宁省高级人民法院二审两个阶段。在二审中，双方就工商银行是否应赔偿马某某损失的问题产生争议。

【裁判说理】

工商银行建平支行工作人员张某的行为不构成表见代理，不能认定为该支行的意思表示。工商银行建平支行与马某某之间未成立委托理财合同关系，对于张某实施犯罪不承担合同责任，有事实和法律依据。基于张某的银行工作人员身份，张某将马某某款项转出主要是在工商银行建平支行的营业大厅中实施

的行为，马某某对其产生信赖并疏于防范，将 350 万元转出而造成资金损失，工商银行建平支行对其工作人员监管不力，在本案中亦有过错，应对马某某的资金损失承担赔偿责任，综合马某某的全部款项转出的时间、地点、数额及张某的犯罪行为等因素，酌定比例为马某某承担 60% 责任，工商银行建平支行承担 40% 的赔偿责任，判决工商银行建平支行赔偿马某某损失 121.2 万元。

（三）在金融委托理财合同中，对于金融机构是否履行适当性义务的判定不仅可以从正面证明，也可以从委托人的个人经验、委托人的风险评估等级与所购基金的风险等级比对等方面进行证明

【案例来源】

案例名称：陈某某与中国建设银行股份有限公司武汉常福新城支行金融委托理财合同纠纷案

审理法院：湖北省高级人民法院

案　　号：（2021）鄂民申 158 号

【争议点】

陈某某与中国建设银行股份有限公司武汉常福新城支行（以下简称建行常福新城支行）因金融委托理财合同纠纷引发诉讼，该案历经湖北省武汉市蔡甸支行一审、湖北省高级人民法院二审两个阶段。在二审中，当事人就建行常福新城支行是否尽到适当性义务及应否赔偿陈某某因购买案涉基金所受损失的问题产生争议。

【裁判说理】

参照《全国法院民商事审判工作会议纪要》相关规定，卖方机构在向金融消费者推介、销售高风险等级金融产品中的适当性义务是指必须履行的了解客户、了解产品、将适当的产品销售给适合的金融消费者等义务，包括告知说明义务、适当推荐义务。由卖方机构对其是否履行了适当性义务承担举证责任。2015 年 4 月 15 日，陈某某通过网银渠道进行个人客户风险评估问卷的结论为有投资经验，主观评估等级为进取型，客观评估等级为收益型，综合评估等级为稳健型，有效期至 2016 年 4 月 15 日。陈某某分别于 2015 年 6 月 4 日、12 月 31 日申购案涉基金。

案涉《鹏华中证国防指数分级证券投资基金份额发售公告》显示，该基金属于股票型基金，为证券投资基金中较高预期风险、较高预期收益的品种，中

国建设银行为代销机构。客户通过中国建设银行网上银行办理基金购买业务时，不仅需要通过客户自己设置的账号、密码登录，还需要客户输入预留手机所收到的验证码通过验证。客户购买基金前须进行风险能力承受测试，风险评估结果低于产品风险等级时无法进行交易，客户可以查看已登记的风险评估结果。案涉两笔交易系陈某某通过建设银行网上银行完成。综合上述事实可以看出，虽然《中国建设银行个人客户风险评估问卷》经鉴定非陈某某本人书写签名，但其购买案涉基金期间，其个人风险评估等级为稳健型，案涉基金风险等级经中国建设银行评定为中风险，未超过陈某某风险承受能力范围，即建行常福新城支行已证明其建立了金融产品风险评估管理制度、对金融消费者进行了风险测试，履行了对陈某某进行风险评估和分类、对案涉基金产品风险评估并分类、确保投资者与产品相匹配等适当性义务。并且，陈某某在案涉两笔交易之前，已有长达2年、多达7次的同风险等级金融产品的投资经历，其中包含对案涉基金的两笔历史交易，这印证了陈某某系自主决定案涉两笔交易，未受建行常福新城支行影响。因此，原审认定建行常福新城支行尽到了适当性义务，无须承担赔偿责任。

（四）在金融委托理财合同中，即使金融机构并未充分尽到风险揭示义务，致使投资人受到损失，金融机构也不能承担全部的损失赔偿责任

【案例来源】

案例名称：梁某某与平安银行股份有限公司青岛分行金融委托理财合同纠纷案

审理法院：山东省高级人民法院

案　　号：（2019）鲁民申4456号

【争议点】

梁某某与平安银行股份有限公司青岛分行（以下简称青岛平安银行）因金融委托理财合同纠纷引发诉讼，该案历经山东省青岛市中级人民法院一审、山东省高级人民法院二审两个阶段。在二审中，双方就青岛平安银行是否构成侵权过错以及是否应对梁某某的损失承担赔偿责任的问题产生争议。

【裁判说理】

本案被申请人青岛平安银行不仅是涉案某理财产品的代理销售机构，还为申请人梁某某提供了个人投资产品推介、进行客户评估等服务，依据原《商业

银行个人理财业务管理暂行办法》第 7 条、第 8 条第 1 款规定，青岛平安银行与梁某某之间构成了个人理财服务法律关系。虽然一般的商事行为中遵循买者自负、风险自担的原则，但金融机构在推介金融产品时，应当坚持投资人利益优先原则，履行适当义务，防止其为追求自身利益将不适格的金融消费者不当地引入资本市场，罔顾金融消费者权益而从中牟利，避免金融消费者因其专业性上的欠缺导致不必要的损失。本案中，虽然梁某某曾在青岛平安银行处购买过一次信托理财产品并获利，但是并不能以此认定梁某某具有风险承受能力。《商业银行个人理财业务风险管理指引》和《商业银行理财产品销售管理办法》均规定商业银行对个人理财客户进行风险提示时应设计客户确认栏和签字栏，要求客户抄录"本人已经阅读上述风险提示，充分了解并清楚知晓本产品的风险，愿意承担相关风险"并签名确认。本案青岛平安银行并无证据证明向梁某某推介涉案理财产品时曾要求梁某某抄写风险确认语句，也未能提供充分证据证明其曾以普通金融消费者能够充分了解的方式向梁某某详尽说明涉案理财产品的运作方式和对损失风险以显著、必要的方式作以特别说明。涉案《开放式基金代销业务申请表》中虽有"基金有风险，投资须谨慎"的字样，但仅能证明被申请人青岛平安银行对风险只作以泛泛说明，并无证据证明其在申请人梁某某购买涉案理财产品前曾向梁某某出示《平安汇通理成转子 13 号特定客户资产管理计划资产管理合同》供其查阅、了解，未尽到明确的提示说明义务。故青岛平安银行在给梁某某提供投资产品推介行为中存在一定过错，但尚不足以认定对梁某某的损失构成侵权并承担全部责任。

市场经济下投资有风险，这是人所共知的常识，市场风险意味着投资可能产生获利，也可能产生亏损，这是市场投资的常态。梁某某对巨额款项投资风险应予审慎注意和了解，是否购买涉案某理财产品亦由其自己决定，不能只享受收益而将亏损归责于他人，这有违市场经济规律。青岛平安银行向梁某某推介涉案理财产品时并未充分尽到风险揭示义务，致使梁某某因信赖其推介作出投资决策，因此，青岛平安银行承担申请人 30% 的投资损失的过错赔偿责任。

四、结语

在金融委托理财合同纠纷的处理中，应当注意以下几点：其一，在原金融委托理财合同到期后虽未续签，但双方仍在继续履行的情况下，可以视为各方以实际行为对协议进行了展期；其二，在金融委托理财合同中，对于金融机构是否履行适当性义务的判定不仅可以从正面证明，也可以从委托人的个人经验、委托人的风险评估等级与所购基金的风险等级比对等方面予以证明；其三，在金融委托理财合同中，即使金融机构并未充分尽到风险揭示义务，致使投资人受到损失，因为风险是市场投资的常态，金融机构也不能承担全部的损失赔偿责任；其四，金融机构的工作人员在金融机构的办公地点实施超出其职务范围的行为，给相对人造成损失的，不仅需要相对人承担过失责任，也需要金融机构承担监管不力的责任。

第三节 民间委托理财合同纠纷

一、导论

委托理财可以分为金融委托理财和民间委托理财，本节着重对民间委托理财展开讨论。近年来，随着我国经济的不断发展，民众对委托理财的需求不断增大，随之而来的有关民间委托理财的纠纷也逐年增长。但由于我国在委托理财的规范化起步较晚，对委托理财领域的理论研究还不够成熟，导致在司法实践中对相关问题争议较大。本节以民间委托理财合同纠纷案件的裁判文书为研究对象，将2020年以来人民法院作出的相关裁判文书作为主要范围，对民间委托理财合同纠纷案件的裁判理念和裁判趋势进行提炼、归纳，以期通过对案例进行研究来指导司法实践。

截至2022年2月，编者在中国裁判文书网输入"民间委托理财纠纷"（案由）共检索出民事裁判文书9161篇，其中由最高人民法院裁判的有4篇，由高级人民法院裁判的有145篇，由中级人民法院裁判的有1485篇。在具体案例的选取上，本节遵循"两个优先"原则：第一，优先选择审判层级较高的裁判文书；第二，优先选择审判日期较近的裁判文书。通过对裁判文书的形式以及内容进行筛选，本节最终选择了5篇裁判文书进行研究，即（2021）鲁民终

1961号、(2020)粤民再251号、(2021)陕民申72号、(2021)新31民再46号、(2021)粤01民终20500号。其中,由高级人民法院裁判的有3篇,裁判日期均为2020年(含)之后的案件。

二、民间委托理财的基本理论

(一)民间委托理财的概念

民间委托理财,是指自然人或者法人将资产交给资产管理公司、投资公司或者其他法人、自然人等非金融机构,由非金融机构作为受托人对委托人的资产进行投资管理的活动。[①]民间资金虽然具有灵活性高的特点,但是由于该领域缺乏专门的监管部门指导等原因使其抵御风险的能力较弱。在民间委托理财中,证券市场一般情况下是当事人的首项选择。随着社会的发展与网络时代的到来,数字经济以及人工智能也逐渐成熟,智能投顾也逐渐进入人们的视野。

(二)民间委托理财的特征

1.受托人是非金融机构。与金融委托理财不同的是,民间委托理财的受托人较多样化,可以是资产管理公司、投资公司或者其他法人、自然人,但不能是金融机构。其中自然人之间民间委托理财占比较高,在受托人为自然人的委托理财活动中也分为两种自然人:其一,一般性或者偶然性地接受他人委托进行投资理财活动;其二,经常性的或者职业性的、具有专业知识的自然人接受他人委托进行投资理财活动。

2.特殊情况下委托人具有相对优势地位。"相对优势地位,通常是指市场中不具有市场优势地位的主体,在特殊情况下,对相对交易人产生依赖性。"[②]具体到民间委托理财合同中,相对优势地位包括有两种情况:第一种是为委托人提供投资理财咨询、管理、担保等服务的作为法人的受托人;第二种是为委托人提供投资理财咨询、管理、担保等服务的作为自然人的受托人,虽然受托人是自然人,但是该自然人往往具有一定的身份,既可能是公司的法定代表人

[①] 参见崔建远:《债权:借鉴与发展》,中国人民大学出版社2014年版。
[②] 李剑:《相对优势地位理论质疑》,载《现代法学》2005年第3期。

也可能是某公司的主要经营者。在这两种情况下，因为受托人本身具有丰富的理财经验以及投资信息、投资渠道等，所以在委托理财合同关系中占有相对优势的地位。

3.投资理财方式的多元化。在民间委托理财中，资金的投向除了金融市场以外还包括 P2P 平台、大宗商品、电影项目、纪念章等。

（三）民间委托理财与 P2P 的区分

首先，主体资格不同。P2P 作为民间借贷的中介机构，其经营行为受到严格的监管；而民间委托理财的受托主体并不是金融机构，具有多样性的特点，其接受委托理财的行为不受金融监管部门的监管，具有较大的灵活性与发挥空间，能够充分发挥市场的作用。其次，服务类型的不同。P2P 平台虽然还承担着对贷款的项目相关审核、风险评估或者债务催收等服务，但其最主要的还是提供借贷的中介服务；民间委托理财的受托人主要是以其自身的专业知识和委托人对其的信任进行理财活动。最后，责任承担方式的不同。P2P 平台因为受到金融监管，其对于资金亏损的责任承担方式受到了严格的控制；而在民间委托理财中，受托人可以与委托人依意思自治约定各种责任承担方式。

（四）民间委托理财与个人信托上的区分

无论是民间委托理财还是个人信托都是基于合同主体的信赖关系产生的，其虽具有一定的相似性，但是二者之间还是有区别的。首先，委托资金的独立性不同，民间委托理财中的委托资金不具有独立性，委托人对于其委托的资金并没有丧失所有权，对于其委托的资金还具有一定的控制权。而在个人信托中，个人信托的财产不受委托人的控制，具有独立性。其次，责任承担方式不同，在民间委托理财中，委托方与受托方可以根据相互之间达成的合意对资金亏损的责任进行分配。而在个人信托中，受托人往往具有较高的专业能力和相应的专业资质，所以受托人只需按照信托合同的约定履行并且尽到了诚信、尽职、勤勉等义务，就不需要承担受托资金亏损的责任。最后，是否享有撤销权不同，在民间委托理财中，委托人具有撤销权，可以随时撤销委托合同。而在个人信托中，一般情况下在合同约定的信托期满或者订立信托合同的目的达到之后，个人信托合同关系才会结束。

三、关于民间委托理财合同纠纷的裁判规则

（一）虽然场外配资本质上也是借贷关系的一种，但其在主体、手段等方面与借贷关系还是有一定区别的

【案例来源】

案例名称：王某某与贾某某等民间委托理财合同纠纷案

审理法院：山东省高级人民法院

案　　号：（2021）鲁民终1961号

【争议点】

王某某与贾某某、苏某某因民间委托理财合同纠纷引发诉讼，该案历经山东省临沂市中级人民法院一审、山东省高级人民法院二审两个阶段。在二审中，双方就涉案《协议书》的法律性质认定的问题产生争议。

【裁判说理】

王某某基于《协议书》的借贷法律关系要求苏某某、贾某某承担偿还借款本金及利息的合同义务。贾某某主张即便《协议书》成立也属于场外配资关系而应认定为无效。对此，场外配资的基础法律关系亦是借贷关系，其本质上也是借贷关系的一种。只是由于场外配资存在于金融证券市场，因此须纳入金融法律法规监管的范畴。场外配资业务主要是指一些P2P公司或者私募类配资公司利用互联网信息技术，搭建游离于监管体系之外的融资业务平台，将资金融出方、资金融入方即用资人和券商营业部三方连接起来，配资公司利用计算机软件系统的二级分仓功能将其自有资金或者以较低成本融入的资金出借给用资人，赚取利息收入的行为。为确保融出资金安全，配资公司亦设置平仓线和预警线，当客户资金达到预警线，配资公司通知客户减仓或补保证金，一旦触及平仓线，配资公司有权平仓。可见场外配资合同因规避相关部门的行政监管而具有违法性，其主体、手段和权利义务具有与一般借贷关系所不同的特殊性，即其主体为P2P公司或者私募类配资公司，且以融资配资为业；手段上利用了互联网信息技术和二级分仓功能搭建融资平台。

本案中，涉案《协议书》约定王某某出借3000万元资金给苏某某、贾某某进行证券投资，明确约定了借款期限、利率以及违约金等，以上形式和主要

合同内容符合借贷关系的法律特征。对于《协议书》中约定的出借资金汇入王某某的证券账户后如何购买股票、如何补齐差额等内容，虽与场外融资合同有类似之处，但与场外配资合同有本质差别。首先，王某某不具有场外配资业务的主体特征。王某某并非从事融资配资业务的专门公司或融资平台，其借款给苏某某、贾某某进行证券投资的行为具有临时性和偶发性，与融资公司的专门性与经常性有本质性的区别。其次，虽然涉案借款用于证券投资，但王某某并未运用互联网技术和二级分仓功能搭建融资平台，而是运用传统手段，将借贷资金打入合同指定的证券账户进行股票操作。故资金流入股市的方式亦不符合场外配资的操作流程。因此，涉案《协议书》的法律性质为借贷法律关系，而非场外配资关系。

（二）在民间委托理财合同中，保底合同无效并且保底条款属于委托理财合同的核心条款和目的条款，以及与其他内容条款具有不可分性的情况下，保底条款的无效将导致协议整体无效

【案例来源】
案例名称：余某某与黎某1等民间委托理财合同纠纷案
审理法院：广东省高级人民法院
案　　号：（2020）粤民再251号

【争议点】
余某某与黎某1、黎某2因民间委托理财合同纠纷引发诉讼，该案经过了山东省临沂市中级人民法院一审、山东省高级人民法院二审两个阶段。在二审中，双方就余某某与黎某1签订的两份协议是否有效产生争议。

【裁判说理】
余某某与黎某1签订了两份协议，其中有关投资收益与亏损的约定具有保底条款的性质，该约定违背了金融投资领域的经济规律和交易规则，违背了风险共担、利益共享的基本原则。因金融投资属于一种高风险的经营活动，投资者自行承担投资风险为金融市场的基本规则，而保底条款通过保证投资者的固定投资本金和最低收益，免除了投资者应承担的投资风险，与投资的本质相悖。同时，保底条款将投资风险全部转移至受托人，导致委托人与受托人之间权利义务的配置严重失衡，既不符合民法上委托代理的法律制度构建，也违背了民法中的公平原则。因此，涉案委托理财协议中有关投资收益与亏损的条款

应属无效。又因保底条款系本案委托理财协议的核心条款和目的条款，与其他内容条款具有不可分性，保底条款无效将导致协议整体无效。因此，黎某1与余某某签订的两份协议属于无效合同。

（三）保底条款在既违背了市场投资的基本准则也违反了民法中的公平原则的情况下，应当认定其民事法律行为违背了公序良俗而属于无效条款

【案例来源】
案例名称：倪某某与薛某某民间委托理财合同纠纷案
审理法院：陕西省高级人民法院
案　　号：（2021）陕民申72号

【争议点】
倪某某与薛某某因民间委托理财合同纠纷引发诉讼，该案历经陕西省西安市中级人民法院一审、陕西省高级人民法院二审两个阶段。在二审中，双方就保底条款效力问题产生争议。

【裁判说理】
根据倪某某与薛某某签订的《委托理财协议书》，双方约定由倪某某委托薛某某代理操作其证券交易账户，取得收益按照60%与40%的比例分配；产生损失按照70%与30%的比例承担。后又两次签订补充协议，对上述收益分配和损失承担比例作出变更，最终约定取得收益按照90%与10%的比例分配；产生损失按照0与100%的比例承担。补充协议所涉及的有关约定，实际上就是保底条款。根据该条款内容，倪某某不承担投资失利的风险损失，由薛某某全部承担，却享有90%的利润分配。双方签订上述协议的行为系民事法律行为。关于效力认定，根据法律规定，不违反公序良俗的民事法律行为有效。本案中，长期从事股票投资的倪某某对股票市场的高风险应当有明确认识，即使委托他人代为进行股票投资，也应承担相应的风险。然而，上述保底条款完全排除和转嫁了其应承担的风险，且在其不承担任何风险的情况下仍约定享有90%的收益，不符合委托代理行为的基本特征，违背了"谁投资、谁收益、谁担风险"的市场投资基本准则，与社会公众对金融投资风险的基本认知不符，也违反了应当遵循公平原则确定各方权利义务的合同法基本精神。如果认定上述保底条款有效，会产生错误导向，混淆社会公众对金融风险的基本认知，扰

乱金融市场秩序，最终损害公共秩序。因此，倪某某与薛某某约定保底条款的民事法律行为违反了公共秩序，应当依法认定无效。

（四）民间委托理财合同可以以口头方式成立，成立之后需要根据相关法律判定其是否有效

【案例来源】

案例名称：彭某与马某某民间委托理财合同纠纷案

审理法院：新疆维吾尔自治区喀什地区中级人民法院

案　　号：（2021）新31民再46号

【争议点】

彭某与马某某因民间委托理财合同纠纷引发诉讼，该案历经新疆维吾尔自治区莎车县人民法院一审、新疆维吾尔自治区喀什地区中级人民法院二审及再审三个阶段。在诉讼中，当事人就双方之间口头协议的性质及效力认定问题争议较大。

【裁判说理】

本案中，双方虽未签订书面委托理财协议，但根据双方提交的银行交易明细清单、微信聊天记录、投资理财平台账户信息及双方陈述认可的事实等可以认定，双方已形成事实上的民间委托理财合同关系，故本案案由为民间委托理财合同纠纷。关于双方之间的民间委托理财合同的效力问题，根据《外汇管理条例》第17条规定："境内机构、境内个人向境外直接投资或者从事境外有价证券、衍生产品发行、交易，应当按照国务院外汇管理部门的规定办理登记。国家规定需要事先经有关主管部门批准或者备案的，应当在外汇登记前办理批准或者备案手续。"依据上述规定，案涉MFC投资理财平台系境外平台，依法应当办理登记、备案或批准手续。但其未在中国金融证券等监管机构办理登记、备案或批准手续即开展业务，会员通过买卖易物点虚拟货币盈利，直接或间接以发展人员数量作为计酬和奖励结算的依据。结合双方提交的裁定书、公安机关出具的回复材料、新闻报刊发布的信息等，可以确认MFC理财为违法传销项目，根据法律规定，马某某与彭某之间的民间委托投资理财行为因损害社会公共利益及行政法规的强制性规定而无效。

（五）在民间委托理财合同未明确约定损失应如何承担的情况下，应由委托人自己承担

【案例来源】

案例名称：王某某与周某某民间委托理财合同纠纷案

审理法院：广东省广州市中级人民法院

案　　号：（2021）粤01民终20500号

【争议点】

王某某与周某某因民间委托理财合同发生纠纷引发诉讼，该案历经广东省广州市越秀区人民法院一审、广东省广州市中级人民法院二审两个阶段。在二审中，当事人就关于因风险导致之损失应由谁负担以及周某某是否存在过错导致王某某损失两个问题争议较大。

【裁判说理】

关于因风险导致之损失应由谁负担的问题。王某某作为完全民事行为能力人委托他人进行理财，应知悉因市场变动存在的风险可能导致其账户资金损失。王某某、周某某约定在亏损达到10%情况下进行止损并停止操作，于2020年5月5日达成协议时未明确约定亏损由周某某负担，此后，周某某虽然在2020年5月6日曾表示"我的观点输了，我认赔"，但王某某的委托代理人俞某某也曾表示"什么时候我对你说过让你赔偿损失？"，此可印证王某某、周某某并未就亏损的负担达成最终约定，在未明确约定亏损由周某某负担的情况下，王某某作为委托人应自行承担亏损的风险。

四、结语

在处理民间委托理财合同纠纷时，应注意以下问题：一是虽然场外配资本质上也是借贷关系的一种，但是其在主体、手段等方面与借贷关系还是有一定区别的。二是在保底合同无效并且保底条款属于委托理财合同的核心条款和目的条款，以及与其他内容条款具有不可分性的情况下，保底条款的无效将导致协议整体无效。三是在民间委托理财合同中，保底条款在违背了市场投资的基本准则，也违反了民法中的公平原则的情况下，应当认定为其民事法律行为违背了公序良俗而属于无效条款。四是民间委托理财合同可以以口头方式成立，

成立之后需要根据相关法律判定其是否有效,而且在民间委托理财合同中未明确约定损失应如何承担的情况下,应由委托人自己承担。

第四节 财会服务合同纠纷

一、导论

随着我国经济社会的多元化发展,财会服务业作为一项专业化的财务会计管理服务,对政府、企业的作用也越来越重要。随着我国大中小企业的不断发展,财会服务的需求也越来越大,随之而来的财会服务合同纠纷也不断发生。本节以财会服务合同纠纷案件的裁判文书为研究对象,将2018年以来人民法院作出的相关裁判文书作为主要范围,对财会服务合同纠纷案件的裁判理念和裁判趋势进行提炼、归纳,以期通过对案例进行研究来指导司法实践。

截至2022年2月,编者在中国裁判文书网输入"财会服务合同纠纷"(案由)共检索出民事裁判文书1710篇,其中由最高人民法院裁判的有1篇,由高级人民法院裁判的有18篇,由中级人民法院裁判的有164篇。在具体案例的选取上,本节遵循"两个优先"原则:第一,优先选择审判层级较高的裁判文书;第二,优先选择审判日期较近的裁判文书。通过对裁判文书的形式以及内容进行筛选,本节最终选择了4篇裁判文书进行研究,即(2018)鄂民申1493号、(2021)新01民终4772号、(2021)鲁01民终9928号、(2021)粤01民终8019号。其中,由高级人民法院裁判的有1篇,裁判日期为2021年(含)之后的有3篇。

二、财会服务合同的基本理论

（一）财会服务合同的内涵

财会服务合同的主要内容是财会服务。财会服务，是指财会人员按照合法、合规、高效的原则，围绕企业改革发展稳定的中心目标，通过自身业务工作向有关部门和人员的管理、分析和决策等提供及时、准确、完整的数据、信息的活动。例如，注册会计师或者注册审计师等专业财会人员及其所在机构与其客户之间约定的在提供审计服务、会计咨询或者会计服务等过程中权利义务关系的合同。

（二）财会服务合同对企业发展的主要作用

财会服务合同对企业发展的主要作用体现在以下四个方面：其一，满足中小企业经营管理的需要。专业的财务团队能够对国内外的相关政策和企业内部财务信息进行及时、准确、完整地整理并分析，为客户提供专业的决策意见和依据，促进企业的经营发展。其二，满足企业"走出去"的需要。我国企业要"走出去"，离不开一个了解国际国内财税政策，能够拓宽视野、拓展思路、为企业决策方案提供协助的高素质的财会团队服务。其三，满足企业"走进来"的需要。财会服务合同有助于国外企业"走进来"，更好地建立公司财务结构，完成公司战略策划。其四，满足企业规避个别财会人员不良道德行为带来的风险的需要。一般而言，企业组织的信任度高于个人的信任度，企业更愿意利用财务服务公司来规避风险。

三、关于财会服务合同纠纷的裁判规则

（一）因会计师事务所不具有某一资格而发生损害引发纠纷的，会计师事务所应当承担违反诚信原则的主要责任，委托人承担选定不当的次要责任

【案例来源】

案例名称：湖北铁兴科贸有限公司与武汉盘龙会计师事务有限责任公司财

会服务合同纠纷案

审理法院：湖北省高级人民法院

案　　号：（2018）鄂民申1493号

【争议点】

湖北铁兴科贸有限公司（以下简称铁兴科贸公司）与武汉盘龙会计师事务有限责任公司（以下简称盘龙会计师公司）因财会服务合同纠纷引发诉讼，该案历经湖北省武汉市黄陂区人民法院一审、湖北省武汉市中级人民法院二审、湖北省高级人民法院再审三个阶段。在再审中，双方就盘龙会计师事务所是否对审计委托存在过错的问题产生争议。

【裁判说理】

关于铁兴科贸公司主张盘龙会计师公司存在过错，应否返还已支付审计费的问题。铁兴科贸公司与盘龙会计师公司签订了业务约定书，铁兴科贸公司支付了审计费50 000元，盘龙会计师公司向铁兴科贸公司出具了审计报告，因盘龙会计师公司不具备司法鉴定资格，该审计报告未被公安部门采用。从铁兴科贸公司与盘龙会计师公司签订了业务约定书来看，铁兴科贸公司委托盘龙会计师公司进行审计的目的是查明相关诈骗的事实，盘龙会计师公司法定代表人签收武汉市公安局江岸区分局的鉴定聘请书中，也载有查明诈骗案、司法审计的内容，盘龙会计师公司应该知道铁兴科贸公司的委托审计结果，具有司法用途的目的。盘龙会计师公司作为会计机构，对司法审计需要资格应有较高的认知，但在接受盘龙会计师公司审计委托和签订业务约定书时，并未向铁兴科贸公司说明其不具备司法审计资格，对审计报告不被采用应当承担主要责任。铁兴科贸公司在选定审计机构时，应该对审计机构是否具备司法审计资格进行审查，但在不清楚盘龙会计师公司不具备司法审计资格的情况下，委托盘龙会计师公司进行审计，也是造成审计报告不被采用的原因，应当承担次要责任。因此，盘龙会计师公司应该返还铁兴科贸公司审计费用35 000元。

（二）财会服务合同属于双务合同，在合同中关于双方由谁先履行并未明确约定的情况下，应根据合同的实质内容来明确双方履行合同义务的先后顺序

【案例来源】

案例名称：新疆人龙有限责任会计师事务所与中国某工厂财会服务合同纠纷案

审理法院：新疆维吾尔自治区乌鲁木齐市中级人民法院

案　　号：（2021）新 01 民终 4772 号

【争议点】

新疆人龙有限责任会计师事务所（以下简称人龙会计所）与中国某工厂（以下简称某工厂）因财会服务合同纠纷引发诉讼，该案历经新疆维吾尔自治区乌鲁木齐市水磨沟区人民法院一审、新疆维吾尔自治区乌鲁木齐市中级人民法院二审两个阶段。在二审中，双方就对方是否按约履行了合同义务的问题产生争议。

【裁判说理】

现产生本案争议的主要原因系某工厂主张人龙会计所未提供财务服务，人龙会计所抗辩称其已提供服务，但又称如果未提供服务也是因为某工厂未向其提交服务所需资料所致。在此情形下，本案须从合同的约定分析争议所起，由谁而为，或主要责任由谁承担。本案系双务合同，但关于双方由谁先履行，并未明确约定先后顺序。通过涉案合同内容反映，本案中，合同明确约定人龙会计所的合同义务第 2 项即为"设计双方间会计凭证传递程序、做好原始凭证签收工作，指导甲方妥善保管会计档案，并在合同终止时办理会计档案交接手续"，该约定印证在本案的财务服务中，人龙会计所负有首先对双方记账材料的传递程序及相关制度进行设计与规范的合同义务，在人龙会计所规范材料传递程序后，某工厂才负有按人龙会计所针对双方约定的财务事项所设计的记账材料程序予以提交传递资料的义务。以此，法院认为，该合同约定的内容实质是明确了双方履行合同义务的先后顺序，即涉案财务服务的起始以人龙会计所提供制度在先，某工厂提交资料在后。因人龙会计所未提交任何针对某工厂委托的财务事项制定或设计的相关程序与文件，所以，本案合同至今未完全履行系人龙会计所未履行合同义务所致。

（三）财会服务合同中对具体内容没有作出明确约定，但在合同履行过程中，合同双方对实际操作流程均无异议的，可以认定该操作流程符合约定

【案例来源】

案例名称：山东煜洋建筑劳务有限公司与济南涌泉海代理记账有限公司财会服务合同纠纷案

审理法院：山东省济南市中级人民法院

案　　号：（2021）鲁 01 民终 9928 号

第五章 金融合同纠纷

【争议点】

山东煜沣建筑劳务有限公司（以下简称煜沣公司）与济南涌泉海代理记账有限公司（以下简称涌泉海公司）因财会服务合同纠纷引发诉讼，该案历经济南高新技术产业开发区人民法院一审、山东省济南市中级人民法院二审两个阶段。在二审中，当事人就双方是否履行了合同约定义务的问题产生争议。

【裁判说理】

煜沣公司委托涌泉海公司代理记账，双方就此签订《代理内账记账协议》，该协议系双方当事人真实意思表示，亦不违反法律、行政法规的强制性规定，合法有效，双方均应恪守履行。双方虽在合同中约定涌泉海公司应"根据合同审核班组长的支付申请，经公司负责人审批后打款"，但对于煜沣公司负责人是谁、谁享有对外打款的审批权、审批的形式是什么等具体内容没有作出明确约定。在合同履行过程中，根据双方提交的微信聊天记录及庭审陈述可知，煜沣公司委托涌泉海公司代理记账，主要通过微信方式进行沟通，在双方建立的微信工作群中有徐某某、蒋某某，该二人在该微信群中安排涌泉海公司员工支付工资、安排群里开会通知、安排涌泉海公司整理邹平小清河复航工程工作量、确认报销事宜并安排支付工资、讨论武某工资支付等事宜。从以上微信沟通内容可以看出，合同履行的实际操作流程是徐某某、蒋某某均向涌泉海公司发出不同指令，涌泉海公司按照上述二人的指令执行，该二人并未对另一人员的指令予以质疑，上述实际履行事实足以使涌泉海公司有理由相信徐某某和蒋某某两人对煜沣公司的支款事宜均有审批并安排涌泉海公司打款的权限。对于第一笔款项62 000元，根据双方提交的证据看，该人工费确认表确认人处加盖了煜沣公司的公章，并有徐某某的签字确认，故认定涌泉海公司依据煜沣公司加盖印章、徐某某签字确认的人工费确认表，按照蒋某某指令向武某支付上述款项符合合同约定。

（四）判断审计行为是否构成违约，应着重审查审计行为是否充分恰当地遵循了审计准则，而不能仅因其出具的审计报告结论与事实不符即认定构成违约

【案例来源】

案例名称：大业信托有限责任公司与北京坤泰融和会计师事务所有限公司财会服务合同纠纷案

审理法院：广东省广州市中级人民法院

案　　　号：（2021）粤01民终8019号

【争议点】

大业信托有限责任公司（以下简称大业信托公司）与北京坤泰融和会计师事务所有限公司（以下简称北京坤泰公司）因财会服务合同纠纷引发诉讼，该案历经广东省广州市花都区人民法院一审、广东省广州市中级人民法院二审两个阶段。在二审中，双方就能否认定北京坤泰公司的审计行为构成违约的问题产生争议。

【裁判说理】

首先，不能仅仅因为北京坤泰公司出具的审计报告的结论与事实不符即认定北京坤泰公司构成违约。《中国注册会计师审计准则第1101号——注册会计师的总体目标和审计工作的基本要求》第20条规定，"注册会计师应当按照审计准则的规定，对财务报表整体是否不存在由于舞弊或错误导致的重大错报获取合理保证，以作为发表审计意见的基础。合理保证是一种高水平保证。当注册会计师获取充分、适当的审计证据将审计风险降至可接受的低水平时，就获取了合理保证。由于审计存在固有限制，注册会计师据以得出结论和形成审计意见的大多数审计证据是说服性而非结论性的，因此，审计只能提供合理保证，不能提供绝对保证"。根据上述规定，在认定审计行为的适当性时，应对其审计过程而非单纯的审计结论给予充分关注。本案中，《审计业务约定书》也没有明确约定北京坤泰公司的义务是出具与客观事实完全符合的审计报告，反倒是明确指出，即使按照审计准则的规定适当地计划和执行审计工作，仍不可避免地存在财务报表的某些重大错报可能未被发现的风险。因此，判断北京坤泰公司的审计行为是否构成违约，不能仅仅根据其出具的审计报告结论与事实不符即作出认定。

其次，判断审计行为是否构成违约，应着重审查审计行为是否充分恰当地遵循了审计准则。无论是注册会计师还是会计师事务所，根据《注册会计师法》第21条、第31条的规定，都必须"按照执业准则、规则确定的工作程序出具报告"。据此，按照执业准则、规则进行审计，是北京坤泰公司负有的法定义务。本案中，《审计业务约定书》也明确约定，北京坤泰公司的责任包括按照中国注册会计师审计准则以及有关规定，对约定应收账款债权的真实合法有效完整性发表专项审计意见。《中国注册会计师审计准则第1101号——注册会计师的总体目标和审计工作的基本要求》第22条第1款规定："审计准则旨在规范和指导注册会计师对财务报表整体是否不存在重大错报获取合理保证，要求注册会计师在整个审计过程中运用职业判断和保持职业怀疑。"据此，注册会计师实施审计，应严格遵循审计准则，在识别评估重大错报风险、设计实施应对措施、获取评价审计证据、形成审计意见等重要审计环节，均应达到注册会计师的高度专业性和应有的职业水准。注册会计师未适当保持职业怀疑，没有充分恰当地遵循审计准则进行审计即出具审计报告的，应认定其审计行为构成违约。

最后，本案中对应收账款实施专项审计，主要目的就是查明拟受让应收账款债权的真实性和合法性。应收账款是否真实，在排除债务人与债权人串谋虚构应收账款的情况下，向应收账款的债务人核实是最直接有效的途径。对此，北京坤泰公司应保持合理的职业怀疑和职业判断。所谓职业怀疑和职业判断，《中国注册会计师审计准则第1101号——注册会计师的总体目标和审计工作的基本要求》第16条和第17条作了规定。职业怀疑，是指注册会计师执行审计业务的一种态度，包括采取质疑的思维方式，对可能表明由于错误或舞弊导致错报的迹象保持警觉，以及对审计证据进行审慎评价。职业判断，是指在审计准则、财务报告编制基础和职业道德要求的框架下，注册会计师综合运用相关知识、技能和经验，作出适合审计业务具体情况、有根据的行动决策。依照上述规定，本案中北京坤泰公司对应收账款实施专项审计并未实施函证程序，其在没有独立向应收账款债务人核实应收账款是否属实的情况下，即出具审计报告给出应收账款债权真实有效的意见，明显没有尽到注册会计师高度专业性的注意义务。此外，对于783笔总计463 683 212.19元的应收账款，也未见北京坤泰公司对相关债权凭证采取了查验措施。北京坤泰公司辩称抽测了部分发票的真实性，与检察机关指控的事实不符，北京坤泰公司在本案也未能举证证实存在经其验证属实的发票。综上，应认定北京坤泰公司的审计行为构成违约。

四、结语

在处理财会服务合同纠纷时，应注意以下几点：一是因会计师事务所不具有某一资格而发生损害引发纠纷，会计师事务所应当承担违反诚信原则的主要责任，委托人承担选定不当的次要责任。二是财会服务合同属于双务合同，在合同中关于双方由谁先履行并未明确约定的情况下，应根据合同的实质内容来明确双方履行合同义务的先后顺序。三是财会服务合同中对具体内容没有作出明确约定，但在合同履行过程中，合同双方对实际操作流程均无异议的，可以认定该操作流程符合约定。四是在判断审计行为是否构成违约时，应着重审查审计行为是否充分恰当地遵循了审计准则，而不能仅因其出具的审计报告结论与事实不符即认定构成违约。

第五节　融资租赁合同纠纷

一、导论

由于交易的复杂性，融资租赁合同与借款合同、传统租赁合同在定性上常常存在争议。有的租赁合同被认定为融资租赁合同，有的融资租赁合同被认定为借款合同。另外，对于融资租赁的法律性质存在各种学说的争论，这与融资法律关系包含租赁、买卖、借款、委托等因素密切相关。因此，本节以融资租赁合同纠纷案件裁判文书作为研究对象，将2019年以来人民法院作出的相关裁判文书作为主要范围，归纳、提炼融资租赁合同纠纷裁判的理念和趋势，以期通过对我国案例的研究来指导司法实践。

截至2022年1月，编者在中国裁判文书网输入"融资租赁合同纠纷"（案由）共检索出民事裁判文书165 965篇。其中，最高人民法院裁判的有137篇，高级人民法院裁判的有1269篇，中级人民法院裁判的有11 749篇。在具体案例的选取上，本节遵循以下"两个优先"原则：第一，优先选择审判层级较高的裁判文书；第二，优先选择审判日期较近的裁判文书。通过形式和内容两个方面的筛选，本节最终选择了4篇裁判文书进行研究，即（2021）最高法民申4568号、（2020）最高法民终1256号、（2020）最高法民申3042号、（2019）最高法民辖终464号。以上4篇均由最高人民法院裁判，裁判日期也均为2019年（含）之后。

二、融资租赁合同纠纷的基本理论

（一）融资租赁合同的概述

1. 融资租赁的定义。融资租赁主要就是将融资物和融资进行有效结合，属于一种新型金融手段。从字面意义上来讲，融资租赁包含"融资"和"租赁"两方面内容。融资租赁的基本概念就是，出租人根据承租人对出卖人对实际需求的租赁物品，作出合理的选择。在此基础上，向出卖人购买租赁物后，将其出租给承租人，承租人需要自己承担租金。就实际情况进行分析，出租人应当将与租赁物相关的风险与报酬，全部转交给承租人。然而，最终的结果却是，租赁物的所有权可能被出租人转移给承租人，也可能为出租人长期所有，并不是转移给承租人，属于一种全新的融资方式。

2. 融资租赁合同的定义。租赁合同的主体为三方当事人，即出租人（买受人）承租人和出卖人（供货商）。承租人要求出租人为其融资购买承租人所需的设备，然后由供货商直接将设备交给承租人。

3. 融资租赁合同的法律特征。（1）与买卖合同不同。融资合同的出卖人是向承租人履行交付标的物和瑕疵担保义务，而不是向买受人（出租人）履行义务，即承租人享有买受人的权利但不承担买受人的义务。（2）与租赁合同不同。融资租赁合同的出租人不负担租赁物的维修与瑕疵担保义务，但承租人须向出租人履行交付租金义务。（3）根据约定以及支付的价款数额，融资租赁合同的承租人有取得租赁物之所有权或返还租赁物的选择权，即如果承租人支付的是租赁物的对价，就可以取得租赁物之所有权，如果支付的仅是租金，则须于合同期间届满时将租赁物返还出租人。

（二）融资租赁合同与传统买卖合同的法律关系的辨析

融资租赁的基础法律关系包括三方当事人（出卖人、承租人和出租人）及至少两个合同（买卖合同、融资租赁合同）。对于融资租赁合同关系，我国《民法典》就内容、租赁双方当事人的权利义务等均作了详细的规定。融资租赁中的买卖合同关系与普通买卖合同关系有所不同，主要表现是，在融资租赁中的买卖合同关系中出租人并不积极参与租赁设备的选择，而是由承租人选择并由承租人与出卖人洽谈买卖合同的相关条款内容，出租人仅作为买卖合同的最终买方支付货款取得租赁设备的所有权。

融资租赁合同与买卖合同是相互独立又相互联系的，构成了买卖合同关系和融资租赁合同关系这两个法律关系，两者相互关联，表现在出租人与承租人签订融资租赁合同是出租人与出卖人签订买卖合同的前提。或者是在买卖合同签订后，立即签订融资租赁合同。在租赁设备的选择上，是由承租人作出决定，即使出租人利用自己的专业经验向承租人推荐供应商，但在最终确定租赁设备等细节上，完全由承租人决定。

融资租赁这种包含有两种法律关系的安排，对融资租赁合同所涉及的三方当事人均有益处，可谓"多赢"。主要表现在：对于出卖人而言，由出租人对承租人融资实际上是出租人替承租人预先支出货款，这不仅有利于拓展更广阔的市场，而且从一定程度上发挥了金融信用的作用，使得承租人能在很大程度上避免信用风险。对承租人来说，融资租赁极大地减轻了其资金压力，避免其资金的一次性支出。通过此安排，承租人不仅取得了所需设备，用于经营生产，而且还得到了出租人给予其的信用支持。此安排同其他形式的融资相比在手续上会简便许多。就出租人而言，出租人可以取得高于银行贷款利息的收益，同时，租赁设备又可为其作担保，由此出租人承担的信用风险也将控制在较低的范围之内。

三、关于融资租赁合同纠纷的裁判规则

（一）承租人将自有物出卖给出租人，再将该物从出租人处租回的租赁形式，构成融资租赁性质的法律关系

【案例来源】

案例名称：贾某某等与海尔融资租赁股份有限公司融资租赁合同纠纷案

审理法院：最高人民法院

案　　号：（2021）最高法民申4568号

【争议点】

贾某某、郑某、华正医疗集团有限公司、延吉华正眼科医院有限公司、吉林市华正眼科医院有限公司、四平华正眼科医院有限公司、长春华正眼科医院

有限公司、通辽华正眼科医院有限公司、吉林省华正实业集团有限公司、华仁医疗投资有限公司与海尔融资租赁股份有限公司因融资租赁纠纷引发诉讼,该案由山东省高级人民法院二审、最高人民法院再审。在再审中,双方就案涉法律关系的性质产生争议。

【裁判说理】

《最高人民法院关于审理融资租赁合同纠纷案件适用法律问题的解释》第2条规定:"承租人将其自有物出卖给出租人,再通过融资租赁合同将租赁物从出租人处租回的,人民法院不应仅以承租人和出卖人系同一人为由认定不构成融资租赁法律关系。"本案中签订的《售后回租协议》和《补充协议》是当事人的真实意思表示,内容不违反法律法规的强制性规定,合法有效。本案申请人将案涉租赁物出卖后再次向被申请人进行回租租赁,符合法律规定的融租租赁合同的性质。即承租人将自有物出卖给出租人,同时与出租人签订融资租赁合同,再将该物从出租人处租回的融资租赁形式,属于融资租赁合同。申请人主张案涉法律关系属于借款合同性质,但由于申请人未提供充分证据证明,故人民法院不予支持。

(二)双方当事人签订的名为融资租赁合同,但实际不构成融资租赁法律关系的,人民法院应按照其实际构成的法律关系处理

【案例来源】

案例名称:中民国际融资租赁股份有限公司与河南九鼎金融租赁股份有限公司等融资租赁合同纠纷案

审理法院:最高人民法院

案　　号:(2020)最高法民终1256号

【争议点】

中民国际融资租赁股份有限公司(以下简称中民租赁公司)与河南九鼎金融租赁股份有限公司(以下简称九鼎租赁公司)、中国民生投资股份有限公司、中民投资本管理有限公司因融资租赁合同纠纷引发诉讼,该案历经河南省高级人民法院一审、最高人民法院二审两个阶段。在二审中,双方关于案涉《融资租赁合同》的性质及效力产生争议。

【裁判说理】

本案中,中民租赁公司与九鼎租赁公司虽然签订的合同名称为《融资租赁

合同》，但在"租赁物清单"中载明的租赁物为"岚桥港3#、4#液体散货泊位配套灌区堆场"，其登记在岚桥港公司名下。根据原《物权法》第9条第1款[①]规定，不动产物权的设立、变更、转让和消灭，经依法登记，发生效力；未经登记，不发生效力，但法律另有规定的除外。即该"堆场"所有权的转移以登记为准。因此九鼎租赁公司凭借中民租赁公司自己出具的"所有权声明函""租赁物转让通知书"等主张其已取得该"堆场"所有权，不符合法律规定，人民法院不予支持。同时根据原《合同法》第237条[②]规定，融资租赁合同是出租人根据承租人对出卖人、租赁物的选择，向出卖人购买租赁物，提供给承租人使用，承租人支付租金的合同。租赁物客观存在且所有权应由出卖人转移给出租人，系融资租赁合同区别于借款合同的重要特征。没有租赁物所有权的转移，仅有资金的融通，不构成融资租赁合同法律关系。上述租赁物"堆场"未发生所有权的转移，不符合融资租赁合同的法律关系特征。案涉《融资租赁合同》不符合原《合同法》关于融资租赁的规定，九鼎租赁公司与中民租赁公司之间不构成融资租赁合同法律关系。《最高人民法院关于审理融资租赁合同纠纷案件适用法律问题的解释》第1条规定，人民法院应当根据原《合同法》第237条的规定，结合标的物的性质、价值、租金的构成以及当事人的合同权利和义务，对是否构成融资租赁法律关系作出认定。对名为融资租赁合同，但实际不构成融资租赁法律关系的，人民法院应按照其实际构成的法律关系处理。

（三）双方当事人签订的融资租赁合同包含以土地使用权作为抵押的相关内容的，不影响融资租赁合同的有效性

【案例来源】

案例名称：山西鑫中大生物科技有限公司与上海运晟融资租赁有限公司等融资租赁合同纠纷案

审理法院：最高人民法院

案　　号：（2020）最高法民申3042号

[①] 对应《民法典》第209条第1款，该条款规定："不动产物权的设立、变更、转让和消灭，经依法登记，发生效力；未经登记，不发生效力，但是法律另有规定的除外。"

[②] 对应《民法典》第735条，该条规定："融资租赁合同是出租人根据承租人对出卖人、租赁物的选择，向出卖人购买租赁物，提供给承租人使用，承租人支付租金的合同。"

【争议点】

山西鑫中大生物科技有限公司（以下简称鑫中大公司）与上海运晟融资租赁有限公司（以下简称运晟公司）、太原天富五金制品有限公司、朱某某、宋某某、山西省运城市盐湖区财政局、山西临猗农村商业银行股份有限公司因融资租赁合同纠纷引发诉讼。该案历经山西省运城市中级人民法院一审、山西省高级人民法院二审、最高人民法院再审三个阶段。在再审中，双方关于案涉《融资租赁合同》的效力问题产生争议。

【裁判说理】

鑫中大公司与运晟公司签订的《融资租赁合同》，符合《最高人民法院关于审理融资租赁合同纠纷案件适用法律问题的解释》第2条关于"承租人将其自有物出卖给出租人，再通过融资租赁合同将租赁物从出租人处租回的，人民法院不应仅以承租人和出卖人系同一人为由认定不构成融资租赁法律关系"的规定。因此，该《融资租赁合同》应当认定为融资租赁合同，双方当事人之间构成融资租赁法律关系。虽然该《融资租赁合同》中有关于以土地使用权作为抵押的相关内容在相应的《融资租赁合同补充协议》中予以再次确认，但该项约定并不影响融资租赁合同的合法有效。

（四）以不动产及其附属设施为租赁标的物的融资租赁合同纠纷，不适用不动产专属管辖的规定

【案例来源】

案例名称：长城国兴金融租赁有限公司与天津胜利宾馆有限公司等融资租赁合同纠纷案

审理法院：最高人民法院

案　　号：（2019）最高法民辖终464号

【争议点】

长城国兴金融租赁有限公司与天津胜利宾馆有限公司、天津市市政建设开发有限责任公司、天津市政建设集团有限公司、天津大通投资集团有限公司因融资租赁合同纠纷引发诉讼，该案历经新疆维吾尔自治区高级人民法院一审、最高人民法院二审两个阶段。在二审中，双方当事人就融资租赁合同中租赁物为房屋时应否按照不动产纠纷确定管辖的问题产生争议。

【裁判说理】

最高人民法院审理认为,《民事诉讼法》第34条第1项规定：因不动产纠纷提起的诉讼,由不动产所在地人民法院管辖。《最高人民法院关于适用〈中华人民共和国民事诉讼法〉的解释》第28条第1款、第2款规定:《民事诉讼法》第34条第1项规定的不动产纠纷是指因不动产的权利确认、分割、相邻关系等引起的物权纠纷。农村土地承包经营合同纠纷、房屋租赁合同纠纷、建设工程施工合同纠纷、政策性房屋买卖合同纠纷,按照不动产纠纷确定管辖。该条列举了按照不动产纠纷确定管辖的合同,除列举的合同以外,其他合同,仍应按照合同纠纷案件来确定管辖。本案中融资租赁合同的法律关系,基本特征在于"融资""融物",租金包括了购买租赁物的成本以及出租人的合理利润,虽然案涉的租赁物为房屋,但显著区别于普通的房屋租赁合同,因此本案不属于《最高人民法院关于适用〈中华人民共和国民事诉讼法〉的解释》第28条规定的不动产专属管辖的范畴,不应按照不动产纠纷确定管辖。《民事诉讼法》第35条规定,"合同或者其他财产权益纠纷的当事人可以书面协议选择被告住所地、合同履行地、合同签订地、原告住所地、标的物所在地等与争议有实际联系的地点的人民法院管辖,但不得违反民事诉讼法对级别管辖和专属管辖"。案涉《回租租赁合同》第20-1条约定"甲、乙双方就本合同的解释和履行发生的任何争议,应通过友好协商解决。未能通过友好协商解决的,任何一方均应向本合同签订地有管辖权的人民法院提起诉讼",故本案应按《回租租赁合同》的约定确定管辖。《回租租赁合同》的签署地点为乌鲁木齐民主路×号,属于原审法院辖区,故原审法院对本案享有管辖权。

四、结语

随着融资租赁行业日渐繁荣,竞争也在不断加剧,各种全新类型的融资租赁物也应运而生,并逐渐超出了传统融资租赁物的范围,这使得融资租赁合同中的各方主体都要承担更高的利益波动风险。如此迅速的发展所带来的必然后果就是相关法律法规的滞后,我国至今尚未出台专门的融资租赁法,并且与其配套的监管机制也有待进一步完善。法律法规及相应机制的缺失和滞后导致融资租赁合同中的各个主体在实践中利益受损时很难得到及时有效的法律救济,进而影响融资租赁行业的热度以及该行业的长足稳定发展,从根本上讲也就不利于我国经济发展跻身世界强国。因此，人民法院在融资租赁合同纠纷时，如果发生以下几种情况，人民法院应当予以支持：其一，承租人将自有物出卖给出租人，再将该物从出租人处租回的租赁形式，仍然认定其构成融资租赁性质的法律关系。其二，双方当事人签订的名为融资租赁合同，但实际不构成融资租赁法律关系的，应按照其实际构成的法律关系处理。其三，双方当事人签订的融资租赁合同包含以土地使用权作为抵押的相关内容，不影响融资租赁合同的有效性。但以不动产及其附属设施为租赁标的物的融资租赁合同纠纷，适用不动产专属管辖的，人民法院不予支持。

第六节 典当纠纷

一、导论

随着我国经济的快速发展，典当行业迎来了繁荣发展的机遇，但目前我国关于典当的法律制度仍有待进一步完善，因此有必要对当今典当纠纷司法实务问题进行系统研究。本节以典当纠纷案件裁判文书作为研究对象，将 2017 年以来人民法院作出的相关裁判文书作为主要范围，归纳、提炼典当纠纷裁判的理念和趋势，以期通过对我国案例的研究来指导司法实践。

截至 2022 年 1 月，编者在中国裁判文书网中输入"典当纠纷"（案由）共检索出民事裁判文书 7834 篇。其中，最高人民法院裁判的有 20 篇，高级人民法院裁判的有 253 篇，中级人民法院裁判的有 1411 篇。在具体案例的选取上，本节遵循以下"两个优先"原则：第一，优先选择审判层级较高的裁判文书；第二，优先选择审判日期较近的裁判文书。通过形式和内容两个方面的筛选，本节最终选择了 6 篇裁判文书进行研究，即（2019）最高法民申 3796 号、（2020）陕民终 1046 号、（2018）最高法民终 1285 号、（2018）最高法民申 422 号、（2017）最高法民申 331 号、（2021）豫民申 4465 号。其中，由最高人民法院裁判的有 4 篇，裁判日期均为 2017 年（含）之后。

二、典当纠纷的基本理论

（一）典当纠纷概述

1. 典当的定义。典当，是当户将其动产、财产权利或者房地产质押或抵押给典当行，交付一定比例费用，取得当金，并在约定期限内偿还当金、支付当金利息、赎回当物的行为。简言之，典当就是以财物作质（抵）押，以物换钱的融资方式。

2. 典当纠纷案件的主要特征。（1）典当纠纷案件大多事实比较清楚，权利义务明确。通常是当户到期不能偿还当金本息，故典当行起诉到法院，要求当户偿还当金的本息和综合费用或处置当物。此类案件的法律关系并不复杂，争议焦点主要集中在综合费用的标准是否过高和偿还时间上。此类纠纷占典当纠纷的90%以上。（2）借款目的呈现多样化趋势。原来借款目的多为从事实体经营，用借款去挣钱，借款目的单一而真实；而近期借款目的相当一部分是为"倒贷"、还债，借新还旧，甚至个别借款人借款时就没打算偿还，借款目的多样化明显，借贷风险日益加大。（3）虚假诉讼明显增多。个别涉案当事人恶意串通，签订虚假合同、伪造债权文书，通过诉讼或仲裁程序，自我保护性查封、调解结案，对抗其他司法部门的冻结、查封，转移资产、逃避债务，损害国家或第三人合法权益。

（二）典当法律关系与质押法律关系之辨析

质押也是实践中比较常见的一种担保方式。质押，是指债务人或第三人将处置的财产或权利交债权人占有，作为债权的担保，在债务人不履行或者发生当事人约定的实现质权的情形时，债权人有权以该财产或权利折价或拍卖、变卖所得价款受偿。而在典当法律关系中，当当户提供的当物是动产时，应当将该动产质押给典当行。这使得质押与典当在操作上十分相似，也经常会造成法官审理典当纠纷时在法律关系认定上的混淆。实际上，典当除其从事主体的特殊性外，与质押还存在以下区别：（1）质押的基础是原先就存在的债权债务关系，而典当的设立不以原有的债权债务关系为基础。质押的设立是为了担保原本就存在的债权债务在到期时能够得以偿还。质押的设立行为属于有因行为。在典当法律关系中，当物的质押与由当金发放形式的债权是同时产生的，并且当金金额的多少在很大程度上取决于当物的评估价值。当物的质押与当金发放从而形成债权是不能择一孤立地看待的。（2）在能否流质方面的区别。我国《民法典》第 401 条、第 428 条分别规定了禁止流押与禁止流质。虽然禁止流质受到了一些学者的质疑，但根据该规定，一般质押中，即使债务人到期不偿还债务，也只能对质押物经拍卖或变卖所得价款优先受偿，而不能直接转移质押物的所有权。传统的典当业务中是允许当物流质的。现行的《典当管理办法》规定了评估价值不超过 3 万元的当物可以由典当行自行处理，并且典当行损溢自负。典当实务界以及学界一般认为这一规定允许了流质。

三、关于典当纠纷的裁判规则

（一）一方当事人未以自有财产向典当公司作出抵押或质押，主张双方法律关系的性质属于典当法律关系的，人民法院不予支持

【案例来源】

案例名称：新疆浦煜国际物流有限公司与新疆昆仑天晟典当有限责任公司、新疆浦塱科技发展有限公司民间借贷纠纷案

审理法院：最高人民法院

案　　号：（2019）最高法民申 3796 号

【争议点】

新疆浦煜国际物流有限公司（以下简称浦煜公司）与新疆昆仑天晟典当有限责任公司（以下简称昆仑公司）、新疆浦塱科技发展有限公司因民间借贷纠纷引发诉讼，该案历经新疆维吾尔自治乌鲁木齐市中级人民法院一审、新疆维吾尔自治区高级人民法院二审、最高人民法院再审三个阶段。在再审中，双方就案涉合同的性质产生争议。

【裁判说理】

最高人民法院审理认为，根据《典当管理办法》第 3 条，典当是指当户将其动产、财产权利作为当物质押或者将其房地产作为当物抵押给典当行，交付一定比例费用，取得当金，并在约定期限内支付当金利息、偿还当金、赎回当

物的行为。本案中浦煜公司并未以自有财产向昆仑公司提供抵押和质押，双方的法律关系不具有典当法律关系的特征。原判决认定双方系民间借贷法律关系，法院予以支持。

（二）一方当事人以土地使用权作为当物主张其属于典当法律关系的，人民法院应予支持

【案例来源】

案例名称：陕西省三粮液酒业有限公司与汉中天荣典当有限责任公司典当纠纷案

审理法院：陕西省高级人民法院

案　　号：（2020）陕民终1046号

【争议点】

陕西省三粮液酒业有限公司（以下简称三粮液公司）与汉中天荣典当有限责任公司（以下简称天荣典当）因典当纠纷引发诉讼，该案历经陕西省汉中市中级人民法院一审、陕西省高级人民法院二审两个阶段。在二审中，双方就案涉合同的性质产生争议。

【裁判说理】

本案中三粮液公司与天荣典当签订了《土地使用权抵押典当合同》《当票》《续当凭证》，约定三粮液公司向天荣典当借款，并就当物、当金、典当期限、利息及综合费用等作了约定，上述合同系双方当事人的真实意思表示，除《土地使用权抵押典当合同》中约定的利率稍高外，其他内容不违反法律、法规的强制性规定，符合民事法律行为的构成要件，属于合法有效的合同。根据《典当管理办法》第3条的规定，典当是指当户将其动产、财产权利作为当物质押或者将其房地产作为当物抵押给典当行，交付一定比例费用，取得当金，并在约定期限内支付当金利息，偿还当金、赎回当物的行为。本案中的合同、当票签订后，天荣典当向三粮液公司支付了当金，双方办理了当物的抵押登记手续。双方的合同约定与履行均符合典当关系的法律特征，本案应为典当纠纷，人民法院予以支持。

（三）典当公司以他人的个人资产为一方当事人提供当金，且个人与典当公司之间不存在代理关系的，典当公司主张与一方当事人之间存在典当关系的，人民法院不予支持

【案例来源】

案例名称：乌鲁木齐市融通典当有限责任公司与昌吉市精美纸业有限公司典当纠纷案

审理法院：最高人民法院

案　　号：（2018）最高法民终 1285 号

【争议点】

乌鲁木齐市融通典当有限责任公司（以下简称融通典当公司）与昌吉市精美纸业有限公司（以下简称精美公司）因典当纠纷引发诉讼，该案历经新疆维吾尔自治区高级人民法院一审、最高人民法院二审两个阶段。在二审中，双方当事人就双方之间的法律行为性质产生争议。

【裁判说理】

本案中融通典当公司通过内部拆借杜某某个人资产向精美公司支付，该资金并非融通典当公司的实有资金承典支付给精美公司。根据精美公司提供的委托书内容可知，本案中的当金由杜某某提供，且杜某某与融通典当公司就此并不存在代理关系。因此，本案中存在杜某某借用融通典当公司的名义向精美公司或者张某某提供当金的情形，且各方当事人对该事实均系明知，融通典当公司与精美公司之间并不具有真实的典当关系。

（四）动产质押典当合同中涉及的动产不具有独立性和可移动性，主张其为当物的，人民法院不予支持

【案例来源】

案例名称：湖南财信典当有限责任公司与衡阳宇元置业有限公司等典当纠纷案

审理法院：最高人民法院

案　　号：（2018）最高法民申 422 号

【争议点】

湖南财信典当有限责任公司（以下简称财信公司）与衡阳宇元置业有限公司等因典当纠纷引发诉讼，该案由湖南省高级人民法院二审、最高人民法院再

审。在再审中，双方当事人就案涉合同的性质问题产生争议。

【裁判说理】

《典当管理办法》第 3 条第 1 款规定："本办法所称典当，是指当户将其动产、财产权利作为当物质押或者将其房地产作为当物抵押给典当行，交付一定比例费用，取得当金，并在约定期限内支付当金利息、偿还当金、赎回当物的行为。"在典当法律关系中，质押当物或者抵押当物是典当合同成立的基础和取得当金的前提。本案中涉及的当物动产不符合当物的性质。作为当物一般应具有独立性和可移动性，双方当事人在签订《动产质押典当合同》时，空调设备及电梯设备已安装到万向城公司项目上，实际交付已存在较大障碍，不具有独立性和可移动性。此情形下，财信公司仍接受空调设备及电梯设备作为当物，人民法院不予支持。

（五）典当公司以解除当物抵押为由出借款项的行为超出其经营范围，影响社会公众利益的，该行为无效，人民法院不予支持

【案例来源】

案例名称：重庆吉托典当有限公司与贵州省湄潭县全兴房地产开发有限责任公司等典当纠纷案

审理法院：最高人民法院

案　　号：（2017）最高法民申 331 号

【争议点】

重庆吉托典当有限公司（以下简称吉托典当公司）与贵州省湄潭县全兴房地产开发有限责任公司、喻某某、重庆速泰房地产开发有限公司因典当纠纷引发诉讼。该案历经重庆市第一中级人民法院一审、重庆市高级人民法院二审、最高人民法院再审三个阶段。在再审中，双方当事人就解除当物抵押行为的性质产生争议。

【裁判说理】

本案中吉托典当公司与喻某某签订的《房地产抵押典当合同》合法有效，典当关系成立。而后吉托典当公司与喻某某的典当关系因《协议书》的约定发生变更，不符合《典当管理办法》第 3 条关于"本办法所称典当，是指当户将其动产、财产权利作为当物质押或者将其房地产作为当物抵押给典当行，交付一定比例费用，取得当金，并在约定期限内支付当金利息、偿还当金、赎回当

物的行为"的规定。另外，典当行业在我国实行特许经营，其经营行为主要受《典当管理办法》的规制。吉托典当公司解除喻某某当物抵押登记之后出借款项的行为已超出其经营范围，该行为属于发放信用贷款的行为，一定程度上扰乱国家金融管理秩序，影响社会公共利益。

（六）典当公司以出典人在典当期限届满后未赎当为由主张违约金的，人民法院不予支持

【案例来源】

案例名称：驻马店市至诚典当有限公司与朱某某、郑某某典当纠纷案

审理法院：河南省高级人民法院

案　　号：（2021）豫民申4465号

【争议点】

驻马店市至诚典当有限公司（以下简称至诚典当公司）与朱某某、郑某某因典当纠纷引发诉讼，该案历经河南省驻马店市驿成区人民法院一审、河南省驻马店市中级人民法院二审、河南省高级人民法院再审三个阶段。在再审中，双方当事人就绝当后当户是否应当支付违约金的问题产生争议。

【裁判说理】

根据《典当管理办法》第40条的规定："典当期限或者续当期限届满后，当户应当在5日内赎当或者续当。逾期不赎当也不续当的，为绝当。当户于典当期限或者续当期限届满至绝当前赎当的，除须偿还当金本息、综合费用外，还应当根据中国人民银行规定的银行等金融机构逾期贷款罚息水平、典当行制定的费用标准和逾期天数，补交当金利息和有关费用。"但是对于绝当后，典当公司是否有权基于典当关系主张综合费、违约金，《典当管理办法》并无具体规定，其他相关法律也未明确规定。本案中朱某某在约定的典当期限届满后并未办理续当手续，构成绝当。从法律特征上来看，当户有权利选择赎当，但这并非其法定义务，典当公司可以依法处置当物。因此，至诚典当公司以朱某某在典当期限届满后未赎当为由主张违约金，缺乏依据。

四、结语

典当作为快速融资的一种方式，对当户的信用情况要求较低，且在对当物

进行估价后即可放款,手续简便,只要提供价值相当的当物即可取得相应额度的当金,这是对我国当前融资的一种重要补充。但由于尚未有法律、行政法规对典当进行专门规定,造成典当实务中典当行进行典当业务时不规范以及司法审判中对典当纠纷中疑难问题的认定及适用法律出现乱象。在短期内无法出台典当专门立法的情况下,司法审判中探索建立一套较为系统且统一的司法裁判法律适用规则体系具有重要意义。因此,人民法院在审理典当纠纷案件时,应当注意以下几点:其一,在典当法律关系性质的认定上,参考最高人民法院的意见,认定典当法律关系是借贷关系与担保关系的复合关系,两者是有机整体,不能孤立拆分看待;其二,在典当合同效力的认定上,不以管理性规定轻易否定典当合同的效力,而应当依照《民法典》的相关规定进行判断;其三,在典当具体规定的认定上,应肯定典当的特殊性,在其独有的规则认定方面适用《典当管理办法》中的典当特殊规定以及典当业交易习惯。

第七节　保理合同纠纷

一、导论

在中国,保理属于一种金融创新业务。近年来,中国保理业务的增长速度非常迅速。2020年5月28日通过的《民法典》首次以专章形式将"保理合同"作为典型合同之一进行规定,对保理行业产生了深远的积极意义。目前,虽然保理合同法律制度已初步构建,但还未形成完备的制度体系。本节以保理合同纠纷案件的裁判文书作为研究对象,将2017年以来人民法院作出的相关裁判文书作为主要范围,归纳、提炼保理合同纠纷裁判的理念和趋势,以期通过对我国案例的研究来指导司法实践。

截至2022年1月,编者在中国裁判文书网输入"保理合同"(案由)共检索出民事裁判文书5879篇。其中,最高人民法院裁判的有93篇,高级人民法院裁判的有367篇,中级人民法院裁判的有1299篇。在具体案例的选取上，本节遵循以下"两个优先"原则：第一，优先选择审判层级较高的裁判文书；第二，优先选择审判日期较近的裁判文书。通过形式和内容两个方面的筛选，本节最终选择了4篇裁判文书进行研究，即（2021）最高法民申208号、（2020）最高法民申1128号、（2019）最高法民申5146号、（2017）最高法民申132号。以上4篇均由最高人民法院裁判，裁判日期也均为2017年（含）之后。

二、保理合同的基本理论

（一）保理合同的概述

1. 保理合同的定义。保理合同是应收账款债权人将现有的或者将有的应收账款转让给保理人，保理人提供资金融通、应收账款管理或者催收、应收账款债务人付款担保等服务的合同。

2. 保理合同的法律特征。（1）保理合同具有结构复杂性。保理合同法律关系涉及保理人、应收账款债权人和应收账款债务人至少三方当事人。在三方主体之间形成三方交易结构：债权人和债务人之间形成货物买卖合同关系，保理人与应收账款债权人之间形成保理融资合同关系，保理人和应收账款债务人之间形成债权转让法律关系。如果保理人和债权人之间的保理融资合同关系下还设了抵押、质押、保证等担保合同关系，则整个保理合同法律关系还将涉及多方主体和形成多方交易结构。法律关系的复杂性不言而喻。（2）保理合同具有融资担保性。如《民法典》第761条规定了我国保理合同的定义，即应收账款债权人通过让与其对应收账款债务人的应收账款作为获得保理人保理融资款的对价。当债权人无法偿还保理融资款时，保理人有权就应收账款债权进行受偿。因此，学界有观点认为，保理合同的性质为"让与担保"的观点也源于此，这也揭示了保理合同确实具有担保的功能。2020年12月31日公布的《最高人民法院关于适用〈中华人民共和国民法典〉有关担保制度的解释》第1条规定，所有权保留买卖、融资租赁、保理等涉及担保功能发生的纠纷，适用该解释的有关规定。该规定清楚地阐释了保理合同的担保功能。（3）保理合同具有交易灵活性和高回报性。在已经有银行借贷制度、融资租赁、民间借贷以及相应的担保制度下，为何还要创造出一种新的融资渠道和相应的保障制度，其原因就在于保理合同交易形态的灵活性和高回报性。其灵活性在于，保理融资监管制度发展尚不十分成熟，相应的限制条件较少，给急需资金周转的供应商提供一条更便捷的融资途径。其高回报在于，保理融资没有银行借贷和民间借贷等的利率上限的限制，保理商和债权人可以充分发挥意思自治进行交易谈判，从中获得高额的商业回报。

（二）保理合同的分类

1.单保理与双保理。按照保理商是否分别针对基础合同当中的买卖双方提供保理业务服务，保理业务分为单保理和双保理。单保理是保理商就只为基础合同中的卖方（债权人）提供保理服务；双保理是保理商为基础合同当中的买卖双方分别提供保理服务。在国内保理业务中，双保理没有得到普遍的应用。究其原因，本书认为大致有以下几点：其一，卖方保理商对买方保理商提供的信用风险担保认可度不高。在标准保理业务中，买方保理商仅在买方发生非信用风险时（无力支付或破产、清盘等情况下）才承担担保赔付责任，在出现商业纠纷或贸易欺诈时，买方保理商并不承担担保赔付责任。这在卖方保理商看来，业务的不确定风险依然很高。其二，由于银行授信机制的原因，出于风险考虑，国内银行通常只选择本行授信客户叙作保理业务，无法对非本行授信客户向卖方保理商提供信用风险担保，银行保理商的买方信用风险担保核准率比较低。其三，由于买卖双方都在国内，卖方保理商比较容易获得买方的基本征信信息，操作单保理简便易行、降低成本，避免了因法律关系复杂而带来的法律风险。[①]

2.银行保理与商业保理。根据叙作保理业务的主体是银行等金融机构还是非金融机构分为银行保理与商业保理。银行保理是银行作为保理商叙作保理业务，商业保理是指非金融机构作为债权受让人开展的保理业务类型。银行叙作保理业务的主管部门是银保监会，而商业保理的主管部门是商务部。从国内保理的起源来看，银行保理较之商业保理起步更早，其行业规范程度也较为成熟，但是商业保理的发展对于中小企业融资而言更有优势，因此在近几年发展得较为迅速。在保理法律规制中，由于银行保理与商业保理对保理业务的定性不同（前者界定为综合性金融服务，后者理解为综合性商贸服务），分别采用

---

① 参见王平波：《保理合同司法实践问题研究》，华南理工大学2020年硕士学位论文。

了两套不同的监管体系，银行保理和商业保理的登记规则亦各有不同。中国银行业协会 2016 年发布的《中国银行业保理业务规范》第 12 条规定，"银行根据内部管理要求决定保理业务是否在中国人民银行'中征动产融资统一登记平台'进行转让登记，但鼓励银行积极登记，以形成行业共济机制"。而《商务部关于商业保理试点实施方案的复函》《上海市商业保理试点暂行管理办法》等文件均规定了，"商业保理公司应在人民银行征信中心的应收账款质押登记公示系统办理应收账款转让登记，将应收账款权属状态予以公示"。由此不难得出，银行保理对待应收账款转让的登记是采取倡导性规范，商业保理公司对待涉及应收账款转让登记则采取强制性规范。从银行保理与商业保理公司对待涉及应收账款转让登记的规定来看，监管机构针对商业保理公司开展应收账款的监管更为严格。

3. 公开型保理与隐蔽型保理。按照保理商与债权人签订保理合同或者应收账款转让协议后，基础合同当中的债务人是否立即接收到债权人或者保理商发送的应收账款转让事宜，保理的常见类型又可以划分为公开型保理和隐蔽性保理。[①] 公开型保理，是指在签订保理合同或在应收账款转让协议后，基础合同中的债务人立即接收到债权人或者保理商将应收账款转让的事实，债务人在接收到应收账款转让事实之后该转让通知即对债务人产生法律效力。隐蔽型保理，是指债权人与保理商签订的保理合同或在应收账款转让协议后签订后的一定时期内，基础合同当中的债务人没有立即接收到保理商或债权人应收账款转让事实，在约定债权债务履行期限届满或出现保理商起诉基础合同中的债权人和债务人后，债务人才可以知晓应收账款转让事实。本书认为，保理商之所以愿意办理隐蔽型保理这一风险较高的业务动力在于以下两点：(1) 隐蔽型保理费用更高。(2) 一些债权人在实务中宁愿选择隐蔽型保理，大概是觉得债务人在了解债权人将债权转让给第三人后，容易使债务人认为他们（债权人）面临经营危机，从而影响业务关系。另外，一些银行在开展隐蔽型保理业务时，往往选择债权人是本银行开户的客户，以此达到监控资金流向、规避风险的目的。

4. 有追索权保理与无追索权保理。根据基础合同中的债务人在不能如期清偿到期债务时，保理商是否可以向债权人反转让应收账款，要求债权人逆回购

[①] 参见黄斌：《国际保理：金融创新及法律实务》，法律出版社 2006 年版。

应收账款或归还融资款项，可将保理区分为有追索权保理和无追索权保理。有追索权保理又称回购型保理，指保理商不承担为债务人核定信用额度和提供坏账担保的义务，仅提供包括融资在内的其他金融服务。无论应收账款因何种原因不能收回，保理商都有权向债权人追索已付融资款项并拒付尚未收回的差额款项，或者要求债权人回购应收账款。无追索权保理又称买断型保理，指保理商根据债权人提供的债务人核准信用额度，在信用额度内承购债权人对债务人的应收账款并提供坏账担保责任。债务人因发生信用风险未按基础合同约定按时足额支付应收账款时，保理商不能向债权人追索。值得关注的是，当保理商与债权人约定的是无追索权保理时，保理商并不是在任何情况下都对债权人无追索权，完全意义上的无追索权保理在我国目前的实践中是不存在的。无追索权保理与有追索权保理的区别是，后者因任何原因导致应收账款不能收回时保理商均可对债权人行使追索权，而前者保理商放弃追索权则是相对的，可以根据合同进行约定。总体来说，只有在债务人发生非信用风险（例如在债务人因经营不善导致破产、清盘等情况下无力偿还债务）时放弃追索权。在目前的保理行业中，大多数保理商还是偏好于有追索权保理业务。

三、关于保理合同纠纷的裁判规则

（一）保理人未有充分证据证明其与债权人存在应收账款，但主张存在保理合同纠纷的，人民法院不予支持

【案例来源】

案例名称：平安银行股份有限公司石家庄分行、卢某某与中粮贸易有限公司、秦皇岛粮丰贸易有限公司、缴某某金融借款合同纠纷案

审理法院：最高人民法院

案　　号：（2021）最高法民申208号

【争议点】

平安银行股份有限公司石家庄分行（以下简称平安银行）、卢某某与中粮贸易有限公司（以下简称中粮公司）、秦皇岛粮丰贸易有限公司（以下简称粮丰公司）、缴某某因金融借款合同纠纷引发诉讼，该案历经河北省石家庄市中级人民法院一审、河北省高级人民法院二审、最高人民法院再审三个阶段。在

再审中，双方当事人就保理全国关系是否成立产生争议。

【裁判说理】

最高人民法院认为，其一，本案中平安银行与粮丰公司签订《国内保理业务合同》，合同中约定粮丰公司的保理融资额度为人民币4亿元，但所列附件中包括《应收账款转让通知确认书》等内容全部为空白。平安银行主张该合同所涉保理业务所针对的系粮丰公司与中粮公司之间《玉米采购合同》项下应收账款，而中粮公司则主张其与粮丰公司之间确实存在玉米采购合同，但均采取现货交易、货款即时结清方式，发票于货款结清后约1个月内开具，平安银行提交的《玉米采购合同》系虚构伪造，本案中其与粮丰公司之间不存在应收账款。另外，中粮公司提交了由其盖章确认、粮丰公司认可的《玉米采购合同》等传真合同文本予以佐证。平安银行并未提供充分证据证明其所主张的应收账款存在。其二，平安银行主张中粮公司对于应收账款转让知情且认可，而中粮公司则主张其从未收到过债权转让通知，对此不知情。一审程序中，中粮公司对于平安银行提交的《应收账款转让通知确认书》《应收账款余额对账单》中所加盖印章真实性及经办人员"张某"签名真实性均予以否认，并提出鉴定申请。平安银行亦不同意进行鉴定且未能提供其他证据证明《应收账款转让通知确认书》《应收账款余额对账单》等证据的真实性。另经原审法院比对，平安银行所提供照片上的"张某"与中粮公司提供身份证上的"张某"存在较大差异，明显不是同一人，现有证据不能证明平安银行所述"张某"为中粮公司的员工。上述现有证据不能证明本案中存在应收账款或中粮公司曾认可存在应收账款。结合《综合授信额度合同》《贷款合同》，原判决将本案定性为金融借款合同纠纷并无不当。

（二）债权人提供虚假保理材料致使基础交易合同无效的，保理人不存在过错，该保理合同依法有效

【案例来源】

案例名称：东营华联石油化工厂有限公司与中国建设银行股份有限公司博兴支行合同纠纷案

审理法院：最高人民法院

案　　号：（2020）最高法民申1128号

【争议点】

东营华联石油化工厂有限公司（以下简称华联石油公司）与中国建设银行股份有限公司博兴支行（以下简称博兴建设银行）因合同纠纷引发诉讼，该案由山东省高级人民法院二审、最高人民法院再审。在再审中，双方当事人就保理合同的效力问题产生争议。

【裁判说理】

本案中华联石油公司明知其与天宏公司之间油品款项已结清，却与天宏公司通谋，在诉争《石油产品销售合同》、4张货物收据上加盖公章，在应收账款债权转让通知书回执上加盖公章和法定代表人私章确认，共同欺骗博兴建设银行，制造应收账款确实存在且尚未清偿的假象。博兴建设银行在办理保理业务过程中，审查了基础交易合同、收货单、发票、应收账款债权转让通知书等材料，尽到了办理保理业务的审查责任。因此，博兴建设银行系善意保理人，已尽到审慎核查义务，即使基础交易合同因华联石油公司与天宏公司虚伪表示归为无效，也不影响案涉保理合同的效力。

（三）在保理合同纠纷案件中，债务人抗辩保理人或债权人提交的基础合同、应收账款确认书等证据材料是伪造的，应当就这一事实承担举证责任

【案例来源】

案例名称：青岛碱业发展有限公司与中国农业银行股份有限公司青岛李沧支行、青岛辉腾达经贸有限公司、吕某某保理合同纠纷案

审理法院：最高人民法院

案　　号：（2019）最高法民申5146号

【争议点】

青岛碱业发展有限公司（以下简称碱业公司）与中国农业银行股份有限公司青岛李沧支行（以下简称农行李沧支行）、青岛辉腾达经贸有限公司（以下简称辉腾达经贸公司）、吕某某因保理合同纠纷引发诉讼，该案历经山东省青岛市中级人民法院一审、山东省高级人民法院二审、最高人民法院再审三个阶段。在再审中，双方当事人就《应收账款转让通知书》《应收账款债务人签收确认》的真实性产生争议。

【裁判说理】

最高人民法院经审查认为，关于《应收账款转让通知书》《应收账款债务人签收确认》上加盖的碱业公司印章的真实性和加盖时间的相关问题，根据《民事诉讼法》规定，当事人对自己提出的主张，有责任提供证据。碱业公司认为《应收账款转让通知书》《应收账款债务人签收确认》上的印章并非形成于2014年9月3日，而是形成于2014年3月，但并未提供充分证据证明。另外，结合碱业公司的申请鉴定以及公安机关的相关鉴定意见，二审法院基于既有证据认定《应收账款转让通知书》《应收账款债务人签收确认》上的"青岛碱业股份有限公司"印章真实且加盖于2014年9月3日，并无不当。即使印文形成时间有误，但碱业公司也未提供证据证明《应收账款转让通知书》《应收账款债务人签收确认》并非其真实意思表示。因此，碱业公司主张《应收账款转让通知书》《应收账款债务人签收确认》不具有真实性，人民法院不予支持。

（四）在无追索权保理合同中，债权人和债务人约定债权人对应收账款承担回购责任的，保理人可以主张债务人履行应收账款清偿义务，也可以主张债权人承担回购义务

【案例来源】

案例名称：上海浦东发展银行股份有限公司长沙分行与中联重科股份有限公司保理合同纠纷案

审理法院：最高人民法院

案　　号：（2017）最高法民申132号

【争议点】

上海浦东发展银行股份有限公司长沙分行（以下简称浦发银行）与中联重科股份有限公司（以下简称中联公司）因保理合同纠纷引发诉讼，该案历经湖南省长沙市中级人民法院一审、湖南省高级人民法院二审、最高人民法院再审三个阶段。在再审中，双方当事人就浦发银行对中联公司是否享有应收账款债权的问题产生争议。

【裁判说理】

根据《保理协议书》《保理融资申请书》的约定，本案为买断性保理即无追索权的保理。根据保理合同的性质，浦发银行受让湾天公司对中联公司的应收账款债权，浦发银行成为中联公司的债权人。此后，湾天公司向浦发银行出具

《承诺函》，约定如果中联公司没有在融资到期日内足额履行付款义务，则由湾天公司对《保理协议书》项下转让给浦发银行的对中联公司的应收账款承担回购责任，其回购的标的仍是该应收账款债权。因此，浦发银行向中联公司请求债务清偿或是向湾天公司请求回购，均是基于同一笔应收账款债权，在当事人没有另行约定的情形下，浦发银行只能择一主张。根据已查明事实，浦发银行已经在另案中请求湾天公司就该应收账款债权承担回购责任，另案生效判决已经支持了其诉讼请求，在此情形下，浦发银行对中联公司不再享有该笔应收账款的债权。

四、结语

《民法典》的通过只是保理立法"万里长征"的第一步。当前我国保理合同法律制度初步构建、制度规范有待进一步作出细化和完善。司法实践中对保理合同纠纷中许多程序性问题和实体性问题仍然存有一定争议，各地法院的裁判标准不统一。研究保理合同法律制度不仅有利于更加充分地发挥保理业务的实际价值，解决企业融资难、融资贵等问题，而且有利于延长供应链企业风险控制链条，降低行业风险，切实解决实体经济的流动性问题。因此，人民法院在审理保理合同纠纷时，应当注意以下几点：其一，保理商未有充分证据证明与债权人存在应收账款，主张其为保理合同纠纷的，人民法院不予支持。其二，债权人提供虚假保理材料致使基础交易合同无效的，保理商不存在过错，该保理合同仍然有效。其三，在保理合同纠纷案件中，债务人抗辩保理人或债权人提交的基础合同、应收账款确认书等证据材料是伪造的，应当就这一事实承担举证责任。其四，在无追索权保理合同中，债权人和债务人约定债权人对应收账款承担回购责任的，保理人可以主张债务人履行应收账款清偿义务，也可以主张债权人承担回购义务。

第八节　进出口代理合同纠纷

一、导论

近年来，进出口代理在对外贸易中的应用越来越广泛，但是进出口代理制度仍有待进一步完善。本节以进出口代理合同纠纷案件的裁判文书作为研究对象，将 2015 年以来人民法院作出的相关裁判文书作为主要范围，归纳、提炼进出口代理合同纠纷裁判的理念和趋势，以期通过对我国案例的研究来指导司法实践。

截至 2022 年 1 月，编者在中国裁判文书网输入"进出口代理合同"（案由）共检索出民事裁判文书 840 篇，其中由最高人民法院裁判的有 5 篇，其中由高级人民法院裁判的有 69 篇，其中由中级人民法院裁判的有 307 篇。在具体案例的选取上，本节遵循以下"两个优先"原则：第一，优先选择审判层级较高的裁判文书；第二，优先选择审判日期较近的裁判文书。通过形式和内容两个方面的筛选，本节最终选择了 5 篇裁判文书进行研究，即（2019）最高法民终 806 号、（2018）最高法民终 615 号、（2016）最高法民申 814 号、（2015）民申字第 1470 号、（2021）京民终 68 号。其中，由最高人民法院裁判的有 4 篇，裁判日期均为 2015 年（含）之后。

二、进出口代理合同的基本理论

（一）进出口代理概述

1. 进出口代理的定义。进出口代理也称外贸代理。所谓外贸代理，是指我国具有外贸代理权的公司、企业，接受其他公司、企业、事业单位或个人的委托，在授权范围内代理进出口商品，并收取约定代理费的一项外贸制度。

2.进出口代理合同的定义。进出口代理合同,是指委托人同具有进出口经营权的受托人订立的关于进出口货物并支付手续费的合同。

3.进出口代理合同的法律特征。(1)外贸经营者接受委托后,必须以自己的名义而不以被代理人的名义签订外贸合同。(2)外贸经营者行使代理权的依据虽是被代理人的授权委托,但在代理签订的外贸合同中却是一方当事人,直接对外商承受该合同权利义务。(3)被代理人与外商没有直接的合同关系,但由于外贸经营者与被代理人之间是法律上的特殊代理关系,因而外贸合同的权利义务最终转由被代理人承受。①

(二)进出口代理制度中各主体的相互关系

1.代理人与被代理人的权利义务关系。被代理人对代理人享有权利,即其有要求代理人进行符合自己要求与意愿的代理行为;同时,代理人负有尽职尽责、忠实勤勉的义务。代理人对被代理人的请求权包括必要费用请求权和代理的劳动报酬请求权。报酬请求权是基于代理人进行代理活动的请求权,相当于劳务报酬,而所附必要费用请求权包括在进行代理行为过程中先行垫付的费用予以请求返还,并且由于代理行为的结果归被代理人负责,所以在代理行为中产生的侵权或者违约赔偿责任仍归于被代理人。代理人还享有留置权,在被代理人没有支付相应的费用前,代理人可以对被代理人相关的证件或财产等进行留置,但是必须有确切证据证明被代理人没有对相关费用进行清偿。

2.被代理人与第三人的关系。我们可以根据第三人是否知晓被代理人而将代理分为以下三种:一是第三人完全知道被代理人是谁,即代理人既告知了第三人其是代理人,而且已经披露了被代理人;二是代理人只是告知了自己实施的行为是代理行为,而没有告知第三人具体的被代理人;三是代理人没有告诉第三人自己是代理人,而是以自己的名义与第三人进行合同约定。

3.代理人与第三人的关系。虽然代理人是为被代理人的名义而进行合同行为,但是其与第三人的关系也仍然重要,代理人也向第三人享有合同的权利,当然同时也要承担合同相对的义务;代理人如果对合同标的享有权利,那么其

---

① 参见陈立虎:《中国外贸代理制度刍议》,载《法学家》2001年第5期。

也对第三人有请求完成合同事项的权利。同理，代理人如果对合同有诉权，那么其也同时对第三人有相应的权利。

三、关于进出口代理合同纠纷的裁判规则

（一）受托人一方因不可抗力而未能及时履行进出口代理经营业务的，并不必然导致双方签订的进出口代理合同无效

【案例来源】

案例名称：莒县资产管理有限公司与重庆北晨联农进出口有限公司、山东晨曦集团有限公司、邵某某合同纠纷案

审理法院：最高人民法院

案　　号：（2019）最高法民终 806 号

【争议点】

莒县资产管理有限公司（以下简称莒县资产公司）与重庆北晨联农进出口有限公司（以下简称北晨联农公司）、山东晨曦集团有限公司（以下简称晨曦集团公司）、邵某某因合同纠纷引发诉讼，该案历经重庆市高级人民法院一审、最高人民法院二审两个阶段。在二审中，双方当事人就案涉合同的效力产生争议。

【裁判说理】

本案中，晨曦集团公司和莒县资产公司订立《大豆进口代理及国内回购合同》。根据《农业转基因生物安全管理条例》第 34 条规定："从中华人民共和国境外引进农业转基因生物的，或者向中华人民共和国出口农业转基因生物的，引进单位或者境外公司应当凭国务院农业行政主管部门颁发的农业转基因生物安全证书和相关批准文件，向口岸出入境检验检疫机构报检；经检疫合格后，方可向海关申请办理有关手续。"第 38 条规定："进口农业转基因生物，没有国务院农业行政主管部门颁发的农业转基因生物安全证书和相关批准文件的，或者与证书、批准文件不符的，作退货或者销毁处理。进口农业转基因生物不按照规定标识的，重新标识后方可入境。"根据上述规定可知，《农业转基因生物安全管理条例》对进口单位取得农业转基因生物安全证书等文件作出了管理性规定。如果北晨联农公司引进的农业转基因生物没有获得国务院农业行

政主管部门颁发的农业转基因生物安全证书和相关批准文件，该进口的农业转基因生物将被作退货或者销毁处理。该行为后果将导致北晨联农公司不能履行《大豆进口代理及国内回购合同》约定的交付货物义务，而不必然导致《大豆进口代理及国内回购合同》无效。因此晨曦集团公司和莒县资产公司主张北晨联农公司在不具备转基因大豆进口资质的情况下，与晨曦集团公司订立《大豆进口代理及国内回购合同》违反了法律规定，属于原《合同法》第52条第5项规定①的情形，该合同应当无效，人民法院不予支持。

（二）委托人主张与受托人之间的合同性质为借款纠纷而非进出口代理合同纠纷，但未提供充分证据证明的，人民法院不予支持

【案例来源】

案例名称：台州恒慈进口贸易有限公司与天津港保税区天工国际贸易有限公司、浙江新元方塑胶有限公司进出口代理合同纠纷案

审理法院：最高人民法院

案　　号：（2018）最高法民终615号

【争议点】

台州恒慈进口贸易有限公司（以下简称恒慈公司）与天津港保税区天工国际贸易有限公司（以下简称天工公司）、浙江新元方塑胶有限公司（以下简称新元方公司）因进出口代理合同纠纷引发诉讼，该案历经天津市高级人民法院一审、最高人民法院二审两个阶段。在二审中，双方当事人就本案交易的性质是真实贸易合同还是贸易形式下掩盖的融资产生争议。

【裁判说理】

天工公司与恒慈公司签订的《合作协议》，天工公司与恒慈公司、新元方公司签订的《担保合同》以及《协议书》均为各方当事人真实意思表示，且不违反法律、行政法规强制性规定，应合法有效。本案中天工公司依照该协议约定签订销售合同、开立信用证、进口化工原料，恒慈公司确认收到天工公司代理进口的货物，并确认天工公司支付了双方签订协议前未支付的款项。恒慈公司上诉主张本案业务是贸易形式下掩盖的融资，但并未提供充分证据证明，仅

---

① 对应《民法典》第153条第1款，该条款规定："违反法律、行政法规的强制性规定的民事法律行为无效。但是，该强制性规定不导致该民事法律行为无效的除外。"

凭刑事案件《讯问笔录》《询问笔录》《恒慈公司员工周某某的说明》口供，不足以推翻原审判决认定的该交易为贸易合同的相关事实。

（三）在进出口代理合同中，委托人一方的担保人未提供充分的证据证明进出口代理协议包含的基础交易未实际发生，但主张免除担保责任的，人民法院不予支持

【案例来源】

案例名称：上海天林房地产开发发展有限公司与苏州国信集团旺顺进出口有限公司、上海卓优嘉汇科技有限公司进出口代理合同纠纷案

审理法院：最高人民法院

案　　号：（2016）最高法民申814号

【争议点】

上海天林房地产开发发展有限公司（以下简称天林公司）与苏州国信集团旺顺进出口有限公司（以下简称国信公司）、上海卓优嘉汇科技有限公司（以下简称卓优公司）因进出口代理合同纠纷引发诉讼，该案历经江苏省苏州市中级人民法院一审、江苏省高级人民法院二审、最高人民法院再审三个阶段。在再审中，双方当事人就担保人是否就进出口代理协议中包含的基础交易承担担保责任的问题产生争议。

【裁判说理】

本案中卓优公司作为买方、国信公司作为买方代理与外商在2013年9月18日至11月11日签订的6份合同及相关单证，一审法院调取的相关增值税专用发票、银行付款凭证、卓优公司账户历史记录交易明细表，以及卓优公司与国信公司对账结果等证据作为依据来认定国信公司已经依约履行案涉《代理进口协议》。天林公司申请再审称《代理进口协议》项下的基础交易未实际发生，但未提供充分证据反驳上述事实。根据案涉《代理进口协议》的约定，上述6份合同的交易时间均在协议有效期内，国信公司开立和承兑信用证的行为，符合协议约定的对外支付条件，且卓优公司累计欠款金额，没有超出天林公司担保债权数额范围。二审判决认定天林公司应当依约承担担保责任，并无不当。天林公司以实际交货地点发生变更、国信公司没有通知开证行拒付等为由，主张免除其担保责任，与协议约定不符，缺乏相应的事实和法律依据，人民法院不予支持。

（四）委托人委托受托人与第三人签订有关进出口代理协议，在诉讼中主张第三人与该代理协议有关案件无直接利害关系的，人民法院不予支持

【案例来源】

案例名称：昆明天楚金属材料有限公司与云南明晨进出口有限公司、云南泰华工业工程有限公司进出口代理合同纠纷案

审理法院：最高人民法院

案　　　号：（2015）民申字第1470号

【争议点】

昆明天楚金属材料有限公司（以下简称天楚公司）与云南明晨进出口有限公司（以下简称明晨公司）、云南泰华工业工程有限公司（以下简称泰华公司）因进出口代理合同纠纷引发诉讼，该案由云南省高级人民法院二审、最高人民法院再审。在再审中，双方当事人就本案一审、二审是否违反法定程序的问题产生争议。

【裁判说理】

本案中，根据已经查明的事实，天楚公司与明晨公司、泰华公司三方于2007年5月21日签订书面《代理进口协议MC-06》，明确约定天楚公司委托泰华公司与明晨公司签订代理进口铅精矿协议，并对明晨公司的义务、代理费收费标准作出明确约定。在合同履行过程中，天楚公司不仅在明晨公司代理其与外国卖方签订的《国际货物买卖合同》上签字确认，还因货物质量问题发函明晨公司希望通过其对外索赔，并同明晨公司一道与外国卖方就质量问题签订了备忘录。天楚公司也与明晨公司就垫付款余额进行会谈并签署了会谈纪要。结合书面《代理进口协议》内容以及双方履行协议的行为，明晨公司与本案具有直接利害关系，故其起诉符合法律规定。

（五）双方当事人基于委托合同而产生的进出口代理纠纷，案由可以认定为进出口代理合同纠纷

【案例来源】

案例名称：福建德氏电子科技有限公司与赛尔网络有限公司进出口代理合同纠纷案

审理法院：北京市高级人民法院

案　　号：（2021）京民终 68 号

【争议点】

福建德氏电子科技有限公司（以下简称德氏公司）与赛尔网络有限公司（以下简称赛尔公司）因进出口代理合同纠纷引发诉讼，该案历经北京市第四中级人民法院一审、北京市高级人民法院二审两个阶段。在二审中，双方当事人就双方之间法律关系的性质产生争议。

【裁判说理】

本案中因赛尔公司与德氏公司约定赛尔公司代理德氏公司从国外供应商进口设备，本案具有涉外因素。根据《涉外民事关系法律适用法》相关规定，双方当事人均同意本案适用中华人民共和国法律，因此本案适用中华人民共和国法律。另外，原《合同法》第 396 条[①]规定，委托合同是委托人和受托人约定，由受托人处理委托人事务的合同。本案中，双方当事人签订《代理协议》约定，德氏公司委托赛尔公司提供仪器设备的进口代理服务，包括代为与外商签订进口合同、垫付货款，并办理报（清）关、报检、付汇、上税、银行费用等货物进口手续。德氏公司负责与外商或其代理商确定仪器设备配置、价格、技术服务及培训等条款以及最终货款的结算。该协议的签订主体、约定内容、形式等，均符合委托合同的特征。鉴于赛尔公司接受德氏公司委托后，与 H.D 公司签订了外贸合同，因此本案双方当事人之间的法律关系应为基于委托合同而产生的进出口代理关系。德氏公司认为双方之间存在国际货物买卖关系，鉴于《代理协议》中明确约定德氏公司委托赛尔公司与外商签订外贸合同，并由赛尔公司垫付外贸合同货款给外商，故德氏公司与赛尔公司之间并无买卖关系。

四、结语

在司法实践中，人民法院在审理进出口代理合同纠纷时，应注意以下几点：其一，受托人因不可抗力导致未能及时履行代理经营业务的，进出口代理

[①] 对应《民法典》第 919 条，该条规定："委托合同是委托人和受托人约定，由受托人处理委托人事务的合同。"

合同仍然有效。其二，双方当事人以代理采购形式掩盖实际产生的借贷民事法律关系，应按照实际产生的法律关系进行处理。其三，在案由认定方面，基于委托合同而产生的进出口代理合同纠纷，仍然可以认定为进出口代理合同纠纷。

第九节 货运代理合同纠纷

一、导论

近年来，随着国际贸易的发展，国际海上货物运输业务也越来越繁荣。相应地，国际海上货运代理业务也蓬勃发展起来。但随之而来的是，货运代理纠纷案件不断增加。这类案件在很多海事法院货运代理纠纷案件中常年居于榜首。在司法实践中，关于货运代理合同的法律属性、货运代理合同是否成立等内容的争议较多。因此，本节以货运代理合同纠纷案件裁判文书为研究对象，将2019年以来人民法院作出的相关裁判文书作为主要范围，归纳、提炼货运代理合同纠纷裁判的理念和趋势，以期通过对我国案例的研究来指导司法实践。

截至2022年1月，编者在中国裁判文书网输入"货运代理合同"（案由）共检索出民事裁判文书20 265篇，其中由最高人民法院裁判的有66篇，由高级人民法院裁判的有637篇，由中级人民法院裁判的有16 337篇。在具体案例的选取上，本节遵循以下"两个优先"原则：第一，优先选择审判层级较高的裁判文书；第二，优先选择审判日期较近的裁判文书。通过形式和内容两个方面的筛选，本节最终选择了4篇裁判文书进行研究，即（2020）最高法民申7007号、（2020）最高法民申5911号、（2019）最高法民申6295号、（2019）最高法民申3708号。以上4篇全部由最高人民法院裁判，裁判日期也均为2019年（含）之后的案例。

二、货运代理合同的基本理论

（一）货运代理概述

1. 货运代理的含义。国际货运代理协会联合会（FIATA）对货运代理的定义：货运代理是根据客户的指示，并为客户的利益而承担货物运输的人，其自身并不是承运人。货运代理人也可以依这些条件从事与运送合同有关的活动，如储货、报关、验收、收款等。

2. 货运代理业务的分类。按照服务对象的不同，货运代理业务可以分为七类：（1）作为货主代理人的业务；（2）作为货物收货人代理人的业务；（3）作为货物承运人代理人的业务；（4）作为货物仓储人提供仓储服务的业务；（5）作为货物承运人提供运输服务的业务；（6）作为专业顾问提供运输咨询服务的业务；（7）作为独立的物流经营人提供的综合业务。其实对于货运代理业务的这种分类，如果按照其法律地位可以分为三类：（1）作为纯粹代理人的业务；（2）作为运输业者提供的服务；（3）作为独立的经营人提供的系统服务。

（二）海上货运代理合同概述

货运代理合同大多发生于海上运输，因此简要介绍海上货运代理合同的有关情况。

1. 海上货运代理合同的定义。海上货运代理合同是一种无名合同，在我国的法律条文中并没有确切的解释。如果从字面上来解释，海上货运代理合同是发货人或收货人将货物的进出口业务委托给货运代理公司，货运代理公司为其办理相应的国际货物运输业务，业务办理可以用委托人的名义，也可以用自己的名义来进行，货运代理公司以此收取相应酬金的合同。

2. 海上货运代理合同的内涵。究其根源，发货人或收货人与货运代理人之间存在委托关系。因此，《民法典》中关于委托合同的规定在货运代理中也同样适用。但本书认为，货运代理更贴近商事代理，就像委托代理和商事代理的竞合。由于货运代理业务的复杂性，其中代为订舱、代办保险、代办报关等单纯代理行为是货运代理人在委托人允许的基础上依据委托人的要求与第三方进行的法律范围内的业务工作,其法律行为的权利与义务均由委托人承担。而商事代理行为是货运代理人包括运输、储存、加工、包装等行为作为委托人进行买卖,可以以自己的名义,也可以以委托人的名义来进行,从中得到酬金。它与货运代理的根本区别就在于是否具有营利目的。

3.海上货运代理合同与海上货物运输合同的比较。根据我国《海商法》第41条规定,承运人将托运人委托的货物经海路从一个地方运到托运人要求到达的地方,并收取一定费用的合同为海上货物运输合同。而货运代理合同并没有明确的定义,一般是指受委托人按照与委托人的协议,为委托人办理相关的货物运输及其他业务的合同。此类合同所涵盖的业务内容有订舱、仓储、报关、报验、结算交付杂费等。可以从以下三个方面对两类合同进行区分:

(1)合同内容不同。权利和义务是合同的两个基本内容。权利和义务是相对的,承运人和货运代理人之间都有自己的权利与义务分配。承运人的义务是按照要求将货主的货物安置在自己的货运船上为货主运输,它的特点在于这个运输可能是一个完整的过程,也可能是其中的一部分。收取运输费是承运人的权利,与其承担的运输义务相对等。货运代理人也可以以运费的形式来收取费用,但其实该费用为代理服务的酬金,货运代理人既可以通过向委托人收取费用与给承运人支付运费之间的差价来赚取,也可以通过代收运费来获取。

(2)义务的履行有不同的时空性。海上货物运输需要有服务供应,而海上货运代理合同做到了这一点,并且海上货运代理合同对货物运输具有依附性。海上的货物运输与货运代理有很多区别。在时间上,货运代理人需要承担的义务多于承运人。承运人运输货物的前提是货运代理人安排好订舱与报关等工作要求。货运代理人可能要承担收货和进口报关手续的工作。货运代理人在固定地点就可以完成自己的义务,而承运人却是在跨境与空间的转移上完成自己的义务。

(3)调整的法律不同。海上货物运输的合同适用的法律除《海商法》外,还有对其进行调整的国际公约,如《汉堡规则》《海牙规则》《海牙—维斯比规则》等。海上货运代理合同是无名合同,它类似于委托合同,因此它受委托合同等法律法规的约束。

4.海上货运代理合同相关风险及防范。海上货运代理的风险主要包括以下三个方面:(1)托运人和货运代理公司之间未签署相关的货运代理合同。(2)托运人和货运代理公司虽然签订了相关合同,但义务条款规定不明确。

（3）货运代理公司内部对业务人员的授权审核。

对海上货运代理合同进行防范，应该注意以下三点：（1）重视委托代理合同的书面签订。实践中，外贸出口公司通常通过向货运代理公司传真《出口货运委托书》（性质上为要约），而货运代理公司则通过具体的订舱行为等表明作出承诺，二者之间的货运代理合同才算依法成立。（2）在合同中明确具体的费用承担。实践中很多外贸公司和货运代理公司由于业务往来较多，彼此关系比较熟稔，便忽视对费用条款的明确规定。（3）货运代理公司加强对内部业务人员的授权审核。实践中还会出现外贸公司和货运代理公司在签订相应海上货运代理合同时，货运代理人员超越公司授权的情形。货运代理业务人员在为外贸公司提供货运代理服务时额外产生的费用进行垫付，却没有事先进行书面确认，从而导致相应的损失。对于此，货运代理公司有必要进行内部培训，强化业务员的风险防范意识，并加强对内部人员的授权审核。[①]

三、关于货运代理合同纠纷的裁判规则

（一）在货运代理合同纠纷中，受托方违约后，委托人未积极采取措施减少与第三人买卖合同损失扩大，但主张由受托方承担赔偿责任的，人民法院不予支持

【案例来源】

案例名称：唐山名格贸易有限公司与广东荣进船务代理有限公司、唐山曹妃甸综合保税区港务有限公司货运代理合同纠纷案

审理法院：最高人民法院

案　　号：（2020）最高法民申 7007 号

【争议点】

唐山名格贸易有限公司（以下简称名格公司）与广东荣进船务代理有限公司（以下简称荣进公司）、唐山曹妃甸综合保税区港务有限公司（以下简称港务公司）因货运代理合同纠纷引发诉讼，该案历经天津海事法院一审、天津市高级人民法院二审、最高人民法院再审三个阶段。在再审中，双方当事人就名

[①] 参见孙家庆、姚景芳：《国际货运代理实务》，中国人民大学出版社 2015 年版。

格公司是否赔偿货物相关费用产生争议。

【裁判说理】

名格公司与荣进公司签订了货运代理合同，名格公司委托荣进公司作为货运代理人，进行货物运输代理，代签运单及代办沿海、水路运输、公路运输、码头操作、报港装卸及费用结算，代为办理运输保险。该货运代理合同合法有效。本案中荣进公司违约后，名格公司可另行委托他人安排运输货物，或将货物提出仓库，但名格公司既未采取安排运输等积极措施来履行其与案外人东莞市华亿钢材有限公司的产品销售合同以减少损失扩大，亦未向荣进公司和港务公司主张提取货物，任由涉案板材在港务公司的仓库堆存。原审法院依照原《合同法》第119条[1]规定，认定名格公司未采取适当措施防止损失扩大，故不得就扩大的损失要求赔偿，从而驳回其主张的货物跌价损失、可得利益损失及货物堆存费用，并无不当。

（二）在货运代理合同纠纷中，因委托人过错致使第三人遭受损失，受托人对该损失进行赔偿后向委托人主张偿还责任的，人民法院予以支持

【案例来源】

案例名称：天津爱诺国际物流有限公司与友通通程国际货运代理（天津）有限公司货运代理合同纠纷案

审理法院：最高人民法院

案　　号：（2020）最高法民申5911号

【争议点】

天津爱诺国际物流有限公司（以下简称爱诺公司）与友通通程国际货运代理（天津）有限公司（以下简称友通公司）因货运代理合同纠纷引发诉讼，该案历经天津海事法院一审、天津市高级人民法院二审、最高人民法院再审三个阶段。在再审中，双方当事人就友通公司是否具有赔付义务的问题产生争议。

【裁判说理】

根据原判决查明的事实，箱损事实已经确定。双方签订的《货运代理协议

---

[1] 对应《民法典》第591条，该条规定："当事人一方违约后，对方应当采取适当措施防止损失的扩大；没有采取适当措施致使损失扩大的，不得就扩大的损失请求赔偿。当事人因防止损失扩大而支出的合理费用，由违约方负担。"

书》第 14 条约定,"如果因乙方(爱诺公司)委托出运的货物装箱、加固不合理、不得当(上述情况以船公司认定为准,原则上无须提供第三方检验报告)而造成的一切损失和责任……均由乙方负责赔偿"。故依据该规定,本案中爱诺公司委托友通公司向船公司订舱,在船公司确认箱损的原因在于加固不当的情况下,有权向友通公司主张箱损费用,因此原判决认定友通公司在向船公司实际支付了箱损费用后有权依据上述合同约定向爱诺公司主张偿还责任,并无不当。

(三)货运代理企业在从事涉案货运代理事务中存在过错,委托人主张货运代理企业承担相应民事责任的,人民法院予以支持

【案例来源】

案例名称:湖南微科物流有限公司与九江萍钢钢铁有限公司海上、通海水域货运代理合同纠纷案

审理法院:最高人民法院

案　　号:(2019)最高法民申 6295 号

【争议点】

湖南微科物流有限公司(以下简称微科公司)与九江萍钢钢铁有限公司(以下简称九钢公司)因货运代理合同纠纷引发诉讼,该案由湖北省高级人民法院二审、最高人民法院再审。在再审中,双方当事人就微科公司是否应向九钢公司支付港口费的问题产生争议。

【裁判说理】

本案中微科公司与九钢公司签订了《进口矿全程物流合同》,合同中约定微科公司作为九钢公司全流程物流总代理,负责全流程物流管理等相关事宜;每单货物的全流程物流模式包括港口费(港口作业费、块矿加价、过驳作业费及免堆期)等。微科公司作为受托人,应当依约预付处理委托事务的费用(包括案涉港口费)。由于微科公司未及时向相关港口支付港口费,微科公司存在过错,委托人九钢公司应相关港口的要求而直接向相关港口支付港口费,属

于采取适当措施避免损失扩大的行为，符合原《合同法》第119条第1款[①]关于"当事人一方违约后，对方应当采取适当措施防止损失的扩大"的规定。另外九钢公司向相关港口支付的港口费，产生于九钢公司与微科公司对账截止的2014年12月31日之前。九钢公司所对外支付的港口费，应当在其与微科公司对账之日前发生的物流费用之中予以扣除。原判决认定微科公司应向九钢公司支付港口费，于法有据。

（四）货运代理企业处理货运代理事务时，因不可归责于自己的事由使自己遭受损失，向委托人主张赔偿损失的，人民法院予以支持

【案例来源】

案例名称：天津浩之航国际货运代理有限公司与天津岩瑞国际货运代理有限公司海上货运代理合同纠纷案

审理法院：最高人民法院

案　　号：（2019）最高法民申3708号

【争议点】

天津浩之航国际货运代理有限公司（以下简称浩之航公司）与天津岩瑞国际货运代理有限公司（以下简称岩瑞公司）因货运代理合同纠纷引发诉讼，该案由天津市高级人民法院二审、最高人民法院再审。在再审中，双方当事人就浩之航公司应否承担赔偿责任产生争议。

【裁判说理】

岩瑞公司与浩之航公司于2016年1月12日签订了《货运代理协议》，浩之航公司为委托人，岩瑞公司为受托人，双方之间形成了货物代理法律关系。根据《货运代理协议》第5条第2款约定，浩之航公司订舱出运危险品、化工品、冷藏品等货物时，必须事先声明并以书面形式告知岩瑞公司。浩之航公司委托岩瑞公司向马士基天津公司订舱出运案涉电动车，经岩瑞公司询问案涉货物是否包含电池并提醒进行危险品申报，浩之航公司仍称案涉货物没有电池。浩之航公司没有如实告知货物的实际情况，违反了危险品申报义务，导致岩瑞

[①] 对应《民法典》第591条，该条规定："当事人一方违约后，对方应当采取适当措施防止损失的扩大；没有采取适当措施致使损失扩大的，不得就扩大的损失请求赔偿。当事人因防止损失扩大而支出的合理费用，由违约方负担。"

公司被马士基天津公司收取 10 000 美元罚金。浩之航公司作为国际货物代理公司，应当依照《海商法》第 66 条、第 68 条的规定，负有正确申报和危险品托运的通知义务。岩瑞公司在处理浩之航公司的委托事务时，因不可归责于自己的事由受到损失，有权向浩之航公司要求赔偿损失。二审判决浩之航公司承担赔偿责任并无不当。

四、结语

人民法院在审理货运代理合同纠纷案件时，应注意以下几点：其一，在货运代理合同纠纷中，受托方违约后，委托人未积极采取措施减少与第三人买卖合同损失扩大，但主张由受托方承担赔偿责任的，人民法院不予支持。其二，在货运代理合同中，因委托人过错致使第三人遭受损失的，受托人对该损失进行赔偿后，可以向委托人主张偿还责任。其三，货运代理企业在从事涉案货运代理事务中存在过错，委托人主张货运代理企业承担相应民事责任的，人民法院予以支持。其四，货运代理企业处理货运代理事务时，因不可归责于自己的事由使自己遭受损失，可以向委托人主张赔偿损失。总之，我们要充分了解货运代理合同的法律地位，货运代理企业也要始终有风险防范意识和法律责任意识。

第六章
金融纠纷疑难问题

序　论

　　金融是现代经济的核心，随着我国经济体制改革的不断深化，金融行业的活力和潜力也得到了极大释放，迎来快速发展的时期，金融产品日益丰富、金融服务普惠性增强、金融体系不断完善、抵御金融风险的能力逐渐提升。与此同时，实践中有关金融领域的法律纠纷也逐渐增多，出现了金融案件适当性义务纠纷、招商引资协议纠纷、金融消费者权益保护纠纷、房地产金融纠纷等疑难法律问题。因此，本章以人民法院作出的相关裁判文书为基础，归纳、提炼与金融纠纷疑难法律问题有关的裁判规则具有重大的现实意义。

　　在体例上，本章包括七节，每一节包括导论、基本理论、裁判规则、结语四部分；在素材上，本章以人民法院作出的裁判文书为主，辅以与此相关的理论；在内容上，选取了司法实务中较为典型的金融案件适当性义务纠纷、招商引资协议纠纷、金融消费者权益保护纠纷、房地产金融纠纷、互联网金融纠纷、内幕交易纠纷、特许经营协议纠纷这七类金融纠纷中的疑难法律问题作为研究标的，每一节皆以有关理论为基础，对裁判文书进行筛选、梳理和分析，精准归纳、提炼出相应的裁判规则。本章着眼于司法实践中的热点问题，面向实践、指导实践，相信会对理论研究与司法实务起到一定的参考指导作用。

第一节　金融案件适当性义务纠纷

一、导论

　　我国关于金融市场引入适当性义务的相关规定，可以回溯至2005年《商业银行个人理财业务管理暂行办法》的出台。该办法第37条规定，商业银行在向客户推介投资产品时，需要综合评估客户风险认知和承受能力，结合客户自身的财产状况，向客户提供合适的投资产品，同时给客户讲明投资工具运作过程及风险。这是我国法律中最早关于金融机构负有适当性义务的规定。历经十余年的发展，关于金融机构适当性义务的法律规范逐渐增多，纠纷样态也逐渐多样化。本节以金融案件适当性义务纠纷的案件裁判文书为研究对象，将2018年以来人民法院作出的相关裁判文书作为主要范围，归纳、提炼金融案件适当性义务纠纷裁判的理念和趋势，以期通过对我国案例的研究来指导司法实践。

截至2022年2月，编者在中国裁判文书网输入"适当性义务"（关键词）共检索出民事裁判文书906篇，其中，由最高人民法院裁判的有6篇，由高级人民法院裁判的有53篇，由中级人民法院裁判的有427篇。在具体案例的选取上，本节遵循以下"两个优先"原则：第一，优先选择审判层级较高的裁判文书；第二，优先选择审判日期较近的裁判文书。通过形式和内容两个方面的筛选，本节最终选择了4篇裁判文书进行研究，即（2018）最高法民申5679号、（2021）辽01民终14989号、（2021）沪74民终313号、（2020）沪74民终461号。其中，由最高人民法院裁判的有1篇，裁判日期为2021年（含）之后的有2篇。

二、金融案件适当性义务的基本理论

（一）金融机构适当性义务的概念

2019年11月14日，最高人民法院为统一裁判思路、稳定社会合理预期，发布了《全国法院民商事审判工作会议纪要》，其中在第五部分"关于金融消费者权益保护纠纷案件的审理"的第72条对何为适当性义务作出了规定，即金融卖方机构在向金融消费者推销高风险的投资、理财产品和提供高风险投资活动服务时，必须履行的了解客户、了解产品、使产品或服务与消费者适当匹配的义务。理解适当性义务要注意以下三点：一是只有金融机构负担适当性义务，金融机构在了解客户、了解产品的基础上，将适当的产品介绍给适当的客户，但在实际交易中，情形会比较复杂，金融消费者有自主选择权，在选择投资产品和投资服务时出于追求高收益的目标,选择存在错误,造成了财产损失,这并不影响金融机构仍然负有这种适当性义务,只是在赔偿责任承担上,综合考虑适用"过失相抵"来减免金融机构的责任。也就是说,适当性义务体现的是金融交易中"卖者尽责"这一部分理念。二是金融机构负有适当性义务是投资者保护制度的重要组成部分,在此义务的实质内涵下,投资者可以充分了解投资产品和服务的重要信息,受到金融机构隐瞒作出不当决定的可能性变小,投资风险也大大降低。三是在整体上考察适当性义务时不能忽视金融消费者仍负有必要的注意义务。投资理财本身就是存在一定风险的行为,金融机构有适当性义务,并不能成为金融消费者的"避风港"。金融消费者在投资理财时,必须具备一定的常识,了解金融市场的客观规律,关注市场的信息动态,选择承受能力之内的风险等级产品和服务等。

(二)金融机构适当性义务的理论基础

诚信原则是适当性义务的理论基础。诚信原则是我国民法所遵循的重要原则,在民事主体活动和民事裁判中具有不可替代的作用。金融交易相较于民事交易而言,具有交易形式灵活、速度快、效率高、交易数额大等特点,因此更需要参与主体在交易过程中始终秉持这一原则。首先金融消费者应该如实向金融机构陈述需要的信息,金融机构应该全面、准确地告知金融消费者产品信息,其次将消费者需求同适当产品相连接,再及时告知消费者。金融机构不得利用自身优势地位对消费者实行隐瞒、欺诈等行为。

(三)金融机构适当性义务的内容

根据上述适当性义务的概念可知,适当性义务的内容主要包括四项,即了解客户、了解产品、推介适当、风险提示与告知。其中,了解客户、了解产品是推介适当的前提和基础,风险提示与告知是推介环节的当然延续。[①]

1.了解客户。金融市场具有开放性和复杂性,投资机构面对的客户质量参差不齐。为更好地了解客户,法律通常对金融消费者进行分类,如我国《证券法》第89条设置了普通投资者和专业投资者的区分标准,这就要求金融机构

[①] 参见吴弘、吕志强:《金融机构适当性义务辨析——新〈证券法〉及〈纪要〉视角》,载《上海金融》2020年第6期。

依照不同投资者的资质给予不同的推销介绍服务。在司法实践中，部分金融机构会给普通投资者开展统一的专业知识培训，并进行网络化模拟投资训练等，并且对于普通投资者，监管部门在金融机构履行适当性义务方面给予特别的制度设计，以给予普通投资者特殊的保护。金融机构了解客户的方式一般采取的是问卷调查、风险评估书等，金融机构一般有比较固定的模板，客户会自己填写职业、财产、投资金额、投资年限、投资意向等内容，金融机构根据填写的内容得出客户偏好及实际投资能力。

2.了解产品。金融机构要准确掌握金融产品的类型与风险等级。风险等级是根据产品期限、流动性、复杂情况、历史业绩等综合因素进行划分的。不同种类的金融产品因其投资方向、范围、比例等产品要素形成的风险收益特征相差较大，评级可能存在不同。金融机构对同一产品进行风险评估时，在符合监管要求的合理范围内对产品风险等级评估结果也可能不同。这对金融机构履行了解产品的义务提出了更高要求。

3.推介适当。在以上两个"了解"步骤完成之后，金融机构应当给客户推销介绍适当的金融产品，此为推介适当。这部分是金融机构适当性义务履行的关键。在金融消费者起诉的大量案件中，都是投资失败要求返还财产或赔偿损失，而金融机构通常会通过提供消费者风险等级评定书、投资产品风险等级标识来证明二者是匹配的。在网络上，如网上银行，客户自行购买基金、证券等投资理财产品时，会让客户提前填写信息问卷，综合评估客户的风险承受能力，系统会设定高于其风险承受能力的产品无法购买。在适应性义务下金融消费者仍享有自主选择权，在证券期货交易中，在符合法律规定的情形时，金融机构可以逾级销售。[1]

4.风险提示与告知。在给金融消费者推介适当的产品时，过程中必然伴随产品风险、投资者权利限制、机构经营状况等信息，所以在通常意义上，这属于适当性义务的内容。但《全国法院民商事审判工作会议纪要》对适当性义务的概念界定只涵盖了以上三项，并在第76条单独规定了告知说明义务。对于此二者的关系，吴弘教授认为：说明告知义务有广义与狭义之分，狭义的说明

---

[1] 参见《证券期货投资者适当性管理办法》第19条规定："经营机构告知投资者不适合购买相关产品或者接受相关服务后，投资者主动要求购买风险等级高于其风险承受能力的产品或者接受相关服务的，经营机构在确认其不属于风险承受能力最低类别的投资者后，应当就产品或者服务风险高于其承受能力进行特别的书面风险警示，投资者仍坚持购买的，可以向其销售相关产品或者提供相关服务。"

告知义务指信息披露义务，由于金融市场的固有限制，这一义务的有效性逐渐减弱；广义的说明告知义务有程序上衔接和内容上承续的关系，从宏观上看二者有所交叉，但适当性义务的核心是风险匹配（推介适当），适当性义务与说明告知义务不等同。①从我国法律文件规定和审判实践中，对总结适当性义务与说明告知义务的认识现状可以总结为：一是认为适当性义务是适当性和说明告知义务的混合体；二是适当性义务主要是说明告知义务。

（四）金融机构适当性义务的法律性质

金融机构违反适当性义务给消费者造成损失的，应承担赔偿责任。承担何种性质的民事赔偿责任，则取决于适当性义务的法律性质。当前关于适当性义务的法律性质的观点有先合同义务说和法定义务说等。

1. 先合同义务说。这一义务的理论基础是民法上的诚信原则、平等原则，与适当性义务的理论基础相似。先合同义务发生在订立合同过程中，双方合同成立之前，都要承担此项义务。在金融机构了解客户时，客户需要如实陈述个人基本信息、投资相关的基本信息等，金融机构介绍产品时也必须诚信，为客户进行正确的产品推荐。推介行为发生于金融机构与客户谈判的过程中，双方正式签订合同之前，因此，适当性义务符合先合同义务的特征。

2. 法定义务说。我国很多金融性法律对适当性义务进行了规定，适当性义务是金融机构的法定义务。法定义务直接源于法律规范，也有观点认为这一法定义务源于诚信理论基础的要求：适当性义务属于监管层面对金融机构的要求，这并不能当然转化为私法上金融机构负有法定的适当性义务，可以借助诚信原则，因为客户在交易中处于相对弱势的地位，需要让其承担以适当匹配产品为核心的适当性义务。

对适当性义务的法律性质理解不同，金融消费者会提出侵权损害赔偿之诉或合同违约之诉等不同的诉讼类型，部分委托理财合同中约定有仲裁条款，将适当性义务理解为（先）合同义务，提起违约之诉，法院会裁定不予受理，要求当事人提交仲裁进行裁决。

---

① 参见吴弘、吕志强：《金融机构适当性义务辨析——新〈证券法〉及〈纪要〉视角》，载《上海金融》2020年第6期。

三、关于金融案件适当性义务纠纷的裁判规则

（一）违反适当性义务的损失赔偿标准是金融机构给投资人造成现有财产的减少，即投资人所处的状态与之前状态的差距

【案例来源】

案例名称：卢某某等与中国民生银行股份有限公司武汉武昌支行侵权责任纠纷案

审理法院：最高人民法院

案　　号：（2018）最高法民申5679号

【争议点】

卢某某、肖某某、王某某、李某某与中国民生银行股份有限公司武汉武昌支行（以下简称民生银行武昌支行）、中国民生银行股份有限公司武汉分行（以下简称民生银行武汉分行）因侵权纠纷（原为担保合同纠纷，后发回重审中变更为侵权纠纷）引发诉讼，该案历经湖北省武汉市中级人民法院一审、湖北省高级人民法院二审、最高人民法院再审三个阶段。在再审阶段，当事人就民生银行武昌支行是否应承担赔偿责任的问题产生争议。

【裁判说理】

本案中，卢某某和肖某某、王某某和李某某是夫妻关系，在2013年、2014年，卢某某、王某某四次在民生银行武汉分行办理个人定期存单业务，后卢某某等人和民生银行武汉分行办理担保相关手续，用这些定期存单对永福公司（本案第三人）与民生银行武汉分行的银行承兑协议承担质押担保责任。永福公司未依照约定将应付的承兑汇票票款足额存入指定账户，汇票到期后民生银行武昌支行发生实际垫款，因此民生银行武昌支行依照卢某某等四人之前签订的担保合同内容约定将质押存单中的全部存款本金予以划扣。韩某是民生银行武昌支行的客户经理及金融理财师，以民生银行的名义实施了与卢某某等人签订定期储蓄合同、质押合同等行为，可视为职务行为，韩某的行为不符合适当性原则的要求，民生银行武昌支行应承担损害赔偿的责任。在再审中查明关于卢某某、肖某某、王某某、李某某的实际损失的认定有误。金融机构违反适当性义务的损失赔偿以填补投资人的实际损失为原则。此处的实际损失不宜作

从宽解释,应当是指金融机构给投资人造成的现实的现有财产的减少,也即使投资人所处的现有状态与之前状态之间的差距。根据上述案件事实,卢某某、肖某某等依法享有对第三人永福公司及李某追偿的权利,现卢某某等人是否已向第三人永福公司、李某主张权利,是否存在经判决后执行不能的情况,卢某某等人的损失能否确定均需进一步查明。此外,卢某某等人因涉案纠纷所取得的利益应在查明后在计算实际损失时予以扣除。

(二)金融机构主动推介理财产品,但因操作不当致使投资者未能购买成功,可认定金融机构违反了适当推介义务,应对投资者的损失承担适当赔偿责任

【案例来源】

案件名称:于某与中信银行股份有限公司沈阳大东支行合同纠纷案

审理法院:辽宁省沈阳市中级人民法院

案　　号:(2021)辽01民终14989号

【争议点】

于某与中信银行股份有限公司沈阳大东支行(以下简称中信银行沈阳大东支行)因合同纠纷引发诉讼,该案历经沈阳市大东区人民法院一审、沈阳市中级人民法院二审两个阶段。在二审阶段,于某与中信银行沈阳大东支行就于某的损失赔偿范围问题产生争议。

【裁判说理】

关于于某可获得损失赔偿数额的问题。于某计划到中信银行沈阳大东支行办理存款业务,但银行工作人员积极为其推荐了一款结构性存款,办理此项存款还赠送一辆购物车,于某同意。办理此项业务需要先办理借记卡开卡业务,自动机出现故障需要到柜台办理,于某因为等待时间长想要放弃,但银行工作人员坚持为其办理结构性存款,开卡完成后,于某向卡内转入10万元,但银行工作人员告知其当日无法办理,过两天再来,卡里10万元办理了活期存款,于某未能成功办理结构性存款,一审法院根据结构性存款利率,倘若于某成功办理此项业务,可获得存款利益300多元,法院综合各方面因素后认定为200元,对赠品购物车认定为40元,共计赔偿额240元。二审法院对一审法院查明的事实予以确认,并进一步说明,一审法院因中信银行沈阳大东分行面对中老年特殊客户,未能充分尽到谨慎性义务,酌定由中信银行赔偿于某240元损

失,已充分考虑到案件事实及事发中的过错因素,较为合理公正,并无不当。于某要求赔偿交通费、复印费、时间成本等依据不足,法院不予支持。

(三)金融机构先前针对客户所作的风险评估,在客户金融资产无较大变化时,对后续购买理财产品也适用,可认定金融机构尽到了解客户的义务

【案例来源】

案件名称:施某某与中国建设银行股份有限公司上海奉贤支行财产损害赔偿纠纷案

审理法院:上海金融法院

案　　号:(2021)沪74民终313号

【争议点】

施某某与中国建设银行股份有限公司上海奉贤支行(以下简称建行奉贤支行)因金融委托理财合同纠纷引发诉讼,该案历经上海市奉贤区人民法院一审、上海金融法院二审两个阶段。在二审中,施某某与建行奉贤支行就建行奉贤支行在代销案涉信托产品过程中是否尽到了适当性义务的问题产生争议。

【裁判说理】

根据《银行与信托公司业务合作指引》(银监发〔2008〕83号)第16条"信托公司委托银行代为推介信托计划的……银行应向合格投资者推介,推介内容不应超出信托文件的约定,不得夸大宣传,并充分揭示信托计划的风险,提示信托投资风险自担原则"以及《信托公司集合资金信托计划管理办法》(银监会令2009年第1号)第16条"……信托公司委托商业银行办理信托计划收付业务时,应明确界定双方的权利义务关系,商业银行只承担代理资金收付责任,不承担信托计划的投资风险。信托公司可委托商业银行代为向合格投资者推介信托计划"之规定,要求建行奉贤支行在销售信托产品时,应了解客户、了解产品并负担起合理推荐、适当销售的适当性义务。在了解客户这一要求上,施某某于2010年11月17日在建行奉贤支行购买理财产品时,建行奉贤支行对施某某进行了风险评估,评估结果为施某某为"进取型"投资者,施某某在客户声明中签字,接受建行奉贤支行的评估结果。同月30日,施某某在建行奉贤支行购买本案信托产品,未对施某某重新评估,而是适用上次的评估结果。因为两次购买投资理财产品时间相近,施某某的金融资产无较大变化,

当时的评估结果可以适用于本案，建行奉贤支行推介本案信托产品符合"了解客户"这一要求。

（四）金融机构未充分履行适当性义务，投资者自愿承担风险的承诺不能作为金融机构免责的依据

【案例来源】

案例名称：常某某与华设资产管理（上海）有限公司、平安银行股份有限公司上海分行证券投资基金交易纠纷案

审理法院：上海金融法院

案　　号：（2020）沪74民终461号

【争议点】

常某某与华设资产管理（上海）有限公司（以下简称华设资管上海公司）、平安银行股份有限公司上海分行因证券投资基金交易纠纷引发诉讼，该案历经上海市黄浦区人民法院一审、上海金融法院二审两个阶段。在二审中，当事人就华设资管上海公司是否违反投资者适当性义务的问题产生争议。

【裁判说理】

本案《资管合同》签署于2015年6月16日，由基金管理人华设资管上海公司自行销售，华设资管上海公司应根据2014年8月21日施行的《私募投资基金监督管理暂行办法》之规定履行投资者适当性义务。该办法第16条第1款规定："私募基金管理人自行销售私募基金的，应当采取问卷调查等方式，对投资者的风险识别能力和风险承担能力进行评估，由投资者书面承诺符合合格投资者条件；应当制作风险揭示书，由投资者签字确认。"第17条规定："私募基金管理人自行销售或者委托销售机构销售私募基金，应当自行或者委托第三方机构对私募基金进行风险评级，向风险识别能力和风险承担能力相匹配的投资者推介私募基金。"上述两条规定明确了私募基金管理人销售私募基金应当承担投资者适当性义务。华设资管上海公司以风险识别能力和承担能力问卷及风险揭示书的格式尚不明确未对常某某进行风险评估和承担能力的评估，并主张已通过邮件提醒或在合同中约定等方式对项目风险进行了充分揭示，而且取得了常某某自愿承担风险的承诺。二审法院认为，即使合同签订之时，关于上述风险的识别能力和承担能力问卷及风险揭示书的格式指引尚未出台，华设资管上海公司亦应以适当方式了解其客户，包括客户相关投资知识和

经验、预期产品持有期限、风险偏好及承受能力等基本信息，从而推荐适当匹配的产品。关于华设资管上海公司的风险揭示，二审法院认为华设资管上海公司员工给常某某的邮件中虽然提示了项目的未来具有不确定性等风险，但同时又通过项目背景、市场前景等介绍，客观淡化了项目介绍中的风险描述，华设资管上海公司在告知说明义务的履行方面存在瑕疵。华设资管上海公司在未充分了解常某某风险偏好的情况下向其推荐该产品，违反了投资者适当性义务。在华设资管上海公司未履行投资者适当性义务的情形下，常某某自愿承担风险的承诺不能作为华设资管上海公司免责的依据。

四、结语

只有金融机构履行好适当性义务，投资者才能够对投资的收益与风险有明确把握，投资意愿才能保持在相对良好的态势之内，如此一来，金融市场才能够健康有序发展。对于金融机构是否履行了适当性义务也是司法实践中面临较多的问题，投资者购买高风险投资理财产品后，出现资金损失，会以金融机构未履行适当性义务为由将纠纷诉至法院。在大量案件中，出现了一些认定适当性义务是否履行的裁判规则：一是金融机构先前针对客户所作的风险评估，在客户金融资产无较大变化时，对后续购买理财产品也适用，此时可认定金融机构尽到了解客户的要求，不违法适当性义务。二是金融机构主动向客户推介理财产品，但因操作不当致使客户未能购买成功，可认定金融机构违反了适当推介义务，应对投资者的损失承担适当赔偿责任。针对金融机构违反适当性义务造成投资者损失的赔偿案件中，最高人民法院在判决中确定了损失赔偿标准，即金融机构给投资人造成的现有财产的减少，及投资人所处的状态与之前状态的差距。三是投资者在进行产品选择时为追求高收益，选择了高风险的投资理财产品，投资者也表示愿意承担高收益带来的高风险，但这种承诺不能免除金融机构的适当性义务。四是金融机构违反适当性义务的，投资者自愿承担风险的承诺并不能作为金融机构免责的依据。

第二节　招商引资协议纠纷

一、导论

在招商引资过程中，政府会与企业、投资者签订招商引资协议，由协议引起的法律问题逐渐凸显。本节以招商引资协议纠纷的案件裁判文书为研究对象，将 2017 年以来人民法院作出的相关裁判文书作为主要范围，归纳、提炼招商引资协议纠纷裁判的理念和趋势，以期通过对我国案例的研究来指导司法实践。

截至 2022 年 2 月，编者在中国裁判文书网输入"招商引资协议"（关键词）共检索出裁判文书 2377 篇，其中，由最高人民法院裁判的有 25 篇，由高级人民法院裁判的有 197 篇，由中级人民法院裁判的有 796 篇。在具体案例的选取上，本节遵循以下"两个优先"原则：第一，优先选择审判层级较高的裁判文书；第二，优先选择审判日期较近的裁判文书。通过形式和内容两个方面的筛选，本节最终选择了 5 篇裁判文书进行研究，即（2021）最高法民申 1466 号、（2020）最高法民终 953 号、（2020）最高法行申 8282 号、（2019）苏行终 1050 号、（2017）最高法行再 99 号。其中，由最高人民法院裁判的有 4 篇，裁判日期为 2021 年（含）之后的有 1 篇。

二、招商引资协议纠纷的基本理论

（一）招商引资协议的概念

招商引资的研究目前多集中于政府履职、经济政策效益、经济体制等方面，而与招商引资有关的法律问题研究较为薄弱。从经济学角度来看，招商引资可看作一个动态的交易过程，涉及资金的引入与利用等，也可从政治、政府与市场的关系等来理解招商引资的含义。招商引资常见于政府所制定的经济发展策略，政府期望通过引进外部资源，实现本地经济的增长。同时，招商引资政策能够平衡和缩小各地区在资金、人才、技术等生产要素上的差距，有利于全国经济协同发展。

本节讨论的招商引资就是政府为促进本地经济增长，通过税收优惠、财政奖励等方式吸引外部投资的行为。招商引资协议具有合同属性，但现有的法律规范未对招商引资协议的概念作出明确的界定，司法实践中也未形成统一的概念范畴。本节对招商引资协议的概念界定：协议主体是政府和投资方，内容是双方协商一致的招商引资具体事宜，内容主要体现了政府与投资方各自的权利和义务。协议推动着政府的招商引资政策顺利进行，也保障了投资方的基本权益。

（二）招商引资协议的性质

明确协议的性质是纠纷解决的前提。我国法律未对招商引资协议进行充分规定，《民法典》合同编未明示其民事合同属性，《最高人民法院关于审理行政协议案件若干问题的规定》在第3条列明的行政协议中，招商引资协议未被包括在内，因此在立法上无法对招商引资协议的性质作出定论。由此，学界关于招商引资协议的性质产生了两种观点：一种观点认为招商引资协议属于民事合同；另一种观点认为有行政主体，即政府的参与，应是行政协议。

1. 民事合同属性。招商引资协议在性质上属于民事合同，由此引起的纠纷当事人应提起民事诉讼，用民事法律、法规解决争议。理由在于：一是从协议签订的主体来看，招商引资体现了市场交易的运作过程，在签订招商引资协议时，政府作为民事上的主体与投资方达成合意，符合民事合同双方具有平等性的要求；二是从协议签订的目的来看，是双方合作共赢的意思体现，保障双方在合作过程中有所依据，双方都能够依约办事，避免不必要的争端，推进合作的顺利开展，而不是政府在作出行政法上的具体行政行为；三是从协议的主要内容来看，是规定政府与投资方民法上的权利和义务，体现双方协商之后的意志，以此协议为基础，双方遵循诚信原则，平等地行使权利、履行义务。

2. 行政协议的属性。行政协议有以下三个特征：协议的主体一方为行政机关、通过协商手段订立、具有行政法上的权利义务。行政协议本质上还是运用国家行政权来实现行政管理的目标，仍然是行政行为，其比较特殊的一点是采取了协商的民事手段，使得其易与民事合同混淆。以下将依照行政协议的特征对招商引资协议的行政性质进行说明。首先，招商引资协议的一方是政府，政府享有行政权力，承担着行政管理和监督的职责，招商引资建立在政府的行政管理权基础之上，是政府用其行政权提供的招商引资优惠政策。其次，招商引资协议体现了行政法上的权利义务内容，土地出让、优惠政策等属于行政法律规定，关于这些内容的约定也具有不平等性，因为政府给予投资方的优惠政策是基于行政管理权，而行政权面对的是复杂多变的情况，行使通常较为灵活，合同中一般会约定政府一方违约责任较小，投资方违约时，要承担较为不利的后果。最后，招商引资协议的签订采取了协商手段，使招商引资政策落到实处，保障行政机关管理职权的实现。

（三）招商引资协议的效力

在招商引资协议纠纷中，首先要审查的是协议是否有效，而由于招商引资协议的性质未有定论，根据协议内容不同进行个案认定也是常有的情形，因此实践中对协议效力的判断标准也不一致。以民事法律规范为判断标准，通常审查协议主体是否具有民事行为能力、是否为双方真实的意思表示、有无违反法律的强制性规定等。以行政法律规范作为判断标准，通常审查行政行为是否具有合法性以及适当性，行政主体是否适格、协议内容是否违法、有无违反行政法定程序等。对招商引资协议持不同观点，协议效力的审查标准不同，协议是否有效的结论也不相同。

（四）招商引资协议的司法困境

上述招商引资协议的性质与效力之争是最大的争议点，也是首要解决的问题。除此之外，随着服务型政府的建设与发展，在社会治理过程中，政府也常常借助私法来实现行政治理的目标，政府的招商引资行为只是其中一个行为，而由于招商引资协议还未有统一的立法，具体规范尚不明晰，致使其与相近的行政协议存在混淆，比较突出的是招商引资协议与行政允诺、国有土地使用权出让合同的区分问题。

1. 与行政允诺。行政允诺是行政机关单方的意思表示，面对不特定的行政相对人，就某个特定事项，给予利益承诺，期望行政相对人有所行动。在招商引资活动中，政府面对潜在的投资者，常常承诺给予一定的优惠、利益等，从这个行为上来看，招商引资活动具有一定的行政允诺属性。而在实践中，以"行政允诺"为案由的行政案件，大多与政府的招商引资活动有关。当招商引资协议在履行过程中，投资方已完成部分或全部工作，但政府却不履行协议书上的相关承诺事项，这样的纠纷模式引发诉讼时，会在招商引资协议纠纷与行政允诺纠纷之间产生竞合。

法院在审查判断是否为行政允诺时，首先运用的是单方行政行为之审查标准，即将行政允诺作为单方行政行为，或是作出行政调查等单方行政行为的"先行行为"；其次审查其合法性，随着行政合同、行政协议等在我国的兴起，双方行政行为的审查标准也开始显现并运用，即将行政允诺后达成的合同视为一种合意的处理行为，审查核心是双方是否有一致的意思表示，这两种审查方法可能得出的结论一致，但在适用前提和审查规则上是有区别的。①

2. 与国有土地使用权出让合同。从我国的法律规定来看，国有土地使用权出让合同是指市、县人民政府的土地管理部门作为出让方，把国有土地的使用权转让给受让方，受让方支付土地使用权出让金的协议。② 在有关招商引资协议的纠纷中，作为招商主体的多为地方内经济开发区管理委员会，其在性质上为政府的派出机构，主要工作职责是在已经确定的总体规划基础之上，协调土地规划与利用管理。招商引资工作的起点是土地使用，在招商引资协议中，一般都会约定与国有土地使用权有关的内容，因此，两类合同在主体与内容上的相似性，导致在实践中二者易产生混淆。

对二者进行区分时，有两个需要特别关注的地方：一是协议主体；二是协议的标的。国有土地使用权出让合同一方的主体必须是土地管理部门，拥有土地出让或转让的最终决定权，招商引资协议的主体可以是地方政府或经济开发区管理委员会，国有土地使用权出让合同的主体要求非常严格，而招商引资协议中协商土地使用的主体限制较少，地方政府或经济开发区管理委员会不享有最终的审批决定权，只能对土地的出让使用提供指导，起到协调作用。在协议标的上，国有土地使用权出让合同主要是有关出让土地的交付、土地出让金的

---

① 参见颜冬钮：《行政允诺的审查方法——以最高人民法院发布的典型案例为研究对象》，载《华东政法大学学报》2020年第6期。

② 参见《最高人民法院关于审理涉及国有土地使用权合同纠纷案件适用法律问题的解释》第1条规定："本解释所称的土地使用权出让合同，是指市、县人民政府自然资源主管部门作为出让方将国有土地使用权在一定年限内让与受让方，受让方支付土地使用权出让金的合同。"

约定、出让期限等内容，都是围绕土地出让展开的，而招商引资协议主要是围绕资金流入与使用、资金用于的具体建设项目等，其中土地使用权出让事宜多涉及对投资方的优惠，这部分内容是招商引资的衍生和附属部分，不构成协议的主体或标的。在司法实践中，可按照上述标准，根据案涉协议的主体与内容来进行区分。

三、关于招商引资协议纠纷的裁判规则

（一）招商引资协议属于框架性协议，其内容并不当然构成后续签订的具体合同之约定，诉讼请求的依据为具体合同的，以具体合同确定双方的权利义务

【案例来源】

案例名称：福鼎市天禧投资发展有限公司与福鼎市自然资源局、福鼎市人民政府建设用地使用权出让合同纠纷案

审理法院：最高人民法院

案　　号：（2021）最高法民申1466号

【争议点】

福鼎市天禧投资发展有限公司（以下简称天禧公司）与福鼎市自然资源局（以下简称福鼎资源局）、福鼎市人民政府（以下简称福鼎政府）因建设用地使用权出让合同纠纷引发诉讼，该案历经福建省宁德市中级人民法院一审、福建省高级人民法院二审、最高人民法院再审三个阶段。在再审中，当事人就福鼎资源局是否存在先行违约的问题产生争议。

【裁判说理】

福鼎公司在和天禧公司签订的《招商引资协议》中约定了土地交付的净值标准为"五通一平"，而后天禧公司通过挂牌出让方式竞买取得涉案土地，并与福鼎资源局签订《出让合同》，在合同中约定土地交付条件为现状。法院认为，案涉的《招商引资协议》是福鼎政府与天禧公司合作的框架性协议，天禧公司诉讼请求的依据是《出让合同》，应以《出让合同》来确定各方的权利义务。福鼎资源局并非《招商引资协议》的当事人，天禧公司不能以《招商引资协议》中挂牌上市的约定主张福鼎资源局存在先行违约情形。依据《出让合

同》约定，天禧公司的付款义务在前，福鼎资源局的交地义务在后，双方应按合同约定的先后履行顺序进行履行。天禧公司严重迟延履行付清土地出让金的合同义务，经福鼎资源局多次催告后在合理期限内仍未履行，福鼎资源局有权解除合同。

（二）招商引资协议整体上围绕一个合同标的展开，应从整体上对该协议的争议条款进行解释，当事人主张部分内容分属不同法律关系需单独对待给付的，人民法院不予支持

【案例来源】

案例名称：威宁彝族回族苗族自治县人民政府、威宁彝族回族苗族自治县自然资源局与贵州弘景房地产开发有限公司合同纠纷案

审理法院：最高人民法院

案　　号：（2020）最高法民终953号

【争议点】

威宁彝族回族苗族自治县人民政府（以下简称威宁县政府）、威宁彝族回族苗族自治县自然资源局与贵州弘景房地产开发有限公司（以下简称弘景公司）因合同纠纷引发诉讼，该案历经贵州省高级人民法院一审、最高人民法院二审两个阶段。在二审中，当事人就《招商引资协议》是否应当解除的问题产生争议。

【裁判说理】

案涉《招商引资协议》明确约定了威宁县政府与弘景公司以互惠双赢为原则，在友好协商后，就投资建设旧车站改造项目事宜，达成该协议。由此可知，协议的直接目的是对旧车站改造项目的投资建设。威宁县政府认为协议中约定的"土地取得及移交""优惠政策""资产购买"三部分合同标的种类、性质均不相同，系三种不同法律关系及三个单独对待给付，不存在任何牵连关系及关联履行，更不存在履行上的先后顺序。法院在庭审中查明，旧车站改造中包括了两个地块，协议前三条是关于这两个地块的项目概括、投资开发、土地取得和移交的约定，而优惠政策中涉及的地块是为旧车站改造中所涉两个地块配套使用的，因此，威宁县政府所称的三部分其实都与协议中约定的合同标的——旧车站改造项目有关，三部分的内容也不应当割裂看待，而应当视作整体。因此，威宁县政府与弘景公司签订《招商引资协议》的合同目的明确，从

整体上对该份协议进行认定更为符合协议签订之时双方当事人的真实意思表示,威宁县政府关于上述三部分内容系三种不同法律关系及三个单独对待给付的上诉请求不能成立。

(三)行政机关违反招商引资协议的约定,应承担赔偿责任,此处的赔偿责任类似于民事上违反义务之"违约责任",法院需根据具体请求判断责任承担方式

【案例来源】

案例名称:新疆维吾尔自治区库尔勒市人民政府与库尔勒塔里木饭店有限责任公司行政协议纠纷案

审理法院:最高人民法院

案　　号:(2020)最高法行申 8282 号

【争议点】

新疆维吾尔自治区库尔勒市人民政府(以下简称库尔勒市政府)与库尔勒塔里木饭店有限责任公司(以下简称塔里木饭店)因行政协议纠纷引发诉讼,该案目前历经新疆维吾尔自治区巴音郭楞蒙古自治州中级人民法院一审、新疆维吾尔自治区高级人民法院二审、最高人民法院再审三个阶段。在再审中,当事人就库尔勒市政府的行政责任承担方式的问题产生争议。

【裁判说理】

本案中库尔勒市政府与塔里木饭店所签订的《拆迁安置协议书》属于行政协议,其不存在《行政诉讼法》第 75 条规定的重大且明显违法情形,或者存在原《合同法》第 52 条[①]规定的合同无效情形,行政协议有效。库尔勒市政府系未按照协议约定交付"新建大楼前的停车场",人民法院可依照《行政诉讼法》第 78 条第 1 款的规定,判决行政机关承担继续履行、采取补救措施或者赔偿损失等责任。对于该条款规定的违约责任承担方式的适用,通常认为,应

---

① 对应《民法典》第 144 条、第 146 条、第 153 条、第 154 条。《民法典》第 144 条规定:"无民事行为能力人实施的民事法律行为无效。"第 146 条规定:"行为人与相对人以虚假的意思表示实施的民事法律行为无效。以虚假的意思表示隐藏的民事法律行为的效力,依照有关法律规定处理。"第 153 条规定:"违反法律、行政法规的强制性规定的民事法律行为无效。但是,该强制性规定不导致该民事法律行为无效的除外。违背公序良俗的民事法律行为无效。"第 154 条规定:"行为人与相对人恶意串通,损害他人合法权益的民事法律行为无效。"

结合原告的诉讼请求区分处理。行政机关依照《行政诉讼法》第78条第1款承担的赔偿责任不同于行政机关依照《国家赔偿法》承担的赔偿责任。根据《国家赔偿法》规定，责任产生于对职责的违反，即赔偿因违法行使职权侵犯公民、法人或者其他组织合法权益造成的损害。《行政诉讼法》第78条第1款的规定借鉴自原《合同法》第107条[①]关于违约责任的规定，行政机关依照该条款承担的法律责任类似于违约责任，即责任产生于对义务的违反。对于行政机关未依约履行协议约定义务的情形，依照《行政诉讼法》第78条第1款的规定，应结合原告的诉讼请求，依职权判决承担赔偿责任及承担赔偿责任的具体方式，在二审中，法院判决库尔勒市政府作出赔偿决定不适当。

（四）如果协议的继续履行根本不能实现行政协议的目标，以致对公共利益造成严重损害时，行政机关即可以行使其单方解除权

【案例来源】

案例名称：南通清宫文化传播有限公司与南通市经济技术开发区管理委员会继续履行行政协议案

审理法院：江苏省高级人民法院

案　　号：（2019）苏行终1050号

【争议点】

南通清宫文化传播有限公司（以下简称清宫文化公司）与南通市经济技术开发区管理委员会（以下简称开发区管委会）因继续履行行政协议纠纷引发诉讼，该案历经江苏省南通市中级人民法院一审、江苏省高级人民法院二审两个阶段。在二审中，当事人就开发区管委会是否有权单方终止履行协议产生争议。

【裁判说理】

法院认为，行政机关单方解除协议必须受到严格限制，必须具备一定的条件才可行使，否则该权利就会被滥用，行政协议就失去了其存在和发展的基础。因此，行政机关单方解除协议必须是公共利益受到的损害达到严重程度。与普通的民事合同一样，行政协议双方也要承担一定的风险和后果，如果

[①] 对应《民法典》第577条，该条规定："当事人一方不履行合同义务或者履行合同义务不符合约定的，应当承担继续履行、采取补救措施或者赔偿损失等违约责任。"

协议的履行仅是对公共利益造成了一定程度的损害，行政机关理应自行承担其后果；但是如果协议的继续履行，根本不能实现行政协议的目标，以致对公共利益造成严重程度的损害时，行政机关即可以行使其单方解除权。清宫文化公司拿地后，成交价高于 20 万元/亩的部分由开发区管委会用财政补贴方式给予清宫文化公司重点服务业项目专项扶持，由于开发区辖区内的土地价格不断上涨，补贴数额巨大，已明显超过了订立协议时所预估的数额，且远远高于清宫文化公司支付的地价，显失公平。开发区管委会如果继续履行协议，必将支付巨额的补贴，不仅不能实现协议的目的，而且会使国有资产遭受巨大损失，造成公共利益的严重损害，也明显超出了开发区管委会的职责范围和支付能力，故开发区管委会可以单方解除协议。

（五）招商引资协议中同时约定民事权利和行政权力内容的，原告在诉讼请求、诉讼类型等问题上依法具有选择权，有权就协议的全部或部分内容提起诉讼

【案例来源】

案例名称：香港斯托尔实业（集团）有限公司与泰州市人民政府、泰州市海陵区人民政府、江苏泰州海陵工业园区管理委员会招商引资协议纠纷案

审理法院：最高人民法院

案　　号：（2017）最高法行再 99 号

【争议点】

香港斯托尔实业（集团）有限公司（以下简称斯托尔公司）与泰州市人民政府、泰州市海陵区人民政府（以下简称海陵区政府）、江苏泰州海陵工业园区管理委员会（以下简称海陵工业园管委会）因招商引资协议纠纷引发诉讼，该案历经江苏省泰州市中级人民法院一审、江苏省高级人民法院二审、最高人民法院再审三个阶段。在再审中，当事人就本案纠纷解决应当适用的程序产生争议。

【裁判说理】

本案协议有关民事权利义务的约定与行政权利义务的约定互相交织、难以完全分离。海陵工业园管委会代表海陵区政府所作的权利义务的约定，涉及多个行政管理领域和多项行政管理职能，人民法院对此类约定的合法性、有效性进行审查时，既要考虑是否确属当事人之间真实自愿和协商一致，还应考虑行

政管理领域的具体法律规定、对地方政府及其职能部门的约束力以及合同相对性原则的适用等。与民事诉讼程序相比，行政诉讼程序更有利于全面审查协议中有关税收承诺、土地出让价款承诺、行政许可承诺等诸项涉及行政法律规范之适用条款的合法性与合约性；而协议包含的工商、质监等多个行政许可审批事项的约定，适用行政诉讼程序审理也更为适宜。尤其重要的是，本案斯托尔公司作为一审原告，在诉讼请求、诉讼类型及诉讼标的等问题上依法具有选择权，其有权就招商引资协议的全部或部分内容提起诉讼。如果斯托尔公司在一审诉讼期间或者根据一审法院的指引，选择通过民事诉讼解决本案纠纷，亦无不可。在此情形下，上级法院应当尊重当事人选择权，而不宜仅因协议定性问题推翻下级法院生效裁判。

四、结语

在处理招商引资协议纠纷时，应当注意以下几点：一是在招商引资协议的内容争议上，法院确定招商引资协议属于框架性协议，其内容并不当然构成后续签订的具体合同之约定，诉讼请求的依据为具体合同的，应以具体合同确定双方的权利义务。二是关于招商引资协议内容的解释，因为招商引资协议整体上围绕一个合同标的展开，应从整体上对该协议的争议条款进行解释，当事人主张部分内容分属不同法律关系需单独对待给付的，人民法院不予支持。三是如果行政机关违法解除合同给另一方造成损害，应承担赔偿责任，此处的赔偿责任应是类似于民事上违反义务之"违约责任"，要与国家赔偿责任相区别。四是在招商引资协议的具体履行过程中，如果协议的继续履行根本不能实现行政协议的目标，以致对公共利益造成严重程度的损害时，行政机关即可以行使其单方解除权。五是如果招商引资协议中同时约定民事权利和行政权力内容的，那么原告在诉讼请求、诉讼类型及诉讼标的等问题上依法具有选择权，有权就招商引资协议的全部或部分内容提起诉讼。

第三节 金融消费者权益保护纠纷

一、导论

金融行业快速发展，金融产品也呈现多元化趋势，消费者广泛参与金融市场、购买金融产品的积极性日益增高。金融市场的复杂性、多变性、灵活性，使得金融消费者面临比一般消费者更大的风险。同时，因为金融消费品存在专业性，而且金融机构和消费者之间存在信息偏差，金融消费者的知识水平、法律维权意识存在不足，使得金融消费者权益常常受到侵害。我国在金融改革不断深化的过程中，也越来越重视对金融消费者权益的保护。本节以金融消费者权益保护纠纷的案件裁判文书为研究对象，将2019年以来人民法院作出的相关裁判文书作为主要范围，归纳、提炼金融消费者权益保护纠纷裁判的理念和趋势，以期通过对我国案例的研究来指导司法实践。

截至2022年2月，编者在中国裁判文书网输入"金融消费者"（关键词）共检索出民事裁判文书4667篇，其中，由最高人民法院裁判的有8篇，由高级人民法院裁判的有87篇，由中级人民法院裁判的有653篇。在具体案例的选取上，本节遵循以下"两个优先"原则：第一，优先选择审判层级较高的裁判文书；第二，优先选择审判日期较近的裁判文书。通过形式和内容两个方面的筛选，本节最终选择了4篇裁判文书进行研究，即（2019）最高法民终1947号、（2020）京02民终10173号、（2019）赣民再139号、（2021）京民终59号。其中，由最高人民法院裁判的有1篇，裁判日期为2021年（含）之后的有1篇。

二、金融消费者权益保护的基本理论

（一）金融消费者的概念

金融消费者的概念至今未有统一的定义。在我国立法中，"金融消费者"这一概念表述最早出现于 2006 年 12 月实施的《商业银行金融创新指引》，但该文件只是提到了这一概念化的词语，并未展开进行说明，随后有关部门也出台了相关金融消费者的规范性文件。例如，《中国人民银行金融消费者权益保护实施办法》第 2 条规定，金融消费者是指购买、使用银行、支付机构提供的金融产品或者服务的自然人。这些法律规范的效力层级较低。在实践中，我国逐渐成立了一些金融消费者保护的专门机构，如保险消费者权益保护局、中国证监会投资者保护局等。这表明，在法律上对金融消费者进行保护的探索已经开始，并且借助金融监管的力量，来为金融消费者的保护提供助力。

（二）我国金融消费者保护的法律现状

目前在立法上对金融消费者的保护有两个层面：一是直接寻找《消费者权益保护法》中的法律条款，或是对法律条款背后的原理与逻辑进行解释。《消费者权益保护法》对消费者的保护力度和保护范围都在加大，该法在修订时，增加了经营者，包括提供证券等金融服务的经营者所负有的信息披露义务、签订格式条款的严格限制、消费者公平交易和个人信息保护的权利等，这些内容的修订表明了在普通消费者权益保护逐步全面的基础上，金融消费者保护的较高目标也在逐步实现。二是根据纠纷分属于不同的金融领域，而适用不同金融领域的法律法规。对于银行领域的消费者，较为重要的法律规范有《商业银行法》《商业银行信息披露办法》《银行业消费者权益保护工作指引》等，这些法律规范对消费者的知情权、个人信息权益、隐私权和银行的信息披露等作出了规定。对于证券领域的消费者，基础法律法规有《证券法》，其立法宗旨就是保护投资者的权益，涉及投资者的知情权保护、求偿权保护等。除此之外，还有《证券投资基金法》、部门规章以及行业内的自律规章。对于保险领域的消费者，《保险法》对投保人进行了特殊的保护，对人身和财产保险的保险利益分别进行了明确、对保险人的合同解除权进行了限制、规定了保险人的信息披露义务等。

我国目前没有专门的法律对金融消费者的权益进行保护，可以考虑在对现有金融立法修改完善的基础上，待时机成熟时，从实现对金融消费者权利保护的角度出发，制定统一完整、逻辑有序的法律。

（三）金融消费者需要特定保护的权利

1. 金融信息获悉权。金融市场是一个信息快速流动、信息获取必须及时便捷的资金融合场域，金融产品也具有信息极强的特点。与传统消费模式不同，金融消费者处于弱势地位的原因主要是信息获取的不灵敏与不便利，金融机构一般处于信息垄断地位，而金融消费者通常是经金融机构的推介来购买金融产品，从金融机构一方获取金融产品的发行信息、盈亏状况、购买与赎回要求等，这是金融消费者的信息获悉权的现实之困。因此，信息获悉权要求金融消费者从金融机构处获取的信息应是准确、全面、及时的。具体而言，即金融机构不得为了自身利益而对消费者提供虚假投资信息、作出虚假的收益承诺等，也不能隐瞒金融产品的重要信息使得消费者理解偏差作出错误决定，亦不得将真实有效的信息迟延传递给消费者而使其错过决断时机等。

2. 损害求偿权。金融消费者在购买金融产品或接受金融服务时遭受损失，有向金融机构提出赔偿请求的权利，这种权利可以通过协商、向消费者协会投诉、向法院起诉等途径进行。在上述"适当性义务纠纷"一节中，已经对金融机构的适当性义务进行了说明，金融机构违反适当性义务是消费者请求赔偿的重要依据之一，除此之外，还有金融机构信息披露有缺陷、未能尽到风险提示及告知义务、未能在金融市场环境下履行提供义务等。

3. 个人信息封闭权。金融消费者对在消费中形成的个人信息权益享有支配权，其人身信息和财产信息属于个人独占，只能在特定金融机构与消费者之间的封闭空间内流动，非经消费者同意，不得向封闭空间外的人公开。金融消费者信息的泄露可能导致银行卡内存款被盗刷、投资的保险和证券等理财产品被挪作他用等严重后果，将金融消费者的信息封闭在相应空间和时间内，是对消费者购买金融产品、接受金融服务安全性的最可靠保障。若金融机构擅自将信息泄露或公开，金融消费者有权寻求司法救济，要求其承担停止侵害、赔偿损失并赔礼道歉等民事责任，情形严重构成犯罪者，应承担刑事责任。

（四）金融消费者权益保护的原则

1. 倾斜保护原则与适度保护原则。这两个原则是相辅相成、不可偏废的。法律的一个重要价值指引是帮扶弱者实现社会之公正，金融消费者的弱势地位需要法律的倾斜性保护使其得以维持和金融机构的相对平衡，主要方式是让金融机构承担更多的义务，承担更重的责任，而给予金融消费者更多的权利，比如关于金融机构适当性义务的规定，正是倾斜性保护原则的重要体现。对金融消费者的倾斜保护到何种程度，是适度保护原则所衡量决定的，对金融消费者不需要一味保护，金融消费者进入金融市场的最根本目的是和金融机构通力合作，实现双赢，适度保护原则要求区分专业投资者与普通投资者，对二者进行不同程度的保护，并且要求金融消费者应具有基础的知识经验和基本的审慎注意义务，这样才能够有效维护金融消费者的权益，并兼顾到金融机构的正当权益，在真正意义上推动金融法律秩序的建立。

2. 有效救济原则。在金融消费者权益受到侵害时，法律要及时有效地对受到的损失进行救济。从救济路径选择上来看，在传统的诉讼方式内可根据受损失数额确定选择小额诉讼程序还是普通程序，抑或选择非诉讼纠纷解决方式，配套完善相应的调解、仲裁等制度，提供更便利、更迅捷的救济方式和渠道。

三、关于金融消费者权益保护纠纷的裁判规则

（一）商事主体并不是普通的金融消费者，其对订立交易合同应当承担更高的注意义务，不能以其忽视合同重要内容为由主张免责

【案例来源】
案件名称：张某1等与兴业证券股份有限公司证券回购合同纠纷案
审理法院：最高人民法院
案　　号：（2019）最高法民终1947号

【争议点】
张某1、张某2与兴业证券股份有限公司（以下简称兴业证券）因质押式证券回购纠纷引发诉讼，该案历经福建省高级人民法院一审、最高人民法院二审两个阶段。在二审中，当事人就张某1按照一审法院判决的年利率支付购回

交易违约金是否正确的问题产生争议。

【裁判说理】

张某1与兴业证券分别签署了两份《业务协议》，约定双方开展股票质押式回购交易业务，在协议中约定了如果出现质押标的证券被交易所实施退市风险警示或其他风险警示情形的，兴业证券有权要求张某1提前购回，张某1应当履行提前购回义务。在协议履行过程中，案涉质押标的证券被交易所实施其他风险警示，兴业证券随即向张某1邮寄《提前购回通知书》，该通知书明确要求张某1对所质押股票进行提前购回。但张某1没有履行提前购回义务，已构成违约。之后，兴业证券又向张某1邮寄《违约通知书》。虽然张某1否认收到上述通知书，但邮寄的地址是张某1在《业务协议》中明确的居所地，故原审判决认定兴业证券已书面通知张某1提前购回具有事实依据，张某1上诉认为兴业证券未向其明确提示违约金条款，其不应承担违约责任。法院认为，案涉《业务协议》中约定了张某1若在购回交易中违约的，应向兴业证券支付违约金，同时还约定了违约金的计算标准。张某1作为完全民事行为能力人，应当对其签订的协议内容完全知晓，相关协议内容应视为其真实意思表示。并且，张某1通过质押其持有的"长生生物"股票，从兴业证券处获得6亿多元融资本金，表明其是从事商事交易行为的商事主体，并不是普通的金融消费者。对其订立交易合同应当承担更高的注意义务，更不能以其忽视合同重要内容为由主张免责。一审法院已经将协议中约定的违约金计算标准依法降低，充分保障了张某1的实体权益，张某1关于其不知晓违约金条款的上诉理由不能成立。

（二）消费者购买兼具财务投资和生活消费的保险，法院可以在酌减保险费的基础之上计算惩罚性赔偿金

【案例来源】

案件名称：新华人寿保险股份有限公司北京分公司与王某某人身保险合同纠纷案

审理法院：北京市第二中级人民法院

案　　号：（2020）京02民终10173号

【争议点】

新华人寿保险股份有限公司北京分公司（以下简称新华人寿北京分公司）与王某某人身保险合同纠纷引发诉讼，该案历经北京市东城区人民法院一审、

北京市第二中级人民法院二审两个阶段。在二审中，当事人就新华人寿北京分公司是否应承担三倍惩罚性赔偿的问题产生争议。

【裁判说理】

依据原中国保监会北京监管局向新华人寿北京分公司发出的［2016］9号监管函，新华人寿北京分公司保单服务人员在为王某某提供续期服务时，向其承诺该保单收益比银行5年定期存款高，与保险条款约定的保险责任不符，该行为违反了《保险法》第116条第1项的规定即保险公司及其工作人员在保险业务活动中不得欺骗投保人、被保险人或者受益人。据此，一审法院认定新华人寿北京分公司在本案中构成民法上的欺诈正确。现行《消费者权益保护法》已经将保险等金融服务的经营者纳入适用范围且明确了对金融消费者的保护。关于王某某要求新华人寿北京分公司三倍赔偿金额的计算依据。因本案所涉保险合同兼具投资属性以及生活消费属性，且新华人寿北京分公司的行为并不会导致王某某缴纳的50万元的保费发生损失的后果。故王某某依据其交付的保费标准要求三倍赔偿，显然超出了法律设立该惩罚性条款的立法目的。故一审法院对于王某某的计算标准，不予支持。具体的赔偿金额，本案按照王某某已支付保费的五年期同期存款利息标准的三倍进行酌情判处。原《合同法》第113条第2款规定：经营者对消费者提供商品或者服务有欺诈行为的，依照《消费者权益保护法》的规定承担损害赔偿责任。因此，即使王某某未请求人民法院变更或者撤销本案保险合同，王某某也有权要求新华人寿北京分公司承担损害赔偿责任。依照《消费者权益保护法》第55条第1款关于"经营者提供商品或者服务有欺诈行为的，应当按照消费者的要求增加赔偿其受到的损失，增加赔偿的金额为消费者购买商品的价款或者接受服务的费用的三倍"的规定，一审法院酌定新华人寿北京分公司向王某某赔偿的数额不违反上述法律规定。

（三）金融消费者未尽到审慎注意义务，对损害事实的发生存在过错的，应根据过错程度承担一定比例的赔偿责任

【案例来源】

案例名称：熊某某与中国农业银行股份有限公司南昌包家花园支行银行卡纠纷案

审理法院：江西省高级人民法院

案　　　号：（2019）赣民再139号

【争议点】

　　熊某某与中国农业银行股份有限公司南昌包家花园支行（以下简称农行包家花园支行）因银行卡纠纷引发诉讼，该案历经江西省南昌市青云谱区人民法院一审、江西省南昌市中级人民法院二审、江西省高级人民法院再审三个阶段。在再审中，当事人就农行包家花园支行是否对案涉银行卡交易造成的损失承担赔偿责任的问题产生争议。

【裁判说理】

　　熊某某的银行卡被盗100多万元的资金及利息损失，熊某某、农行包家花园支行都存在过错。农行包家花园支行作为金融机构应当保护储户作为金融消费者的合法权益，面对社会上频发伪造银行卡、违规套现等现象，其应及时修补技术漏洞、进行相关技术的升级改造并加强对特约商户等交易机构的管理。农行包家花园支行是涉案借记卡的发卡银行，所提供的银行卡存在技术漏洞被犯罪分子伪造，造成熊某某银行卡中的资金被盗刷，农行包家花园支行对被盗刷的100多万元的损失，应承担相应的赔偿责任。农行包家花园支行抗辩称，根据《中国农业银行金穗借记卡章程》规定，凡密码相符的金穗借记卡交易均视为持卡人本人或本人授权的合法交易，发行卡依据密码为持卡人办理交易所产生的电子信息记录为该项交易的有效凭证。因密码泄露造成的经济损失，持卡人自行负责。因此，熊某某应自行承担损失。法院认为，该约定适用的前提应当是当事人持真实的借记卡进行消费，伪卡交易不应适用该约定。此外，熊某某自述其在消费时曾在两台POS机上按捺密码，可能存在密码泄露情况。熊某某持有的银行卡上存有大额资金，为保障资金安全可以通过及时修改密码等方式来降低银行卡被盗刷的风险，但熊某某并未这样做，故认定熊某某未尽到必要的审慎用卡义务，对于案涉100多万元资金损失负有一定过错。根据双方过错程度，酌定农行包家花园支行应当承担60%的责任，熊某某对案涉资金损失承担40%的责任。

（四）虽然违反规范性文件在一般情况下不影响合同效力，但该规范性文件的内容涉及金融安全、市场秩序、国家宏观政策等公序良俗的，应当认定合同无效

【案例来源】

案例名称：中天钢铁集团有限公司与三度星和（北京）投资有限公司证券投资基金交易纠纷案

审理法院：北京市高级人民法院

案　　号：（2021）京民终59号

【争议点】

中天钢铁集团有限公司（以下简称中天钢铁公司）与三度星和（北京）投资有限公司（以下简称三度星和公司）因证券投资基金交易纠纷引发诉讼，该案历经北京市第三中级人民法院一审、北京市高级人民法院二审两个阶段，在二审中，当事人就案涉合同的效力问题产生争议。

【裁判说理】

关于双方争议的《泽芯8号补充协议》的效力问题，法院认为，案涉相关协议即属于为非公开募集基金签订的协议，应当适用《证券投资基金法》的相关规定。《证券投资基金法》第31条确认了非公开募集基金的基金管理人的管理体制。对于非公开募集基金的基金管理人，无论是从设立还是具体经营行为，如果《证券投资基金法》有规定，应当遵守该法的规定；如果该法未作明确规定，则应当遵守金融监管部门依据该法制定的具体管理办法。案涉《泽芯8号合同》《泽芯8号补充协议》签订时，由中国证券监督管理委员会公布《私募投资基金监督管理暂行办法》已经施行，依据该办法第15条的规定，三度星和公司作为私募基金募集机构，不得向投资者承诺投资本金不受损失或者承诺最低收益。虽然违反规范性文件在一般情况下不影响合同效力，但该规范性文件的内容涉及金融安全、市场秩序、国家宏观政策等公序良俗的，应当认定合同无效。

四、结语

在处理金融消费者权益保护纠纷时，应该注意以下几点：一是商事主体并

不是普通的金融消费者，订立交易合同时应当承担更高的注意义务，不能以忽视合同重要内容为由主张免责。二是关于金融消费者能否获得三倍的惩罚性赔偿问题，《全国法院民商事审判工作会议纪要》基本对此进行了否定，但是鉴于具体案件的复杂性，法院可以在酌减保险费的基础之上计算惩罚性赔偿金的标准，酌情支持金融消费者的三倍惩罚性赔偿。三是金融消费者应当得到特殊的保护，但倘若其未尽到审慎注意义务，对损害事实的发生存在过错的，也应根据过错程度承担一定比例的赔偿责任，方能实现双方的公平公正。四是虽然违反规范性文件在一般情况下不影响合同效力，但该规范性文件的内容涉及金融安全、市场秩序、国家宏观政策等公序良俗的，应当认定合同无效。

第四节 房地产金融纠纷

一、导论

随着我国市场经济体系的建立和经济体制改革的不断深化，房地产金融逐渐发展起来。在整个金融业务中，房地产金融占据着重要地位，在房产及其附属土地的开发、经营、销售等方面发挥着越来越重要的作用，为房地产业的繁荣发展、促进现代化城市建设提供了有力支持。基于房地产的特殊属性，房地产金融有别于一般性的金融业务，有越来越多的学者关注房地产金融的法律纠纷，而我国目前的金融法律规范体系还不完善，也未有统一的房地产方面的金融法律规范。因此，本节以房地产金融纠纷的案件裁判文书为研究对象，将2016年以来人民法院作出的相关裁判文书作为主要范围，归纳、提炼房地产金融纠纷裁判的理念和趋势，以期通过对我国案例的研究来指导司法实践。

截至2022年2月，编者在中国裁判文书网输入"房地产金融"（关键词）共检索出民事裁判文书1248篇。在具体案例的选取上，本节遵循以下"两个优先"原则：第一，优先选择审判层级较高的裁判文书；第二，优先选择审判日期较近的裁判文书。通过形式和内容两个方面的筛选，本节最终选择了2篇裁判文书进行研究，即（2017）最高法民申 2274 号、（2020）最高法民申 5542 号。以上 2 篇均由最高人民法院裁判，裁判日期也均为 2017 年（含）之后。

二、房地产金融纠纷的基本理论

（一）房地产金融的概念

房地产金融指的是金融机构实施的，为房地产经济活动顺利展开而在房地产开发、流通和消费过程中所进行的筹资、融资等一系列金融活动的总称，它描述的是房地产业与金融业交叉之后所出现的一个经济现象。房地产业是包括房地产投资、开发、建设、经营、销售等在内的一个产业集群的总称，由于房地产本身属于不动产，不会轻易灭失，便于对债权实现提供安全的保障，且房地产的保值增值性，可以获得较为稳定的预期收益，人们在很大程度上要借助房产抵押等手段来参与金融活动，这使得房地产行业资本密集、资金流通速度快，房地产业与金融业的关系愈加密切，房地产金融是金融市场不可缺少的一部分，在国民经济中起着越来越重要的作用。

房地产金融的内容丰富，主要包括吸收房地产业的存款、住房储蓄、房地产抵押贷款和按揭贷款等，除此之外还有房地产领域内的投资、信托、保险、股票发行等，房地产投资与消费过程中所涉资金量大、周期性长，房地产金融中所蕴含的风险与一般金融活动不同。

（二）房地产金融政策

2008 年金融危机之后，在我国的房地产金融宏观调控层面，政府出台的政策性文件呈现相对的稳定性和一贯的连续性。我国一直坚持强调房屋的居住属性，并采取多项措施进行"去金融化"的房地产行业改革，如限商、限购、限售等"五限"政策，从供给端降低房屋的预售条件、允许土地出让款延期或分期支付、允许房地产工程开工与竣工的延期、允许延期缴税等，从需求端放宽地区内公积金政策、降低人才落户的标准来变相放松限购、为购房者提供购房补贴等，从总体上稳定地价、稳定房价，不把房地产作为短期内提高经济效益的手段。从住房金融这个项下分支角度来看，我国房地产金融呈现的总体趋势是金融与房地产行业的关系疏离化，二者密切程度降低。在国内总体经济增速

第六章
金融纠纷疑难问题

放缓的大背景下,强调房屋居住属性的住房制度改革,房地产行业开启存量时代,二手房交易数量增加、长租公寓等交易客体越来越多、土地利用结构发生变化,房地产融资监管也越来越严格,融资渠道受到限制,这对房地产金融的发展提出了更大的挑战,同时也为房地产金融的发展创造了新的契机。

(三)房地产金融涉及的法律问题

房地产金融的法律纠纷类型主要集中在以下几个大的方面:房地产投融资、个人住房贷款、房地产保险、房地产不良资产处置、房地产典当。

1. 房地产投融资。房地产投资、融资是房地产金融中的重要环节,其中涉及的交易主体众多,交易关系也比较复杂,根据投融资模式的不同而形成不同的法律关系,常见的融资模式有房地产开发贷款、股权融资、信托融资、私募基金融资等方式。

房地产开发贷款是房地产投融资的主要形式。《商业银行房地产贷款风险管理指引》中对房地产贷款进行了比较全面的规定,其中房地产开发贷款指的是贷款人(一般为商业银行)向借款人发放的款项,这部分款项专用于住房、商业用房开发、房地产土地开发以及配套设施建设,贷款的目的是确保开发商资金能够正常周转,为房地产开发活动提供资金保障,贷款行为本质上属于开发商的间接融资方式。商业银行是最重要的金融机构,在金融市场上占据重要地位。在商业银行开放的各项业务中,房地产开发贷款的收益比较高,相较于其他贷款项目的风险比较小,所以在大多数商业银行中都开展了这项贷款项目。根据提供贷款保证方式的不同,贷款可分为信用贷款和担保贷款两种方式。开发商获得商业银行贷款必须具备以下几个条件:合法成立并有营业执照;贷款项目取得有效的土地使用权;取得完整真实的建设许可证、开工许可证、商品房预售许可证等证件;具有相应比例的自有资金等。在房地产开发贷款中,主要涉及开发商是否违约以及担保贷款如何实现的法律问题,其中涉及的主要法律规范有《城市房地产管理法》《土地管理法》《建筑法》《城乡管理法》《城市房地产管理法》《土地管理法实施条例》等。

除了上述向商业银行申请贷款实现融资目的外,股权融资、信托融资、私募基金融资也为房地产开发企业提供了多种较为有效的融资选择渠道。股权融资就是房地产开发公司的股东以某一对价出让其持有的全部或部分股权,或者通过增加资本实现融资目的的行为,股权融资的两种形式分别为境内、境外上市融资和非上市股权融资。上市融资属于直接融资，发行人在证券交易所首次公开发行股票，投资者认购并支付相应款项，发行人获得融资；非上市股权融资的具体形式有增资扩股与合作开发、阶段性股权让渡融资、股权收益权融资等。信托融资是信托公司通过信托产品来募集资金，并将这部分资金投向房地产业，房地产业实现融资目的，信托融资的规模次于贷款融资的规模，信托融资的主要法律规范有《信托法》《信托公司管理办法》《信托公司集合资金信托计划管理办法》《信托公司净资本管理办法》，即信托融资领域的"一法三规"。私募基金投融资方式的法律载体一般为有限合伙，在治理结构与资金使用上更为便捷，产生纠纷之后通过《合伙企业法》进行调整。

2. 个人住房贷款。个人住房贷款指的是商业银行根据借款人申请，向借款人发放贷款，这笔贷款专用于购买借款人自用的普通商品房，借款人必须同时为这笔贷款提供担保。这与个人住房按揭贷款不同，二者最根本的区别在于房屋所有权的归属：个人住房抵押借款中，借款人在将购买房屋抵押获得贷款时，拥有对房屋的所有权；在个人住房按揭贷款中，购房者需要先在商业银行存入一定比例的资金，之后用商业银行认可的资产抵押后，申请剩余所需借款，并分期进行偿还，这时的房屋所有权归于银行。

相较于汽车消费贷款等其他类型的消费贷款，个人住房贷款具有金额大、周期长等特点。个人住房贷款根据资金来源不同，可以分为自营性个人住房贷款、公积金个人住房贷款及二者组合贷款；根据交易的房屋形态不同，可以分为新建房屋个人住房贷款、个人二手房住房贷款、个人住房转让贷款等。

借款人应为完全民事行为能力人、有稳定的收入、有偿还贷款本息的能力、有购房合同、有首期付款、有抵押的资产或保证人等，除了上述《商业银行房地产贷款风险管理指引》，涉及个人住房贷款的法律规范还有《住房公积金管理条例》《房地产管理法》《城市房地产开发经营管理条例》《城市商品房预售管理办法》《城市房地产抵押管理办法》《城市房屋权属登记管理办法》等。

3. 房地产保险。房地产行业需要保险业为其提供支持，预防和分担部分风险，减少经济损失；保险业则借助房地产行业这一新的需求扩展服务领域，实现自身融合发展。房地产保险以房地产开发、销售等环节中的房屋及其利益、可能产生的责任等作为保险标的，是社会保险的重要组成部分。房地产保险能够起到房地产资金融通的作用，即保险机构综合储备各投保人资金，在投保人遭受损失后依保险合同给付资金。目前主要的险种包括建筑工程保险、房屋财产保险、人身保险、责任保险、信用保证险。其中房屋财产保险是关于房屋毁损、灭失、贬值后的保障，是较为常见的财产险，建筑工程险主要涵盖房地产工程建设过程中的风险，债险主要针对的是可能产生的民事赔偿责任。我国房地产保险的相关业务尚处于探索阶段，因此还存在房地产保险的类型不充足、专业人才缺乏、房地产行业消费者的购买意愿不强烈、法律规范不完备、监管不足等诸多问题。可从宏观上结合房地产行业与保险业发展规律，从具体问题上着手，对房地产保险进行完善，促进房地产保险健康有序发展。

4. 房地产不良资产处置。房地产不良资产的处置关系着金融业的安全稳定发展。不良资产的概念相对广泛，就房地产不良资产而言，一般是指房地产开发企业由于各种原因无法按时足量还本付息，导致这笔贷款演变为银行的不良贷款，抵押物变为了房地产不良资产。房地产不良资产体量大、属性多样、涉及机构较多、处置程序复杂，常见的处置方式有资产置换、抵押物变现、不良资产证券化等，参与主体主要有商业银行、资产管理公司、处置业务的服务商。在不良资产处置初期，主要是以国有以及地方性资产管理公司的剥离和收购工作为主，受金融危机带来的负面影响以及国家政策的调整，不良资产处置有了新的需求，房地产不良投资迎来新的市场机会，不良资产处置业务趋于多元化，以此衍生的服务产品类型也更加多样。

三、关于房地产金融纠纷的裁判规则

（一）对不动产登记簿上记载的内容有歧义时，应当以社会上通常的第三人的理解为标准，而不能以抵押权人的理解为标准

【案例来源】

案例名称：新疆聚鼎典当有限责任公司与丁某某等申请执行人执行异议之诉案

审理法院：最高人民法院

案　　号：（2017）最高法民申 2274 号

【争议点】

新疆聚鼎典当有限责任公司（以下简称聚鼎公司）与丁某某、新疆普瑞铭房地产开发有限公司克拉玛依分公司（以下简称普瑞铭克分公司）因申请执行

人执行异议引发诉讼，该案历经新疆维吾尔自治区克拉玛依市中级人民法院一审、新疆维吾尔自治区高级人民法院二审、最高人民法院再审三个阶段。在再审中，当事人就案涉商铺是否成功办理了抵押登记，聚鼎公司是否享有优先权产生争议。

【裁判说理】

聚鼎公司申请再审的理由为，案涉商铺属于抵押登记簿记载的2220.01㎡中的一部分。法院认为，根据物权法上的公示原则和公信原则，某项不动产上是否设立了抵押权，应当以是否在不动产登记簿上登记公示为准，而不能有其他标准。对不动产登记簿上记载的内容理解有歧义时，应当以社会上通常的第三人如何理解为标准，而不能以抵押权人如何理解为标准。任何当事人设立抵押权时，都会涉及第三人的利益，因此，该标准只能以社会上通常的第三人如何理解为标准。本案中的不动产登记簿上记载的抵押财产是芙蓉花园的2220.01㎡商铺，但芙蓉花园第58-1号商铺是否包括其中，由于登记簿上对此没有记载，社会上通常的第三人只能认为不包括。即使事实上登记簿记载的2220.01㎡商铺的确包括案涉商铺，但是，因为登记簿上没有明确记载，没有遵循公示公信原则，社会上通常的第三人都会认为案涉商铺没有进行抵押登记，由此产生的风险也只能由聚鼎公司承担，而不能由第三人承担。丁某某即使查看了不动产登记簿，也不负有弄清楚该商铺是否属于登记记载的2220.01㎡商铺中的一部分的义务，否则，不动产抵押登记制度的功能会大打折扣，危及交易安全，影响交易效率。因此，抵押登记的不动产要在法律上产生抵押权设立的效力，必须符合物权法上的公示要求，必须具体、特定、明确。

（二）合同一方当事人以通知形式行使合同解除权的，须以享有法定或者约定解除权为前提

【案例来源】

案例名称：孙某某与淮南文商房地产开发有限公司合资、合作开发房地产合同纠纷案

审理法院：最高人民法院

案　　号：（2020）最高法民申5542号

【争议点】

孙某某与淮南文商房地产开发有限公司（以下简称文商公司）因合资、合作开发房地产合同纠纷引发诉讼，该案由安徽省高级人民法院二审、最高人民法院再审。在再审中，当事人就文商公司是否有权解除合同产生争议。

【裁判说理】

合同一方当事人以通知形式行使合同解除权的，须以享有法定或者约定解除权为前提。不享有解除权的一方向另一方发出解除通知，另一方即便未在异议期限内提起诉讼，也不发生合同解除的效果。就本案而言，文商公司向孙某某发送《解除合同告知函》，通知孙某某解除双方签订的《合作开发协议》，《解除合同告知函》能够产生解除合同的法律后果，必须以文商公司享有法定或者约定解除权为前提。双方签订的《合作开发协议》中约定了文商公司办理建设用地规划许可证等证照手续，并负责项目招商、推广销售，而孙某某负责工程全部建设资金的投入，孙某某先投入500万元，第二次投入500万元资金附有前置条件，即文商公司应当对案涉项目进行销售，只有在销售额不足以支付工程款时，才能要求孙某某投入第二笔500万元，并且合同中还约定了文商公司支付施工方款项必须由孙某某签字认可方能转款等义务。因此，要认定文商公司能否作为守约方，享有法定解除权，应当对文商公司是否依约履行了合同义务进行审查，包括案涉项目何时开始销售，销售额是多少，是否足以支付工程款以及工程款的支付是否经由孙某某签字等一系列事实。一审、二审法院未对上述涉及文商公司是否享有法定解除权的事实进行审理，即以孙某某"未在法律规定期限内请求人民法院或者仲裁机构确认解除合同的效力"为由，认定《合作开发协议》已经解除，属于认定事实不清，适用法律错误。

四、结语

房地产金融市场的稳定关乎房地产行业的稳定发展。在处理房地产金融纠纷时，应注意以下几点：一是当事人一方想要解除合作开发合同时，以通知形式行使合同解除权的，必须以当事人享有法定或者约定解除权为前提。二是在房地产抵押时，为继续获得贷款或获得其他融资，会选择将整栋楼进行抵押，在抵押登记簿上的记载不甚明确，对不动产登记簿上记载的内容理解有歧义时，应当以社会上通常的第三人的理解为标准，而不能以抵押权人的理解为标准。

第五节 互联网金融纠纷

一、导论

互联网金融是在传统金融行业基础之上结合现代互联网信息技术而生成的新型金融业务模式。互联网金融不仅涵盖了银行、保险等传统金融服务和金融消费，而且包括了网络支付、网络贷款、网络投资等内容，金融市场的主体和服务领域也都呈现丰富化和多元化。互联网金融作为新兴行业，为传统金融服务模式提供了新的思路，推动着金融行业的持续发展，同时互联网金融的出现也带来了金融与网络技术的相应风险，这些都对互联网金融的法律规制与法律风险防范提出了更高要求。本节的重点在于互联网金融的司法实践研究，以互联网金融纠纷案件的裁判文书为研究对象，将2020年以来人民法院作出的相关裁判文书作为主要范围，归纳、提炼互联网金融纠纷裁判的理念和趋势，以期通过对我国案例的研究来指导司法实践。

截至2022年2月，编者在中国裁判文书网输入"互联网金融"（关键词）共检索出民事裁判文书131 979篇，其中，由最高人民法院裁判的有22篇，由高级人民法院裁判的有229篇，由中级人民法院裁判的有6599篇。在具体案例的选取上，本节遵循以下"两个优先"原则：第一，优先选择审判层级较高的裁判文书；第二，优先选择审判日期较近的裁判文书。通过形式和内容两个方面的筛选，本节最终选择了4篇裁判文书进行研究，即（2021）沪74民终1546号、（2021）沪74民终1313号、（2020）京01民终6121号、（2021）京74民终266号。以上4篇案例的裁判日期均为2020年（含）之后。

二、互联网金融纠纷的基本理论

(一)互联网金融的概念及模式

互联网金融不是金融行业与互联网技术的简单结合,而是传统金融机构与互联网企业利用互联网技术、信息通信技术实现资金融通、支付、投资和信息中介服务的新型业务模式。[①]互联网金融的模式有以下五种:(1)普通金融网络化,如网购、水电费话费等网络缴纳。(2)第三方支付,即不再只是通过银行来完成支付活动,借助第三方支付平台,使用更为便捷的移动支付方式。(3)数字形式的虚拟货币,在网络环境中购买商品和服务,如比特币。(4)网络贷款,包括小额度的电商类网络贷款和P2P等网络借贷平台,在网络上完成整个交易。(5)众筹融资,利用互联网技术提供广泛且便捷的网络基础,进行股权及类股权的融资。项目管理者负责发布融资的项目,出资者根据意愿自由选择投资项目,并从项目产品上获得预期回报。[②]

(二)互联网金融的法律规制

法律是互联网金融交易制度的重要基础,互联网金融的健康稳定发展离不开金融市场的全面法治化,更离不开金融法律理论的深入发展。中国人民银行联合财政部、原国家工商总局等联合发布的《关于促进互联网金融健康发展的指导意见》,旨在把鼓励创新放在首位,明确监管责任,健全互联网金融制度,规范市场秩序。互联网金融有不同的模式,统一的完全立法无法兼顾其差异性,但相关监管部门和行业协会可以根据不同互联网金融模式的特性,结合互联网金融的市场发展规律,通过发布部门规章、行业自律规范等来进行法律规制。

(三)互联网金融纠纷的解决路径

互联网金融纠纷的解决需要专门化的统一处理机构和处理体系。互联网金融法院或金融法庭适宜作为纠纷处理的专门化机构:一是相较于其他和解、调

[①] 参见赵保国:《互联网金融理论与实践》,北京邮电大学出版社2020年版,第16页。
[②] 参见杨阳:《中国互联网金融法律规制研究》,华中科技大学2015年硕士学位论文。

解的方式，法院审理有专业优势，互联网金融的裁判标准统一，纠纷处理有严格的程序保障，且诉讼作为争议解决的最后一个选择，法院审理的结果拥有实质意上的终局性和稳定性。二是互联网金融领域缺乏统一的立法，法院作出的裁判对同类型纠纷解决具有引导作用，同时能够指导金融主体在市场中的行为，影响监管机构的监管方向。互联网金融纠纷的公正高效解决要求构建专门化的处理体系，我国在线诉讼的兴起为此提供了契机。在线诉讼能够避免远距离奔波，降低时间和经济成本，最重要的是，在线诉讼也是借助互联网平台和现代通信技术，便于实现有效数据交换和使用。同时，在数据共享平台中，便捷获取所需数据，能够防止数据经多手传输后被删改或形成虚假数据。在线诉讼符合互联网金融纠纷的特点，适应解决纠纷的需求，因此应以在线诉讼为基础，构建现代化的互联网纠纷解决机制。

三、关于互联网金融纠纷的裁判规则

（一）在互联网金融借贷中，当信息中介机构与资金出借方并非同一主体时，不应将服务费混同为提前扣收利息

【案例来源】

案件名称：王某与中腾信金融信息服务（上海）有限公司金融借款合同纠纷案

审理法院：上海金融法院

案　　　号：（2021）沪74民终1546号

【争议点】

王某与中腾信金融信息服务（上海）有限公司（以下简称中腾信公司）因服务合同纠纷引发诉讼，该案历经上海市虹口区人民法院一审、上海金融法院二审两个阶段。在二审中，当事人就借款协议的金额问题产生争议。

【裁判说理】

互联网借贷与传统的出借人与借款人互动模式相比，因第三方网络借贷信息中介机构的加入，使信息和资金加速流动，更高效地促成借贷发生。信息中介机构基于其提供的服务，向委托方收取相应服务费，并无不当。本案出借人均为自然人，而中腾信公司仅为信息中介机构，在信息中介机构与资金出借方

并非同一主体前提下，不应将服务费混同为提前扣收利息。就资金走向而言，现有的互联网借贷普遍应监管要求采取资金托管服务。出借人款项划入借款人存管子账户后，信息中介机构基于借款人授权扣收服务费，剩余款项再划入借款人绑定银行卡，形式上也不符合提前扣收的特征，服务费不应作为提前收取利息自本金中扣除。中腾信公司作为一家信息中介机构为王某提供了融通资金的居间服务。作为提供居间服务的对价，中腾信公司收取服务费于法有据。中腾信公司经王某授权自其资金存管账户扣收服务费的行为并非相关行政监管文件中禁止的违规行为。

（二）网络借贷信息中介机构的信息披露义务在时间上和范围上均有所延展，出借人在争议发生后还未掌握借款人具体信息的，网络借贷信息中介机构构成违约

【案例来源】

案例名称：深圳前海图腾互联网金融服务有限公司与顾某某、罗某某居间合同纠纷案

审理法院：上海金融法院

案　　号：（2021）沪74民终1313号

【争议点】

深圳前海图腾互联网金融服务有限公司（以下简称图腾公司）与顾某某、罗某某居间合同纠纷引发诉讼，该案历经上海市长宁区人民法院一审、上海金融法院二审两个阶段。在二审中，当事人就图腾公司未向顾某某披露借款人具体信息是否构成违约的问题产生争议。

【裁判说理】

借款人为甲方，顾某某作为出借人系乙方，图腾公司作为居间服务人为丙方，三方共同签订了《借款协议书》，协议首部甲方和乙方的姓名、身份证号码等均作部分隐藏处理。付款方式：由乙方通过丙方指定的银行或第三方支付机构支付账号将出借款项汇入甲方账号中。还款方式：甲方按协议约定利率，每30日为一个还款周期，通过丙方指定的第三方支付机构按照每月须还款总金额进行扣划。顾某某作为出借人，通过"图腾贷"网站向各借款人出借款项，图腾公司运营"图腾贷"网站，为出借人、借款人提供借贷撮合、交易信息等服务并收取费用，图腾公司是网络借贷信息中介机构，与顾某某形成居间

合同法律关系。首先，根据我国合同法规定，居间人应当就有关订立合同的事项向委托人如实报告。本案《借款协议书》以电子文本形式在"图腾贷"平台生成，借款人的主体身份信息，尤其是身份证号码事关借款人的确定，属于与订立合同有关的事项，在被部分隐藏的情况下，顾某某无从知晓，图腾公司应如实告知。其次，根据《网络借贷信息中介机构业务活动信息披露指引》第9条之规定，网络借贷信息中介机构应当于出借人确认向借款人出借资金前向出借人披露借款人的基本信息，图腾公司在顾某某确认出借资金前应披露借款人的基本信息和资信情况。本案系借款人在借款期限届满后未还本付息，图腾公司关闭债权转让功能、未能有效催收直至网站无法登录，在图腾公司无法协助顾某某实现债权的情况下，其信息披露义务应有所延展，在时间上应及于争议处理阶段，范围上应及于《借款协议书》中足以确定借款人的信息，包括身份证号码、联系电话等，此系顾某某自行向借款人主张权利的必要条件。

（三）通过众筹平台对股权众筹项目进行投融资形成的法律关系有别于传统意义上的居间法律关系，由此产生的纠纷应归结为其他合同纠纷

【案例来源】

案例名称：北京协力筑成金融信息服务股份有限公司与赵某其他合同纠纷案

审理法院：北京市第一中级人民法院

案　　号：（2020）京01民终6121号

【争议点】

北京协力筑成金融信息服务股份有限公司（以下简称协力公司）与赵某股权众筹纠纷引发诉讼，该案历经北京市海淀区人民法院一审、北京市第一中级人民法院二审两个阶段。在二审中，当事人就双方之间法律关系的性质产生争议。

【裁判说理】

股权众筹平台根据与融资方的约定，有偿为融资方提供融资项目展示，又根据投资方的网络注册行为，为投资者提供融资人及其融资项目的信息，从股权众筹平台的角色来看，其属于媒介居间方，融资方与投资人均属于委托人。一般情况下，融资方为有偿委托，而投资人为无偿委托。本案中，协力公司作为股权众筹平台，以促成交易为目的，提供了信息发布、撮合交易等媒介服务，担当了促成投融资交易的中介角色。赵某通过众筹平台对股权众筹项目进

行投资，双方之间的法律关系有别于传统意义上的居间法律关系。首先是赵某并未向协力公司支付报酬，双方合同关系具有无偿性特点；其次是股权众筹平台不仅是传统意义的撮合交易形成居间人，股权众筹作为一种融资模式本身具有金融属性，在防范金融风险、维护金融稳定和保护投资者的金融市场等方面发挥重要作用；最后是交易原因具有复杂性，投资者对于风险与收益的判断一般源于自身的判断与股权众筹平台的介绍与披露。在"领投＋跟投"模式下，领投人自身的专业经验与经济实力，也是普通投资者选择投资的参考因素，股权众筹平台的信息披露与介绍仅为促成交易复杂原因的部分构成。因此，在现行法律制度下，股权众筹作为一个新兴的金融业领域，该类纠纷亦归结为其他合同纠纷。

（四）电子签名并非成立电子借款合同的必要和唯一形式，经勾选同意也可推定为具有借款意图，成立借款合同

【案例来源】

案件名称：蒋某某与中国建设银行股份有限公司北京苏州桥支行、北京朗艺信达建筑装饰工程有限公司金融借款合同纠纷案

审理法院：北京金融法院

案　　号：（2021）京74民终266号

【争议点】

蒋某某与中国建设银行股份有限公司北京苏州桥支行（以下简称建行苏州桥支行）、北京朗艺信达建筑装饰工程有限公司（以下简称朗艺信达公司）因金融借款合同纠纷引发诉讼，该案历经北京互联网法院一审、北京金融法院二审两个阶段。在二审中，当事人就蒋某某是否为共同借款人的问题产生争议。

【裁判说理】

合同的订立有书面形式、口头形式和其他形式。原《合同法》第10条[①]规定："当事人订立合同，有书面形式、口头形式和其他形式。法律、行政法规规定采用书面形式的，应当采用书面形式。当事人约定采用书面形式的，应当采用书面形式。"《电子签名法》第3条第1款规定："民事活动中的合同或者其

[①] 对应《民法典》第135条，该条规定："民事法律行为可以采用书面形式、口头形式或者其他形式；法律、行政法规规定或者当事人约定采用特定形式的，应当采用特定形式。"

他文件、单证等文书,当事人可以约定使用或者不使用电子签名、数据电文。"本案《中国建设银行小微企业快贷借款合同》载明:共同借款人朗艺信达公司、蒋某荣。从现有证据看,本案当事人并未约定使用电子签名的方式签订合同,而根据已查明的事实,建行苏州桥支行向小微企业提供"小微快贷"业务,并由企业和企业主共同借款或由企业主提供担保。蒋某某作为企业主以登录银行个人账号通过勾选确认"我已认真阅读并同意《中国建设银行小微企业快贷借款合同》"的方式进行借款,建行苏州桥支行提交了短信记录、蒋某某银行账号后台登记记录、催收记录、操作说明等证据。结合蒋某某在借款时系朗艺信达公司的股东,蒋某某从事的上述行为能够推定双方有订立合同意愿,一审法院据此认定蒋某某并非涉案借款合同的共同借款人有误,二审法院予以纠正。

四、结语

关于互联网金融合同纠纷,有以下几个可供参考的裁判规则:一是在互联网金融借贷中,当信息中介机构与资金出借方并非同一主体时,不应将服务费混同为提前扣收利息。二是网络借贷信息中介机构的信息披露义务在时间上和范围上均有所延展,出借人在争议发生后还未掌握借款人具体信息的,网络借贷信息中介机构成立违约。三是通过众筹平台对股权众筹项目进行投融资形成的法律关系有别于传统意义上的居间法律关系,由此产生的纠纷应归结为其他合同纠纷。四是电子签名并非成立电子借款合同的必要和唯一形式,经借款人勾选同意也可推定为具有借款意向,成立借款合同。

第六节 内幕交易纠纷

一、导论

为了避免和消除内幕交易纠纷对正常交易带来的消极影响,证券领域的法律法规在不断修改，不仅对内幕交易的主体、内幕交易行为进行明确，而且加大了对内幕交易的处罚力度，但关于内幕交易的立法与认定依然存在一些不足之处。因此，需要从司法实践中探索应对措施，助力解决内幕交易纠纷学理研究以及法律制度的完善。本节以内幕交易纠纷案件的裁判文书为研究对象，将2016年以来人民法院作出的相关裁判文书作为主要范围，归纳、提炼内幕交易纠纷裁判的理念和趋势，以期通过对我国案例的研究来指导司法实践。

截至2022年2月，编者在中国裁判文书网输入"内幕交易"（关键词）共检索出裁判文书2132篇，其中，由最高人民法院裁判的有59篇，由高级人民法院裁判的有716篇，由中级人民法院裁判的有1098篇。在具体案例的选取上，本节遵循以下"两个优先"原则：第一，优先选择审判层级较高的裁判文书；第二，优先选择审判日期较近的裁判文书。通过形式和内容两个方面的筛选，本节最终选择了4篇裁判文书进行研究，即（2020）京行终6806号、（2020）京行终7902号、（2016）沪民终336号、（2016）沪民终454号。以上4篇均由高级人民法院裁判，裁判日期为2020年（含）之后的有2篇。

二、内幕交易纠纷的基本理论

（一）内幕交易的概念

在学术研究中，对内幕交易尚未有一个完全统一的概念，不同学者从不同角度出发，对内幕交易的界定有不同的侧重点。其中较为全面的有：其一，内幕交易又称为内部人交易，是指掌握证券公司未公开的、影响证券价格的重要信息的人，直接或间接利用这些信息进行交易，进而获得利益或减少损失的行为。[1] 其二，内幕交易是指在证券交易、发行等活动中，内幕人员以及通过不法手段获取内幕信息的人员，在对交易有重大影响的信息尚未公开前，通过买入或卖出证券，获得非法利益的行为。[2] 其三，证券内幕交易是内幕信息知情人，利用自己的信息优势，与普通投资者之间进行了不平等、不公正交易的行

---

[1] 参见张小宁、解永照：《内幕交易、泄露内幕信息罪的概念与范围简析——比较法的视角》，载《湖北社会科学》2010年第12期。

[2] 参见马元驹、张军、杜征征：《内幕交易与内幕交易监管综述》，载《经济学动态》2009年第9期。

为。[1]

在司法实践中，对内幕交易的认定争议不大，主要是从内幕交易的构成要件来进行判断，一般认为内幕交易的构成要件有三个：一是交易的信息属于内幕信息；二是内幕交易的主体适格；三是符合内幕交易的行为方式。

1. 内幕信息的判定。准确识别内幕信息对判断内幕交易具有重大影响。《证券法》第 52 条对内幕信息作出了说明，即"证券交易活动中，涉及发行人的经营、财务或者对该发行人证券的市场价格有重大影响的尚未公开的信息，为内幕信息"。此外，该法第 80 条和第 81 条所列举的重大事件也属于内幕信息的范畴。

2. 内幕交易的主体。内幕交易的主体，是指接触和知悉重大、未公开的交易信息，并且能够实行内幕交易的自然人、法人和其他组织。[2] 根据《证券法》规定，内幕交易的主体分为内幕信息的知情人和非法获取内幕信息的人。

3. 内幕交易的行为方式。从《证券法》第 53 条的规定来看，利用内幕信息的行为包括四种：一是内幕信息知情人在信息公开前，利用手中的内幕信息买卖证券；二是非法获取内幕信息的人利用信息自行买卖证券；三是内幕交易的主体将内幕信息泄露给他人，他人利用信息买卖证券或将内幕信息再行扩散等；四是内幕交易的主体通过这一信息建议他人从事证券买卖活动。同时，这一条还规定了内幕交易的排除适用情形——上市公司的收购。除此之外，《最高人民法院、最高人民检察院关于办理内幕交易、泄露内幕信息刑事案件具体应用法律若干问题的解释》还规定了另外两种排除适用情形——预定交易计划、依据他人披露后的信息进行交易。

（二）内幕交易的法律责任

《证券法》第 191 条规定了内幕交易主体的法律责任：对非法持有证券的处理、没收违法所得、罚款等；主体是单位的，对责任人员处以警告和对单位进行罚款等。内幕交易主体除了承担行政责任之外，情节严重构成内幕交易、泄露内幕信息罪，根据《刑法》第 180 条之规定，处拘役或有期徒刑、罚金

---

[1] 参见贺锐骁：《〈民法典〉背景下我国债券内幕交易民事责任认定及承担》，载《法律适用》2020 年第 19 期。

[2] 参见张淑芬、左坚卫：《新〈证券法〉下证券内幕交易主体的立法重构》，载《云南师范大学学报（哲学社会科学版）》2022 年第 1 期。

等。对投资者的财产损失赔偿主要适用民事法律规范,但由于内幕交易具有复杂性且较强的专业性,民事责任的认定比较困难,而且内幕交易涉及的投资者人数多,我国的代表人诉讼制度还不健全,因此在民事责任的认定和赔偿等方面的法律规范还有待进一步完善。

三、关于内幕交易纠纷的裁判规则

(一)不能以宏观层面的战略转型信息不属于法定内幕信息类型,否认具体收购行为作为内幕信息内容的适当性

【案例来源】
案件名称:阳某某与中国证券监督管理委员会行政处罚纠纷案
审理法院:北京市高级人民法院
案　　号:(2020)京行终6806号

【争议点】
阳某某与中国证券监督管理委员会(以下简称证监会)因内幕信息行政处罚纠纷引发诉讼,该案历经北京市第一中级人民法院一审、北京市高级人民法院二审两个阶段。在二审中,当事人就证监会对内幕信息内容及敏感期的认定是否正确等问题产生争议。

【裁判说理】
根据《证券法》规定,公司的重大投资行为和重大购置财产的决定属于重大事件。该重大事件公开前属于《证券法》规定的内幕信息。本案中,中青宝转变投资策略,明确要收购业务成熟、有一定利润规模的优质游戏公司的决定,属于上述规定所指重大事件,该事件在公开前属于内幕信息。阳某某认为,涉案信息属于公司战略信息,不属于法定内幕信息。对此,一审法院认为,涉案信息是战略转型信息还是具体的收购行为信息,系从不同角度对本案内幕信息内容的指称,不能以宏观层面的战略转型信息不属于法定内幕信息类型而否认具体收购行为作为内幕信息内容的适当性。上市公司的收购事项是一个动态发展的过程。与此相应,收购类的内幕信息也有一个从形成、发展到最终公开的过程。如果一个收购事项的方向始终是同向的、一致的,整个进展过程具有紧密性,则应将该收购事项整体看待,整个收购事项从确定、执行直至公开前，均属于内幕信息。从本案的证据来看，涉案期间，中青宝转变投资策略，由原来的初创型孵化投资转向收购业务成熟、有一定利润规模的优质游戏公司，并通过收购财务顾问寻找标的公司，先后对上海美峰、深圳苏摩等10余家公司进行考察，并最终成功收购上海美峰51%的股权、深圳苏摩51%的股权。该过程是涉案收购事项从确定到执行落地的完整过程，应一体看待。证监会将中青宝转变投资策略，明确要收购业务成熟、有一定利润规模的优质游戏公司的决定认定为内幕信息并无不当，法院予以支持。

（二）行为人与内幕信息知情人在内幕信息敏感期内频繁联系，且买入时点与联系时点高度吻合，同时存在连续、大量、集中、融资买入等交易行为明显异常的情形，属于利用内幕信息进行内幕交易的行为

【案例来源】

案例名称：张某某与中国证券监督管理委员会内幕交易责任纠纷案

审理法院：北京市高级人民法院

案　　号：（2020）京行终7902号

【争议点】

张某某与中国证券监督管理委员会（以下简称证监会）因内幕交易纠纷引发诉讼，该案历经北京市第一中级人民法院一审、北京市高级人民法院二审两个阶段。在二审中，当事人就张某某是否成立内幕交易行为的问题产生争议。

【裁判说理】

本案中，张某某并非内幕信息知情人，本案也无直接证据证明张某某非法获取了内幕信息并实施内幕交易。证监会认定张某某存在内幕交易行为的，应当对张某某在内幕信息公开前与内幕信息知情人或知晓该内幕信息的人联络、接触，其证券交易活动与内幕信息高度吻合这一事实承担证明责任；张某某则应当对其与内幕信息知情人员的联络、接触以及在内幕信息敏感期内相关证券交易活动与内幕信息高度吻合等问题承担合理说明以及提供证据排除其存在利用内幕信息从事相关证券交易活动的责任。如果张某某不能作出合理说明，或者不能提供证据排除其存在利用内幕信息从事相关交易活动的，可以认定监管机构认定的内幕交易行为成立。证监会提供了张某某与内幕信息知情人周某某在内幕信息公开前多次联系的通话记录、张某某相关账户的开户资料和交易流水等证据，证明张某某与内幕信息知情人在内幕信息敏感期内联系频繁，且买

入时点与联系时点高度吻合，同时存在连续、大量、集中、融资买入等交易行为明显异常的情形，证监会提供的证据已达到清楚且有说服力的证明标准，足以认定张某某利用其知悉的涉案内幕信息实施了交易行为。尽管张某某主张其交易"光正集团"与涉案内幕信息无关，但其未能提供有说服力的证据排除其存在利用内幕信息从事相关证券交易活动的行为，因此张某某的内幕交易行为成立。

（三）内幕交易民事责任中，只有当投资者交易的投资品种与内幕交易的品种之间具有直接关联时，投资者才可能获得赔偿

【案例来源】

案件名称：董某与光大证券股份有限公司证券内幕交易责任纠纷案

审理法院：上海市高级人民法院

案　　号：（2016）沪民终336号

【争议点】

董某与光大证券股份有限公司（以下简称光大证券公司）因证券内幕交易责任纠纷引发诉讼，该案历经上海市第二中级人民法院一审、上海市高级人民法院二审两个阶段。在二审中，当事人就董某在内部交易期间购买另一股票遭受的损失能否得到赔偿的问题产生争议。

【裁判说理】

董某主张其所交易的品种因光大证券公司的对冲行为造成价格下跌，因此其经济损失与光大证券公司内幕交易自然存在因果关系。法院认为，证券市场中的因果关系不同于传统的民事因果关系，我国目前的法律法规或者司法解释并未对内幕交易与投资者损失的因果关系作出具体明确规定，类比证券虚假陈述民事赔偿，在认定内幕交易与投资者损失的因果关系方面，也可以适用推定的因果关系。在内幕信息具有价格敏感性的情况下，内幕交易行为人实施内幕交易行为期间内，如果投资者从事了与内幕交易行为主要交易方向相反的证券交易行为，而且投资者买卖的是与内幕信息直接关联的证券、证券衍生产品或期货合约，最终遭受损失，则应认定内幕交易与投资者损失具有因果关系。具体到本案中，只有当投资者董某交易的投资品种与内幕交易的品种之间具有直接关联时，董某才可能获得赔偿。而董某交易的"宏源证券"股票与光大证券公司内幕交易的股指期货合约并不相同。股票交易与股指期货交易分属不同的

市场,两者的在价格形成机制上存在重大区别。董某也未能举证证明股指期货与股指期货成分股之间在价格变化上存在直接关联性,董某交易的"宏源证券"股票不属于可以获赔的范围。

(四)证券、期货交易行为不违反法律法规和交易所交易规则,不应对其交易导致市场价格变化进而引发其他投资者判断、交易而产生的损失承担赔偿责任

【案例来源】
　　案例名称:狄某某与光大证券股份有限公司证券内幕交易责任纠纷案
　　审理法院:上海市高级人民法院
　　案　　号:(2016)沪民终454号

【争议点】
　　狄某某与光大证券股份有限公司(以下简称光大证券公司)因证券内幕交易责任纠纷引发诉讼,该案历经上海市第二中级人民法院一审、上海市高级人民法院二审两个阶段。在二审中,当事人就光大证券公司对狄某某在非内幕交易时间段进行的证券交易是否应承担赔偿责任的问题产生争议。

【裁判说理】
　　根据《证券法》的规定,承担赔偿责任的主体必须是内幕信息的知情人或非法获取人。某日11时5分内幕信息产生之时,即使光大证券公司个别交易员知晓了该内幕信息,并不意味着光大证券公司当即知晓了该内幕信息。根据现有证据,徐某某召集杨某某等开会决定做空股指期货、卖出ETF的时间为不晚于该日11时40分,没有证据证明其在更早时间获悉、掌握上述内幕信息,故不能认定光大证券公司在11时5分至30分属于内幕信息知情人。光大证券公司在此前进行的交易,不构成内幕交易。根据中国证监会作出的行政处罚决定书记载,在对光大证券公司全天交易进行了全面调查后,认定光大证券公司当日13时至14时22分的交易行为构成内幕交易行为。也就是说,中国证监会并不认为光大证券公司在当日的其他时间段,包括狄某某买入股票的时间段内存在违法违规行为或内幕交易行为。在证券、期货市场中,任何交易都会对市场产生影响,只是因交易数量、价格不同导致的影响也就不同。只要该交易行为不违反法律法规和交易所交易规则,就应作为民事主体合法、有效的行为,不应对其交易导致市场价格变化进而引发其他投资者

判断、交易而产生的损失承担赔偿责任。光大证券公司该日上午实际实施的交易，除交易数量巨大外，现无证据证明其存在违法、违规的情形，也就不具有侵权法上的可责难性，故不应对其他投资人狄某某在上午的交易损失承担赔偿责任。

四、结语

在处理内幕交易纠纷时，应注意以下几点：一是内幕信息的认定要坚持重大性和非公开性这两大特征。实践中，在公司经营战略是否应认定为内幕信息的问题上，要根据内幕信息的特征来判断，同时，也不能以宏观层面的战略转型信息不属于法定内幕信息类型而否认具体收购行为作为内幕信息内容的适当性。二是内幕交易的具体形式一般由证监会承担举证责任，如果有证据证明行为人与内幕信息知情人在内幕信息敏感期内频繁联系，且买入时点与联系时点高度吻合，同时存在连续、大量、集中、融资买入等交易行为明显异常的情形，属于利用内幕信息进行内幕交易的行为。三是在内幕交易时间段内，如果买卖股票的类型与内幕交易种类并非同一种，则只有当投资者交易的投资品种与内幕交易的品种之间具有直接关联时，投资者才可能获得赔偿。四是只要证券、期货交易行为不违反法律法规和交易所交易规则，就应作为民事主体合法、有效的行为，不应对其交易导致市场价格变化进而引发其他投资者判断、交易而产生的损失承担赔偿责任。

第七节 特许经营协议纠纷

一、导论

特许经营协议是政府履行职能、实现管理效能的一种手段，是政府以协商约定的合作方式代替传统的强制管理方式，因此特许经营协议是一种特殊的行政合同。法律已经明确将特许经营协议纳入行政诉讼的范围，在起诉期限、管辖等方面作出了相关规定，但是对于特许经营协议的性质、具体内容等均未明确规定，以致司法实践中仍存在诸多困惑。本节以特许经营协议纠纷的案件裁判文书为研究对象，将2016年以来人民法院作出的相关裁判文书作为主要范围，归纳、提炼特许经营协议纠纷裁判的理念和趋势，以期通过对我国案例的研究来指导司法实践。

截至2022年2月，编者在中国裁判文书网输入"特许经营协议"共检索出裁判文书17540篇，其中，由最高人民法院裁判的有506篇，由高级人民法院裁判的有1941篇，由中级人民法院裁判的有6861篇。在具体案例的选取上，本节遵循以下"两个优先"原则：第一，优先选择审判层级较高的裁判文书；第二，优先选择审判日期较近的裁判文书。通过形式和内容两个方面的筛选，本节最终选择了4篇裁判文书进行研究，即（2017）最高法行申8819号、（2020）最高法行再30号、（2016）最高法行申4236号、（2019）最高法民终777号。以上4篇均由最高人民法院裁判，裁判日期为2020年（含）之后的有1篇。

二、特许经营协议的基本理论

（一）特许经营协议的概念与特征

特许经营协议，是指政府与通过竞争方式选择基础设施和公用事业的经营者签订的一定期限内由经营者提供基础设施和公用事业的经营或服务性质的合同。特许经营协议属于行政协议的一种基本类型，是政府在社会治理方式上的创新，符合现代行政管理的合作化趋势，不仅体现了行政管理的价值，亦体现了民事契约的属性。

特许经营协议有下列特征：一是协议的主体特定。协议的一方是政府，是管理公共事业或基础设施建设行政机关或法律、法规授权的其他行政组织；另一方是特许经营者，他们是通过市场竞争的方式选定的，具体如招标、投标、拍卖等。未经过市场竞争方式选定的经营者不可以取得特许经营的资格，不是合格的协议主体。二是协议的范围特定。在特许经营协议中约定的经营范围只能是法律明确规定的范围，一般均涉及公共事业和基础设施建设的范围，如供水、能源、交通运输、垃圾处理、环境保护、市政工程等。三是协议的公共性。从协议范围来看，具有公共事业经营权的政府利用传统的强制性行政管理手段和行政命令手段已经无法适应社会公共事业管理和基础设施建设的需求，特许经营的方式更符合市场化进路要求。在市场竞争下选择的经营者具备充足的资金和较高的技术，在管理经验上更为丰富，更能配合行政机关履行好相应职能。协议同时也体现了行政相对人的意愿，一定程度上有利于防止行政权的滥用，实现公共利益的最大化。[1]

（二）特许经营协议的属性

《最高人民法院关于审理行政协议案件若干问题的规定》已经明确规定了政府特许经营协议属于行政协议。特许经营协议兼具行政性与契约性的双重属性，就其行政性而言，特许经营是行政行为，具体表现为协议范围的公共性和行政优益权的存在，政府允许特定主体对公共事务和基础设施等方面进行经营，是为了满足行政管理需要，实现公共服务的目标。特许经营协议的出现是为了适应社会对公共利益的追求，政府由单一的行政公共事务提供者身份转变为监督者和管理者，具体事务交由经营者实行，充分发挥了社会力量。政府在监督管理的过程中，如果发现经营者未达到预期或者出现损害公共利益等情形，在法定条件成就时，政府可以单方面解除合同。就其契约性而言，特许经营协议是转变政府职能、建设服务型政府过程中所采用的一种手段，是与经营者在平等协商后意思表示一致的结果。在选择经营者的方式上，一般采取招标投标等公开方式而非采取单方指定等强制方式；在签订、履行协议、违约责任内容等约定上采取双方协商方式，互相妥协，互相合作，而非由政府单方面决定。

（三）特许经营协议的行政优先权

行政优先权，是指在特许经营协议的签订及履行过程中，为了确保协议中约定的社会公共利益的实现，法律赋予行政机关在契约利益和公共利益冲突时，行政机关率先实现公共利益的权力。行政优先权所要实现的重要目标是公共利益的最大化与行政管理的有序性，行政优先权的主要种类有协议履行的监

---

[1] 参见唐盼：《我国政府特许经营协议法律问题研究》，辽宁大学 2017 年硕士学位论文。

督管理权、协议的解释权、协议的单方变更和解除权、对经营人（行政相对人）的处罚权和申请强制执行权。行政机关行使优先权时应受到限制，并遵照一定的程序要求，以避免行权的滥用而损害相对人的合法权益。

关于行政优先权行使条件的限制。首先，行政优先权必须源于法律的明确规定。我国的特许经营制度仍然处在初步发展阶段，如今我国法律对于行政权的权力类型、范围、行使条件等尚未进行统一之规定，但随着立法和司法实践的成熟，行政优先权的行使会更加法定与公正。其次，行使行政优先权的必要条件为公共利益，即必须是在协议履行的过程中，行政机关与相对人的合意约定与实现公共利益相悖，此时行政机关要作出选择，违反协议之约定，对协议的具体内容进行解释或者变更，甚至于解除协议。此时，行政机关属于违约一方，给相对人造成的损失应当予以补偿。但禁止行政机关为了自身利益行使行政优先权，这违反了此项权力的本质特征。

关于行政优先权行使的程序控制，主要有两个方面：一是要保障行政相对人的知情权，即必须建立通知说明程序。在内容和范围上，要向行政相对人说明协议的某个部分是如何对公共利益的实现造成妨碍的；行使行政优先权的法律依据是什么，对相对人产生什么后果，给相对人造成的损失如何补偿以及相对人可以通过何种途径进行救济等。在方式上，一般应当采取公开方式，通知说明的时间和地点、送达相对人，对涉及国家秘密等不适合公开的，可以不公开进行此项程序。二是公开的协商程序，基于特许经营协议的契约属性，行政机关与相对人都可以启动该项程序，就行政优先权问题展开讨论。关于协商的限度，在行政优先权行使的方式中，可以就监督管理权、协议的解释权、协议的单方变更和解除权进行协商，这些属于民事合同双方意思自治的范畴。对经营人（行政相对人）的处罚权和申请强制执行权，则属于较为强硬的行政优先权，而且通常是在危及社会公共利益的情形时才会采用，因此这些内容不适宜进行协商。关于协商结果的效力，应当由行政机关确认后，按照协商结果行使优先权，使双方的合意真正落到实处。[1]

---

[1] 参见梁吕晋：《政府特许经营协议中行政优先权研究》，浙江工商大学2020年硕士学位论文。

三、关于特许经营协议纠纷的裁判规则

（一）解除经营协议和取消经营权属于对相对人的权益产生重大影响的行政处罚事项，应保障相对人陈述、申辩、要求举行听证的权利

【案例来源】

案例名称：徐州市鼓楼区人民政府与徐州北区热力有限公司侵犯企业经营自主权纠纷案

审理法院：最高人民法院

案　　号：（2017）最高法行申 8819 号

【争议点】

徐州市鼓楼区人民政府（以下简称鼓楼区政府）与徐州北区热力有限公司（以下简称北区热力公司）因企业经营自主权纠纷引发诉讼，该案历经江苏省徐州市中级人民法院一审、江苏省高级人民法院二审、最高人民法院再审三个阶段。在再审中，当事人就鼓楼区政府剥夺北区热力公司供热经营权以及交由其他企业临时接管的行为的效力问题产生争议。

【裁判结果】

《市政公用事业特许经营管理办法》第 25 条规定："主管部门应当建立特许经营项目的临时接管应急预案。对获得特许经营权的企业取消特许经营权并实施临时接管的，必须按照有关法律、法规的规定进行，并召开听证会。"《江苏省城市市政公用事业特许经营权临时接管制度》第 7 条规定："临时接管应按下列步骤进行：（一）市政公用事业主管部门向本级人民政府报告所发生的重大事项，并提出临时接管申请；（二）人民政府批准同意后，正式启动临时接管应急预案；（三）临时接管机构向特许经营企业出具政府批准文件，进驻特许经营企业实施接管；（四）临时接管期间，市政公用事业主管部门负责组织正常生产，其他部门按预案分工协作；（五）在临时接管的同时，市政公用事业主管部门应与特许经营企业进行谈判，对同意及时整改、接受处罚、承担违约责任，并能挽回影响的，可以继续经营；对拒不整改、无能力恢复正常生产的，应当按法定程序终止特许经营协议，取消其特许经营权，重新招标择优选择后续特许经营者。"法院认为，在特定条件下，行政主体对行政合同有单

方面的变更或者解除权，但其事实、法律依据以及程序皆应符合法律、法规的相关规定。解除经营协议、取消其经营权，属于对相对人的权益产生重大影响的行政处罚事项。鼓楼区政府在作出通知之前，应当依法告知苏洋热电公司、北区热力公司违法的事实、适用的法律以及拟作出的行政处罚，听取苏洋热电公司、北区热力公司的陈述、申辩，并告知其有要求举行听证的权利。鼓楼区政府未履行告知义务，剥夺了相对人的申辩、陈述和举行听证的权利，其行为违反法定程序，构成违法。

（二）行政协议争议并不仅仅局限于协议相对人之间，其订立、履行等过程影响或处分第三人权益的，该第三人可就此提起诉讼

【案例来源】

案件名称：大同新荣区昆仑燃气公司与山西省大同市新荣区人民政府等行政协议纠纷案

审理法院：最高人民法院

案　　号：（2020）最高法行再30号

【争议点】

大同新荣区昆仑燃气公司（以下简称昆仑公司）与山西省大同市新荣区人民政府（以下简称新荣区政府）、山西省大同市新荣区住房保障和城乡建设管理局（以下简称新荣区住建局）等因行政协议纠纷引发诉讼，该案历经一审、山西省高级人民法院二审、最高人民法院再审三个阶段。在再审中，当事人就原审是否遗漏必要共同诉讼当事人产生争议。

【裁判结果】

昆仑公司提起一审诉讼，请求判决新荣区政府、新荣区住建局继续履行2013年11月18日与其签订的涉案《大同市新荣区管道燃气特许经营协议》。华润公司与大同市市政管理委员会于2011年9月签订《大同市城市燃气特许经营协议》，协议范围包括大同市新荣区。因此，该协议与案涉协议在特许经营范围上有重叠。人民法院对案涉协议是否履行的判断，直接影响到大同市政府与华润公司之间行政协议的履行。因此，华润公司属于必须参加诉讼的当事人。根据《最高人民法院关于适用〈中华人民共和国行政诉讼法〉的解释》规定，必须共同进行诉讼的当事人没有参加诉讼的，人民法院应当依法通知其参加；当事人也可以向人民法院申请参加。本案一审中，新荣区政府答辩中已经

提出华润公司之前签订协议并获得大同市管道燃气特许经营权。二审上诉过程中,亦包括一审遗漏必要共同诉讼当事人的上诉理由。华润公司在提交的再审申请书中,一直主张其在原审中多次书面和口头申请参加诉讼,但法院未予许可。因此,原审法院未通知华润公司和与其签订协议的大同市市政管理委员会参加诉讼,属于遗漏了必要参加诉讼的当事人情形,程序违法。

(三)在行政行为的履行阶段上,终止特许经营协议属于特许经营项目接管的前置行政行为,若前置行政行为不合法,以其为依据的后续行政行为则不合法

【案例来源】

案件名称:新疆兴源建设集团有限公司、和田天瑞燃气有限责任公司与新疆维吾尔自治区和田市人民政府、新疆维吾尔自治区和田市住房和城乡建设局行政协议纠纷案

审理法院:最高人民法院

案　　号:(2016)最高法行申 4236 号

【争议点】

新疆兴源建设集团有限公司(以下简称兴源公司)、和田天瑞燃气有限责任公司(以下简称天瑞公司)与新疆维吾尔自治区和田市人民政府(以下简称和田市政府)、新疆维吾尔自治区和田市住房和城乡建设局(以下简称和田市住建局)因行政协议纠纷引发诉讼,该案历经新疆维吾尔自治区昌吉回族自治州中级人民法院一审、新疆维吾尔自治区高级人民法院二审和最高人民法院再审三个阶段。在再审中,当事人就特许经营协议的解除和后续处置问题产生争议。

【裁判结果】

本案中关于《合同解除通知函》及《接管决定》的合法性问题,和田市政府与兴源公司就、田市天然气利用项目工程的投资建设签订的《项目合同》属于政府特许经营协议,系和田市政府在天然气开发利用领域,与兴源公司签订行政合同,授予其建设供气公共管网及其附属设施项目并提供公共产品的特许权。和田市政府在作出《合同解除通知函》之前,未履行告知义务,剥夺了相对人的申辩、陈述和举行听证的权利,其行为违反法定程序,构成违法。在行政合同中,合法的行政行为不仅要有充分的事实和法律依据,而且要遵循法定

程序。和田市政府将作出《合同解除通知函》等同于一般的民事行为，无法律依据。《合同解除通知函》的实质在于终止特许经营协议，取消兴源公司及天瑞公司的特许经营权。在行政行为的履行阶段上，终止特许经营协议属于特许经营项目接管的前置行政行为，是实施特许经营项目接管的前提条件。若前置行政行为不合法，以其为依据的后续行政行为则不合法。本案中，和田市政府作出《合同解除通知函》的行政行为违法，则原和田市住建局作出的《接管决定》亦不合法。

（四）资产收购协议与特许经营协议之间虽然具有一定的关联性，但资产收购协议不是附属合同，没有从属性

【案例来源】

案件名称：鄂尔多斯市汇通水务有限责任公司、内蒙古大兴投资集团有限责任公司与鄂尔多斯市城市建设投资集团有限公司、鄂尔多斯市人民政府、鄂尔多斯市康巴什区人民政府资产收购合同纠纷案

审理法院：最高人民法院

案　　　号：（2019）最高法民终777号

【争议点】

鄂尔多斯市汇通水务有限责任公司（以下简称汇通公司）、内蒙古大兴投资集团有限责任公司（以下简称大兴投资公司）与鄂尔多斯市城市建设投资集团有限公司（以下简称鄂尔多斯城投公司）、鄂尔多斯市人民政府（以下简称鄂尔多斯市政府）、鄂尔多斯市康巴什区人民政府（以下简称康巴什区政府）因资产收购合同纠纷引发诉讼，该案历经内蒙古自治区高级人民法院一审、最高人民法院二审两个阶段。在二审中，当事人就政府特许经营协议终止后订立的资产收购协议的性质是民事合同还是行政协议的问题产生争议。

【裁判说理】

根据《行政诉讼法》第12条第1款的规定："人民法院受理公民、法人或者其他组织提起的下列诉讼：……（十一）认为行政机关不依法履行、未按照约定履行或者违法变更、解除政府特许经营协议、土地房屋征收补偿协议等协议的……"案涉供水和污水处理特许经营协议属于行政协议，协议一方当事人如认为作为另一方当事人的行政机关存在不依法履行协议、未按照约定履行协议以及违法变更或者解除协议的行为，可以提起行政诉讼。但本案当事人之

间的纠纷,并非因为案涉行政协议的存续和履行问题产生的纠纷,而是对各方主体达成的资产收购协议履行问题的争议。资产收购协议是行政机关在特许经营协议经协商一致终止后,就特许经营项目的资产收购问题与对方当事人达成的合意,实质上不具有行政管理职能和公共服务目的,不属于严格意义上的行政协议;资产收购协议与供水和污水处理特许经营协议之间虽然具有一定的关联性,但不是附属合同,没有从属性,具有相对独立性;资产收购协议形式上符合民事法律规范关于民事活动平等、自愿和公平等方面的规定,属于民事合同。原审法院认为本案不属于平等民事主体之间的权益纠纷,不属于民事诉讼受案范围错误,应予纠正。

四、结语

在处理特许经营协议纠纷时,应当注意以下几点:一是在无法实现特许经营协议目的或社会公共利益时,行政机关可以单方面解除协议,但解除经营协议和取消经营权属于对相对人的权益产生重大影响的行政处罚事项,应保障相对人陈述、申辩、要求举行听证的权利。二是行政协议争议并不仅仅局限于协议相对人之间,其订立、履行等过程影响或处分第三人权益的,该第三人可就此提起诉讼。三是在行政协议解除后,对后续协议的处置可能会重新签订资产收购协议或从事项目接管。但这两种处置手段是不同的:资产收购协议是行政机关在特许经营协议经协商一致终止后,就特许经营项目的资产收购问题与对方当事人达成的合意,资产收购协议与特许经营协议之间虽然具有一定关联性,但不是附属合同,没有从属性,具有相对独立性;而特许经营项目接管属于行政行为,对这一行政行为效力的判断,与特许经营协议的终止效力相关,在行政行为的履行阶段上,终止特许经营协议属于特许经营项目接管的前置行政行为,是实施特许经营项目接管的前提条件。若前置行政行为不合法,以其为依据的后续行政行为则不合法。四是资产收购协议与特许经营协议之间虽然具有一定的关联性,但资产收购协议不是附属合同,没有从属性。

后 记

中国司法案例研究中心微信公众号——"判例研究"于2015年开始推送有关裁判规则,目前已经推送各类裁判规则1300余篇,阅读量达到1000万人次。推送出的诸多裁判规则不仅被国内一些较有影响力的微信公众号转发,而且成为法官、检察官、律师、法学学者和法科学生喜闻乐见的"快餐读品"。如何将这些裁判规则由"线上"走向"线下",实现"线上"与"线下"的互动与交融,不仅是本研究中心追求的目标,也是我们推出大数据与裁判规则系列丛书的初衷。

司法的最终呈现载体为裁判,而裁判中的精华为裁判规则与裁判思路。裁判规则与裁判思路承载着法官对法律适用和案件事实实践的经验智慧。案件的不可"完全相同性"决定了每一裁判的不可"复制性",但是裁判规则中蕴含的法官经验智慧则是可"复制"与可"模仿"的,这些经验智慧可以成为后来类案裁判的方向指引。而如何从中国裁判文书网的"海量"案件中检索出类似案例,特别是如何从这些相似案例中再提炼和归纳出承载法官裁判智慧的规则并非易事。

本研究中心的微信公众号在推送裁判规则以及其他案例过程中,得到了河南天欣律师事务所和河南正臻律师事务所的大力支持,在此表示感谢!

《金融纠纷裁判精要与裁判规则》一书不仅精选了部分"判例研究"公众号推送的优秀裁判案例,而且从中国裁判文书网"海量"的案件中提炼、归纳了很多经典的裁判规则,这一项工作的圆满完成离不开郑州大学法学院的硕士生——段阶尧、李巍华、黄浩哲、蔡俊楠等同学无数次的讨论研究和夜以继日的不断尝试、努力,对同学们的辛勤付出表示感谢!最后还要特别感谢人民法院出版社的陈建德副总编辑、李安尼副主任、巩雪编辑在选题和出版等方面给予的大力支持和帮助!本书的具体分工和写作如下:

张嘉军(郑州大学法学院教授):前言、第一章第五节、第二章第五节、第三章第六节、第五章第九节、后记;

后 记

李慧娟（河南省高级人民法院庭长）：第一章第一节、第二章第一节；

马斌（河南天欣律师事务所主任）：第二章第六节、第三章第一节、第四章第三节、第五章第三节至第四节；

陈同柱〔上海市建纬（郑州）律师事务所副主任〕：第二章第七节、第四章第四节、第六章第五节至第七节；

段阶尧（郑州大学法学院研究生）：第一章第二节至第四节；

李巍华（郑州大学法学院研究生）：第二章第二节至第四节；

黄浩哲（郑州大学法学院研究生）：第二章第八节至第九节、第三章第二节至第三节；

蔡俊楠（郑州大学法学院研究生）：第三章第四节至第五节、第四章第一节至第二节；

徐艳鸽（郑州大学法学院研究生）：第四章第五节至第六节、第五章第一节至第二节；

郭晨（郑州大学法学院研究生）：第五章第五节至第八节；

陈蕊蕊（郑州大学法学院研究生）第六章第一节至第四节。

《金融纠纷裁判精要与裁判规则》一书是中国司法案例研究中心推出的大数据与裁判规则系列丛书的第五部专题化图书，今后将会推出更多"裁判规则"方面的书籍。希望我们今后的工作能够一如既往地得到各界朋友的大力支持！也希望各界朋友特别是法学理论界和实务界的朋友对大数据与裁判规则系列丛书提出更多宝贵的意见，以便我们能够推出更贴近司法实践和学界需求的裁判规则。

"路漫漫其修远兮，吾将上下而求索。"

编者

二〇二三年六月